高等学校文科教材

教学论稿

（第二版）

王策三 著

人民教育出版社
·北京·

> 本书是受国家教育部委托编写的教材，供全国高等学校教育类专业使用

图书在版编目（CIP）数据

教学论稿/王策三著．—2 版．—北京：人民教育出版社，2005（2023.2 重印）
高等学校文科教材
ISBN 978-7-107-18907-4

Ⅰ．教… Ⅱ．王… Ⅲ．教学理论—师范大学—教材 Ⅳ．G42

中国版本图书馆 CIP 数据核字（2005）第 088199 号

高等学校文科教材　教学论稿　第二版

出版发行	**人民教育出版社**
	（北京市海淀区中关村南大街 17 号院 1 号楼　邮编：100081）
网　址	http://www.pep.com.cn
经　销	全国新华书店
印　刷	**人民教育出版社**印刷厂有限公司
版　次	2005 年 12 月第 2 版
印　次	2023 年 2 月第 26 次印刷
开　本	890 毫米×1 240 毫米　1/32
印　张	13.75
字　数	350 千字
印　数	92 001~94 000 册
定　价	19.70 元

版权所有·未经许可不得采用任何方式擅自复制或使用本产品任何部分·违者必究
如发现内容质量问题、印装质量问题，请与本社联系。电话：400-810-5788

重 印 说 明

　　2017年12月20日，我国当代著名教育学家、教学论学科的重要奠基人、中国教育学会教育学分会学术顾问王策三先生逝世，享年90岁。王先生是人教社最资深的功勋作者之一，他撰著或主编的《教学论稿》、《教育论集》、《现代教育论》、《教学实验论》、《恢复全面发展教育权威：王策三新世纪教育文存》等著作都由人教社出版。其中，《教学论稿》是我国改革开放40年来经典性的教学论教材。在王先生逝世一周年之际，人民教育出版社特重印这部教材，以表达对王先生的深切怀念。

人民教育出版社
2018年12月

第二版说明

本书是新中国第一部受国家教育部委托编写的教学论专业教材，供全国高等学校教育类专业使用。本书自1985年初版以来，受到广大师生的好评，对提高师范生素养和教育学专业人才培养发挥了重要作用，成为我国20世纪80年代中期以来经典性的教学论专业教材。

因多次反复印刷，原纸型已损，根据读者建议，为了进一步适应高等院校教学需要，现决定印行第二版。出版社付印前又根据新的学术规范和出版规范进行了编辑加工，并进一步统一了体例。这次再版，在"附录"部分增加了作者关于《教学认识论》一书的初版"绪论"和修订本"序言"。希望读者结合教育理论和实践的发展，创造性地学习和使用本教材。欢迎专家、学者和广大师生继续提出宝贵意见和建议，以使本书更臻完善。

人民教育出版社 教师教育中心
2005年11月

第一版前言

这个《教学论稿》，是《教学论专题讨论课讲稿》的简称。为什么设这门课、讲这些内容并把它印出来？这里说明一点情况。

十年动乱后，在党的十一届三中全会精神指引下，大家在总结经验过程中，觉得原教育系课程结构有缺点。只有必修课，没有选修课，教育学作为主要专业课，只有一门，也只学一次，其内容包罗万象，面面俱到，结果就必然不容易具体，也很难深入。同时，这种一统的做法难以反映学科研究前沿的动态和出现的新问题、新成就，难以适应学生的个别差异、特殊的研究兴趣和要求。这既不利于人才的培养，也不利于学科的发展。从1979年起，我们开始设想并着手改变这种状况。首先，我们将原教育学课的内容加以精简，由250学时减为150学时左右，向学生传授最基本的知识，使学生对教育学的基本理论有一个概貌的了解，获得比较完整的系统的概念。学生通过教育学的学习，同时与几门心理学、中外教育史等课的学习配合起来，就可望在教育学科方面打下一般的基础。然后，在三、四年级，广泛开设各种选修课，使不同的学生在教育学科的不同的领域进一步扩展、加深和提高。这里，除了"教育经济学"、"教育社会学"、"比较教育学"、"特殊教育学"等而外，还包括原教育学中已明显出现分化的部分，如"教育的一般原理"或"教育哲学"、"教学论"、"德育原理"、"学校管理"等，它们也作为独立的选修课开设。就这样，"教学论"作为这个改革计划中的一门选修课，于1981年开出，时间定在四年级第二学期，约三十多个课时。

"教学论"这门课应该讲些什么？与学生学习过的教育学课中的教学论部分是什么关系？如何既与它相衔接又避免重复？如何在原来基础上扩展、加深和提高？这是一个难题。经过多方求教，反复研究，我们决定：除了加强理论论证和增加科学资料而外，在教材的体例上，主要采取专题讨论的方法。这不只是说采取师生共同讨论或组织学生相互讨论的教学形式，更主要的是整个课程内容本身都带问题讨论的性质，包括探讨一些带有争论性的问题。有的甚至只是把问题提出来，先不做结论。所讨论的问题，主要是我自己在过去和当前的学习研讨中感受较深（包括长期困惑和有些体会心得）的问题。例如，近年来通过介绍而获悉的国外教学论研究中提出的问题，国内普遍关心、提出并开展讨论的问题，以及在各方面提供的新材料、新发展的启发下，对于三十多年来在教学论研究中出现的是非得失的争论，以及我们已经开始认识到的一些问题，等等。

我们的这种把问题讨论组织到教学中去的做法，不过是一种尝试和实验。就我个人来说，也是一个机会，借此得以对自己过去学习中走过的弯路和教训，在思想上理论上进行反省和清理，利用教学相长来进一步促进自己的学习。对学生来说，通过接触多方面的材料和各种不同观点，了解各种存在的矛盾和问题，激发思考，从而获得使学习不断深化的若干线索，扬前人之长，避他人之短，不无裨益。

本课程的这种讨论的性质和理论清理的性质，决定了它的结构仍需采取迄今通行的教学论体系。它并不表明我们认为教学论将不改变这个体系（当然也未必否定），而只是为了进行讨论的方便。这种讨论的和清理的性质，也决定了本书的内容不会平衡，某些部分较详细，某些部分也可能留下空白点，而且不能避免出现片面性的错误，一切视碰到的问题以及讨论的具体情况而定。

第一版前言

　　这个《论稿》就是"教学论"这门课程几个学期的教学的成果。显然，它仅仅是从我们教学需要和我个人的具体实践出发的。因此，其内容和意义都很有限。为了建设具有我国特色的教学论，尚有待于进行多方面的工作，包括系统总结我们自己的大量的教学实践经验，大力开展各种教学实验，认真研究总结祖国历史遗产和国外的新经验，吸收一切可能吸收的成果，既要在每个个别领域深入进行微观的研究，又要从整体上研究对体系的改造。这一艰巨事业，有赖于广大教师和理论工作者在党和政府的关怀下，在马克思主义思想指导下，群策群力，坚持不懈，逐步进行，逐步完善。我作为一名教学论工作者，当然愿意参加到这浩荡的研究大军的行列中。不过，由于种种原因，限于我的主客观研究条件，如知识结构、研究手段、时间精力等欠缺甚多，我所能做的，也许就是采取本课程的这类做法：结合自己的亲身经历，提出一些问题来讨论，进行一定的理论清理工作。由于我的经历并非只属于我个人的，有一定的代表性，所以我的这种工作对于广大同志们的研究，包括深入个别课题和探索新的体系，也可能有一点参考的价值。如果真会这样，就是我最大的期望了。我的这一工作还做得很粗糙，只是刚刚开个头。现在把这个稿子印出来，固然是执行每门课都要编出教材供教学之用的规定，再一个目的，也在于想向广大同志们请教。我衷心地希望得到批评。

　　在日常教学和编写此稿的过程中，我学习、引用了许多同志的研究成果、资料。我力图一一注明，以便别的同志更深入地研究，也为了表示谢意。但是恐仍难免有疏漏之处，或者有误解现象，也请同志们指正。

　　最后，关于"附录"交代几句话。在我备课的过程中，对有的问题接触材料较多，思考得也较多，加上有关报刊约稿，于是，对这些问题的讨论，就展开得较宽较细。例如，关于研究、阐明和掌握教学规律的问题，近年来普遍关注和热烈讨论的发展智力问题，关于教学应教学生"学"的问题，等等，都属于这一类。它们的分量都较大，如果原封不动地安排到前边的相应地方，就会显出过分的臃肿，过于不协调；而如果舍弃掉，又觉得可惜。古人有言，所谓"敝帚自珍"。更重要的是，这些文章与《论稿》的宗旨是一个。因此，决定用"附录"的形式加以处理。它们与正文有互相配合、印证的作用。

作　者

1984 年 7 月

于北京师范大学

目　　录

第一章　教学论逐步科学化历程的基本线索……………………… 1
　第一节　从个别的教学思想、论著到形成独立的学科……… 3
　第二节　与心理学建立起联系 ……………………………… 5
　第三节　"新教育"的出现和两大派的长期论争…………… 7
　第四节　马克思主义教学论的产生和发展………………… 8
　思考题 …………………………………………………… 10

第二章　当前世界范围教学论科学化的新探索 ……………… 11
　第一节　共同的背景和课题 ………………………………… 11
　第二节　一些教学改革实验和理论主张 …………………… 13
　　一、赞科夫的"实验教学论体系"………………………… 14
　　二、巴班斯基的教学过程最优化理论…………………… 19
　　三、布鲁纳的结构课程论………………………………… 24
　　四、美国"恢复基础"教育运动 …………………………… 32
　　五、程序教学及其他……………………………………… 35
　　六、暗示教学……………………………………………… 38
　第三节　几点概括的认识…………………………………… 42
　思考题 ……………………………………………………… 43

第三章　为教学论的进一步科学化而努力 ……………………… 44
　第一节　我国近、现代教学论发展的若干历史特点………… 44

  一、四种教学体系发展交错 ………………………………… 45
  二、全面学习苏联教学理论 ………………………………… 46
  三、独立探索和挫折 ………………………………………… 48
  四、新的开端 ………………………………………………… 50
 第二节　进一步明确教学论的研究对象和任务 ……………… 51
  一、坚持研究教学的客观规律 ……………………………… 52
  二、坚持理论科学的性质 …………………………………… 53
  三、防止与心理学脱节或混淆 ……………………………… 56
  四、防止与哲学认识论脱节或混淆 ………………………… 59
 第三节　进一步改进教学论的研究方法 ……………………… 60
  一、要在克服简单化的斗争中坚持马克思主义的方法论 … 61
  二、要研究事实，充分占有材料，把定性分析和定量分析结合起来
   ………………………………………………………………… 64
  三、要重视开展教学实验 …………………………………… 67
  四、应该肯定推论—验证，把它作为教学论的研究方法之一 … 71
  五、要认真提高总结经验的水平 …………………………… 73
  六、正确实行"古今中外法" ………………………………… 75
 思考题 …………………………………………………………… 80

第四章　教学的基本概念 ………………………………………… 81
 第一节　教学概念的定义 ……………………………………… 81
  一、教学的产生和语源略考 ………………………………… 81
  二、怎样给教学下定义 ……………………………………… 84
  三、教学永远是教和学的统一的活动 ……………………… 87
  四、把握教学共性和多样个性的统一 ……………………… 89
 第二节　教学的作用 …………………………………………… 90
  一、教学对社会发展的作用 ………………………………… 91
  二、教学对个人全面发展的作用 …………………………… 92

三、教学在教育体系中的作用……………………………………… 95
　第三节　教学的一般任务………………………………………………… 97
　　一、教学论必须正确解决教学的一般任务问题…………………… 98
　　二、教学应该完成的一般任务及其科学根据……………………… 99
　　三、教学的一般任务必须具体化…………………………………… 102
　思考题……………………………………………………………………… 105

第五章　教学过程………………………………………………………… 106
　第一节　关于教学过程的各种探索……………………………………… 107
　第二节　教学过程是一种特殊的认识过程……………………………… 109
　　一、教学过程首先是一种认识过程………………………………… 110
　　二、教学认识过程的特殊性………………………………………… 114
　第三节　教学过程的多种模式…………………………………………… 130
　　一、教学模式历史发展的简单回顾………………………………… 131
　　二、几种重要的教学模式及其变式………………………………… 132
　　三、在马克思主义认识论指导下提倡教学结构多样化…………… 136
　思考题……………………………………………………………………… 138

第六章　教学原则………………………………………………………… 139
　第一节　教学原则的实质………………………………………………… 139
　　一、什么是教学原则………………………………………………… 139
　　二、教学原则与教学规律、教学原理……………………………… 140
　　三、教学原则和教学规则…………………………………………… 143
　第二节　探讨教学原则的方法…………………………………………… 147
　　一、历史的教训……………………………………………………… 148
　　二、正确的方法……………………………………………………… 151
　第三节　实事求是地评价现在一般提到的主要教学原则……………… 154
　　一、这些原则的基本意义…………………………………………… 155

二、肯定的评价和批评的意见·················· 157
　思考题··································· 162

第七章　课程的历史发展·························· 163
第一节　古代课程论及其特点···················· 164
第二节　近代几种课程理论······················ 165
　一、学科课程和活动课程························ 166
　二、形式教育论和实质教育论对课程论的影响········ 182
第三节　现代课程论发展的新动向················ 190
　思考题··································· 193

第八章　课程的本质和结构························ 194
第一节　课程的基本概念························ 194
　一、什么是课程······························· 194
　二、课程是由什么决定的························ 196
第二节　课程的总体结构——教学计划或学校课程标准···· 201
　一、教学计划的基本结构及其基本原则············ 201
　二、教学计划结构的改革问题···················· 204
第三节　教学大纲和教科书的结构················ 208
　一、教学大纲和教科书的基本结构及其指导原则····· 208
　二、新的研究成果和问题························ 211
　思考题··································· 216

第九章　课程设计的方法·························· 217
第一节　课程设计的几种方法···················· 217
　一、"主观法"（判断法）························ 217
　二、经验法··································· 218
　三、"客观法"································ 219

四、活动分析法 ································ 219
　　五、实验法 ···································· 220
第二节　西方课程实验法的发展 ······················ 221
　　一、实验法的三种模式 ···························· 221
　　二、三种模式的结合 ······························ 224
第三节　改进我们的课程设计方法 ···················· 225
思考题 ·· 231

第十章　教学方法 ································ 235
第一节　教学方法的概念 ···························· 235
　　一、教学方法的术语 ······························ 235
　　二、教学方法的定义 ······························ 237
　　三、教学方法的产生和发展 ························ 241
第二节　教学方法的分类 ···························· 242
　　一、对教学方法进行分类的意义 ···················· 242
　　二、几种分类的比较 ······························ 243
　　三、较为正确的分类 ······························ 245
第三节　教学方法的选择 ···························· 247
　　一、教学方法选择的标准 ·························· 248
　　二、教学方法选择的程序 ·························· 249
思考题 ·· 251

第十一章　教学手段 ······························ 252
第一节　教学手段的意义 ···························· 253
　　一、教学手段的术语和概念 ························ 253
　　二、教学手段在教学中的重要作用 ·················· 254
第二节　教学手段的历史发展 ························ 254
　　一、历史上关于教学手段的思想 ···················· 254

二、教学手段发展的历史阶段 ………………………………… 256
第三节　现代化教学手段的分类及应用 …………………………… 259
　　一、分类 ……………………………………………………… 259
　　二、应用 ……………………………………………………… 260
第四节　现代化教学手段对教学实践和教学理论带来的影响
　　　　………………………………………………………… 262
　　一、提高教学的功能 ………………………………………… 263
　　二、丰富了人们对教学过程、教学内容、教学方法的认识 …… 264
　　三、引起两个新的矛盾关系 ………………………………… 265
思考题 …………………………………………………………… 266

第十二章　教学组织形式 …………………………………… 267
第一节　教学组织形式及其理论的重要意义 ……………………… 267
第二节　班级授课制 ………………………………………………… 268
　　一、班级授课制的产生和发展 ……………………………… 269
　　二、班级授课制的基本特征 ………………………………… 269
　　三、班级授课制中课的类型和结构 ………………………… 271
　　四、班级授课制的优越性和局限性 ………………………… 272
第三节　对班级授课制的改革 ……………………………………… 274
　　一、西方的一些改革主张和实验 …………………………… 275
　　二、苏联的一些改进主张 …………………………………… 279
　　三、我国的一些改革主张和实验 …………………………… 282
思考题 …………………………………………………………… 290

第十三章　教学效果的检查 ………………………………… 291
第一节　教学效果检查的意义 ……………………………………… 292
　　一、教学效果检查的基本概念 ……………………………… 292
　　二、教学效果检查的地位和作用 …………………………… 292

第二节　教学效果检查和评定的方法 …………………… 295
一、传统考试法与现代教育测验 …………………………… 296
二、常模参考测验与目标参考测验 ………………………… 297
三、相对评分与绝对评分 …………………………………… 297
四、综合的趋势 ……………………………………………… 299
五、一个争论的问题 ………………………………………… 300

第三节　教学效果的分析 ……………………………………… 301
一、试卷分析的意义 ………………………………………… 302
二、努力提高分析水平 ……………………………………… 302

第四节　教会学生自我检查 …………………………………… 304
思考题 …………………………………………………………… 307

附　录

教育科学的本职在于揭示教育的客观规律 …………………… 308
关于研究、阐明和掌握教学规律问题 ………………………… 315
智力开发与教育 ………………………………………………… 329
发展智力与减轻负担提高教学质量 …………………………… 347
关于教学应教学生"学"的问题 ……………………………… 363
论教师的主导作用和学生的主体地位 ………………………… 372
《教学认识论》绪论 …………………………………………… 385
《教学认识论》（修订本）序言 ……………………………… 404

第一章
教学论逐步科学化历程的基本线索

教学论，或教学理论，英语为"didactics"（又称"theory of instruction"），俄语为"дидактика"；均来源于希腊文"δυδατμco"，即"我教"的意思。① 据考证，在西方教育文献中，最早采用这个术语的人，是17世纪的德国教育家拉特克（1571—1635）和捷克教育家夸美纽斯（1592—1670）。他们把这个术语理解为"教学的艺术"。②

在我国，两千多年前出现的《学记》，不仅内容讲的就是教学论，而且"学记"这个词也与今天教学论这个词差不多。在古代汉语中，"学"与"教学"乃至"教育"诸词通用，还未严格区分。而"记"乃文章体裁的一种，有记述、论述的意思。这样，记述教学的文章岂不就是教学论？！

近代以来，在翻译西方教育名词的过程中，对于"教学论"这个词，汉语使用过的同义词有"教授学"、"教学法"、"教学原理"、"普通教学法"等。例如夸美纽斯的《大教学论》于1939年商务印书馆出版的中译本，书名就曾译为《大教授学》。1957年人民教

---

① [苏] 凯洛夫主编，沈颖等译：《教育学》，人民教育出版社1952年版，第53页。

② [苏] 达尼洛夫、叶希波夫编著，北京师范大学外语系1955级学生译：《教学论》，人民教育出版社1961年版，第1页。

育出版社修订再版时才改为今名。① "教学论"这个词常常与"教学法"一词发生混淆。"教学法"这个词有时即指教学论,讲的是教学的一般原理,而有时则指某某学科的教学法(语文教学法、数学教学法、外语教学法……),又有时指具体的教学方法(讲授法、练习法……),这后两种情况就不同于教学论了。教学论不是具体学科的教学法,也不是具体的教学方法。它是关于教学的一般原理。这是它的特征。

教学论的根本问题,与任何一门学科的根本问题是一样的,就是如何保证真正揭示自己所研究的对象的客观规律,也就是如何保证教学论成为真正的科学。简言之,教学论的根本问题就是如何科学化的问题。我们判断、评价任何一种教学论思想、理论、主张的优劣、高低、长短,主要看它在多大正确程度、广度和深度上揭示了教学的客观规律。教学论的科学化不能离开对各种具体问题如教学任务、课程和教学方法等的研究;但任何一个具体问题的研究只有与科学化联系起来才有意义。

根据教育史工作者和教学论工作者的研究,教学论的发展正是围绕着教学论的科学化这条基本线索而展开的。教学论的历史也就是教学论逐步科学化的历史。教学论经历了一个不断科学化的历史过程;当前世界范围内教学论又在进行科学化的新探索,朝着教学论现代化的方向发展;对于我们来说,一般地提科学化、现代化还不够,还要解决民族化、中国化的问题。我们在教学论方面的任务,就是要建设和不断完善具有中国特色的马克思主义教学论。在科学化、现代化、中国化这几者中,科学化是基础。我们要为教学论的进一步科学化而努力。

教学论的历史发展究竟经过几个阶段,这需要另外进行专门的

---

① [捷克]夸美纽斯著,傅任敢译:《大教学论》,人民教育出版社 1984 年版,"出版说明"。

研究。这里，只根据逐步科学化这条基本线索，指出一些重要史实。

第一节 从个别的教学思想、论著到形成独立的学科

在我国，至少在公元前 6 世纪的孔子著作里，就已经发表了许多精辟的教学论思想。例如，"学而时习之"①，"不愤不启，不悱不发"②，"学而不思则罔，思而不学则殆"③，"温故而知新"④，等等。在西方，古希腊智者学派（亦称诡辩派，公元前 5 至前 4 世纪），以传授知识为职业，也发表了许多关于教学的言论。例如，"对于学习，天禀和练习是同样的需要；我们应从少年学起。""没有实践的理论和没有理论的实践都没有意义。""学习如果没有达到相当的深度，便不会在灵魂中生根。"⑤ 以上这些言论，虽然还只是分散的、个别的，但都是教学经验的总结，可以说是教学论的萌芽。

到了战国末期或秦汉之际，产生了我国教育史上的、也是世界教育史上的光辉著作《学记》。它已经相当广泛地说到了教学的作用、目的、内容、原则和方法以及教师等问题，尤其值得指出的是，它已经达到了理论自觉性的相当的高度。它说："既知教之所由兴，又知教之所由废，然后，可以为人师也。"这就是说，教学的成功和失败，都是有原因和条件的。从事教学工作的人必须研究和掌握这些原因和条件。在此稍后，罗马的昆体良（35—95）撰写

---

① 《论语·学而》。
② 《论语·述而》。
③④ 《论语·为政》。
⑤ ［苏］麦丁斯基著，叶文雄等译：《世界教育史》上册，五十年代出版社 1952 年版，第 21 页。

了《雄辩家的教育》一书，被誉为古代西方的第一部教学法论著。①

无论东方和西方，在中世纪或封建社会，都经历了一个专制时代。教学论发展缓慢。但是，正如恩格斯所告诫的：不能把中世纪看做历史的简单中断，而应该看到历史联系。教学论的发展还是有成就的。即使是其消极方面，也应看做辩证发展中的一个环节，为更高级的发展准备了条件。连杜威那样对传统教学论批评得最严厉的思想家，依然对欧洲中世纪的经院主义教学论有过客观的评析，他不得不承认它适宜于传授间接知识，"组织得最为完备"，"适于界说，疏注，解释"，"具有逻辑的精确与条理"，"严谨，准确"。②至于我国，自汉以后，教学归结为呆读死记儒家经书，愈演愈烈。颜元说："朱子论学，只是读书。"③ 这句话是符合事实的，并相当概括。可见，封建社会里教学论的发展是很片面的。但是，以"朱子读书法"为代表，在传授和学习书本知识方面，我国历史上曾经积累了丰富的经验，很有一套办法。所谓考据、义理、辞章，都不能完全否定。

17 世纪捷克伟大教育家夸美纽斯所写的《大教学论》，举世公认为教育学发展史上的重大里程碑。它于 1657 年首次公开发表，全书共分三十三章，作者明确宣称，它要"阐明把一切事物教给一切人类的全部艺术"。④ 它系统地论述了关于改革中世纪旧教育，建立资本主义新教育的主张，提出了一个比较完整的教学论体系。

---

① 曹孚、滕大春等编：《外国古代教育史》，人民教育出版社 1981 年版，第 87 页。

② [美] 杜威著，邹恩润译：《民本主义与教育》，商务印书馆 1937 年版，第 335 页。

③ 《颜李遗书·存学篇·性理解》，此处转引自孟宪承等编：《中国古代教育史资料》，人民教育出版社 1961 年版，第 403 页。

④ [捷克] 夸美纽斯著，傅任敢译：《大教学论》，第 1 页。

它的内容远不限于教学论范围，但关于教学问题的论述是其主体部分。书中对课程、学科教学法、教学组织形式——班级授课制等的论述，特别是对教学原则的论述，十分详细、丰富。教学论的真正建立，形成一个独立的学科，应该说从这里开始。而教学论的建立也就给教育学的建立奠定了基础。这也表明教学论对教学这一客观对象的研究和认识，已经达到了系统化、概括化的水平了。

第二节 与心理学建立起联系

教学论在逐步科学化的发展道路上，与心理学建立起联系，乃是重要的一步。18世纪末和19世纪初，瑞士教育家裴斯泰洛齐（1746—1827）和德国教育家赫尔巴特（1776—1841）在政治思想倾向和教育目的理想上各有所不同，前者为资产阶级的民主教育家，后者站在维护容克地主政权的保守的立场上。但是，他们都努力把教育学（主要是教学论）建立于心理学的基础之上。在西方教育史上，虽然从亚里士多德起，就提出了心理问题，以后的夸美纽斯、卢梭（1712—1778）等人也都接触过这个问题，他们主张按照儿童心理能力的自然发展来安排教学，但是，真正明确地把心理发展的研究作为教学总原则的基础，还是裴斯泰洛齐首次提出并由赫尔巴特正式奠定的。欧洲19世纪上半叶曾经出现一个"教育心理学化运动"。① 裴斯泰洛齐和赫尔巴特是这个运动的重要代表。裴斯泰洛齐说："我长期探寻一切教学艺术的共同心理根源，因为我确信只有通过这个共同的心理根源，才可能发现一种形式，在这个形式中，人类的教养是经由大自然自身的绝对规律来决定的。很明

---

① 参见李明德：《论教育心理学化运动》，载《教育研究》1982年第10期。

显，这种形式是建立在心智的一般结构的基础上的。……教学的原则必须从人类心智发展的永恒的第一个形式中引申出来。"① 例如，他的要素教育理论就是这种教育心理学化主张的运用。在裴斯泰洛齐这里，所谓要素，指的是人的天赋能力最原始最简单的萌芽。在德育中儿童对母亲的爱，在体育中身体各个关节的活动能力，在知识教学中对数、形、词的认识能力……就是一些最简单最原始的要素。教育、教学的任务以及内容和方法，应该以这种种要素为根据，并加以发展。② 赫尔巴特更加明确地把他的教学论建立在心理学的基础上。他说："教育者的第一门科学，虽然远非其科学的全部，也许就是心理学。应当说是心理学首先记述了人类活动的全部可能性。"③ 他从"多方面兴趣"的原理，论证了教学的任务和课程。他又从观念运动的原理，论证了教学过程的形式阶段，并经过他的弟子们引申、发展，形成了所谓"五段教学法"，风靡一时，统治欧美教学理论界几乎达半个世纪之久。赫尔巴特还从观念心理学出发，论证了教学在整个教育体系中的中心地位，指出教学是教育的主要途径，发挥了教学教育性的思想。当然，用心理学来论证教学论问题的工作在当时还是很初步的，而且，把教学论建立在心理学的基础上远远没有解决教学论的科学化问题。何况，赫尔巴特的心理学本身是唯心主义和形而上学的。但是，他的心理学中有合理成分，而他应用心理学于教学论的研究，对推动它的发展，是有贡献的。教学论与心理学建立起联系，表明它已不再停留在经验描述水平上，也不再像夸美纽斯那样，有时只得将教学现象与一些自然现象进行牵强的类比。换言之，教学论的科学性增强了。

---

①②③ 任钟印主编：《西方近代教育论著选》，人民教育出版社 2001 年版，第 250～251、273～278、297 页。

第三节 "新教育"的出现和两大派的长期论争

19世纪末和20世纪初,欧洲出现了一种"新教育"思潮。它标榜反对传统教育,并要为教育和教学寻找一种科学的方法。如"新学校"、"劳作教学"、"实验教学"、"实用主义教育学"等,大同小异,都属于这一类。而在实用主义教育学中,这种教育思潮获得系统的理论表述。

这种教学论思潮的一个重要特点,就是认为以前的教学论都是仅仅依据理论的推导,或者偶然的经验,来确定教师的活动、教材的使用和学校工作的组织,这是不科学的。科学的方法应该是通过实验,研究儿童身心特点,用实验所得的结果与数据,作为确定教学内容和方法的依据。这种教学论思潮的另一个重要特点,就是认为以赫尔巴特为代表的教学论传统,是主知主义的,即只是使学生学习书本知识,是不对的。他们提出应以意志活动为教育的基础,即"主意主义"或"行动主义"。因此他们主张活动课程,主张儿童主动地积极地从活动中学习,教师与学生之间、学生与学生之间建立合作关系,强调自由的、个别化的教学。

这种教育思潮的出现,在教育学发展史上,特别是在教学论发展史上,有很重要的意义。从此,开始了两大派——所谓"传统派"和"进步派"的长期论争。用我们通常的说法,就是两个"三中心"的对立:教师中心和儿童中心的对立;系统书本知识中心和个人直接经验中心的对立;课堂教学中心和活动中心的对立。这两派的争论已经持续一个多世纪了。虽然在不同时期,不同国度,不同课题上,有着不同的具体内容(历史的、阶级的、理论的),但是,争论一直没有停止过,也几乎到处都有。撇开外部因素,从教学论自身来说,这种论争推动着教学论的发展。或者可以说,外部的影响,往往是通过教学论内部这两派论争的形式而表现出来。

值得提到的是,苏联教学论曾经认为上述"新教育"思潮的出现是一种"退步现象"。① 其理由概括起来就是:它忽视了教学论的已有成果,也没有进一步发展教学论的新思想;它降低了知识教学和儿童思维的作用,限制了儿童智力发展;它的实验有生物学化和机械主义的缺点,也回避了教学内容、教学目的等本质问题;它的重视实际知识和发挥儿童主动性积极性等主张,乃是适应垄断资产阶级剥削和压迫劳动人民的新需要,即需要有一定文化的熟练劳动力,又要限制他们受到真正科学的教育。② 那么,我们怎样看待这个问题呢?应该说,苏联教学论指出的"新教育"思潮所存在的问题,都是存在的。但所下的结论——"退步现象"——却是有待商榷的。因为这种教育思潮和理论,虽然反映了资产阶级的教育要求以至政治经济要求。而且理论本身从根本上讲不能认为是科学的。但是,它从一个侧面,以一种形式反映了当时生产发展和科技发展的趋势,有其合理的成分。更重要的是,它指出了传统教学论中确实存在的问题或矛盾。教学论发展也像其他一切事物一样,是迂回曲折的辩证的过程,不是简单、笔直地进化的。往往克服片面的认识,正是获得全面的正确的认识的途径,因而不能简单地把这种"新教育"思潮的出现看做"退步现象"。

第四节 马克思主义教学论的产生和发展

随着马克思主义的产生,苏联和各社会主义国家学校教学实践的发展及其经验总结,逐步形成和发展了马克思主义的教学论。这是教学论发展史上和科学化道路上根本性的飞跃。

---

①②〔苏〕达尼洛夫、叶希波夫编著,北京师范大学外语系1955级学生译:《教学论》,第31、31~36页。

马克思主义教学论的主要特点，就是以辩证唯物主义和历史唯物主义、特别是辩证唯物主义认识论，作为自己的方法论基础，它把教学纳入培养社会主义和共产主义新人的全面发展教育体系，跟社会主义革命和建设事业、跟广大学校的教学实践保持着息息相通的密切联系。这就从根本上保证了教学论正确的研究方向和方法。六十多年来，它逐步形成一个基本理论体系，通过一套范畴（概念），如教学任务、教学内容、教学过程、教学原则、教学方法、教学组织形式、教学效果检查等，揭示了不少的教学规律，建立了各部分的理论，为解决教学实际问题，制订和选择教学的各种计划、方案，不同程度地提供了科学依据和指导意见，培育了几代教师和教学理论工作者。

马克思主义教学论和历史上的一切教学论以及当代西方教学论，是什么关系呢？两者在原则上是分属于两种不同的思想体系的，这一原则界限不容混淆或模糊。但是，马克思主义教学论决不是完全地排斥它们的。马克思主义教学论批判地继承中外教学论的历史遗产，并以它作为自己在科学化大道上继续前进的基础和出发点。它也积极吸收当代世界范围内一切教学论的科学成就和合理的因素。从总体上讲，马克思主义教学论是真正科学的，而以往的教学论和当代西方的教学论，则不能认为是如此。但是，这并非说，西方教学论全是不科学、反科学的。他们在某些方面和一些问题上，获得很多成就，提供了大量的有益的成果和材料，甚至比我们强。另一方面，再说回来，这也并非说，马克思主义教学论发展得很顺利，已经很科学化了。它的发展时间不长，道路曲折，犯过简单化的错误，而且至今也还不能说已经克服，对于面临的许多理论的和实践的重大课题，都还未来得及很好地解决。尽管如此，马克思主义教学论的产生和发展，标志着教学论科学化的根本基础已经奠定了。

综上所述，可见，教学论经历了一个逐步科学化的历史过程。总的趋向是越来越提高了科学水平。原来只有零星和个别的教学思想，逐步地相互联系起来，对教学规律的揭示日益增多，理论本身也逐步系统化，形成独立的体系，后来这种体系又越来越严密。起初，教学思想只是简单朴素的命题，逐步有了理论的论证，而论证早先相当牵强，或限于个别方面，后来逐渐贴切、多方面和不断深化。在研究方法方面，一开始不过经验的描述，或直观的推测，逐步抽象概括化，提高理论的自觉性。纵观历史，教学论随着时代的前进，不断以新的内容和新的观点丰富着。

思考题

教学论逐步科学化经过了哪些重要的阶段，各阶段有哪些特点？

第二章
当前世界范围教学论科学化的新探索

近几十年来,教学论的发展在世界范围出现了前所未有的新情况。各种教学改革实验和理论主张,如雨后春笋般地破土而出,十分活跃。这几年,我国各种书刊对国外教学论动态,陆续作了很多介绍。对它们进行全面、专门的研究和评论,不是我们在现有条件下所能胜任的,也不是本书的任务,使我们关心的是,它们对教学论现代化所作的努力和对教学论科学化的新探索。

第一节 共同的背景和课题

当前世界范围教学论呈现十分活跃的现象,不是偶然的。众多的教学论,包括它们的理论和方法,虽然极其纷繁,使人眼花缭乱,互有争议和分歧,但是,却有着共同的背景,面临着共同的课题。这就是说,不论在哪一种社会制度下,持有哪一种世界观,都要面对同一形势,回答共同的问题。当然,对共同的形势和问题,在理解上,在解决的方向和方式上有所不同。

所谓共同的背景,主要指的是以下两个方面的情况。

首先是,第二次世界大战后,以原子能、电子技术和空间科学为标志,生产和科学技术发生了新的重大革命,引起了所谓"知识爆炸"的现象。知识量急剧增长,创新过程愈益加快。同时,生产的机械化、自动化程度不断提高,劳动性质发生着更深刻的变化,变得更具有智力或科学的性质。社会生活越来越丰富、复杂,可以说日新月异,甚至瞬息万变。这样,客观上对新生一代提出了新的要求。他们如果不具备某些新的品质,就不能适应社会生产和生活的新要求。这种新的形势,与过去的和现行的教学实践以及相应的教学论思想,发生了尖锐的矛盾,或者说,过去的和现行的教学理论和实践中固有的矛盾,更加暴露和尖锐化了。最明显的例子有:在西方、特别在美国流行乃至统治多年的实用主义教学论,主要着眼于学生个人直接经验和生活技能的教学,严重降低了科学水平,在新的历史条件下更加显得站不住脚了;而另一些国家,主要继承从夸美纽斯、赫尔巴特以来的传统教学论,偏重于传授现成书本知识,缺乏灵活性,忽视创造力的培养,在新形势下也显得很不适应了。

再一方面,由于生产和科技发生新的重大革命,加上多少代以来的长期积累,与教学论有关的许多科学理论和技术手段,有了新的发展和突破。根据有关的材料说,在脑生理学的研究上发现了一个惊人的事实,即人的大脑还有很大一部分潜力未曾加以利用,而且某些权威(未免武断地)估计,这种未曾利用的大脑潜力竟高达90%。[①] 还有的材料说,人脑约有100亿个(一说150亿个)神经元,可接受数千种信息,可以储存1 000万亿信息单位,可用300万年。[②] 在心理学的研究上,也有好多成果是引人注目的。例如,瑞士儿童心理学家皮亚杰(1896—1980)的"发生认识论",研究了儿童的认识和智力的本质,特别是它的结构和发展阶段,对教学理论和实践已经发生并将继续发生影响,苏联心理学家维果茨基(1896—1934)的理论重新受到重视。加里培林等心理学家提出智

[①] 联合国教科文组织国际教育发展委员会编著,上海师范大学外国教育研究室译:《学会生存》,上海译文出版社1979年版,第151~152页。
[②] 参见滕纯:《人脑的潜力有多大》,载《中国青年》1980年第10期。

力活动阶段形成说,它证明智力活动是由外部的、物质化的、展开的活动迁移为内部的、观念的、压缩的活动,经过五个阶段。这些都使人们对智力及其发展获得了更多的认识。20世纪50年代左右,还出现了一种新的横断科学:系统论、信息论、控制论,即通俗地称为"三论"的学科。它们主张把事物、对象看做一种系统进行整体的研究,研究它的成分、结构和功能的相互联系,通过信息的传递和反馈来实现系统之间的联系,达到有目的地控制系统的发展,获得最优化的效果。"三论"给许多领域的研究,也包括给教学论的研究,提供了新的思路和方法。近几十年来,现代化技术手段如录音、广播、电影、电视、电子计算机的出现及其运用到教学领域,不仅提高了教学效率和质量,而且已经引起并将继续引起教学实践和教学理论发生深刻的变化。

以上两方面的情况结合起来,决定了一场新的更深刻的、历史上空前的教学改革,将是不可避免的,既有客观的必要性,又具备了新的可能性。这一切也说明,教学论要进行各种各样的新探索是必然的。

教学论必须认真探索:时代究竟向教学提出了一些什么新的要求?如何充分利用新的科学理论和技术成果去适应这种要求?过去和现行的教学理论和实践究竟存在哪些矛盾和问题?如何进行改造并加以发展?具体一点讲,教学论将怎样研究制订新的教学目标(如开发智慧潜力),寻找新的教学结构,使教学过程更加合理,更有效率,更有质量?如此等等。

第二节 一些教学改革实验和理论主张

现在世界范围出现的一些教学论思潮,只要多少是严肃的、郑重的实验和主张,都可视作教学论科学化、现代化的新探索,都是从自己的基地出发,这样或那样地利用新的科学技术成果;克服某种原来的教学理论和实践与新形势要求不相适应的矛盾；提出某种新的设想。简言之，它们是为了共同的课题，提出不同的方案。

这里，只就我们所知道的有限材料，对我们的主题做些举例说明。

一、赞科夫的"实验教学论体系"

列·符·赞科夫（Л. В. Занков，1901—1977），当代苏联心理学家，教育家。1957年开始在学校低年级（相当于我们的小学），进行"教学与儿童发展"的实验，长达二十年之久。1975年出版的《教学与发展》一书，就是这个实验的总结。在我国，1978年《上海教育》第1、2期开始介绍赞科夫的教学论思想，立即引起强烈的反响。此后，翻译和评介文章日益增多。1982年5月，全国比较教育研究会在上海举行了专题讨论会。① 它标志着我国对赞科夫的教学论思想，由主要是介绍转入了深入研究。

（一）中心思想和主要教学原则

赞科夫教学论的中心思想，就是"以尽可能大的教学效果来促进学生的一般发展"②，或者说，"致力于探求新的途径去促进学生的一般发展"。③他认为苏联几十年所通行的教学论也有一个中心思想，即与此相反，偏重于或着眼于知识和技能的教学或训练，发展的效果很差。"发展"是儿童心身品质的质的变化，"一般发展"又不同于个别方面或"特殊的发展"，它包括整个个性。"发展"与知识技能的"掌握"不是一回事，不一定一致，而可能出

---

① 参见钱景舫整理：《关于凯洛夫与赞科夫教学思想的异同和评价小型专题学术讨论会工作报告》，载《外国教育》1982年第6期。

②③［苏］赞科夫编，杜殿坤等译：《教学与发展》，文化教育出版社1980年版，第21、17页。

现"剪刀差"。① 因此，教学必须担负使学生掌握知识和个性得到发展的双重任务。他认为，"在学生的发展上取得良好的结果，是使学生掌握多方面的、深刻而牢固的知识的可靠基础"。② 他还说："要使教学能够促进学生在发展上取得重大进步，单单从掌握知识和技巧的任务出发来进行教学是不够的。对教学中所遵循的教学论原理和教学法都应加以特殊考虑，以求同时完成两种任务"。③ 明确地指出"剪刀差"是赞科夫的一个重要见解。他所做的实验工作，正是体现了他的"特殊考虑"。

赞科夫围绕和贯彻上述中心思想，提出他的新的教学原则。

1. 高难度原则

他认为在原来的可接受性原则的指导下，教学内容贫乏，教学方法不能引起学生创造性的认识活动。这很不利于学生的智力和一般发展。"因此要遵循一个相反的原则：把教学建立在高水平的难度上，同时注意掌握难度的分寸，只有这种能为紧张的智力工作不断提供丰富的食物的教学过程，才能促进学生迅猛的发展"。④

2. 高速度原则

他批评过去的教学，进度太慢，浪费时间，让学生反复地、千篇一律地咀嚼他们已知的东西，进行过多的技巧训练。这种做法导致学生不动脑筋，精神消沉，这就阻碍了发展。他主张，只要学生已经掌握了学过的知识，就要向前进，就进而教给他们越来越新的知识，以广度求深度。至于什么是适宜的速度？应"根据是否有利于学生一般发展来决定"。⑤

3. 理论知识起主导作用

这是针对过去教学过分强调技巧训练和一味地从具体到抽象的教学提出的。赞科夫指出，向来小学教学首先和主要是以训练读、写、

---

①②③④⑤ ［苏］赞科夫，邓鲁萍译、王智量校：《小学教学新体系的实验》，载《外国教育资料》1978年第6期。

算技巧为目的的,理论知识所占的位置是微不足道的,而且几乎只是为形成技巧服务的。他提出另一种教学结构,即加强和提高理论知识的地位和作用,要求尽可能在深刻地理解语言的规律、数的概念和数的运算规则的基础上,来形成读、写、算技巧。赞科夫也批评向来的教学片面强调小学生只能认识感性的事物,过分强调直观,久而久之,很难发展学生的抽象思维。他认为,在小学一开始就可以引入抽象概念。

4. 使学生理解学习过程

这个原则是针对过去教学只关心学生学习的结果而不关心学生学习的过程的情况而提出的。赞科夫主张,要使学生学会学习。学生不仅要对知识本身能够理解,而且能够理解知识怎么得来的过程。他说,过去所提的"自觉性"原则,只把"理解"指向外部,只把知识技能作为"理解"的对象,而他所提的这一原则,则是指向内部的,即把"理解"指向学习的进行过程。两者有重大差别。

5. 使所有学生包括差生都得到一般发展的原则

这个原则也是有针对性的。过去,教学对差生提供智力活动的机会和可能性是最少的,因而成绩落后,而克服的办法又主要是补课和多做作业。这些差生的智力活动因而更少,造成恶性循环。赞科夫主张,对差生要特别注意发展其智力和个性品质,而这才是提高他们的根本办法。

赞科夫根据以上中心思想和教学原则,制订了一套实验课程、大纲和教材,并且实验、总结了各科教学法。

(二) 对赞科夫教学论思想的评价

赞科夫的教学论思想,在苏联国内和我国都有不同的评价。

在苏联国内,分歧和争论相当激烈。肯定的评价,在理论方面,苏联教育部长普罗科菲耶夫说:赞科夫论证了"现代教学论的教学原则"。"这些原则在某种意义上为教学、特别是为小学阶段的教学,奠定了现代化基础。"① 在实践方面,苏联1967年进行了一

---

① [苏] 赞科夫编,杜殿坤等译:《教学与发展》,第370页。

次教学改革，实行新的教学大纲，提高了科学知识程度，并把初等教育年限由四年缩短为三年。这次改革明显地吸收了赞科夫实验的成果。① 否定的评价，认为赞科夫提出的并不是什么"新"体系，在揭示教育和发展的规律方面进展并不大。对于赞科夫提的五条教学原则差不多每一条均持有异议，对赞科夫特别加以非难的一点是，认为赞科夫把自己的成就跟传统教学论、跟苏联其他研究成果对立起来。② 苏联1963年改革后发生了学生负担过重和忽视劳动技术教育等问题。于是自70年代末又酝酿新的改革。1984年1月和4月先后公布了《苏联普通教育与职业教育改革基本方针》的草案和正式文本。其中改革内容之一就是又将初等教育年限由三年改为四年。③

在我国，评价的意见也与苏联的两个方面差不多，但却突出了一个问题，即赞科夫教学论与苏联通行了几十年的传统教学论（习惯上称凯洛夫教学论）的关系问题：是继承、补充和发展，还是根本对立和变革？④ 很多的意见倾向于前者。这个问题还可继续探讨。我们认为不管怎样，赞科夫教学论思想有几点无疑是应该肯定和重视的。

第一，他提出发展性教学概念并把它付诸具体实践，这就把握了教学论现代化的中心课题。在此之前，或者理论上不充分明确，或者没有具体化，没有实行。

第二，他主张把教育学的研究和心理学的研究结合起来，指出："学生心理的研究如果不直接作为教育学研究的一部分，那就

---

① ［苏］赞科夫编，杜殿坤等译：《教学与发展》，第370页。
② 参见于桂林：《苏联教育界1964～1966年对赞科夫的"新教学论体系"进行辩论的情况》，载《外国教育资料》1980年第4期。
③ 参见吴式颖：《苏联普通学校和职业学校改革的基本方向》，载《外国教育》1984年第2期。
④ 参见《外国教育》1982年第6期关于赞科夫教学论思想讨论会的报导。

必然会导致所提出的论断缺少根据和导致教条主义"。① "教学与发展问题本身的性质,要求必须把对学生心理研究有机地包含到教育学研究中去"。② 这里说的是"直接作为"和"有机地包含",跟过去的理解有重大区别。过去只是把心理学作为论证的"材料"或"基础"。这个问题我们在后面还要加以讨论。③

第三,他进行了真正有理论指导的教学实验,而且长达20年之久。其研究方法、改革和实践精神都体现了科学化的要求。

在苏联,在同一时期,跟赞科夫沿着同一路线,但更为激进的探索,还要提到艾里康宁、达维多夫的"智力加速器计划"的实验。④ 他们批评传统教学论是建筑在经验论的基础上,认为现代教学论应该强调理论思维。"教学可以从学者发现的结果开始,亦即从概念开始。"⑤ 他们还认为,儿童的智力发展,归根结底是受他们所掌握的知识的内容决定的。学习(因而也就是教学)是发展的形式。所谓"年龄特征"不是不可变的。⑥ 因此,他们提出了一个与传统学科结构相反的学科结构:一般知识先于特殊知识,循着马克思指出的由抽象上升到具体的路线进行。⑦ 从小学一年级起就可培养理论思维。

对这种实验的评价,大致有:认为它的理论,乃至它的命名,显示了"想要猛烈加速小学生智力发展的雄心壮志"。⑧ 反对经验论很彻底,提倡培养理论思维,这是符合现代教学论发展趋势的。但是片面性大,脱离实际太远。儿童心理的年龄特征反映了发展阶段性和相对独立性,能否轻易否定?如此强调早期发展理论思维,如

---

① 转引自《外国教育资料》1982年第5期。
② [苏] 赞科夫,杜殿坤等译:《教学与发展》,第27页。
③ 参见本书第三章。
④⑤⑥⑧ 钟启泉:《苏联"智力加速器计划"述评》,载《教育研究》1980年第2期。
⑦ 参见马克思:《政治经济学批判导言》。

何能保证全面发展？人们提出了如此的种种疑问。①

二、巴班斯基的教学过程最优化理论

巴班斯基（Ю. К. Бабанский）是苏联教育科学院院士、副院长。20世纪60年代，顿河-罗斯托夫地区创造了克服大面积留级现象的先进经验，以后在苏联全国范围内大力推广。巴班斯基在总结这一经验的基础上，试图以唯物辩证法为指导，将现代系统论的方法引进教学论的研究，提出了教学过程最优化的理论。②

（一）教学过程最优化的基本原理

1. 基本概念

什么是最优化？他自己曾明确下了一个定义。"最优的"这一术语，是指"从一定的标准来看是最好的"的意思。③ 他认为标准有教学效果、时间支出、精力和物质消耗等等，不过最重要的是前两项：效果和时间，既提高质量，又不增加负担。"最优"不等于"理想"。它是特指一定条件下的最优。例如，差生达到及格可算最优，优生取得良的成绩则不能算最优。条件差的学校达到某种水平可算最优，条件好的学校达到同样水平，则不能算最优。④

巴班斯基认为，应该把教学看做一个系统，从系统的整体与部分之间，部分与部分之间，以及系统与环境之间的相互联系、相互

---

① 钟启泉：《苏联"智力加速器计划"述评》，载《教育研究》1980年第2期。

② 高文：《巴班斯基教学论研究的时代背景和方法论基础》，载《外国教育资料》1983年第1期。

③ ［苏］巴班斯基著，吴文侃等译：《论教学过程最优化》，教育科学出版社1982年版，第164页。

④ 参见吴文侃：《巴班斯基论教学过程最优化的基本标准和实施办法》，载《外国教育动态》1981年第6期。

作用之中考察教学，以便达到最优处理问题。他强调综合研究，发挥整体功能，反对孤立、片面、静止的观点和方法，力图利用系统、整体中各成分相互联系、相互作用所提供的"附加量"，来发挥和提高整体功能。① 他不赞成只着眼于局部质量，例如只是内容高质量，只是改革方法，或只是某一学科达到好成绩，这样不仅不够，而且还可能削弱其他部分的最优，影响整体的最优。他要求综合规划，在整体的基础上，细致地分析内部、外部各种条件：时间、地点、教师、学生、环境等，进行比较，进行优选，决定最好的教学方案，加以实施，最后进行效果检验，进一步对教学系统、整体进行调节和控制。总之，这就是系统论的方法，实际上也就是辩证的方法，或者说，把辩证法加以具体化。用一个简短公式表示，就是：综合—分析—综合。②

2. 关于教学过程的结构和环节

巴班斯基根据辩证—系统的方法，对教学过程多方面的因素，作了比较全面的设想，进行了新的划分。他认为教学活动过程应该包括社会方面的成分（目的、内容），心理方面的成分（动机、意志、情绪、思维等）和控制方面的成分（计划、组织、调整、控制）。③ 因此，他规定教学过程的结构成分如下：教学目的和任务、教学内容、教学方法、教学组织形式、教学结果。他还郑重指出，教学过程是教师和学生在一定条件下发生相互作用的发展（运动、变化）。"因此，从全过程的观点来看，把教师和学生列为教学过程的直接因素是不对的，把物质条件同活动的目的、内容、形式和方法相提并论也是错误的。"④ 教师、学生、条件都是

---

① 参见高文：《教学过程最优化原理及其基本方法体系和实施程序》，载《外国教育资料》1983年第2期。

② 高文：《巴班斯基教学论研究的时代背景和方法论基础》。

③④ ［苏］巴班斯基著，吴文侃等译：《论教学过程最优化》，第7页。

"教学过程中发挥作用的整个体系的诸要素,但不是过程本身的直接成分"。①

巴班斯基也对教学过程的环节作了新的划分。这首先基于他一种新的见解,即不同于过去仅仅把教学过程划分为感知、理解、巩固、运用几个环节的观点,或单纯形式地去划分"教"或"学"的环节等。他吸取管理学的一般原理,将内容(完成一定教学任务的工作)和活动统一起来,把师生相互作用包括进去。这样,他规定的教学过程的环节就是:(1)掌握教学的社会目的和任务,并结合具体情况加以具体化;(2)根据学生的特点,使教学内容具体化;(3)选择最优的形式和方法;(4)在教学统一过程中,师生的相互作用;(5)通过日常检查和自我检查,随机调节;(6)一定阶段的分析,查明尚未解决的任务,以便在新周期中加以考虑。②

3. 关于教学最优化的方法体系

巴班斯基提出了教学过程最优化的方法体系,即"相互联系着的、可以导致教学最优化的所有方法的总和"。③ 他认为,"这对教育学来说,是一种崭新的范畴"。④ 通俗地说,就是:教学过程结构的每一种成分(加上"教学速度"),都是最优的。这种最优不是抽象的、绝对的,而是指特定的时间、地点、条件而言的;也不是孤立的,而是组成一个体系;不仅互包括教的方面,而且包括学的方面,教的最优化和学的最优化融合在一起。例如,关于教学任务,在教师方面要进行综合规划,并研究学生的实际可能性加以具体化;在学生方面,要积极接受任务,根据自己的可能性,拟订"自我任务",作为补充。又如,教学速度,在教师方面,要选择合

---

① [苏]巴班斯基著,吴文侃等译:《论教学过程最优化》,第7页。
② 高文:《巴班斯基教学论研究的时代背景和方法论基础》。
③ 转引自高文:《教学过程最优化原理及其方法体系和实施程序》。
④ [苏]巴班斯基著,吴文侃等译:《论教学过程最优化》,第174页。

理的教学速度,节省学校和家庭中的时间消耗;在学生方面,要合理支出时间,尽力加快自己的速度;等等。① 巴班斯基曾以教师的活动为重点,对怎样优选上述体系中每一基本方法,作了较为详细的说明。

4. 关于实施教学最优化的程序

如何获得教学最优化的方法体系?巴班斯基提出了一套实施程序:(1)综合地掌握教学任务,并在研究学生在某一时刻的实际可能的基础上,使任务具体化;(2)选择在该条件下最优组织教学过程的标准;(3)研究制订一整套该条件下的最优手段;(4)尽最大可能地改善教学条件;(5)规定的教学计划的实施;(6)依据标准,分析教学过程的结果。②

(二)对巴班斯基教学思想的评价

巴班斯基的教学论思想,在苏联,在我国都引起重视。这主要有两个方面的原因。一是它总结了大面积提高教学质量,克服留级现象的经验,很实际,很有成效。而这是多年来学校共同的老大难的一个问题,现在有了这方面的经验并上升到理论,自然引起兴趣。二是它引进了系统论的方法,使辩证法的应用具体化,提出了一条新路子。巴班斯基说:最优化是教育学发展中的一个合乎逻辑的阶段。③ 的确,在分割的研究和多年积累的成果的基础上,需要加以综合研究。这是对教学论科学化的重要的新探索。

巴班斯基的教学论思想在苏联和我国也存在争议。议论的一个集中点在于认为巴班斯基所讨论的具体问题没有多少新内容。事

---

① [苏]巴班斯基著,吴文侃等译:《论教学过程最优化》,第175页。
② 转引自张定璋:《巴班斯基的"教学过程最优化"》,载《课程·教材·教法》1981年第1期。又参见高文:《教学过程最优化原理及其方法体系和实施程序》。
③ 转引自高文:《教学过程最优化理论的推广》,载《外国教育资料》1983年第6期。

实确是这样。他自己承认：教学最优化方法体系中包括的每一个方法都曾在某种程度上被教师采用过。但是，他又说，当每一个方法纳入他主张的最优化体系中，就在本质上获得了"崭新的意义"，①这也是确实的。恐怕它的特点和优点正在于此。

不过，巴班斯基的教学论还较粗糙。有的部分如在规律和原则问题上不但不辩证，反而有些机械。教学过程的"成分"，有时提五个，有时又提六个（包括了"速度"）。教学过程的"结构"、"环节"、"方法体系"、"实施程序"等，互相重重复复，使人眼花缭乱。当它们更具体化为细节时，制订出的各种"大纲"、"表格"，纷繁琐细，不合乎教学论、教学法化繁为简的一般趋势，教师们掌握起来可能相当困难。这一切都反映出，这个理论还不成熟。

苏联赞科夫和巴班斯基的教学论思想，一者着眼于"发展"，一者着眼于"系统方法"，成为苏联教学论发展中引人注目的事情。苏联教学论向来尊崇从夸美纽斯到乌申斯基的传统，强调教师在课堂中传授书本知识，比较忽视智力和个性发展，也相当机械、单调、绝对化。自50年代后半期开始发生转折。1956年《苏维埃教育学》先后发表两篇社论：《更全面更深入地研究儿童》和《克服个人迷信在教育学中的后果》，被认为是大转折的标志。从此以后，教育和教学的理论和实践，逐渐表现出灵活性、多样性，开始重视儿童的发展，注意课外活动，问题教学，区别教学，劳动教学，开设选修课，等等。传统教学论的代表达尼洛夫、叶希波夫、斯卡特金等人，其理论观点也都有很大变化。② 近年来，苏联 М. И. 马

---

① 参见高文：《教学过程最优化原理及其方法体系和实施程序》。
② 参见［苏］达尼洛夫、斯卡特金：《中学教学论》（俄文1975年版）。《外国教育资料》1981年第3、4期译载其中《教学方法》一章，《外国教育资料》1982年第4期译载其中《教学过程》一章。又参见斯卡特金著，张天恩译：《现代教学论问题》，教育科学出版社1982年版。

赫穆托夫又提出"问题—发展性教学"的理论,认为"现代的教学过程就不可能不是问题—发展性的",并试图以此概括、统摄传统的以及近二三十年来提出的各种新理论,包括赞科夫、巴班斯基的理论。①

苏联的教学论,特别是它的传统教学论,与我们有着密切的关系。它的发展变化,自然引起我们的注意与关心,也特别值得我们研究。它为什么改进?改在哪里?怎样改的?对我们很有参考意义。它一直存在的或新出现的缺点和问题,对我们也有借鉴作用。它所走的道路,我们很可能也要用自己的方式重演其中某些方面。

三、布鲁纳的结构课程论

美国 20 世纪 60 年代初出现了一次教育改革浪潮,相应的、有代表性的教学论思想,就是布鲁纳的结构课程论。这种理论又较集中地反映在布鲁纳所著的《教育过程》一书中。这本书 1973 年有了中译本②。粉碎"四人帮"以后,介绍他的其他著作和研究他的理论的文章逐渐增多。布鲁纳之所以引起我们的兴趣,是有原因的。首先是"对教育质量和智育目标的关切"。③ 其次也由于中美关系的改善。1972 年尼克松总统访华,又值周总理指示要重视基础研究和提高教学质量。当时开始的对布鲁纳教学理论的研究,由

---

① 参见杜殿坤译:《现代苏联教学论的发展趋势》,载《外国教育资料》1983 年第 6 期。

② [美]布鲁纳著,上海师范大学外国教育研究室译:《教育过程》,上海人民出版社 1973 年版(亦可参考邵瑞珍译:《教育过程》,文化教育出版社 1982 年版)。

③ [美]布鲁纳著,上海师范大学外国教育研究室译:《教育过程》,"引论"。

于"四人帮"的干扰（所谓"反回潮"）而中断。1976年后才又重新进行介绍和研究。

（一）主要思想和教学原则

布鲁纳的教学论思想主要内容包括哪些？他自己提得十分明确，就是他说的："我们将教些什么？什么时候教？怎样教法？"①其中，"教些什么？"又是最主要的，所以布鲁纳的教学论思想主要在于课程论。他还根据这些基本思想，提出他的教学原则。

1．学习学科的基本结构

布鲁纳说："不论我们选教什么学科，务必使学生理解学科的基本结构。"②什么是结构？简单说，就是事物之间的相互联系。什么是基本结构？就是更普遍、而且强有力的适用性的结构。其具体表现，就是每门学科的基本概念、基本公式、基本原则、基本法则等。相对应而言，非结构的知识，就是单纯的事实、技巧、即时收效的课题。③他认为，学科的其他知识，乃是基本结构的"特例"、"具体化"、"变式"、"多样表现"。反过来，基本结构乃是其他知识的概括、抽象、内在制约者、发源、本质……。布鲁纳自己举了三个例子。例一，生物学中的向性或向地性、向光性。例二，代数的方程式，把已知数和未知数用方程式排列起来，从而使未知数成为可知数，这些方程式包含着三个基本法则即交换律、分配律和结合律。学生一旦掌握这三个基本法则所体现的思想，他就能够认识到，其他"新"的方程式就不是新的，它不过是一个熟悉的题目的变形罢了。例三，句型和语法。儿童掌握了一句话的微妙结构之后，他就能够根据这个句型，很快地学会说出许多其他语句，虽然在内容上与原来所学的语句不同。④

为什么要着重学习学科的基本结构？布鲁纳认为这是一个巧妙

---

①②③④ ［美］布鲁纳著，上海师范大学外国教育研究室译：《教育过程》，第2、8、21、5页。

的"策略"(或体现了认识的策略)。① 学习者毋须与每一事物打交道,而且可以独立前进。布鲁纳还具体申述了这样做的好处,就是使学生容易理解,便于记忆,能更好地迁移运用,缩小高级知识和初级知识之间的间隙。此外,对成绩差的学生更为有利。②

布鲁纳关于学习学科结构的教学论思想,其哲学和心理学的基础是"过程—结构"论和皮亚杰的"发生认识论"。他们不认为学习和认识是一种反映,也不讲本质和现象、普遍和特殊的关系等辩证唯物主义认识论原理。在他们看来,人的认识过程或智力活动,乃是一种主观图式连续不断的构造过程。皮亚杰明确说儿童一生下来就先天有一个图式,与外界事物接触时,把客观事物纳入主观图式,这叫同化,同化不了时就调节原有图式,使之与外界取得平衡,这叫顺应,图式本身因而得到改造、丰富,形成一种新的图式,然后又去同化、顺应别的新的事物。这就是布鲁纳提出和重视学习学科结构,并认为它能帮助更好地学习新知识的道理。所谓结构,也就是图式,还可叫模式、推论框架、信息编码系统,等等。这些说法都差不多是类似的意思。

布鲁纳还因此发展了学习心理学中关于迁移的理论。换句话说,他也利用、改造过去心理学中的迁移理论,作为他学习学科结构的思想的支柱之一。传统上讲的迁移,主要是技能的迁移。布鲁纳则强调理论的迁移,把过程—结构学说和迁移学说结合起来,或者说,用结构学说去解释迁移学说。布鲁纳申明:"把'原理'与'概念'作为迁移的基础这个观点原不是新的。"③但是,应该说,布鲁纳有所发展,把原理和概念解释为结构,又把它作为教学过程的中心。这是过去没有或不曾明确的。④

---

① [美]布鲁纳:《教育过程再探》,载《教育研究》1979年第1期。
②③④ [美]布鲁纳著,上海师范大学外国教育研究室译:《教育过程》,第6、18、16、17、12页。

2. 早期教学

布鲁纳在主张学习学科结构的同时，提出了一个大胆的假设，即所谓三个"任何"："任何学科的基础都可用某种形式教给任何年龄的任何人。"① 他想着重说明，学习科学可以提早，提倡早期教学。他论证了这种早学的必要性和可能性。关于必要性，他说：学习起来比较容易；对以后学习有好处；科学概念学习不能一次理解，需要反反复复回到原处。关于早学的可能性，他花了很大功夫，从他的过程—结构理论作了论证。如前所说，他和皮亚杰认为人的认识和发展，都有一种图式、结构，并且是不断构造的。它的发展在不同年龄阶段上表现不同。皮亚杰叫做"运算"（亦译为"运思"），布鲁纳叫做"再现表象"，共同的意思就是"观察世界、解释世界的独特方式"。② 按照布鲁纳的说法，"再现表象"所依据的媒介不断在演变，一般是由"动作"向"意象"再向"符号"转化，因而构成所谓"表演式再现表象"、"肖像式再现表象"和"象征式再现表象"这三个主要阶段。第一个阶段相当于学前时期，儿童是用动作对付世界的；第二阶段于五至七岁出现，儿童考虑问题可以借助头脑里的形象或表象进行；到十三四岁则进入符号或象征阶段，即抽象思维发展起来，并占优势。作了这一番考察之后，布鲁纳提出他的论断：如果按照每个阶段"儿童观察事物的方式去表现那门学科的结构"③的话，那么，上述的假设就能成立和实现。用布鲁纳的话说，"经过一种翻译工作"，④用我们的话说，把两种结构——学科知识结构和儿童的认识结构相结合，就可以做到任何学科的基本原理，都可以用相应的形式教给任何年龄的人。比如，数学的一些概念和原理，在小学以直观形式学习，在中学开始进行论证，到大学则用公理体系的形式学习。

---

①②③④ ［美］布鲁纳著，上海师范大学外国教育研究室译：《教育过程》，第8、23页。

3. 发现学习 (learning by discovery)

布鲁纳对"怎样教法"问题的回答就是凭发现学习。什么是发现学习？他说并无高深莫测之意，"发现并不限于录求人类尚未知晓的事物，确切地说，它包括用自己的头脑亲自获得知识的一切方法。"① 与这种方法相对照的就是"由教师先概括讲述然后要全班学生通过证明来进行的'断言和证明法'（method of assertion and proof）"，② 也即通常所说的传授和接受法，或讲解—演示法。发现法的具体做法，就是提出课题和提供一定的材料，引导学生自己分析、综合、抽象、概括，得出原理。它的特点是关心学习过程甚于关心学习结果，要求学生主动参加到知识形成的过程中去。最有表征性的一句话，就是布鲁纳所说的："学习中的发现确实影响着学生，使之成为一个'构造主义者'"。③ 从这里可以看出，布鲁纳提倡发现法和他提倡的学习学科结构这两者之间，存在着必然的内在的联系。学科结构是不能简单地传授的，因为它不是一个静物，必须教学生去不断构造即必须去发现。关于发现法的好处，布鲁纳提到四点：第一，提高智慧潜力；第二，使外来动机向内在动机转移；第三，学会发现的试探法；第四，有助于记忆。布鲁纳在提到原理迁移时，也把学习态度和方法列入其中。

4. 教学原则

布鲁纳根据他对教学过程的理解，提出四个教学原则。

第一，动机原则。他说："学习与解决问题，取决于个人作出选择的探索活动。"教学必须对它"起促进和调节作用"。④ 如何促

---

①③ 转引自邵瑞珍：《布鲁纳的课程论》，载人民教育出版社《外国教育丛书》编辑组编《中小学教学改革的理论和实际》，人民教育出版社1979年版，第27、30页。

② ［美］布鲁纳著，上海师范大学外国教育研究室译：《教育过程》，第14页。

④ ［美］布鲁纳：《论教学的若干原则》，载《教育研究》1979年第5期。

进和调节呢？他提出三个方面：活动的激发、活动的维持和活动的方向性。关于"激发"，主要条件是使课题具有最适度的不确定性。关于"维持"，主要条件是使取得的好处胜过招致的危险。关于"方向"，必须以某种近似的式样使人明了该项工作，并且提供一定的知识。

第二，结构原则。布鲁纳又分为三个原则：（1）选择再现表象的形式（动作、意象、符号）；（2）按经济原则把知识作出摘要或列出一览表；（3）要使结构具有力量或有效力量。

第三，程序原则。他提出，最理想的程序要与他那个智力或认识发展顺序同一方向进行。此外，程序也必须经济，必须不脱离教学效果来考虑。

第四，反馈原则。掌握时机最重要，要在学习者将其实验结果与他谋求获得的结果进行比较的这个时刻提出。反馈的作用也与学习者内部状态有关，在胶柱鼓瑟时，矫正信息是无用的。此外，信息无可译性也是无用的。最后，要使学习者自己把矫正机能接过去。等等。①

以上就是布鲁纳教学论思想的主要内容，概括地说就是：学习学科基本原理；从小学开始，螺旋上升；凭发现学习；遵循动机、结构、程序、反馈几项原则。

（二）对布鲁纳教学思想的评价

1. 批评的意见

美国 20 世纪 60 年代的课程改革运动失败了。导致失败的原因很复杂，但其指导理论的缺陷主要是脱离实际：脱离社会实践，脱离学生生活经验、知识基础和教师水平，以及教育基础和教育传统。具体说来，包括以下几点。

第一，唯心主义的理论基础决定了他所谓的学科结构是难以捉

---

① ［美］布鲁纳：《论教学的若干原则》，载《教育研究》1979 年第 5 期。

摸的，无客观确定的标准。他说："知识是我们赋予经验中的规律性以意义和结构而构造的模式。我们发明种种概念，如物理学上的力，化学上的键，心理学上的动机，文学上的风格，作为达到领会这一目的的手段。"① 这样，知识及其结构都是纯主观的东西。据说，有的学科，许多科学家在所谓"基本结构"上很少共同语言。

第二，这种理论失之偏颇。它仅仅从心理学来引申和推导，甚至把教学论作为仅仅应用心理学的科学。他说：心理学描述学习，教学论则为之提供规则和规范。② 这与赞科夫形成鲜明对照。赞科夫要求把心理学研究包括到教育学研究中去；布鲁纳相反，要求教育学从属于心理学。这种教学论也只讲智育，不讲其他，在智育方面又只强调理论而忽视具体知识和技能，只讲结构形式而忽视知识内容。

第三，发现法的主张带有空想主义和形而上学性质，混淆了教学和科研的区别，把发现法强调到过高地位，不考虑如何实行。

2. 积极评价的意见

布鲁纳的教学论思想能够作为一次课程改革运动的指导理论总不是偶然的。据说他的《教育过程》一书，被誉为当时"最重要的和最有影响的教育著作之一"。③ 被译成二十多种文字。

从理论本身来讲，有几点是值得肯定的。

第一，它是适应教育现代化要求（精选教材，发展智力，提高效率）的一种可贵的努力。

第二，他把"结构"概念引进教学论，并且改造了传统的迁移

---

① 转引自马骥雄：《认知心理派看教学——浅谈杰罗姆·S·布鲁纳的教学理论》，载《外国教育资料》1980年第4期。又参见张小平：《从杜威到布鲁纳》，载《华东师范大学学报（教育科学版）》1983年第1期。

② [美]布鲁纳：《论教学的若干原则》，载《教育研究》1979年第5期。

③ [美]布鲁纳著，上海师范大学外国教育研究室译：《教育过程》，"说明"。

学说，是有积极意义的。

第三，他的理论含有较多的辩证因素。它对学习主体作用绘出了较为具体的图画。

在西方，与布鲁纳课程论基本上采用同一路线的教学论主张，还有西德人提倡的"范例教学"。①

所谓范例教学，就是与循序渐进、学习系统知识的教学相对应而言的。它主张通过个别的"范例"即关键性问题来掌握一般的科学原理和科学方法。

这种理论的提出，主要从编写教材考虑，但也是教学方法的原则，甚至是整个教育的理想。"知识爆炸"，教材臃肿，加上考试竞争，助长了学生死记硬背的倾向，学生精神生活被窒息，缺乏主动性、创造性。"范例教学"就是想对以上问题试图提出救弊补偏的方案，并且想把教学与教育、问题解决学习与系统学习、形式教育与实质教育、主体与客体等等结合起来。

把"范例"换成"结构"未尝不可。布鲁纳主张"发现"，范例教学主张学习者具有所谓"问题意识"，这也是基本相通的。但两者有些细微的区别：布鲁纳主张科学的结构，甚至过于理性主义；而范例则也取自日常生活。布鲁纳偏重智力发展；范例教学则重视人格陶冶，甚至表现了存在主义的思想，要求通过范例学习加深人对自我价值的认识。② 对于布鲁纳教学思想的评价，也基本上适用于范例教学，都是教学论现代化探索的一种努力。对它难以保证学生学到系统的科学知识这一点，更存在疑问。在我国，关于

---

① 参见钟启泉：《"范例方式教学论"简释》，载《教育研究》1980年第2期；李其龙译：《范例教学》，载《外国教育资料》1981年第5期。

② 参见宁泽：《教学过程初探》，载《心理与教育》(34)，北京师范学院1980年打印稿，第26~27页。

"范例教学"的介绍和研究的材料毕竟还很少,没有多少根据,不能更多妄评。

四、美国"恢复基础"教育运动

美国在20世纪70年代中期,全国掀起了一个"恢复基础"的强大教育运动(back to the basics)。① 意思是否定60年代的教育改革,主张恢复传统教育的一套办法,包括切切实实地进行读、写、算等基本知识、技能的学习和训练。

(一)运动的原因和基本要求

1. 运动的原因

(1)对教育经费预算膨胀感到苦恼,对学校的职能过分庞杂不满。据说,从20世纪60年代开始,美国学校越来越臃肿,课程烦琐,人浮于事,完全成了庞大的官僚机构。学校从早餐服务到给女学生配服药丸,本来属于家庭或教堂等校外机构职权范围的事情,也由学校越俎代庖。这样,既耗费金钱,又不能切实搞好教学。

(2)对青少年犯罪不断增加感到忧虑,从而对学校纪律松弛、娇宠式的教育不满。要求学校更多地负起管理责任,甚至提出"允许体罚","恢复清教徒道德",教育学生"爱上帝"。

(3)对中小学生基本知识和技能水平下降严重不满。家长不满,雇主不满,大学不满。据说,雇主谴责中学毕业生连有关工作指令也不会读。简单的计算能力也缺乏,无助于生产。大学则感叹于入学水平下降,入学后得补习国语(按:指英语)、数学、自然科学的基本知识。中学生在全国统一测验中的得分,在60~70年代的期间里一直在下降。家长、特别是黑人和西班牙语系的家长,

---

① 钟启泉摘译:《美国掀起"恢复基础"教育运动》,载《中小学教学改革的理论和实际》,人民教育出版社1979年版。

更强烈谴责学校的这种状况。他们的居住区，成为"恢复基础"教育运动的温床。

（4）对"教育革新"运动带来的缺点、问题强烈反感。据说，多年来，教师把注意力集中在培养学生的人性、创造力和独立思考能力上。但是，那样搞法究竟是在基础训练之外进行，还是替代基础训练，教师是不明确的，因而教育目标是迷茫混乱的。学校成了教育实验的展示场，仅仅为了变化而在持续不断地进行变化。新教科书对教育成效的改善毫无作用。批判者认为，一些搞教育革新的人，不过是使用骗术，用莫名其妙的专门术语，来愚弄门外汉罢了。

2. 运动的基本要求

（1）在初等学校，要把读、写、算作为重点，把大部分时间用于这些基本技能的学习。

（2）在中等学校，要把大部分时间用于国语（英语）、自然科学、数学、历史等科的教学，使用"清洁的"教科书，即未被污染的教科书（据说革新派搞的教科书是有损于传统的家庭和国家价值思想的，对传统的教科书是一种污染。）

（3）教师要在学校教育的一切阶段起主导作用；取缔学生主导的学习活动之类的无益措施。

（4）在教学方法上，要包括练习、背诵、日常家庭作业和经常性测验。

（5）成绩报告单，采取传统的等第的评分法（A、B、C、D）或百分记分法，经常评定和填发。

（6）升级和中学毕业，不凭在校年数，而要依据基础技能知识测验的合格。

（7）严格纪律，允许体罚，规定服装和发型。

（8）取消选修科目，停授华而不实的学科（泥塑工、编织、吹笛练习、排球等）。

（9）一律取缔教育"革新"（新数学、新科学、电子教育装置等）。

（10）完全取消学校的"社会服务"（性教育、安全驾驶教育、学生指导、麻药教育、体育活动等）。

（11）恢复爱国精神的教育（爱乡土、爱上帝等）。

（二）运动的反响和评价

这个运动反响强烈，不过反响并不相同，有的相反。

教育家们持强烈的异议。他们认为这个运动单纯，朴素，急躁，是复古味极浓的保守主义，是无视几十年的教育科学成果（发展、学习过程、教育方法的研究等），是对于复杂的教育问题抛出了最简单的方案。同时，他们认为恢复基础是必要的，但要弄清楚什么是应当恢复的基础。

对此，各州政府的反应适成鲜明对照。他们持强有力的支持态度。自1976年起，许多州相继通过立法，以保证所有学生掌握基本技能和基本知识。其主要措施是，规定中小学学生在校期间，大体实施几次基本技能的测验，把它作为升级和毕业的重要条件，不合格者施以特别的治疗教育（即补课）。[①]

我们在这里之所以详细、具体地引录这些材料，是为了鲜明地突出这个运动和60年代教学改革运动的尖锐对立。60年代拼命追求科学水平和智力开发等，70年代则坚决"回到基础"。这是两个极端。对我们有重要启发和教益的就是关于改革和继承的关系要处理好；反映最新科学成就和打好基础不能对立起来；培养少数科学尖端人才和普遍提高教学质量不能偏废。改革是方向，但不能脱离传统和基础。基础极其重要，但不能简单复旧。现代技术革命引起生产和社会生活的广泛、深刻变化，既需要培养高级技术人才，更

---

① 本节材料均引自钟启泉摘译：《美国掀起"恢复基础"教育运动》一文。

需要提高广大职工和社会成员的科学知识和技术水平。

1983~1984年,美国又掀起一个新的教育改革浪潮。[①] 1983年4月里根总统授权"教育质量委员会"发表了题为《国家处在危险之中——教育改革势在必行》的报告。1984年3月在旧金山召开了全国性教育改革讨论会,来自全美各州的学者、教师和官员达八百人之多,这在美国教育界是少有的。这次改革的讨论,背景较复杂,所提出的问题也极广泛,分歧不少。但与我们本课题有关的一点,就是他们对刚刚过去的"恢复基础"教育运动,以及60年代的课程改革运动,都进行了清算和总结,显示出一种重要趋势也就是提高中等教育质量,要求加强所谓"新基础课"。这些基础课包括:英语、数学、科学(物理、化学、生物)、外语和电子计算机课。增加教学时数,延长学日总数,原来只作选科的(如外语)要改为必修。除了这些实际措施而外,还对基础赋予新的内容和意义。例如,认为加强基础课无论对于准备升学或准备就业,都是重要的。加强基础课不单是加强数理学科,还应加强人文社会学科。[②] 这表明他们对60年代的课程改革运动和70年代的"恢复基础"教育运动,都有所肯定和有所否定,力图克服各自的片面性。这也表明,新的科学技术革命在客观上必然要求教育不断提高科学水平和质量,而最重要的是为新生一代掌握最新科学技术,打好基础。

五、程序教学及其他

美国人普来西(S. L. Pressey)在20世纪20年代制造出了第

[①] 中国教育科学研究代表团:《美国教育改革考察记》,载《外国教育》1984年第3期。

[②] 中国教育科学研究代表团:《美国教育改革考察记》。

一部教学机器。50年代美国人斯金纳（B. F. Skinner）加以发展，作了理论上的论证，并建立起程序教学的概念。这是近三十年来教学论领域新出现的、很有影响的一种理论和实践。所谓程序教学，就是将教材分成一个个小部分，按照严格的逻辑编成程序，由学生自己学习，可用机器，也可用程序课本。50年代风行一时，到60年代和70年代又有新的发展。

（一）程序教学的基本原理及其优越性和局限性

程序教学的理论基础是行为主义心理学。它认为学习就是形成行为（轻视或不承认内部意识），通过"刺激—反应—强化"而实现。一种复杂的行为，则可用逐步接近、积累的办法，由简单的行为联结而成。程序教学有几个基本因素。（1）主动积极的反应。即学生不是消极被动地接受刺激，而是自己动手动脑去学习。（2）小步子。把教材分成一个个细小部分，对复杂的课题采取分步学习和掌握的办法。（3）及时强化，也称及时反馈。使学生当时就知道学习的结果，以便进一步调节学习过程。（4）自定步调。学生自己掌握学习速度。①

程序教学有很大的优越性。它把每一份知识都跟每一个学生的动作联系起来，使学生必须自己独立积极地学习，而不能像听讲那样：可能主动积极，也可能不积极或不很积极。分步学习符合循序渐进的原则，并且化难为易，使学生胜任愉快。这种教学毋须什么单独的或专门的巩固工作。学生及时了解学习情况，或者得到成绩的鼓舞，或者知道错误和缺陷所在，随时得到调整和改正。它能适应学生的个别差异，不必齐步走。这对培养学生自学能力很有好处，并突破学校、教室、教师等条件的限制，学生可以随时随地、毋须教师在场，自己进行学习。

程序教学也有很大的局限性。它根源于理论基础的贫乏和片

---

① 参见卢仲衡：《程序教学漫谈》，载《教育研究》1980年第2期。

面。程序教学只能管学习的结果,管不了学习的过程,也管不了学习的性质。它不能鉴定学生是创造性地学习,还是机械性地学习,也不能判断学生理解得是深是浅。这就不能很好地发挥学生的创造性,不能保证学生真正深刻理解地掌握教材。程序教学也削弱了教师主导作用,特别是削弱了教师的随机指导和讲解。同时,学生的独立性被限制在程序轨道之内,也难以真正发挥。它也不能全面地调动学生的学习能力,如观察能力、口头表达能力等。它适应的学科领域有限,不适用于技能训练学科,也不适用于艺术学科,不利于发展想象、情感等品质。即使对于适用的学科,它把教材分割得较零碎,破坏了知识的整体性,也切断了学生的社会联系,缺乏师生之间、同学之间的交往和情感上的陶冶。

(二)算法化教学

苏联有的心理学家提出算法化教学,与程序教学有密切关系。什么叫算法化教学?所谓算法,是指按一定顺序进行操作以解决某一类问题的一连串指令。这些指令,谁都能一义地加以理解,而且只要正确执行了这些指令,一定能解决所要解决的课题。例如,地理课应用罗盘针,物理、化学课实验室作业使用仪器,数学课解答习题等等,都必须执行算法——按指令去完成。换句话说,算法是组织学习动作的程序,是经过过滤、筛选、淘汰,去掉一切多余的、不合理的动作的最合理、最必要的操作程序。相对来说,斯金纳的程序教学,只是知识的程序,只能控制学习的结果,而不能控制学习活动过程。苏联学者认为,算法教学显示了学习动作的逻辑结构,合理、经济,能帮助儿童思维,对思维进行逻辑训练。因此,算法化教学,可看做为克服程序教学缺点而产生的,是程序教学的一种发展。

但是,算法化教学也不能普遍适用。有的问题因不能事先看到全部条件和操作顺序,就无从编制算法程序。有的问题虽然可以编成算法程序,但由于编制起来太复杂,反而不合算,不适当。此外,算法化教学同样不能满足培养创造性思维的任务。因为严格地不容任何脱漏或颠倒的程序,即使是操作或动作程序,终归有其束缚人的一面。因此,据说,有些研究者,又进行了关于启发程序的研究。在启发程序中,不规定具体的解题步骤,而只提出寻找步骤的指示。有关这方面的实验材料,我们所知很少。①

(三)电子计算机辅助教学

程序教学也是电子计算机辅助教学兴起的准备条件之一。

电子计算机辅助教学,英语叫 CAI(Computer Assisted Instruction)本来不能把它归结为程序教学,但毕竟部分地赖由程序教学引起。50年代末开始 CAI 试验时,就是拿计算机来代替教学机器或程序课本的,它立即显示了它具有巨大的优越性。程序储藏量大得无比。后来,它就远远超出这种功能范围,可以综合地进行自动化教学,可以进行教学管理,还可以进行模拟教学,直至可以进行人机对话。但是,程序的编制及其原理毕竟仍是其重要基础之一。

从对程序教学、算法化教学到 CAI 的介绍中,我们可以看出,这是对学习和教学的个别化,独立化,有效控制的一种追求,也是对新技术手段利用的热情,也就是对教学论科学化的新探索。

六、暗示教学

20世纪60年代,首先在保加利亚,然后在苏联、美国、加拿大以及欧洲许多国家,出现一种新的教学理论和方法。英语为"suggestology",也称"suggestive accelerative teaching and learning"。有译为启发学的,也有译为暗示学的。② 由于首先提出实验者为保加

---

① 本小节材料,主要参考〔苏〕苏金娜主编,杭州大学教育系译:《学校教育学》(1977年),打印稿,第十四章第六节。

② 周南照:《"开发"人类智能、加速学习进程的一种新教学论——国外"启发学"介绍》,载《外国教育》1980年第4期。

利亚医学和心理学博士洛扎诺夫（亦译为洛柴诺夫），所以也称洛扎诺夫教学法。它先是在成年人中实验，后来普及到儿童；先是在外语一科实验，后来普及到多科。暗示教学通过一些特殊的做法，使学生异乎寻常地学得多，学得快，又记得牢。如用于外语教学，可在六七周时间内基本上掌握另一种语言。上课称之为"场景"。每次场景包括 200～250 个词汇单位和一个主题对话，以及一些新的语法概念。主题对话是一种教学"剧本"，有各种生动的情境，有趣的情节，戏剧冲突。教材还包括一套专门的练习，称之为"练习曲"。教学时，学生进行游戏，唱歌，听音乐，扮演角色，对话，表演。教学活动一般包括：介绍情况，给每个学生取一个新名字和假设一个职业，进行语言训练，听力培养，以及心理测验等等。教室中不用课桌，而是几十把椅子排成半圆形，并备有黑板、银幕、投影器和播放音乐的器材。①

（一）基本思想及其理论根据

1. 对传统教学论的批判

暗示教学理论跟其他所出现的教学理论一样，也是在批判传统教学的基础上提出来的。它认为传统教学致命的弱点是：低估了人的巨大潜力。在"知识爆炸"条件下如果再用老办法灌输知识，会造成"学校精神病"。教学手段单调，缺少建立在医学、生理学、心理学、艺术等基础上的综合性教学手段，因而只能调动大脑的一部分功能，并且只是与机械的、逻辑的、非感情的、无趣味的教学相联系的那一部分功能。

这一学派不仅批判传统教学，而且对近些年出现的某些革新也提出了非难。例如，它不赞成程序教学切断了学生和社会的联系，认为小步子学习是有害于学生精神健康的，教材经常重复会挫伤学

---

① 邱质朴：《"启发式外语教学法"简介》，载 1980 年 6 月 30 日《光明日报》。

生的学习动机。

2. 暗示教学的基本原理原则

暗示学的基本观念并不是新的创造，而是人类文化教育史上早就有了的。洛扎诺夫自己说：他创立这门新学科的设想是来源于他对印度的一次访问。古老瑜伽教的教徒们，通过强化的联想能记住经书上的十万多个词。他从这里受到启发。暗示教学的基本原理，就是一方面广泛利用环境的暗示信息，包括教师这个最重要的信息源所发出的各种信息；另一方面，充分利用人的可暗示性，理智和情感的统一，有意识功能和无意识功能的统一，特别是充分调动和发掘大脑无意识领域的潜能，使学生在精神愉快的气氛中、不知不觉中接受信息。

3. 暗示教学的手段和方法

（1）心理学的手段和方法。善于激发学生动机，设置诱发学生学习潜力的外部环境，考虑学生整个个性，消除学生任何紧张心理，充分尊重学生，帮助学生树立自信心等。

（2）教育学的手段和方法。用跨学科的观点，按课题编制较大的教学单元，加强教学的整体逻辑的情感效果。

（3）艺术的手段和方法。适当利用音乐、舞蹈、雕塑、电影、戏剧等单项或综合艺术形式，配合教学内容的教学。

另外，据说，教师的威信和学生的"稚化"也是暗示充分发挥作用的手段或重要条件。有的研究认为，学生记忆权威作家的文句时，其效果较记忆无名作家的文句平均要大两倍。如果教师作为一个威信源，就可以对学生心理起触动、榜样和支柱的作用，而不起压力或强制的作用。所谓稚化，就是学生要像小孩一样听音乐，做游戏，进入自己的角色，轻松而自然，无忧无虑，自由欢快。这是大脑吸收力、创造力最好地发挥和开展超级内心活动的时刻，也即所谓"假消极状态"。

总之，暗示教学理论认为，运用多种手段和方法，就可以把学生大脑潜能大大地挖掘出来,高速地学习。

（二）对暗示教学的评价

据说,洛扎诺夫在本国（保加利亚）十六所实验学校的五千多名学生中间进行了暗示教学原则和方法的实验,取得了积极成果。这种成果已经得到教学论专家、心理学家、生理学家、医学家和学校卫生学家的一致肯定。苏、法、德、匈、奥、美、加等国的实验和研究报告,也进一步证实了这种理论的实际价值。

这种实验可以说开辟了教学论研究的一个全新的领域,即无意识领域或意识和无意识交互作用的领域,运用了全新的或综合的手段,从而对教学过程的实质和组织教学过程的方法,提出了新的理论。它也改变了长期以来人们对学习的传统看法,即认为学习是艰苦的劳动,是需要意志紧张的努力、认真严肃从事的活动。依它看来,学习完全可以是一种轻松愉快的活动。

这种教学论的出现,也为运用新理论、新手段而使古老的科学思想获得新的生命力和丰富发展,提供了一个生动的例子。当然,它还处在实验阶段,能否推广,能否取代现行教学形式或成为主要的教学形式,尚有疑问。但它有合理因素则是肯定的,并且在现行教学中吸收其个别成分如游戏、表演、使用音乐手段等,也是应该的和可行的。①

---

① 本小节除依据上引周南照、邱质朴的文章材料而外,还参考了霍尧:《暗示法：英语教学实例》,载《外国教育资料》1981年第1期；《暗示教学的理论根据和它的原则》（上、下）,载《外国教育资料》1981年第2、3期；《暗示教学法的实践和结果》（上、中、下）,载《外国教育资料》1981年第4、5、6期；《地角天涯话暗示》,载《外国教育资料》1982年第1期；以及董畹倩：《暗示教学法浅议》,载《东北师范大学学报》1983年第4期。

第三节 几点概括的认识

以上我们粗略地介绍了世界范围教学论研究的一些实验和理论主张。这远不是全面的,只限于我们所掌握的材料,也只限于与我们课题任务比较密切的一些。尽管如此,我们还是受到很多启发。

第一,各种教学论思潮涌现出来并十分活跃的现象,其实质,就是对于教学论现代化的努力和科学化的新探索,也就是如前所说,从各自的基地出发,这样或那样地利用科学技术新成果;这样或那样地认识和解决原有的教学理论和实践中的矛盾;这样或那样地提出或验证某种救弊补偏的方案。有的致力于发展的教学目标;有的着眼于研究方法的改造;有的追求教学的结构化或程序化,有的试图开辟教学新领域,有的强调回到基础。用历史的眼光看,比起在这以前的教学论的发展情况,进展确是很大的,确实在不同程度上提供了前人未曾提供的新的东西。

第二,我们还看到一些共同的趋势:原来水火不相容的观点,现在在互相接近。苏联教学论出现了灵活性;而美国及西方教学论则在克服实用主义方面作出明显的努力。综合化、多样化的意识在加强,单一的、唯一的、万能的观念越来越站不住脚。在理论内容上,谁也再不能认为他们某一家可以独占鳌头,包打天下;在研究方法上,孤立的分析的方法,或者笼统一般化的议论,都有所变化。此外,新近的发展也表明,在教学论领域,改革和传统、提高和基础不是绝对对立的。死守传统或抛开传统,都是行不通的。

第三,我们应坚持以实践来评价各种不同的教学论主张。怎样评价这种种不同的教学论主张?一般标准只能是拿科学化这把尺子去衡量,看它揭示教学的客观规律到什么程度:正确度、广度、深度如何?它所提供的方案的实际意义或理论意义如何?这一切要由实践来检验、证明,而不能依据出自何国何人之手,一时的成功或失败，以及权威的评论，等等。若细心观察，后者这些"标准"是存在的，但是，是不科学的。此外，在各教学论思潮之间，一般讲应该有、也可以有上下高低之分，但认真说来，却不可笼统相比。它们在教学论的现代化和科学化的新探索上，各有千秋，要具体分析。

第四，我们应该把所有各种教学论思潮、理论和方法，都当做研究的对象，不可盲目崇拜或简单批判，不能机械照搬或一概排斥。要研究每一种教学论是怎样提出的？具体内容如何？在科学化、现代化道路上成败得失是什么？为什么？以便获得某些规律性的认识，丰富我们的头脑。至于我们自己的教学实践如何进行，还得我们从实际出发，审时度势，独立地创造性地去做。它们都要作为参考，应该吸收，但要消化，还要变通。最后，从学习这个角度来说，对于科学上各种新资料、新信息、新思想，要热情、敏感，积极去接触、搜集、了解。但是，不要忘记，有的人涉猎很多而收获不大，浮光掠影，雾中看花，而有的人掌握资料虽不多，却能深刻思考，认真研究，因而能从中学到很多东西。我们应争取这种效果。

思考题

教学论今天面临的新形势是什么？国外一些学派提出了哪些值得注意的新课题、新论点？

第三章 为教学论的进一步科学化而努力

了解了教学论的历史发展的基本线索，了解了近二三十年来国外教学论研究的若干动态，我们就应认真思考一下：怎样做好我们自己今天的事情，为教学论的进一步科学化而努力，建设和不断完善具有中国特色的马克思主义教学论。

几十年来，我们在教学论的学习和研究方面获得了很大的成绩，这是毋庸置疑的。如果说有什么妨碍着我们取得应有的更多的成就的话，那么，从教学论研究本身来说，首先的重要的原因之一，就是存在着不同程度的盲目性。对于我们的研究借以出发的基地，情况不明；对于教学论研究的任务未真正明确；方法论和具体方法有毛病，有缺点。因此，我们第一步的工作，就是要弄清起点，明确任务，改进方法，增强自觉性。

第一节 我国近、现代教学论发展的若干历史特点

这是一个要搞清楚我们从现在开始努力的起点的问题。这个问题在教学理论界迄今未明确提出讨论过，或者确切地说，没有从教育史的研究成果中作出教学论的结论。这个问题十分重要，但难度也很大，这里提出来，做一点初步的探讨。

一、四种教学体系发展交错

我国历史发展的一个重要的特点,就是古代社会发展居于世界前列,近代落后了。鸦片战争以后我国逐步沦为半封建半殖民地社会,政治、经济、文化都留下半封建半殖民地的痕迹,教育方面也是这样,教学论的发展也打上这种印记。

1902年"壬寅学制"和1904年"癸卯学制"制定和颁布,京师大学堂建立。在学习西方教育制度的同时,也学习西方的教育理论。就现在所知,最早引进西方的教育学,是从日本辗转传来的,或者直译,或者编译。内容主要是以夸美纽斯和赫尔巴特为代表的近代资产阶级传统教育理论,又主要是宣传班级授课制和五段教学法。例如,1901~1907年,《教育世界》杂志上,先后刊载了王国维等人翻译的日本人立花铣三郎、汤本武比左等人所著的《教育学》、《教授学》等书或部分章节。① 又如,1901年,湖北教育部编辑的《师范讲义》,已从日本详细介绍了赫尔巴特派的"五段法"。② 1909年左右,欧洲"新学校"、"新教育"派的教学思想,也开始介绍进来。③ 第一次世界大战后,美国的影响在中国急剧增长。1919~1922年,杜威来华讲学两年多,系统地宣扬他的实用主义教育理论。一直到新中国建立前夕,旧中国教育界受到它很大影响。当时的教育书刊、高等院校的教育课程,差不多都充斥了杜威及其学派的教育理论和方法。设计教学法、道尔顿制、劳作教学

---

① 雷尧珠:《试论我国教育学的发展》,载《华东师范大学学报(教育科学版)》1984年第2期。

② 陈景磐编著:《中国近代教育史》,人民教育出版社1979年版,第八章。

③ 丁证霖:《"新教学法"在中国》,华东师范大学1980级研究生毕业论文,打印稿,第13页。

等，时髦得很，还搞了一些实验学校。五四运动后，马克思主义在中国传播，苏联20世纪20年代教育改革的情况也渐有介绍，于是在30年代出现了像李浩吾（杨贤江）《新教育大纲》那样试图用马克思主义观点解释教育现象的著作。在革命根据地里，则出现了一种新的教学理论和实践。其主要特点是，在残酷的战争环境和分散的落后农村里，教学极其简陋，极不正规；但是，却是马克思主义思想指导下的新民主主义教育，它与革命战争、劳动生产、生活实际紧密联系，广泛，普及，灵活多样，生气勃勃，是中国有史以来崭新的教育和教学，也是今天社会主义学校教学理论和实践的萌芽。

这样，从19世纪末到新中国建国前，我国近、现代教学理论和实践，就先后有四种体系发展交错：我国古代传统的教学思想和教学制度，封建的教学内容，教学方法中存在着的呆读死记和个别分散的教学方式，直到建国前夕，始终没有消失（乃至新中国建国后一段时期，在一些地方犹然存在）；杜威等"新教育"的教学理论和方法，风靡一时，不过多限于教育理论界和城市里一些实验学校；全国绝大部分学校教学，是由近代资产阶级传统派、夸美纽斯和赫尔巴特那一套理论和中国古代传统教育、教学理论掺在一起支配着；新民主主义的教学思想和实践，只是在一个很小的范围推行。由此，新中国成立后，社会主义学校教学实践和马克思主义教学论在我国的发展，其由以出发的基地，就是上述四种体系发展交错的复杂局面。

二、全面学习苏联教学理论

新中国成立后，举国上下全面学习苏联，教育方面也不例外。这里只谈教学论的情况。

当时学习苏联教学理论不是偶然的。除了社会制度、世界观、国际政治形势所决定而外，还有一系列具体的原因。苏联教学论本身，第一次用（尽管仍是尝试性的，但却是十分明确的）辩证唯物主义、特别是它的认识论来观察和解决教学论上的问题。它反映了苏联 20 年代教学改革和 30 年代调整、提高的正反两方面经验，特别是苏联学校广大教师几十年丰富的教学实践经验，并且是在 30 年代批判实用主义教学论，改造和发扬近代资产阶级传统教学论的科学成果而发展起来的。它重视系统科学知识的学习，重视发挥教师的主导作用，严格地进行课堂教学，面向全体学生，全面提高教学质量。它根据教学工作实际，提出了教学任务、教学过程、教学原则、教学内容、教学方法、教学组织形式、教学效果检查等一系列概念或范畴，分别给予较确定的界说和论证，然后综合为一个结构较为完整的体系。这一切，使人耳目一新，感到比建国前所有四种教学体系，包括老区的教学体系，都科学，都高明。这十分适应于当时教育、教学上改造旧的，建设新的，提高质量，培养人才的需要，特别符合全党全民要求好好学习科学文化、建设新国家的热烈愿望。苏联教学论与我国固有的古代教学论传统和近代从西方学来的资产阶级传统教学论，有相通合拍之处，也适合于当时我们对实用主义教学论进行政治批判的需要以及可以理解的厌恶情绪。

因此，建国初期几年里，我们整个教育界都虚心地、满腔热情地学习苏联教学论。在师范院校里以它为课程和教材，全面系统地进行讲授和学习。根据苏联的论著为蓝本编辑教材，或直接用翻译的原本，还先后请来了许多位苏联教育专家。广大学校干部和教师则结合工作学习，并认真用于教学实践。在那些日子里，可以说真正学习到了一点儿教学理论知识，与旧中国只有少数人学，只限于书报和讲坛上，并不真学，更不真用的情形，形成鲜明的对照，也确实发挥了教学理论对教学实践的指导作用，教学秩序良好，教学工作扎扎实实，教学质量稳步提高。50 年代培育和成长起来一大批优秀学校、优秀校长、优秀教师，成为今天的中坚骨干。这与当时学习苏联教学论是有一定的联系的。

当时对苏联教学理论的学习也是有缺点的,在某种意义上可以说是严重的。苏联教学论本身原来就有片面性,而我们缺乏独立思考,未能像后来和今天这样批判性地进行一分为二的分析,而是全盘肯定。由此,对于西方资产阶级教学论,不但不再去了解、研究,而是一个劲儿地批判,排斥,全盘否定。这不仅不能吸收它们的合理的东西来丰富我们自己,而且由于无从比较、鉴别,更加助长了我们对苏联教学论的绝对化的态度。当时的学习的另一个严重缺点,就是考虑和结合我国实际很不够。对于我国教学论历史传统、老区教学论传统和当时现实的学校实际情况,都重视不够。这不仅未能将我们自己土壤中生根、生长起来的好东西发扬光大,也削弱了我们对苏联教学论的批判、分析、吸收,以致在理解上没有疑义,在运用上没有什么变通,近乎硬搬。这一切,就影响了我国教学理论和教学实践的顺利发展。

三、独立探索和挫折

1958年,中共中央、国务院发布了《关于教育工作的指示》,提出了"教育必须为无产阶级政治服务,教育必须同生产劳动相结合"的教育方针,批评了教育、教学工作中忽视政治,脱离生产劳动和理论脱离实际的倾向。于是,出现了以教育与生产劳动相结合为中心内容的教育革命浪潮。在教学论方面,强调密切联系现实政治斗争和生产实际,实行群众路线,走出小课堂,上山下乡,参加劳动,向工农学习,发挥学生主动性。同时,在理论方面,开始批判苏联教育学和心理学,批判它片面强调智育,片面强调课堂学习书本知识,片面强调教师权威,束缚学生积极性。由于反右派斗争扩大化,"左"的思潮发展起来,刮起共产风,浮夸风。这样,在教学理论和教学实践中,出现了过分强调劳动,轻视上课,教材以生产为纲，并倡导学生编教材等过火主张和做法。学校教学秩序搞乱，教学质量下降。

从1959年开始到1963年间，以制定出《全日制小学暂行工作条例》("40条")、《全日制中学暂行工作条例》("50条")和《教育部直属高等学校暂行工作条例》("60条")为标志，进行了调整和提高的工作，并获得成效。强调了要全面贯彻党的教育方针。在教学工作方面，明确了"以教学为主"的原则，重新肯定了课堂教学为学校教学工作的基本组织形式，在中小学校要严格进行基本知识和基本技能的教学和训练，教师要发挥主导作用，等等。但是由于"左"的思想未能很好地克服，党的工作重心未能及时转移到经济建设上来，仍然实行"以阶级斗争为纲"。因此，教育上的调整也未能从根本上解决问题。

1966年，"文化大革命"发生了，历时十年。"左"的思想发展到了极点，不仅否定了过去调整的成果，而且把1958年的一些偏向推向极端。不仅是苏联教育学进一步受到"彻底"批判，而且我们自己的已有的经验和理论，也统统被否定。最后发展到如此地步：在实践上，实行所谓的"开门办学"，实质上取消了教学；在理论上，把教育学（包括教学论）搞成"经验汇编"、"政策解说"或只是学习革命导师的语录，实际上完全取消了理论研究和教学规律的探讨。

怎样看待这20年间教学论的发展？

动乱的十年中遭到了阶级敌人的破坏，自不待言。从我们自身来说，由于"左"的思想影响，遭受了严重的挫折，失去了好多年的时间和发展机会，这都是十分明显的。

不过，这段时期也有独立探索的一面，即在教学理论和教学实践上探索我国自己的道路。这是广大教育工作者在党的正确路线和马列主义、毛泽东思想指导下进行的，假如没有"左"的干扰，它一定会得到更好的发展。这种独立探索原本在建国初期就已经开始了。到了 50 年代末和 60 年代初，这种探索则更加明确并取得一定的成绩。这也就是说，建国以来，教学论的发展尽管遭受过严重摧残，但仍然获得了进展，而且在逐步地显示和丰富着我们自己的特点。

为什么这么说呢？它表现在哪些方面呢？毛泽东思想、特别是《实践论》、《矛盾论》所发展的哲学思想，老区教育传统，我国古代优秀的教学论遗产，以及广大教师在社会主义学校教学实践中新创造和积累的丰富经验……这些，都在不同程度上对我国教学论的发展，发挥着作用，产生了影响。例如，提出政治与业务、理论和实际、领导和群众、知识分子和工农……这些重大关系及其正确的认识和处理的原则，在教学论中不断得到贯彻和体现。又例如，教书育人，尊师重道，教学相长，"双基"教学，启发教学，循序渐进，突出重点，精讲多练，学以致用，因材施教等许多教学原理原则，都是我国自己独有的。上面提到的，60 年代初制定的几个"条例"，不仅仅是调整的成果，而且可说是建国以后长期积累的教学理论和实践经验（这里只涉及教学领域）的结晶，更带上我们自己的特点。它们对于继承、改造我国教学论遗产，克服学习苏联中的教条主义，起到了很大作用。近百年来，我国教学论多半搬用外国。这个历史局面开始结束。这是有重大意义的。可惜，正如上所述，其间遭受过严重挫折，未能充分地得到应有的正常、健康的发展。

四、新的开端

十年动乱结束，特别是党的十一届三中全会以后，经过指导思想上的拨乱反正，工作重心的转移，科学、文化、教育事业不仅重又走上正轨，而且空前地兴旺发展起来。这几年全国又掀起学习和研究教育、教学理论的热潮。其广度和深度都今非昔比，更重要的是自觉性大大提高，由朴素的热情提高到较深刻的理性认识，从成就和挫折中进一步培育了和更加锻炼了独立思考和实事求是的能力和精神。这几年来，教学论研究出现了许多新的特点：恢复了马克思列宁主义、毛泽东思想的指导，同时力图克服学习和运用中的简单化毛病；明确提出了研究教学客观规律的任务；一方面打开眼界，关心研究世界范围教学论发展动态，另一方面独立思考，进行分析，鉴别，评论；认真思考和总结三十年来我们在教学论学习和研究方面的正反经验；展开专题研究、讨论了教学论中不少重大课题，如教学和发展问题，教学过程本质问题，教学规律和教学原则的问题等，其中有些问题很有进展并正在转化为教学实践，发挥了理论的指导作用；教学论方面的文章、专著日益多起来；广大中小学教师，结合自己的教学工作开展了真正的教学理论研究，各种教学实验空前广泛多样地开展着；研究方法上也有新突破，开始注意把定性分析和定量分析结合起来；逐渐出现各种不同的教学理论主张乃至学派……这一切，都是前所罕见的，是我们教学论研究所获得的累累硕果，是建设和完善具有我国特色的教学论，在教学论进一步科学化道路上继续前进的新的起点。

第二节　进一步明确教学论的研究对象和任务

对于一门科学来说，生死攸关的一个问题就是要明确自己的研究对象和任务。教学论要进一步科学化，也首先面临这一问题。乍一看，这个问题提得很奇怪，难道连这一点还有疑问吗？其实不然。其中包含了很多的历史经验教训，而且很有现实意义。

在教学论发展的早期，关于教学论研究的对象和任务，倒是清楚的。例如，《学记》实际上给教学论规定了明确具体的研究对象和任务，它就是要"既知教之所由兴，又知教之所由废"，亦即要探明教学成功和失败的因果联系，用今天的话来说，就是要探索教学规律。又例如，夸美纽斯为他的《大教学论》规定了明确的任务："阐明把一切事物教给一切人类的艺术"。不过，这些说法毕竟太简单朴素了。从严格意义上讲，自觉地、明确地、具体地并较科学地规定教学论研究的对象和任务的，还要算苏联的教学论。达尼洛夫、叶希波夫所编著的《教学论》提出，"教学论是教育学的一部分。它阐述教育①和教学的理论。它研究的问题是：学校教育②的任务和内容，学生掌握知识、技能和技巧的过程，教学原则、方法和组织形式。苏维埃教学论提出了一项重要的任务，就是要认识符合于新生一代共产主义教育目的的有效教学的一般规律"。③

但是，历史经验，包括苏联六十多年和我国三十多年的经验告诉我们：如何理解和坚持教学论应该研究的对象和任务，是很不容易的。这一方面由于研究越来越深入、广泛，便往往只见树木，不见森林；另一方面则由于未能很好地掌握马克思主义科学方法论，以致发生种种片面的理解和做法。为了克服已发生的种种片面理解和做法，我们认为至少应该注意下面一些主要的问题。

一、坚持研究教学的客观规律

研究客观存在的而不带任何主观随意性的规律，这是任何一门科学要想成为真正科学的根本立足点。教学论也是这样。马克思主义教学论由于有了辩证唯物主义的方法论而能够提出这一点，正是

---

①②③〔苏〕达尼洛夫、叶希波夫编著，北京师范大学外语系1955级学生译：《教学论》，第9页。这里所译"教育"一词，俄文原文为"образования"。有的书将其译为"教养"，其含义是指以一定的知识、技能和技巧的体系武装学生。

它之所以能够成为真正科学的教学论的重要标志；换句话说，以往任何教学论，都没有也不可能明确提出这一点。现代西方资产阶级教学论也仍然不能做到这一点。例如，布鲁纳认为，"教学论是约定俗成的通例"。① 这就是说，教学论不是客观教学规律的反映，而是类似文字、符号的东西。从这一点上也足以说明，不以辩证唯物主义为指导的教学论，在根本上不可能成为真正的科学。但是，马克思主义教学论虽然明确地提出了研究客观教学规律的任务，是否就能顺利地坚持贯彻呢？也往往不能。例如，把教学论与对行政领导机关制定的教学工作条例或领导人的教学思想的解说混为一谈。60 年代初期，有的师范院校的教育学（包括教学论），就曾径直讲解当时制定的中小学校"工作条例"，以此替代整个教学论。当然，政府制定的关于教学实际工作的条例，以及规程、指示等，跟教学论所要阐明的教学的客观规律，并不是绝对排斥的，有时是相符合的，本来也应该是符合的。但是，教学论的内容必须是客观的，而条例、指示之类则是人们主观制定的，它们可能符合客观规律，也可能不符合乃至违反客观规律，而后边这种情况并非个别的和偶发的。因此，我们对两者必须作严格区分，不容混淆，否则，就不能保证教学论的客观性和科学性，而与"约定俗成"的观点难以划清界线了。

二、坚持理论科学的性质

在许多年中，教学论往往与教学法、教学经验等同起来。一些基础理论问题未得到研究，教学实践中许多重大问题也未得到理论上的探讨和说明，如同这几年这样。教学论与各科教学法、教学指导书、教学经验报告等没有明确分工。教学论几乎局限于对教学现

---

① [美] 布鲁纳：《论教学的若干原则》，载《教育研究》1979 年第 5 期。

象的描述，制定教学规则，作出教学技术方法的指示，等等。这是不符合教学论发展的客观要求的，也是不符合科学发展的一般规律的。

毫无疑问，教学论要以实践经验为基础，研究和解决教学问题，例如，教学任务问题，教学方法问题，教学组织形式问题，教学效果检查问题，等等。不然的话，教学论就没有存在和发展的必要和可能。夸美纽斯当年就很清楚地意识到这一点。他说："我们这本《大教学论》的主要目的是在：寻找一种教学的方法，使得教员因此可以少教，但是学生可以多学。"① 对于马克思主义教学论来说，这尤其是贯彻理论联系实际原则的大问题。但是，教学论与教学法、教学指导书、教学经验报告等，在联系教学实际、解决教学问题时，其职能和方式毕竟是有所不同，而且也应该有所不同。教学论要探索教学现象较深层次的普遍的规律，要建立自己的科学范畴和理论体系，要为解决具体的教学问题，提供一般规律性的知识或科学的一般原理，而不能只是描述教学现象和过程，不能要求它提供现成的教学方案，解决各种的特殊的教学问题，甚至不能让它满足于揭示较浅近层次的具体规律。简言之，教学论应该为解决教学问题而研究一般教学规律；以研究一般教学规律来帮助解决教学问题。如果不是这样地理解，就会葬送教学论。② 苏联教学论虽然提到了研究教学问题和研究教学规律这样两个方面，但两个方面是什么关系呢？它没有明确回答。从其教学论教科书和论著的内容来看，它似乎想要兼顾理论原理和实际应用两个方面，而客观上则是偏于务实而疏于规律的理论探索，因而理论性不强。我们也受到

---

① ［捷克］夸美纽斯著，傅任敢译：《大教学论》，第1页。
② 在经济学领域也存在类似的问题。在政治经济学基本理论和实际经济政策、务实技术之间，没有各种部门的特殊理论，以致基本理论和务实技术，两头落空。参见陈岱孙：《经济学应是致用之学》，载1981年11月27日《人民日报》。

它的这种影响,这是无可讳言的。近些年来苏联教学论的发展,在这一方面很有些变化,其抽象概括化水平在提高。赞科夫等人在1975年发表的《教学与发展》一书中,关于教学论和教学法的关系,作了一段论述。他说:从实践、实验基础上产生的教学论原则,以后会离开教师现实日常活动、每个学科的特点、掌握学科内容的程度以及学生发展的特点等等,而发挥指导和调节的作用。那时,以产生直接效能为特征的教学法,便在其推行的过程中,不断地具体指导教师的工作。实验体系的指导思想及其教学论原则,就是靠教学法才得以在教师日常活动和学习中得到贯彻。① 这就是说,教学论与教学实践之间,是有着一定距离的,而不是直接联系的。它对教学实践的指导和调节作用是通过教学法及其他中间环节而实现的。我们认为赞科夫对教学理论与教学实践之间多层次联系的理解是正确的。因此,不能像要求教学论那样要求教学法;也不能像要求教学法那样来要求教学论。如果混淆不分,就会两败俱伤。为了学科发展和实际工作兼收其利,必须从实际出发,使教学论、教学法、教学指导书、教学经验报告这几者分工合作,各司其职,共同组成多层次的理论联系实际的链条。对于教学论来说,必须坚持研究教学的一般规律,必须不断提高其抽象概括水平。

值得注意的是,也要防止把教学论搞成教学规律汇编或教学规律清单。这个问题是最近几年才提出来的。教学理论工作者通过总结经验教训,认识到主观性和经验性两种偏向阻碍了教学论的发展,重新明确了教学论必须以研究教学的客观规律作为自己的任务。而广大实际工作者也明确了必须按照教学规律来搞好教学工作。既然如此,就要求教学论作出肯定回答:教学规律是什么?有哪些教学规律?广大教师和教学论工作者为此进行了热烈的讨论和

---

① [苏]赞科夫编,杜殿坤等译:《教学与发展》,第371页。重点为引者所加。

多方面的探索，不少论文和著作，或者列举出十条、八条被认为是教学规律的命题，进行一定的解说，或者对教学规律的性质和表述方法进行辨析。这无疑是有积极意义的，改变了过去长期不重视研究教学规律的状况，适应了广大同志的迫切心情和强烈愿望，这种综合、概括性的研究，也不失为研究途径的一种。不过，它不能代替根本途径。教学论揭示教学规律，是要通过研究事实，在解决教学问题中，进行观察、实验、分析、综合、抽象、概括等，经过艰苦细致、曲折反复的过程，才可望获得不同程度的成果，并通过建立自己的教学论诸范畴和理论体系具体地系统地表述出来。正如当代伟大科学家爱因斯坦所说："科学不是一本定律汇编。"① 如果教学论满足于整理、辨析式的研究，那么，它将不会得到真正规律的认识。即使开列的一些命题确实是通过具体研究得来的概括，如果脱离具体的教学问题、教学论范畴和体系而仅仅作简单的解说，那也不能提供关于教学活动的真实而完整的图像，因而它也就不能真正掌握群众，不能转化为教学实践。

三、防止与心理学脱节或混淆

苏联教学论的发展，是与20世纪30年代批判"儿童学"密切联系着的。当时的批判有正确的一面。② 但是，它实际上把对儿童的心理研究否定了③，加上完全排斥西方，使它走向极端，严重忽视了在教学论中运用心理学的成果。我们也受到这种影响，加剧了

---

① ［美］A. 爱因斯坦、L. 英费尔德著，周肇威译：《物理学的进化》，上海科学技术出版社1962年版，第187页。

② 参见联共（布）中央《关于教育人民委员部系统中的儿童学曲解的决定》(1936)，载《苏联普通教育法令选译》，人民教育出版社1956年版。

③ 参见［苏］科斯秋克等著，康琼等译：《儿童教育和发展相互关系问题讨论集》，科学出版社1959年版，第1、36页。

教学论的经验主义倾向，更削弱了科学性。

从历史到现实都说明，教学论如果脱离心理学是不可思议的。上面曾经说到，以裴斯泰洛齐、赫尔巴特为代表的19世纪上半期的教育心理学化运动，在教学论科学化道路上是一大进步。当代在教学论上提出重要见解、发生重大影响的人中间，就有许多是心理学家，如赞科夫、布鲁纳、斯金纳、洛扎诺夫等人。这是不奇怪的。教学论与心理学的联系发展到今天又获得新的意义。在传统意义上，心理学一般是作为教学论的学科基础之一，教学论要利用心理学的材料作为论证教学措施的依据。现在不同了，许多教学问题非进行教学论与心理学的跨学科研究不可。前边介绍赞科夫教学论思想时曾提到他的这一主张："教学与发展问题本身的性质，要求必须把对学生的心理研究，有机地包含到教育学研究中去。"① 这里说要"有机地包含"，就不只是作为"基础"或"论证的材料"了。

但是，在历史和现实中也发生另一种偏向，就是把教学论和心理学互相代替。有的教学论工作者简单重复心理学工作者的工作，局限于研究智力发展、语言发展本身，而不着重研究主导和促进智力发展、语言发展的教学过程、教学内容和教学方法等等。又有的教学论工作者，试图用心理学观点来解释整个教学过程。这种做法同样不利于教学论的发展。苏联1976年出版的一本《教育学》作者们就指出了这一点："不能只用心理学的理论和概念来解释全部教学过程。不能从心理学得到全部教学理论。"② 巴班斯基也批评教学论如果片面地迷恋于某个方面如控制论方面、心理学方面等，

---

① [苏]赞科夫编，杜殿坤等译：《教学与发展》，第27页，同时参见本书第二章第二节。

② [苏]巴拉诺夫等编，李子卓等译：《教育学》，人民教育出版社1979年版，第104页。

是缺乏完整观点的表现，会造成许多问题流于绝对化。① 而西方资产阶级过去和现在，许多人正是这样做的。我们早已介绍过赫尔巴特就是其代表之一。② 美国教育史家孟禄（1869—1947）也仅仅从心理观去解释教育（教学）的起源，认为教育（教学）是从无意识的模仿发展而来的。③ 当代的布鲁纳则认为，教学论之所以必要，是因为心理学描述了学习，教学论可以提供促进学习的方法。这实质上是把教学论从属于心理学，把它看做是由心理学派生的。④ 这些都是片面的不完全的解释，而且掩盖了教育、教学的社会（阶级）本质。

那么，教学论与心理学、特别是教学心理学究竟是什么关系呢？教学论与教学心理学都以教学与心理发展统一的过程作为研究的对象。在这一点上或在这个意义上，两者有共同之处。但是，在这个共同的背景下，各自的研究的具体对象又是本质不同的，或者确切些说，侧重点是不同的。教学论研究这个统一过程的教学方面；尽管它不脱离心理发展。而教学心理学则研究这个统一过程的心理发展方面；尽管它不脱离教学。两者是互为目的、互为条件的。我们传统的观点，只把心理学研究儿童心理的发展看做是教学论的条件，而不把学生的心理发展当做教学的目的。实际上，它既是条件也是目的。与此相反，布鲁纳等人只把教学论当做心理学研究儿童心理发展的条件，而不把它也当做心理学研究的目的，忽视了心理学研究毕竟是为更好地发展教学事业服务的。因此，教学论和心理学（主要指教学心理学）应该互相联系而又有分工，才能对双方都带来好处。

---

① [苏] 巴班斯基著，吴文侃等译：《论教学过程最优化》，第5页。
② 参见本书第一章第二节。
③ 参见《教育史》第一章，麦克米伦公司1905年英文版。
④ [美] 布鲁纳：《论教学的若干原则》，载《教育研究》1979年第5期。

四、防止与哲学认识论脱节或混淆

本来,任何教学论都脱离不了一定的哲学认识论,问题只在于是否自觉意识到这一点以及依据的是什么样的哲学认识论。在马克思主义教学论产生之前,所有的教学论的致命弱点和局限性之一,就在于依据了不正确的认识论,或不曾意识到哲学认识论对教学论不可避免的制约性这一事实本身,因而往往"撇开"认识论来观察教学问题,不仅站得不高,而且不可避免地陷入这种或那种片面性。教学论心理学化的观点和做法就是表现形式之一。

马克思主义教学论虽然明确意识到哲学认识论与教学论关系密切,而且明确了教学论是受哲学认识论指导的。但是,却又在其发展过程中产生了另一种偏向,即人们称之为"代替论"的倾向。苏联发生过,我国也发生过。把教学论讲成了哲学认识论,简单地用哲学认识论公式去套教学过程,试图从哲学认识论原理直接作出教学论的结论,同时,排斥从其他角度如心理学、生理学、伦理学等方面去分析和说明教学过程问题。这种简单化的观点和做法,在十年动乱期间发展到极点。例如,教学步骤必须千篇一律地沿着实践—理论—实践的顺序进行;而实践又必须是真正的社会实践。这种"代替论"严重地阻碍了教学质量的提高和教学论的发展。关于教学论和哲学认识论的关系问题,我们以后将要反复地涉及,这里只想指出:两者的研究对象和任务是有严格的区别的。教学论是研究教学的规律的;哲学认识论是研究认识的一般规律的。两者的联结点在于:教学论也要研究认识的规律,但是,教学论乃是研究一种特殊形式的认识的规律的,即使在这个领域,也是一般和个别的关系,"一般"包括"个别"而不能代替"个别"。

综上所述,教学论要明确并坚持自己的研究对象和任务,并不那么容易。历史的经验教训使我们的认识更深刻了。毋宁说，教学论的发展，正是通过克服对它的研究对象和任务的种种歪曲、偏离现象而进行的。教学论要想进一步科学化，健康地向前发展，必须充分明确并坚持自己的研究对象和任务。归结起来，就是必须坚持它作为研究教学的客观规律的理论科学。要坚决克服把教学论同教学工作条例解说、教学法、教学指导书、教学经验报告等等混淆不分的现象；要着力于研究教学规律，但也不能把教学论搞成教学规律汇编；也要防止教学论与心理学以及一般哲学认识论等等脱离或混淆的现象。这一点对于当今和今后尤有特殊意义，因为教学论越来越多地同各种学科、特别是许多新兴学科，如系统论、信息论、控制论、精神卫生医疗学、遗传工程学、教育经济学、教育社会学等等，发生联系，必须开展跨学科的研究。因为，教学论再也不能封闭自己，这样的时代已经一去不复返了；但是，也必须防止可能发生的种种新的混淆替代现象，恪守自己的本职，坚持自身的相对独立的研究领域，避免走弯路，不重犯历史错误。

第三节　进一步改进教学论的研究方法

任何一门科学要想成为真正的科学，除了必须十分明确并坚持它的研究对象和任务外，还必须采取科学的研究方法，两方面缺一不可。只讲方法而不讲对象和任务，则可能南辕北辙，相去愈远；只讲对象和任务，而不讲究方法，就无异于海市蜃楼，望洋兴叹！

考察一下教学论发展的历史和现状，特别是三十多年来我们的经验教训，为要保证教学论的研究不断取得科学的成果，在研究方法上必须实行两种结合。第一，一般方法论与多样的具体方法相结合。过去的教训，不是由于不讲具体方法而使方法论落空，就是只讲具体方法而不注意掌握全局的根本的方法。第二，要把总结教经验，开展教学实验和加强理论研究结合起来，过去的教训就是顾此失彼，乃至单打一，存在着严重的片面性。下面择要地作些讨论。

一、要在克服简单化的斗争中坚持马克思主义的方法论

方法论对于具体学科的重要性，的确如同方向盘、指南针、望远镜、显微镜一般。教学论也不例外。在教学论的发展史上，以培根为代表的唯物主义观点和归纳法，对近代资产阶级教育、教学理论的形成和发展，发生了多么大的影响，这是众所周知的。不但夸美纽斯等人提出直观教学原理与它密切有关，而且"新学校"、"新教育"、"实验教育"等等，都受到它的影响。而许多杰出教育家在教学论（这里只说教学论）的这个问题或那个问题上陷入迷误，也莫不是由于唯心论或形而上学思想方法限制了他们，这是有目共睹的。苏联 B. Л. 拉普梅钦斯卡娅在《现代资产阶级教学论的若干问题》一文中，介绍了当代西方一些有代表性的教学论思潮。在文章最后作者作出了这样一个论断，认为这众多学派所研究的结论"有时缺乏彻底性"，不够"完整"，其"主要障碍"就是"缺乏科学的方法论基础"。① 我们同意这个说法，事实确实是这样的。前边已经提到，布鲁纳把教学论看做一种"约定俗成的通例"②，这是唯心论的观点。他又认为，"无论在哪里，在知识的最前哨也好，在三年级的教室里也好，智力活动全都相同。……其间的差别，仅在程度而不在性质"。③ 这就把教学工作和科学研究之间的区别、

---

① 参见人民教育出版社《外国教育丛书》编辑组编：《中小学教学改革的理论和实际》，第17页。

② 参见本章第二节。

③ [美] 布鲁纳著，上海师范大学外国教育研究室译：《教育过程》，第9~10页。

教学论和教学心理学之间的区别搞得模糊不清了,属于形而上学性质的见解。在人类智慧发展中,方法论的成就已经达到辩证唯物主义的高度,它的特点就在于使研究者实事求是,看到事物的本质,事情的全体,从发展看问题,善于观察、分析事物的矛盾运动,懂得共性和个性、绝对和相对的辩证统一的道理,在研究中能够明确地提出问题,根据事物的本来面目进行说明,并且明确地作出理论的或实际的结论。马克思主义教学论获得成就,特别是近几年来教学论出现的新局面,是与坚持了或恢复了马克思主义方法论分不开的。

但是,主观上、口头上宣布运用马克思主义方法论,这是一回事;而在实际上、客观上是否真正运用了马克思主义方法论,这又是另一回事。我们的问题正出在这里。在教学论的学习和研究中,辩证唯物主义曾经被简单化乃至庸俗化了。上边已经指出了"代替论"的问题,更有甚者,犯了教条主义和实用主义的错误。例如,直接违反马克思主义关于原则不是研究的出发点的原理,偏偏从概念出发,从某种条条框框出发来规定教学方案或推论教学规律。对马克思主义的一些本来正确的命题,随意解释,为我所用。这样一来,事情走向反面。唯物论变成了唯心论,辩证法变成了形而上学。在唯物论名义下,"开门办学"、"从干中学"、"突出政治"、"搞群众运动"等,都被说成中小学校的教学原则。在辩证法的名义下,对教学中的教书和教人,理论和实践,教和学,独立思考和学习现成知识,多学和少学,"死"学和"活"学等等关系,在认识和处理上,非此即彼,摇来摆去,把本来是活生生的教学活动,弄成僵死的东西,或者成了不可捉摸的东西。

党的十一届三中全会号召:解放思想,实事求是。仅仅就教学论研究领域来说,其重大意义和深远影响也是不可估量的。它有力地反对了教条主义束缚和思想僵化,反对了对马克思主义的简单化、庸俗化,要求恢复马克思主义的本来面目和精神实质。我们正是要在克服简单化的斗争中坚持马克思主义,自觉、完整、准确地运用辩证唯物主义方法来指导教学论的研究。恩格斯说:"一个民族要想登上科学的高峰,究竟是不能离开理论思维的。"① "蔑视辩证法是不能不受惩罚的。对一切理论思维尽可以表示那么多的轻视,可是没有理论思维,的确无法使自然界中的两件事实联系起来,或者洞察二者既有的联系。"②

马克思主义并未结束真理而是为真理不断开辟道路。它也不同于任何宗派主义之类的学说,而是不断吸收一切真正科学成果丰富自己。国外近些年来系统论、信息论、控制论兴起,一般都认为符合辩证法的精神,并使辩证法得到具体化,很值得引起注意。"三论"横跨多种运动形式和物质层次,横跨技术、生物、社会、思维四大领域。它对任何对象的研究,都要求从因素、结构、功能、相互联系方式、历史发展等方面进行综合的系统的考察。它把各种运动形态抽象为一个信息变换过程。由于信息流动、特别是反馈信息的存在,使系统正常运动,并实现有目的的控制,同时,信息可以量化,按照空间、规模、时间、速度,对系统的要素及其结构等,逐阶分级,向每一细微步骤提出最佳量的要求,直到最后达到总体的最优化。这一套方法对教学论的研究有重要意义。一方面,它的整体综合观点,对于克服研究的分割、孤立、绝对化、片面性大有好处;另一方面,它也可能使"普遍联系"、"相互作用"、"运动、发展"、"量变、质变"等比较一般的辩证法概念,具体化为可以看得见、摸得着、下得了手以及可以检查测量的东西了。苏联巴班斯基已作了有益的尝试,可见是有益的、可行的。③ 我国这几年来也有好多同志致力于这方面的探索。大家正怀着兴趣,注视着它的

---

①② 《马克思恩格斯选集》第 4 卷,人民出版社 1995 年版,第 285、300 页。

③ 参见本书第二章第二节。

进展。

二、要研究事实，充分占有材料，把定性分析和定量分析结合起来

首先，要研究事实。即使最科学的方法论，它本身并不能创造科学。科学的生命在于对事实的研究，回答现实和先进思想提出的问题。俗话说："巧妇难为无米之炊。"教学论的研究在这方面的教训是很多的。或者只凭一般推论；或者只摘取个别事例，而且这些事例仅仅作为证明的工具（不是研究的基础和出发点）；或者干脆只凭印象、感想，而且有的时候这种印象、感想还通过所谓的"群众反映"的形式表现出来。十年动乱时期，"四人帮"更把它推向极端，甚至出现这样的三段论式：前提——"实践出真知"；推论——"开门办学，让学生在社会大课堂里学习一定会大大提高教学质量"；验证——"果然如此，请看某某学生等，他们会生产某种产品，会搞阶级斗争。"当然这是极端现象，应特别值得引为鉴戒。马克思指出，研究必须充分地占有材料，分析它的各种发展形式，探寻这些形式的内在联系。只有这项工作完成以后，现实的运动才能适当地叙述出来。教学论的研究在历史上和现实中，经常是把一种教学模式绝对化，只分析一种形式，而不分析各种不同的形式，更少分析它们的发展形式，而且还争执不下，各自固守一隅。例如，传授教学和发现教学，程序教学和活动教学，认知学习和联想学习等等，各抓住一个侧面，加以鼓吹膨胀。这样自然不能对于教学的全局作出恰当的说明。教学论的研究要真正成为科学的研究，就必须在辩证唯物主义这个一般方法论指导下，广泛搜集材料，向各方面作调查：向历史，向现实，向社会，向教师，向家长，向学生……作调查，进行观察、实验、访问、讨论，查阅文献，读书，问卷、摄像、录音等等。据国外的一个说法，在没有采取现代化装

备之前，科研人员查阅文献的时间，要占整个科研时间的三分之一，如果是探索性的研究，则要占二分之一。① 不仅如此，如果研究者不充分占有材料，不作广泛调查，还可能重复别人的劳动，甚至重复前人的错误。直到 70 年代末，有人估计，我国国内正在研究的项目，至少有百分之四十在国外已研究出了成果。②重复他人的劳动，显然是一种浪费，如果重复前人的错误，那就不只是浪费，而是有害了。这在我们教学论研究领域是不乏其例的。解放前我国一些中小学实验学校，不结合我国情况而实验和推行设计教学法、道尔顿制，就是既重复别人劳动又重复别人错误的突出表现。

其次，必须把定性分析和定量分析结合起来。在教学论的研究中，无论是教学目标的规定，课程、教材的编制，教学效果的检查，教学管理等等，都要有质量标准。不言而喻，顾名思义，质量包括质和量，既有质，也有量，质量不可分，离开量的质和离开质的量，都是不可思议的。教学应该追求全面的质量。例如，语文或外语教学中，既要规定出字词的数量，也要规定出达到"四会"、"三会"或"两会"等质的要求，并且，还要规定或测定某一具体质量在总体中的比例。但是，在过去长时期中，在稍微广阔一点的范围，就远远未能这样做。有时只讲量，不讲质。例如，根据原《中学语文教学大纲》规定，全套课本的课文总数为 300 篇。一个中学生在整个中学阶段要写 80 篇大作文。但是，对学习这 300 篇课文，做 80 篇大作文各要达到什么水平？没有规定，没有质的要求。更大的偏向是根本不讲数量或不作定量分析。例如，现在如果提出这样一个问题：一个中学生到高中毕业，他应该获得或实际获得的知识总量是多少？识字总量是多少？词汇量是多少？智力发展

---

①② 参见《科技人员要学一点情报学知识》，载 1980 年 4 月 16 日《光明日报》。这里讲的主要是自然科学和技术领域。教学论情况有所不同，但可供参考。——作者注

达到什么程度？以什么作指标？怎样测量、计算、规定出来的？恐怕学生答不出，教师也答不出，校长、教育行政部门以及教材编者也答不出。① 而对这些问题回答不出，怎么能判断教学水平和质量呢？而不能判断教学水平和质量，又怎么能判断所采取的教学方案、教学措施的优劣高低呢？对量的严重忽视，心中无数，粗枝大叶，离开数量而谈质量，可以说是过去三十多年教学论研究中的重要教训之一。十年动乱时期达到了顶点。"四人帮"一方面大肆破坏教育事业；另一方面却侈谈教学质量大大提高。从方法上说，就是不讲标准，尤其没有数量指标，没有数据，不作统计，因而他们可以信口雌黄，任意胡说，有时则玩弄摘取个别事例的伎俩以欺骗群众。列宁说得好："在社会现象方面，没有比胡乱抽出一些个别事实和玩弄实例更普遍更站不住脚的方法了。罗列一般例子是毫不费劲的……因为在具体的历史情况下，一切事情都有它个别的情况。"他又说："必须毫无例外地掌握与所研究的问题有关的事实的全部总和，而不是抽取个别事实。"② 为了揭穿和防止摘取个别事实以欺骗人的勾当，他提出："我们决定由统计着手。"他还深刻地揭露：统计的方法，对于那些愿意接受欺骗的人，以及那些惯在"一般地"谈论下偷运政治黑货的人，"会引起何等深刻的反感"。③ 我们联系到教学论研究中的教训，对列宁的这些话感受十分深切。

　　我们为什么忽视定量分析方法？这可以追溯到更早时候。解放初期，我们就批判否定了资产阶级关于智力测验的理论和方法。这和我们学习苏联教学论缺乏独立思考、从一种片面性走向另一种片面性有关。苏联30年代批判了儿童学和智力测验，恰好旧中国时

---

　　① 参见孙治权、曹明：《教学结构量质论》，载《北京师范大学学报（社科版）》1983年第3期。
　　②③《统计学和社会学》，载《列宁全集》第23卷，第279～280页。重点是原有的。

期智力测验也曾流行一时,于是我们也完全仿效苏联,不仅批判智力测验,而且连统计方法也给否定了。当时批判和否定的理由大概有二:一是认为它本身不科学,对复杂的精神现象不能简单地用数字来表示和说明;二是认为各种"量表"或百分数等数字掩盖了教育、教学现象的社会阶级本质。至今,这些理由也还是对的。但问题是完全否定其局部的合理成分,否定任何量化及统计的使用和研究,不懂得数字是工具,既可以在不科学的观点支配下使用,也可以在正确思想指导下使用,放弃了批判改造的职能,这就犯了简单化的错误,并且等于承认智力和教学质量是不可知的。这不符合马克思主义原理,给教学论的发展带来损失。上面提到,粉碎"四人帮"、特别是党的十一届三中全会以后,教学论进步的表现之一,就是在研究方法上注意到定量分析,这是很重要的,教学论进一步科学化必须使用量化及统计研究方法。

三、要重视开展教学实验

前边我们曾经提到,至少从 19 世纪后半期开始,实验研究法逐渐地从自然科学领域引进心理学、教育学(主要是教学论)领域。通过实验研究儿童的身心特点和各种教学方式方法。这是进步的而不是退步的现象。① 从那时以来,教学实验在欧美特别流行。旧中国教育界也有人提倡。如设计教学法、道尔顿制等实验,都搞过不少。

可是,新中国成立后相当长的一段时期里,反而不讲教学实验了,这也是一个教训。其原因大致有两个方面。

第一,学习苏联批判实用主义和西方资产阶级教育学走过了头。1936 年,苏联《关于教育人民委员部系统中的儿童学曲解的

---

① 参见本书第一章第三节。

决定》，斥责当时的儿童学的代表人物，对儿童进行大规模的"十分可疑的实验工作"，"广泛地建立了一种调查学生智力发展和研究学生天资的方法"，把许多儿童划归"特殊"范畴，从通常学校开除，送进"难教的"、"智力落后的"、"有神经病的""特殊"学校和班级中去。①同时，《决定》批评教育学工作者，"对学校工作人员的庞大队伍所有的、广泛的、多方面的经验，未能加以研究和概括。"②从此以后直到50年代中期以前，苏联教育学包括教学论的研究，都几乎集中全力去总结"经验"，不搞教学实验，或者说，只搞所谓的"自然实验"而不搞"特殊"的实验。事情凑巧得很，旧中国搞的一些杜威派的实验，也充分暴露出理论上不科学、脱离实际，人们记忆犹新。这样，学习苏联，批判杜威，十分合拍。教学实验也就逐渐被人忽视、遗忘，甚至成为某种禁忌。

第二，忽视教学实验还有其更深刻的社会原因，就是我国小生产占优势，科学技术不发达。即使在自然科学技术领域，实验尚且不甚发展，何况教育科学领域！与小生产占优势和科技不发达相适应，"长官意志"和"一般谈论"在一些环节上还相当流行，也波及教学工作实践乃至教学理论领域。它们至多根据朴素的简单的经验。

50年代末和60年代初，苏联由于批判了教育中"无儿童"的现象，提出讨论了教育和儿童发展的关系的问题。从而兴起了赞科夫等人的教学实验，往后越来越扩展。与此同时，我国也开始兴起了教学实验。主要由于当时毛泽东同志号召：一切经过实验。农业上、工业上领导方法之一，就是提倡"种实验田"，又由于当时响亮地提出了"教学要改革"的口号。较早的在辽宁黑山北关小学进行了语文和算术两科的教学实验，特别是进行"集中识字"的实验。接着北京景山学校也开展了类似的实验，更有所发展。于是，

---

①②《苏联普通教育法令选译》，第62～65页。

教学实验逐渐在全国范围内推广开来。自然，在十年动乱中，许多教学实验都被扼杀了。

教学实验的特点在于：它能超越教学实践的天然局限，排除自然状态下对教学的各种干扰因素，具有较强的目的性、针对性，在较严格的控制条件下，诱发某种教学活动精确地、反复地呈现出来，以验证、修正、丰富、发展某种教学方案和理论主张。在今天这个时代，社会生产、科技和各项事业都发展迅猛、日新月异，没有教学实验，就很难把教学论推向前进，特别是要探寻种种新的教学结构，有所改革，有所创新，教学实验更是绝不可少的手段，如果仅凭经验的自然发展然后加以总结，那么，将是时不我待，而且精确性科学性难以保证。因此，为了教学论的进一步科学化，我们必须更大力更广泛地开展各种教学实验。1978年以后，在党的十一届三中全会精神鼓舞下，被"文化大革命"摧残了的各种教学实验，又恢复并大大地发展了。实验的种类多样化了。按性质划分，有教学论自身领域的实验，也有跨学科的实验，后者越来越多，如发展智力的实验，暗示教学的实验等。按内容划分，有学科实验，如语文、数学、外语教学实验。有专题实验，如自学辅导的实验，还有综合实验，如北京景山学校进行着"全面发展打基础，因材施教育人才"的实验。上海育才中学从教法改革开始，进行课程、教学制度，以及教学、教育和管理的全面改革实验。按实验的规模划分，有大型的、中型的和小型的实验。近年来，有的教学论工作者和教师设想：如果只检验教法的某一环节或片段，可以设计短周期、由个人执行的实验。例如，以培养学生推理能力为目的，侧重让学生自行发现定理的条件和结论之间的逻辑联系和过渡层次，当堂或课后对效果进行定性定量分析，一周之内即可重复几次。[①] 这

[①] 参见张士充：《中小学要开展学科教育科学研究》，载《教育研究》1982年第8期。

种实验，有人称之为"微型"实验。它把科研和教学结合起来，十分有益，简便易行，不受其他条件牵制。在我国目前条件下，开展大型中型的教学实验，难度较大，因而多搞一些小型乃至"微型"的教学实验，是比较切实可行的，可望积小胜为大胜，量变引起质变，取得突破，蔚为风气。

我们不仅要解决教学实验的有无问题，还要讨论如何正确进行和充分发挥教学实验的作用的问题。我们的教训之一，就是有的地方虽然开展了教学实验，但进行得很不理想，未能起到应有的作用，严格讲不能叫做教学实验，或者只能称之为"自然实验"。其主要缺点和表现，首先，缺乏理论指导。实验之前，未能作出有较充分的科学根据的设计或理论假设，实验之后，又不能进行比较高水平的科学分析从而得出较深刻的理论结论。其次，在实验进行中往往不能实行较严格的条件控制，记录、测验等的数据取得和技术处理，精确度和效度都较差，有的甚至没有掌握起码的实验方法（如设对比班组等）。此外，教学实验在我国的发展还有一个历史的消极的影响，就是往往简单地重复他人的实验，缺乏创造性。因此，为了搞好教学实验，特别是提到科学化高度上来看待，必须不断提高自觉性和科学性水平，必须强调有较高水平的理论指导，要掌握从设计、进行到结果的合乎科学要求的过程，要善于控制条件，运用多种手段，获得充分而可靠的数据，并能科学地分析处理，包括定性定量分析和统计，对实验结果尽可能作出较科学的结论。

最后，还必须明确，我们虽然强调教学实验，但我们不应该是唯实验主义者。因为教学论的研究，光靠教学实验还是不够的。教学实验的方法，必须与其他方法结合起来，才能全面地实现教学论研究的任务，也才能更好地发挥教学实验本身的作用。

四、应该肯定推论—验证,把它作为教学论的研究方法之一

什么是推论—验证的方法?一本《教学论》说,教学论的研究可以有两种途径。一是观察分析教学现象,运用归纳法得出理论结论。"也可以采取另一种办法,即在教学过程中实际验证从教育科学遗产或从生理学或心理学中引来的论点,或者验证通过理论思维得出的一般教学论原理的正确性,然后通过实验来确定所得到的论点或原理是否适用于德国民主学校的教学。"① 这后一种途径,就是推论—验证的方法。

在我国过去相当长的时期里,这种方法被视为禁区和畏途,被认为是脱离实际的教条主义,甚至被认为是唯心主义先验论。其实,这种途径既符合一般科学包括教学论在内的发展的历史事实,也符合辩证唯物主义的认识论原理。

在科学史上,许多重大成果是通过理论思维,演绎推论获得或首先提出,然后经过验证而确立下来的。例如,哥白尼的日心说,海王星的发现,麦克斯韦的电磁理论,古希腊科学家关于地球是圆形球体的见解,等等,都是如此,马克思关于共产主义社会远景的设想,毛泽东同志在抗日战争初期就提出持久战的见解,都是运用理论思维得出的一般原理然后实践逐步验证其正确性的。

在教育史上,许多教学理论主张也是通过理论推论然后经过验证而确立的。夸美纽斯、裴斯泰洛齐、赫尔巴特、杜威等,无一例外。例如,"夸美纽斯的教学论中有许多论点都是他根据天才推测

---

① [德]克拉因等编著,柯新译:《教学论》,人民教育出版社 1963 年版,第 6 页。

创造出来的，因为那时他还未能运用组织很好的教学经验的结果。"① 最突出的例子恐怕要算卢梭了。他的教育、教学理论，主要不是从自己或他人的已有经验中归纳出来的，而是从他的一般世界观和社会理想推论出来的。如天赋人权、个性解放、自由、平等、博爱等等。但是，他的教育、教学理论在教育史上起着很大的作用，这是很少有人否认的。他的关于教学要重视儿童兴趣、主动性，关于必须让儿童亲身参与活动等等的论点，即使到今天仍有启发作用，还在不断地得到验证。近几十年来，教学论的许多新见解，是从心理学引来的。例如，布鲁纳的课程论是从结构主义心理学引申出来的。斯金纳的程序教学设计是从行为主义心理学中引申出来的，洛扎诺夫教学法是从暗示理论引申过来的。赞科夫的教学论思想在很大程度上是应用维果茨基的心理学理论而加以发展的。最近，又有人主张并尝试从系统论、信息论、控制论引出教学论的一些论点，也激起人们的兴趣。

事情这样明显，为什么这种方法竟不能自觉地充分地利用，甚至成为禁区呢？这还应首先归因于生产、科技和文化落后，长期经验主义盛行，既轻视实验，也对理论漠视。再就是认识上和思想上的原因，没有真正懂得辩证唯物主义的认识论，陷于机械唯物论。辩证唯物主义认为，理论虽然来源于实践，但是理论对于实践又有相对独立性、能动性，可以走在实践的前头，指导实践，为实践开路。列宁深刻指出："物质和意识的对立，也只是在非常有限的范围内才有绝对的意义，在这里，仅仅在承认什么是第一性的和什么是第二性的这个认识论的基本问题的范围内才有绝对的意义。"②

---

① [苏] 丹尼洛夫：《教学的本质》，载《苏维埃教授学问题Ⅰ》，正风出版社1953年版。

② 列宁：《唯物主义与经验批判主义》，人民出版社1964年版，第139～140页。

列宁还说过:"人的意识不仅反映客观世界,并且创造客观世界。"① 一些理论包括教学理论的提出,都不是主观自生的,都是在前边的实践的基础上或不完全的实践的基础上产生的(不独科学理论如此,即使是神话、幻想,都不是凭空产生的)。这并未违反唯物论,何况并不到此为止,还要经过验证,这更不违反唯物论。重要的是,一定的理论一经提出,能起到积极的反作用,启发人们思考,激发人们想象,给人以行动的动员和鼓舞,为实践开辟道路。教学论研究中运用这种方法,可以大大加快认识客观对象,揭示规律,发现真理的进程。

当然,运用推论—验证的方法要想起到应有的作用,是有条件的。引来理论这一环必须是严肃的郑重的,要有责任能力,其根据即使不可能是充分的,也必须有相当的现实性,更重要的,必须通过经验或实验等严格地反复地验证和修正。

五、要认真提高总结经验的水平

无论如何,总结经验总是科学研究包括教学论研究的最基本的方法。

总结经验的方法与教学实验的方法相比,虽然没有教学实验那样的典型性、科学性和高效率,但是,它的丰富多样性、广泛性和直接现实性,却是教学实验所远远不及的。特别是要检验一个理论的普遍性,避免片面性、一时效用或有无虚假现象,还要依靠群众性的长期的教学经验来解决。在教育史上和现实中,往往某种理论、某种实验如我国集中识字实验、美国程序教学、苏联赞科夫的发展教学等等,在特定条件下和局部范围内获得很好效果,但一到

---

① 《列宁全集》第38卷,人民出版社1960年版,第228页。

大面积推广或随着时间的推移，就发生了问题，或者行不通，或者出现新的矛盾，还需要由经验来解决。而从总结经验得出来的理论，再付诸实践和推广时，就会容易推开，不需要特殊条件。苏联20世纪30年代批判儿童学导致忽视教学实验是片面的，但提倡概括总结群众性的自然状态下教学经验则是正确的。

在总结教学经验方面，我们向来是重视的，差不多是我们主要的甚至唯一的方法，成绩是很大的，积累了不少的总结经验的经验，但也存在一些教训和问题。根据正反两方面情况的考察，在运用总结经验的方法时，必须遵守以下几项要求，努力提高总结经验的水平。

第一，真正从实际出发，反映事物的本来面目。就是说，不预先带一个固定的框子，诸如：当时某种口号和思潮，某种特殊需要，某种报纸宣传中心，或者竟是某某权威所讲的某句话。如果带着这些框框去总结经验。这样就不能看到客观教学经验的本来面目，而常常削足适履，更说不上揭示教学的客观规律。这样也弄得一些学校和教师相当为难。有的学校领导人和教师无可奈何地表示：他们只得准备好几个"口袋"，里面装着不同的材料以备应付不同时期、不同来访者、不同争论者的需要。还有的同志不无讽刺意味地说：我们的教育实践是一个"万宝库"，要什么，有什么。这是背离唯物主义的精神的。

第二，重视多样性，不回避矛盾。实践本身是多样的、存在着矛盾的。这对揭示教学规律本来恰恰是有利的。但过去在总结教学经验的过程中却常常害怕多样性和矛盾。甚至为了肯定某某教学经验如集中识字好，就轻易地甚至武断地否定不同的或相反的经验。例如，为了要总结肯定小学低年级集中识字的经验，就轻易地武断地否定随课文识字（俗称分散识字）的方法，说它是不科学的落后的"三五观点"（教一篇课文只识得三个五个生字）。其实，这两种识字方法或低年级语文教学方法，可以并行不悖，各有优点。除此之外，还有借助汉语拼音的工具，先读书后识字的方法，也应该允许实验。无视教学现象的复杂性的想法和做法，最不利于总结教学经验和揭示教学规律。

第三，要把握事实的总和。这在前边已经说到了，不能只摘取个别事例，以偏概全，或仅凭感想、印象、"群众反映"。过去我们在总结某某教师的优秀教学经验时，常常听到和看到诸如此类的说法："很好地促进了学生思维的发展"，"学生反映良好"，等等。但是，事实是哪些？标准、指标、数据是什么？它们在全局、整体中的比例、地位如何？这些都需要有严格的测验与统计，否则未免陷于空说，只能得到空泛的甚至虚假的情况，无从作出真正合乎实际的判断，更谈不上揭示出什么教学规律。

第四，要有理论分析。没有这一条就不可能从经验中抽象出真正科学的教学规律。对于总结经验来说，经验丰富是前提，但有了好经验并不等于就能揭示出规律。如果仅仅描述现象，罗列材料，堆砌事实，讲不出道理，使人知其然而不知其所以然，那么，经验仍旧是经验，经验本身也难于推广，甚至自生自灭。古今中外，这种情况恐怕是大量而又大量的，十分可惜，原因就是无人总结或缺乏理论能力，总结不出普遍性的原理来，更糟的情况是，由于缺乏理论，识别能力薄弱，以致错误的经验得不到纠正，谬种流传，贻害于他人和后人。

六、正确实行"古今中外法"

什么是"古今中外法"？1961年全国文科教材会议上，第一次明确提出要实行毛泽东同志曾经倡导的"古今中外法"。所谓"古今中外法"，就是主张全面的历史的观点。只有"今"而没有"古"，就没有历史观点，只有"中"而没有"外"，就没有全面的观点。① 这是在社会人文学科中应用马克思主义方法的具体化表现，也完全适用于教育科学、教学论。毛泽东同志在延安整风期间反复提倡马克思主义的学风，提倡全面地研究革命理论，研究历史，研究现状。新中国成立后，又提出"古为今用"、"洋为中用"的学习方针。这一切都与"古今中外法"的精神是一致的。

在"古今中外法"实行的过程中，遇到过各种障碍：解放初就排斥了西方；1958年又批判了苏联教育学，还批判了所谓研究教育史得出社会主义主要教育规律的观点；乃至"文化大革命"，更加发展到极端，对外搞闭关锁国，对历史则完全否定，或任意践踏。这样，古今中外法，就真正成了只有"今"而没有"古"，只有"中"而没有"外"了。这给教学论的发展，造成很大危害。撇开阶级敌人破坏这一面，就我们自身而言，必须认真总结这一深重的历史教训。一不要"古"，二不要"外"的错误，今后决不能重复。首先，它在一般方法论上就站不住脚。古今中外的教育、教学，固然各有特殊规律而互相区别，但又有共同规律而互相联系着。研究共同规律和掌握共性，恰恰有利于研究和掌握社会主义教育、教学的特殊规律。其次，它对教学领域尤其不切合实际。在教学领域，共同的东西是很多的，有些基础理论，如教学过程的理论，教学原则的理论，等等，恰恰需要经过世世代代、九州万国的人们，共同实践，创造，考验，才能确立。再次，它也不符合我国教学论发展的历史特点。我国有几千年的文明史，有灿烂的古代文化，教学论遗产是非常丰富的。先秦诸子百家之言、《学记》和"朱子读书法"等等之中所蕴藏的教学论思想，有许多是非常精辟的，至今仍放射出智慧的光辉，我们发掘、整理、研究工作不是做得太多而是做得还很不够。我国历史的再一个特点，就是近代史的

---

① 参见周扬：《关于高等学校文科教材编选的意见》（1961年4月），载《教育研究》1980年第3期。

时间很短，一套适应近代生产发展和科技发展的教学理论和教学制度，不曾也没有条件从我国自身生长、积累起来，主要是学习外国。其中一些教学制度和教学理论，如班级授课制及其理论，从一方面说，必须承认它是我国古代所没有的，我们前几辈人没有等待自身缓慢变革和发展起来，而是从外国引进来的；另一方面，经过几十年的时间，它已经转化为我们的教学实践，同我们自己的东西融为一体，或者说已经变成了我们自己的东西，这也是无可否认的。如果我们的教学制度和教学理论全都只能从我们今天的教学实践中得来，一不学"古"，二不学"外"，或者只是了解了解而不批判吸收和"拿来"，那就等于切断教学论发展的长河水流，孤立和封闭自己。这不仅有精粗、快慢、文野之分的问题，而且在现时代可以说是根本行不通的。邓小平同志提出："教育要面向现代化，面向世界，面向未来。"① 这概括地反映了世界范围新的重大技术革命和我国历史新时期对教育的要求。这是对整个教育的战略指导思想，当然也适用于教学领域，而且对教学论的研究具有巨大的方法论意义，它是"古今中外法"的光辉发展。相形之下，割断历史，对外封锁的主张，多么片面，狭隘！

要正确实行"古今中外法"，除了肯定学习"古"和"外"的必要，还要讨论如何真正做到"古为今用"和"洋为中用"。我们吃过全盘西化的大亏，也吃过食古不化的亏，近年来各方面又提出了这个问题，② 的确是应该探讨的。

多少年来这个问题之所以一直解决得不好，本来有其深刻的社

---

① 1983年10月，邓小平同志为北京景山学校题词。
② 参见《教学原则要体现我国特色》，载《课程·教材·教法》1982年第3期；《谈正确对待我国古代教育遗产问题》、《对我国古代教育遗产必须给予正确评价》，分别载《教育研究》1983年第3、9期；《论外来教育理论的限制与今后教育学研究的路向》，载香港中文大学编《教育学报》（1981）九卷2期。

会历史原因,这就是半封建半殖民地社会影响。但从思想认识和具体方法方面检查,则是把"古为今用"和"洋为中用"简单化了,最突出的表现就是把它理解为直接的无条件的过程。其实,"古"是不能直接为"今"用的,"外"是不能直接为"中"用的,其间需要经过一系列复杂的过程,并且需要具备许多的条件。

第一步,无论是古代教学论遗产或是外国教学论思想,都要对它们进行分析,批判,抛弃其糟粕;对于其合理部分,也要弄清它们产生的背景、内容、实质,以及应用的条件,加以消化理解,而不能囫囵吞枣。第二步,要通过我们今天的实践进行检验、修正、变通、改造,而不能像拿来某些机器零件那样,原封不动轻易地安装到一架机器上,对于古代教学论遗产还需要用现代科学理论和方法加以说明和论证。例如,孔子讲:"不愤不启,不悱不发"。这一思想是非常光辉的,迄今还未见到国外有如此言简意赅的精辟提法。但它毕竟还是朴素的经验,需要把它奠定于能动的反映论、内因外因相互作用的辩证发展的方法论基础上,运用现代心理学、教育学原理揭示"愤"、"悱"的具体过程和条件;还要总结论证启发的具体形式和方法;使朴素经验逐步科学化,既理论化,又具体化。第三步,经过这些理论上和实践上的努力之后,"古"的东西和"今"的东西,"外"的东西和"中"的东西逐渐融为一体。

这就是我们对"古为今用"和"洋为中用"的过程和条件的简单认识。根据这种认识,我们可以进而讨论一下近年来发生的两种意见争论。一种意见认为,我国的教学论原则应该"体现我国特色","经验是中国的","语言是中国的","是符合中国国情的"。另一种意见认为,"科学无国界",只要看合不合乎科学。依照我们的体会,"科学无国界"诚然是对的,但同一科学原理在不同的民族、国家、地区运用和发展,总会有所改造和变通,带上各自的特色。任何外国的教学论,假定它是普遍的科学原理,又是下过上面所说的理论上和实践上一系列消化改造的工夫的,一定会带上中国特色；也只有这种个性化才能体现出其普遍性和科学性，否则它本身也不能立足和发展。不过，对于"具有中国特色"也不能理解得狭隘和绝对化。如果外来的原理原则，经过了上面所说的一番工作过程，逐渐与我们融为一体，适合我国国情，解决我国教学实践中的问题，那么就可以说是"具有中国特色"或"中国化"了，不能认为只能是改造变通外来的东西而一点不能改变自己的东西，更不能把"中国化"理解为中国古代化。马克思主义指出，人们在改造客观对象的同时，也改变自身。皮亚杰等人也讲，儿童在认识世界时，既用已有图式去同化对象，也为了顺应环境而改造原有的图式。

当然，不言而喻，对历史上的和外国的教学论的继承和借鉴，决不可替代自己的创造，这是决不能替代的。毛泽东同志早就正确指明了这一点。① 我们不应忽略一百多年来半封建半殖民地社会历史的消极影响以及长期轻视基础理论研究的弱点，这种消极影响和弱点，很容易使我们在历史遗产和外国东西面前，不能具备更强的批判力，从而也影响从现实出发，独立自主的创造。因此，在强调"古"和"外"的同时，应该保持清醒的头脑。我们在前边之所以重点讨论并强调"古"和"外"，正是因为客观形势已有了发展变化，我们早已不是半封建半殖民地社会，而是强大的社会主义国家了，而且，我们已经具备了独立自主的批判力和创造力，对"古"和"外"继承借鉴的主观条件也今非昔比了。

综上所述，关于为教学论的进一步科学化而努力的问题，可以得到几点概括的认识。在弄清起点的情况下，必须充分明确教学论的研究对象和任务，广泛地利用其他学科的成果而又坚持自己的独

---

① 参见《在延安文艺座谈会上的讲话》，载《毛泽东选集》第3卷，人民出版社1991年版。

立研究领域,坚持它作为研究教学一般规律的理论科学。同时,必须认真改进研究方法,在克服简单化的斗争中坚持马克思主义方法论,要把方法论跟多种多样的具体研究方法结合起来。要正确实行古今中外法,注意探索教学论的现代化和中国化问题。总之,为了一个目的:更全面更深刻地揭示教学的客观规律,为我国广大学校的教学实践服务。

思考题

1. 我国近现代教学论发展的情况怎样?有些什么特点?
2. 教学论研究的对象和任务是什么?它应该是一门什么性质的科学?
3. 怎样进一步改进教学论的研究方法?怎样贯彻和体现"三个面向"的精神?

第四章
教学的基本概念

从本章开始,我们的讨论就要进到教学论自身诸范畴了。

任何教学论都不能不首先阐明"教学"这个基本范畴或总概念。古往今来,出现各种各样的教学理论,它们在科学化道路上处于不同的地位。其互相区别或争议之点,首先就在于对"教学"这一概念或范畴有着不同的理解。由于对教学所持的概念不同,就决定了不同的教学论体系。在各种教学论中,教学的概念作为总的观点贯串于相应的整个理论体系之中,也因此,全面地揭示教学概念的内涵和本质,都是通过整个教学论体系逐步进行的。在一开始,仅仅以最简要最概括的形式,指出其最本质的属性、主要的职能以及一般的任务。然后,如果是比较科学的理论,就遵循着从本质到现象,从一般到特殊的路线,逐步具体化,揭示和阐述教学的各个侧面、各个环节的具体内容和质的规定性,使教学的概念越来越丰富。

第一节 教学概念的定义

一、教学的产生和语源略考

教学在原始社会即已产生。传授和学习一定的生活经验,包括生产劳动经验和社会风俗习惯，亦即最初的知识和思想；也包括成人彼此之间以及老一辈人和新生一代之间的传授和学习。这是一切社会生存和发展的绝对的必要条件之一，可以肯定，教学在原始社会就已经有了，否则就不能称为社会，但同样可以肯定，这时的教学跟生活本身是同一回事。其特点是：自发而不自觉；带有偶然性和断续性而不经常，不连贯；远非定形的。随着社会生产不断发展，社会组织程度不断提高，经验和知识不断积累和复杂起来，文字出现，体脑分工和形成阶级，人们就不满足于自发的、偶然的、不定形的传授和学习的活动了。教学的专门化既有了必要，也有了可能。它促进了学校的产生；而学校的产生又使教学发生了一个质的飞跃。教学从此从生活本身分化出来，自发性让位于自觉性；教学变得更经常连贯，也日益定形。在中外教育史书籍中，大都用有关的传说和考古资料，大致描述了这样的历史进程。

在我国古代，早在商朝即公元前 20 世纪前后，甲骨文中已经出现了"教"字。如"丁酉卜，其呼以多方小子小臣其教戒"。① 其字形如"𤕝"状。甲骨文中也已有了"学"字，如"壬子卜，弗酒小求，学"。② 其字形如"𦥑"状。"教学"二字连用为一词，最早见于《书·商书·说命》："斅学半"。《学记》引用它作为"教学相长"思想的经典根据，特别用来说明"教然后知困"，"知困然后能自强也"。宋人蔡沈注："斅，教也。……始之自学，学也；终之，教人，亦学也。"意思是说，一开始自己学，这当然是学；而学了以后去教别人，这也是学。这与夸美纽斯认为"教导别人就是教

---

① 转引自孟宪承等编：《中国古代教育史资料》，人民教育出版社 1961 年版，第 15 页。

② 转引自沈灌群著：《中国古代教育和教育思想》，湖北人民出版社 1956 年版，第 5 页。

导了自己，"① 以及布鲁纳所说"教，是最好不过的学习方式"，② 其见解和论断都是差不多的。但这些说法都还不是"教学"这个词通常的含义，只指"教"的一方面的活动，还未包括教师教、学生学的双边活动。《学记》一开始就说："建国君民，教学为先。"这里，"教学"一词可以解释为含有教者和学者双方活动的意思，但它的含义较广，与"教育"一词似乎是一个意思，所以，也还不是通常所说的教学。据有的学者考证，宋代欧阳修作胡瑗先生墓表，说："先生之徒最盛，其在湖州学，弟子来去常数百人，各以其经传相传授，其教学之法最备，行之数年，东南之士，莫不以仁义礼乐为学。"其中"教学"二字，才是正式指教师"教"和学生"学习"。③

在西方，"教"字、"学"字和"教学"一词，早在希腊文中都有。在英语中分别为："teaching"（教），"learning"（学）和"instruction"（教学）。在俄语中，分别为："учение"（教），"выучка"（学）和"обучение"（教学）。

无论中外，"教"的基本含义是传授，"学"的基本含义是仿效。"教学"的基本含义是传授和学习。我国明末清初时的王夫之（1619—1692）曾经作了一个简要的解释。他说："推学者之见而广之，以引之于远大之域者，教者之事也。引教者之意而思之以反求于致此之由者，学者之事也。"意思是说，教的工作就是不断增广学生的见识，学习就是认真思考老师教导的道理。④

---

① ［捷克］夸美纽斯著，傅任敢译：《大教学论》，第128页。原译文似乎有语法错误，试改。

② ［美］布鲁纳著，上海师范大学外国教育研究室译：《教育过程》，第62页。

③ 参见孙邦正编：《普通教学法》，第27~28页。

④ 《读四书大全说·卷三·中庸》，中华书局1975年版，第147页。此处转引自周德昌著：《中国古代教育思想的批判继承》，教育科学出版社1982年版，第133页。

二、怎样给教学下定义

给教学下定义很重要，但也很困难。

给教学下定义的重要性是不言而喻的。因为任何学科都要通过概念来揭示事物的本质和规律；而定义又是以最简短的语言把概念的内涵和外延揭示出来，简明地指出事物的本质属性。这样可以便于人们把许多不同的事物（教学当然不例外），依其共同的属性把握住。概念有了定义，就可以广泛应用，可以对遇到的新事物下判断，作推理。布鲁纳说：学生"学到的观念，越是基本，几乎归结为定义，则它对新问题的适用性就越宽广。"① 按照他的教学论的见解，掌握概念的定义，就是掌握学科结构的最基本的结构，它有广泛的迁移作用。给教学下定义之所以困难，是因为教学这个现象本身很复杂；又由于在研究过程中逐步深化而带来许多歧义和争论。在教学论发展的早期，即近代以前，"教"、"学"、"自学"、"教学"，以及"教育"，都没有什么严格区分，也没有什么争议。到了近代现代就不然了。人们已经不满足于笼统不分和混淆不清的状况，要求区分不同的质的规定性。同时，古代和近代的传统教学制度和教学思想，都受到各种批评和非难，人们又对教学的含义提出多种新的见解。具体到我国，还出现了种种特殊情况，如"开门办学"、"学工、学农、学军"等等，使得教学概念的含义更加含混不清了。

打开中外教育史，搜集一下有关的文字，关于教学的理解，真可谓众说纷纭，莫衷一是。归纳起来至少有以下几种。

第一种，最广义的教学。一切学习、自学、教育、科研、劳

---

① ［美］布鲁纳著，上海师范大学外国教育研究室译：《教育过程》，第12页。

动,以至生活本身,都是教学。这种理解至今仍有一定的道理。因为生活中确有许多教学活动。如果说人们在生活中总在学习、自学或发现些什么,获得一定的经验,引起行为的变化,那么决不会离开某种形式的"传授"或"教"的因素,纯粹地无师自通或纯粹发现是不存在的。这种生活的教学,仅仅区别于本能行为或自然成熟所引起的行为变化。孔子早就说到了这个区别。他说:"性相近也,习相远也。"① 他所说的"习",包括学习、教学和生活本身,只是和"性"相区别、相对应而言。

第二种,广义的教学。在这种理解下,教学已经不再是某些自发、零星、片面的影响,从内容到形式都体现出有目的、有领导、经常而全面的影响。这就区别于生活本身和一般的学习或自学。不过,这种教学还与"教育"一词通常表示的含义没有什么区别。在我国古代书籍中,在当今我国人民群众的语言词汇里,"教学"与"教育"两词是互相通用的。

第三种,狭义的教学。这指的是教育的一部分和基本途径。通常所说的教学或教学的主要特征表现得最典型的,就是这种教学。它已从教育概念中分化出来,已区别于教育的其他内容和形式,如家庭教育、幼儿园教育、生产劳动教育、社会教育等等。它以传授和学习知识技能为主要内容,它对学生的身心的多方面影响都是紧紧结合知识的传授和学习来进行的。

第四种,更狭义的教学。在有的场合下,教学被理解为使学生学会各种活动方法和技能的过程,如在小学教学生阅读、写字、算算术。它有训练的意思。加里宁说过:"训练和教育之间有极大的差别,小学一年级的初等算术连我也可以教。"这里,"训练"一词,就是译的"обучение"。这个俄文词在大多数情况下都是译为"教学"的。而在说到小学算术教学时,强调它不同于教育乃至其

---

① 《论语·阳货》。

他的教学，把它译为"训练"，是很准确的。在俄语中，在提到小学教育或工艺教育（训练）时，也往往用"обучение"而不用"воспитание"（教育）或"образованйе"（教养）等词。①

第五种，具体的教学。以上四种类型的教学，都是教学的抽象。可是事实上，教学都是具体的，都是与一定的时间、地点和条件相联系的。一旦谈论具体的教学，那么，教学本身以及关于教学的观点，就更加是极其多种多样了。教学不能离开一定的社会条件，包括历史时代、阶级地位、生产和科学发展水平，以及一些具体的物质设备，不同社会条件下的教学，彼此就会有着这样或那样的差异。教学也总是受一定世界观、教育观以及有关学科理论的指导和影响的，指导思想不同，教学也有区别。学校类型不同，教学也不同。教学总是教师教和学生学的双方活动，它们是相互作用的。教和学双方各自的情况以及彼此相互作用的特点，也给教学带来不同的特点。任何教学活动都包括教学目的任务、教学内容、教学方法、教学手段、教学组织形式、教学效果检查等成分或因素。这些因素本身各自的不同，以及彼此间不同的结构和联系，都会造成教学的不同。还有一点也不难理解：社会条件、指导思想、学校类型、教和学关系、教学内部诸成分及其结构这诸多方面，并不是各自孤立地对教学发生影响的，而是犬牙交错似地综合地影响于教学。总之，由于外部和内部的条件和关系的不同，自然带来教学的纷繁的具体表现。存在决定意识，人们对教学的理解或解释，也就呈现出纷繁的多样性。

那么，还能不能给教学下一个一般的定义呢？是能够的。不过，必须小心谨慎，必须切实遵守逻辑学上关于定义的要求和方法：一方面要把握一切教学的共性，这种共性必须是真正"一切"

---

① 参见王焕勋：《我们应该如何理解教育上的三个基本概念》，载 1954 年 4 月 5 日《光明日报》。

教学的共性，而不只是某"一些"教学的共性，要概括到最大限度；另一方面，要把教学跟其他一切非教学的现象区别开来。

根据这种理解，我们认为应该、也只能给教学下这样的一个一般的定义：所谓教学，乃是教师教、学生学的统一活动；在这个活动中，学生掌握一定的知识和技能，同时，身心获得一定的发展，形成一定的思想品德。

我们在上面已经说过，对于教学概念的内涵和本质，全面地加以揭示和阐明要通过整个理论体系来实现，定义只是以简短的语言来作一个概括的表述，在这里毋须多作解释。但是，在教学论的学习和研究中，过去和近来发生的两个问题，与对教学的基本概念的理解有直接关系，值得提出来加以讨论。

三、教学永远是教和学的统一的活动

我国教育理论界在探讨发展智力、提高教学质量问题的过程中，根据一些教改实验成果，提出了在教学中要注意加强教学生"学"的问题；与此同时，也就对过去很长时期里教学论大都只注重教师的"教"而忽视学生"学"的倾向进行了批评。有的同志尖锐批评它实质上不过是"教论"。这种批评是切中要害的，的确必须克服把教学论搞成只是教论的缺点。但是有的同志却由此提出，要把"教论"变成"学论"，甚至演绎开来，要把"教室"变成"学室"，把"教具"变成"学具"，把"教本"变成"学本"，等等。我们认为，这是不准确的。这种"学论"的主张和"教论"的做法出于同一理论根源，就是都把教和学割裂了，都未能把握住教学的本质属性之一：教学永远是教和学统一的活动，只不过"教论"者使教脱离学；"学论"者使学脱离教，只在这点上有所不同而已。

在教学中，教和学当然各有自己的独立的活动，不能互相代

替。但是，在这个特定领域里，教和学又是不能分离的。教学永远包括教和学，而且不是简单地教加学。教和学是教学这同一事情的两个侧面，是辩证统一的。我们的祖先早已懂得这个道理了。王夫之说："夫学以学夫所教，而学必非教；教以教人之学，而教必非学。"① 意思是说，学，就是学习教师所教的知识，学自然不是教；教，就是教学生去学所教的东西，教自然不是学。王夫之的这段话，表明他既懂得教和学是有区别的，又懂得两者在教学中不是分离、孤立存在的。用今天的话说，在教学中，没有没有学的教，也没有没有教的学。没有了学，教就不能存在，没有了教，学也不再存在，如果再有什么"学"，那已经不是教学中的"学"。这决不是搞文字游戏，绕口令，而是对客观存在的正确说明。例如，学生在课堂里自学，教师并不在场，或者学生在家里做作业，这种"学"离开了"教"吗？没有。又例如，教师在备课室里批改学生的作文，学生也不在跟前，这种"教"离开了学生的"学"吗？也没有。又例如，教师不讲课（教），当然就没有学生的听课（学），但如果学生根本未听（学），那么教师的讲（教）也就实际上等于零，不是什么"教"的活动，至多不过是一种"自言自语"或"独白"之类的活动。

因此，教学就是教学，不是只有教，也不是只有学，也不是教加学。因而，教学论不应当只是"教论"，但也不能变成什么"学论"。如果同意把教论变成学论的主张，那就意味着从一个片面走向另一片面，从重教轻学走向重学轻教，使学脱离教的主导，容易偏到儿童中心主义。至于超越教学论范围以外，研究和建立独立的"学论"（或"学习学"），那是另外一回事了。

---

① 《读四书大全说》卷三。转引自毛礼锐等著：《中国古代教育史》，人民教育出版社 1979 年版，第 494 页。

四、把握教学共性和多样个性的统一

这不仅是一个理论问题，也是一个实际问题。

过去我们教学论研究中的教训之一，就是不能从共性和个性统一中去把握教学的本质。最明显的表现，就是以偏概全，把对教学的一种理解当做全体。例如，许多教学论著作中关于教学概念的定义，其实只是狭义的理解，或不过是对近代资产阶级传统教学的概括，又或者竟仅仅表述了社会主义学校的教学。这就排斥了无限的多样性，把教学的概念弄得很干枯和贫乏，有时则陷入困境和矛盾。

因此，把握教学的共性和多样个性的统一，具有重要的理论意义。这样，才是对客观现实全面的反映；才能解释各种各样的教学现象，避免矛盾；这样统一地去理解也有助于更好地解决"古为今用"和"洋为中用"的问题，如果既能够从多样性中看到共同性，又能从共性中看到多样性，那么，就可以从教学论历史遗产和外国的成果中吸取丰富的营养，否则可能视而不见。全面把握共性和多样个性的统一，还有助于我们及时地吸收教学领域日新月异的创造和变化。随着科学技术革命迅猛发展，教学的各种新的形式将层出不穷。有了个性共性统一的观点，就可以免于迷惑不解，并能够以不断出现的新的无限多样性，进一步丰富我们对教学共性的认识。

全面把握教学的共性和个性多样性的统一，对教学实践也有重要意义。它可以克服或防止"一刀切"的顽症，可以利用一切积极因素，因势利导，扬长避短，充分发挥多种形式的教学的作用。这是广开学路，加速发展我国社会主义教育事业的需要，也是因材施教，培养各级各类人才的需要。过去多年中，我们常常陷入绝对化，造成很多损失。例如，有时候只重视正规学校的教学形式，而忽视非正规学校教学形式,强调教师直接指导、学习系统书本知识和严格的课堂教学,不加分析地完全排斥儿童自学、活动教学;而有时候则反过来,把正规学校的教学,把教师直接指导,系统学习书本的严格的课堂教学,批得一无是处,实行所谓的"开门办学"和"活学活用"。绝对化还表现在,对大学、中学、小学的教学,一律要求,一个模式,普通学校和职业学校的教学,重点学校和一般学校的教学,大城市学校的教学和偏僻农村山区学校的教学,在教师指导的直接性、学生学习的独立性,教学内容的规格,教学方法的细节,教学效果的标准等方面,都缺乏合理的差别。其结果,有的做不到,有的受限制。这当然是不利于教育事业的发展和提高教学质量的。我们应该把教学理解得宽一些、灵活一些、丰富一些,这是很有好处的,而这在理论上,就是要把握教学的共性和多样个性的统一。

第二节 教学的作用

教学的产生和发展,是人类一大发明创造。它对人类社会的发展和进步起着很大的作用。正确估计和认识教学的作用,是揭示教学本质,加深对教学概念的理解的一个重要方面。

关于教学的作用,在我们的教学论中,过去和现在,都是注意到了的。不过,究竟怎样更好地探讨和阐明教学的作用?对此还研究得不够,不很明确,还需要更加提高自觉性。我们认为,要着力探讨教学与社会、教学与人的发展、教学与整个教育体系的关系,从这些联系中来阐明教学的作用,特别是要尽可能阐明教学发挥作用的特点。

一、教学对社会发展的作用

教学和整个教育体系都是受社会决定的,这是必须首先明确的,不过这里主要讨论它对社会的反作用。

教学对社会的反作用,概括说来,就是它是解决个体经验和人类社会历史经验之间的矛盾的强有力的工具之一。

教学是把社会与个人、特别是新生一代联系起来的重要纽带或中间环节之一。社会要延续发展,必须有一代又一代的新人接替。这一代又一代的新人一定"要会成年人已经学会了的许多东西"。①人类社会历史发展中长期积累起来经验、知识、文字、科学、政治、伦理等都要一代代传递下去。如果不能传递或传递得不好,不能为下一代充分利用,以致他们要从头做起,或重走先辈走过的弯路,那就将延缓社会的发展。特别要指出的是,在人类社会历史经验和个体经验之间,是存在着矛盾的,即个体往往不能很好地掌握人类社会历史经验,不能适应社会新发展的要求;或者社会往往脱离个体的发展,从而社会也得不到新的发展。要根本消除这个矛盾是不可能的,相反,这个矛盾处理得好正可成为社会和个体发展的动力。教学就是担负起这个使命的。它负责不断地解决个体经验和人类社会历史经验之间的矛盾。历史表明,这个矛盾的解决是很困难的,但是,教学在执行这一使命方面是做出了贡献并卓有成效的。早在两千多年前,庄子就曾说过:"吾生也有涯,而知也无涯,以有涯随无涯,殆已。"② 这意思是说,个人的生命有限,而知识无限,以有限的生命去追求无限的知识,是不可能的,是要把人搞垮的。这位老夫子在那个时代就鲜明地揭示了这个矛盾是很不简单

---

① 《毛泽东选集》第5卷,人民出版社1977年版,第84页。
② 《庄子·养生主》。

的，但他却是一个悲观论者。事实上，历代祖先创造积累的光辉灿烂的文化，都保存、传递下来，并且总体上讲是一代胜过一代的。这种保存和传递采取了多种方式，教学是其中最重要的一种方式，其他方式也都与教学这一方式分不开。例如，历代不少科学家、艺术家写出了各种著作，能工巧匠建造了宏伟的建筑物，制作了精美的器皿。这一切都是保存、传递人类社会历史经验并使后人、个体、新生一代掌握它们的方式。这一切也都是和这些创造者的教学活动密切联系的。可见，教学在解决个体经验和人类社会历史经验的矛盾方面，是必需的，也是有效的。

众所周知，这个矛盾在今天是空前地加剧了，而且随着时间的推移，越往后这个矛盾越尖锐。人类积累的知识越来越多，增长速度越来越快，而个体一生的时间和精力毕竟是有限度的；而且，总不能叫人整个一生的时间都全部用来进行掌握人类社会历史积累起来的已有的知识的活动，如果那样，人们就没有去创造新事业，探求新知识的时间了，社会岂不要停滞或倒退？因此，必须想方设法使每一个体、特别是新生一代在人生的最前边的一段时间里，就能把人类千百年积累起来的知识的精华，基本上掌握起来，以便早日从事创新，建功立业。现代教育科学、教学论的研究正为此而努力，是大有希望的。① 从这里可以明显地看出，教学肩负着社会历史的重任，教学对社会发展起着重要的作用。

二、教学对个人全面发展的作用

教学的作用直接地具体地表现为对个人发展的影响，它对社会发展发挥作用也是通过对个人发展的影响而实现的。

在讨论教学对个人发展的作用时，首先要搞清楚一个前提。严

---

① 参见本书第二、三章。

格意义上的教学，其主要工作是传授和学习人类社会历史经验。在教学发展的早期，其传授和学习的社会历史经验，不一定是书本知识，更不一定是系统的，但一定要由前书本形态进到书本形态，由不系统到系统。它越来越概括化、抽象化、丰富和高深。这正是教学本身由低级向高级发展的标志。

教学之所以能够对人的发展起作用以及它起作用的特点，主要来源于此。

第一，它使智育突破了时间、空间的局限和个体直接经验的局限，扩大了他们的认识范围，赢得了认识的速度。在教学中，学生可以在较短时间内用较少的精力，较顺利地获得人类需要几百年几千年才能获得的大量知识和技能。同时，依据人的智力发展规律，掌握知识是智力发展的基础；智力发展是在掌握知识的过程中实现的。人类社会历史经验凝结着人类智慧的结晶，具有宝贵的智力价值。每个个体的智力的继续发展，必须掌握人类社会历史的经验。无知必然无能，离开掌握知识的过程而发展智力是不可思议的。只限于直接经验而不掌握人类历史经验而发展智力也是不可能的。

第二，教学也使德育获得最重要的手段即科学和认识的基础。人的政治思想、世界观和道德品质的形成，是在更广阔的领域内实现的，不是在教学领域内所能完成的。但是，正确的政治观点、世界观和道德品质，特别是社会主义政治方向、辩证唯物主义世界观和共产主义道德品质，必须建立于科学基础之上。这是区别于朴素的生活体验、阶级感情和自发的习俗或宗教信仰的所在。列宁指出："只有用人类创造的全部知识财富来丰富自己的头脑，才能成为共产主义者。"[1] 这是非常深刻的。尤其对于青少年来说，社会的、政治的、道德的实践经验还不丰富，更有必要为他们今后的诸如此类的实践，打下认识的基础。相反的，如果舍弃这个策略，而

---

[1]《列宁全集》第31卷，人民出版社1958年版，第254页。

搞过多的社会政治活动，他们并不能真正有所体验，又浪费了认真学习科学的时间，就会两两俱失。

除了提供科学基础这一方面，教学整个活动本身又是强有力的德育活动阵地。教学内容、教学方法、教学组织、教师言行、教学集体活动的气氛……无时无地不寓有一定的思想、观点、道德精神、情绪、作风等等的影响。或者在高度自觉的状态下不断迁善改过，或者在无意识中潜移默化。

第三，教学对体育也提供了特有的条件，为其提供了科学的基础。专设的体育课，其根本职能就是对学生保护身体健康和科学地锻炼身体提供理论知识和方法的指导，至于在每周几节有限的课时内对学生身体运动和体质发展所发生的影响，那还是第二位的事情。这种指导将影响着学生一生身体的健康发展。除体育课外，其他许多学科如生理卫生学、生物学，乃至化学、物理学等等，学习各种自然科学知识，都使学生对人体及其保健获得科学的认识和理解。19世纪的英国教育家斯宾塞在其《教育论》中，详细地论证了科学知识对身体健康发育、发展的重要作用，并据此设计了相应的课程。他大声疾呼："为了直接保全自己或是维护生命和健康，最重要的知识是科学。"他正确地指出这样的事实：如果对许多患过急性病、慢性病、身体虚弱、未老先衰的人进行调查访问，那么，"在你问到的人中，几乎没有一个在一生中没有患过只要有少许知识就能避免的疾病"。①

由此可见，教学对个人的发展的各个方面都有重大的作用，它能为发展提供科学的基础和机会、形式。其最重要的特点，就是在教学中学生德智体诸方面的发展，都是紧密结合科学知识的传授和学习而进行的，它们是在一个统一的过程中实现的。

---

① ［英］斯宾塞著，胡毅译：《教育论》，人民教育出版社1962年版，第12、43页。

这些道理是长期实践经验的总结,对我们来说,还是经过痛苦的经验才认识到的。懂得这些道理,就可以正确估计教学的发展作用,既不片面夸大,如说:学生学习了学校各科知识,"可能造成完整无瑕的世界观"①,也不轻视或否定,如十年动乱期间,名曰"开门办学",实际上开门不办学。懂得这些道理,就可以扬长避短,发挥优势,既充分利用教学这一手段去促进学生发展,又不强其所不能。例如,在不同的学科教学不同的教材时,各从不同的角度,以自己不同的方式,不同程度地促进学生这几方面或那几方面的发展,这就会给学生的身心发展带来无限的丰富性和生动性,也会克服和防止千篇一律、一般化、形式主义等弊病。

关于教学对个人的各方面的发展具有重大的作用,古今中外绝大多数教育家都是充分肯定的,并且揭示了它们之间联系的规律,例如,"教学永远具有教育性","学习(因而也就是教学)是发展的形式",这一类命题差不多得到了公认。它们是符合辩证唯物主义认识论原理的。当然,发展也给予教学以反作用,教学也受发展的制约。消极地说,如果学生身心发展没有提供施行教学的可能性,那么教学就不起作用乃至不能施行;积极地说,学生身心发展良好,就会促进教学更好地进行。马克思主义教学论认为,在教学和发展的相互作用中,教学是起主导作用的。

三、教学在教育体系中的作用

由于教学对社会发展和人的发展具有重大作用,这就决定着它在教育体系中的作用。这种作用是一种什么性质呢?简单说来,教学在整个教育体系居于中心地位,发挥着核心作用,它既是教育的主体部分,又是教育的基本途径(或形式)。

---

① [苏]凯洛夫主编,沈颖等译:《教育学》,第56页。

早在我国古三代时，学校就主要是教学的场所。孟子说："校者教也。"①《公羊传·宣公十五年解诂》有"父老教于校室"的记载。据考证，学、校、教是一回事。② 教学和教育两者含义浑然不分，更常用的是教学这个词，而很少见教育这个词。③ 近代以来，教育体系中分化出不同的部分和形式。但比较一下所有的教育形式，如游戏、劳动、各种活动、自学等等，对个人影响较全面、集中、高效的还要首推教学。我国解放后三十多年的经验教训又提供了新的证明。凡是重视了教学并确认其中心地位，青年一代就一般能够稳步、健康、全面地成长，教育事业也能得到正常的发展；反之，忽视教学，贬低其地位，学生的成长就受到损害，不仅智育受损害，德育、体育都受损害，教育事业的发展就遭到挫折。

当然，教学这一教育形式也不能脱离其他教育形式而孤立地发挥作用。教学为主，教学是中心，是基本途径。这些提法本身就表明它不是"唯一"的。它必须与其他教育形式相联系，相配合。这是由教学的主要特点及其二重性决定的。教学是以传授和学习知识或人类社会历史经验为其主要工作的。一方面，它能使新一代较快较顺利地获得大量科学知识，使他们的全面发展获得科学的基础，并为他们的身心发展提供良好的机会、条件。但另一方面，它又容易脱离生活实践，对于学生全面发展所需要的广阔天地来说，也毕竟是有限的和狭隘的。因此，单靠教学不能完整地实现教育总目标，换句话说，教学要对学生各方面的发展发挥作用，是有条件的，除了它自身内部条件而外，再一个重要条件就是必须与其他教育形式以及与生活实践加强联系。这种联系的必要性和形式，古人

---

① 《孟子·滕文公》。
② 参见孟宪承等编：《中国古代教育史资料》，第44页。
③ 在我国古籍中，《孟子·尽心上》篇中说："得天下英才而教育之，三乐也"，第一次使用了"教育"这个词，除此而外，再也少见了。

早有认识和创造。例如，《学记》说："大学之教也，时学必要正业，退息必有居学。不学操缦，不能安弦；不学博依，不能安诗；不学杂服，不能安礼。不兴其艺，不能乐学。故君子之于学也，藏焉，修焉，息焉，游焉。夫然后安其学而亲其师，乐其友而信其道，是以虽离师辅而不反也。"教育史学家把它概括为"藏息相辅"的原则。用今天的话说，就是要把教学和课外活动结合起来，没有课外多样活动相配合，孤立地单一地进行教学，不利于学生成长，教学本身也搞不好。到了近现代，人们又进一步认识到，仅仅这种课内外结合，天地仍是狭小的，还必须把教学和生产劳动结合起来。列宁对此做了精辟而概括的说明。他说："无论是脱离生产劳动的教学和教育，或是没有同时进行教学和教育的生产劳动，都不能达到现代技术水平和科学知识现状所要求的高度。"① 大家知道，这个问题无论在资本主义国家或社会主义国家都一直未解决好。我们在三十多年中走过弯路，有时搞过"教学压倒一切"，有时又搞过"以生产为纲"、"开门办学"。今天则面临着如何认真克服忽视生产劳动的严重问题。教学论的任务应该是在理论上不放弃原则，坚持教学为主，教学和生产劳动相结合，同时，为在实践中真正贯彻这一原则，认真总结先进经验，寻找合理、有效的途径和方法。

第三节　教学的一般任务

教学本质属性和教学作用是与教学任务密切联系着的。教学本质属性集中反映于教学任务，教学作用正通过实现教学任务发挥出来。

---

① 《列宁全集》第 2 卷，第 413 页。

一、教学论必须正确解决教学的一般任务问题

我们在前面已经谈到,教学论的职责所在,就是研究教学规律,解决教学理论和教学实践中的问题,为解决问题而研究规律,在解决问题的过程中来研究规律,研究出规律来帮助解决问题。那么,教学论要解决的首要问题就是教学的一般任务问题,要探索有关这个方面的规律性。

正确规定教学的一般任务并阐明其规律性是有重大意义的。列宁在谈到如何学习共产主义的问题时曾经指出:"这里我们可能遇到许多危险,往往在人们把学习共产主义的任务提得不正确,或者对这一任务理解得太片面时,这种危险就马上会出现。"① 列宁当时所谓的"危险",具体的是指以下两种情况:一是把学习共产主义的任务理解为只是领会共产主义教科书、小册子,而不联系工作和斗争;一是"更危险"的,就是把学习共产主义的任务理解为"只求了解共产主义的口号",而不掌握人类积累的全部知识。列宁认为其结果就会"造就出一些共产主义书呆子或吹牛家"。"共产主义就会变成空中楼阁"。② 运用列宁这个讲话的精神来观察我们关于教学一般任务的问题,是很有教益的。在我们的教学理论和教学实践中,对于教学的一般任务正像列宁说的那样,"往往提得不正确,或者……理解得太片面"。例如,有的把教学的任务理解为只是传授和学习知识技能,忽视思想品德教育,有的又理解为一切为了转变学生的思想,忽视文化知识的传授和学习。多年来一直存在着偏重知识技能的教学而忽视能力和个性培养的问题。其结果,表现在工作上,盲目性很大,摇摆性很大。教学质量不能稳步提高,有时还有所下降,学生在德智体诸方面的发展都受到不应有的损害。为

---

①②《列宁全集》第31卷,第251~254页。

什么会发生种种片面性、盲目性和摇摆性？这是教学论要认真研究并予以解决的问题。

二、教学应该完成的一般任务及其科学根据

（一）基本提法

多年以来，我国教学论关于教学的一般任务，一直有一个基本提法，是对我们自己的经验、苏联教学论进行总结、检验的成果，并且差不多没有什么异议。这基本提法就是：

第一，传授和学习系统的科学基础知识和基本技能；

第二，在这个基础上发展学生的智力和体力；

第三，在这个活动过程中培养学生共产主义世界观和道德品质。

这里有一个值得提出的疑问：既然多年来一直有这个基本提法，十分明确，又无异议，那又为什么会发生种种片面的理解以及工作中的盲目性和摇摆性呢？这有极为复杂的原因，包括有社会的、历史的原因。但从理论上寻找原因，则在于教学论过去的一个重要缺点，就是在提出这些任务时，多是指令性的，只是说应该如何如何，简单地宣布要求，而很少讲为什么应该这样那样，不讲道理，不作论证。虽然有的也讲一些为什么提出这些任务的理由，又大都是关于社会、阶级、教育方针所决定所要求等一类的话，也就是只看到外部影响，而不揭示内在的规律性。简言之，就是未能为教学任务问题提供真正的科学根据。这样，就为各种各样的任意解释、理解造成了空隙。

（二）科学根据

教学论指导实践、解决教学任务问题的方式，应该不同于教育行政部门下达指令或制定条例，应该提供关于教学任务的规律性的知识，论证其合理性、科学性，帮助人们弄清道理，提高认识，建

立信念。

那么，教学任务的科学根据是什么呢？由于长期以来未予重视研究，现在还不很清楚，正有待于探讨。不过，回顾过去学习和研究中的教训，可以提出以下几点进行讨论。

第一，教学任务与其他各个领域的任务一样，都必须是主观和客观结合，必要和可能结合。任务固然是人规定的，但它又是客观的，只从必要性考虑问题是不行的，还必须考虑其可能性。马克思说过："人类始终只会抱定自己所能够解决的任务。因为我们仔细去看时总可以看出，任务本身，只有在解决它的物质条件已经存在或至少在形成过程中的时候，才会产生。"① 我们所提的三项基本任务的根据首先也在于此。它是在我们这个历史时代，我们这个国家，我们的中小学校，必须执行的，也是可能做到的。运用反证的方法可知，像"系统的科学知识"这样的任务，在古代和宗教学校是提不出来的；像"培养共产主义世界观和道德品质"的任务，不仅在古代，而且在当代资本主义制度下学校，也是提不出来的，至于把三项任务作一个整体，更是提不出来的。可以说，既无可能，也无必要，没有客观基础，也没有主观要求。过去我们在教学论中往往未能充分地揭示这些规律性。其实，停留在这些大的方面还不够，还应该多讲一讲：在具体的教学实践中，提出和实现这些任务（如发展智力，培养共产主义道德品质等）究竟需要哪些条件？随着社会发展和科学进步，出现了哪些新的可能性？多讲讲这些道理，对于帮助广大教师下决心和树立信心，是有好处的。

第二，教学任务是教育方针总目标和教学具体实践相结合的产物。教学必须贯彻教育方针总目标，但不应是简单地直接地搬到教学中来的，而应是结合了教学的具体特点的。我们的一切教育活动或教育形式，都要使学生在德智体几方面都得到发展，而每一项教

---

① 马克思：《政治经济学批判》，人民出版社1976年版，第5页。

育活动也都在不同程度上全面地影响学生。从这个意义上说，教学并没有什么另外的任务，就是以促进学生德智体全面发展为自己的任务，同其他教育形式是一样的。但是，每一教育活动在实现德智体总目标时，又各有自己的特点，各有自己的特殊条件，包括各自的优势和弱点，以及独特的工作内容或工作方式。教学也是这样。如前所说，教学的主要工作就是传授和学习人类社会历史经验，学生德智体诸方面的发展都是在这个基础上，围绕着这个中心，通过或结合这个过程而实现的。对比而言，其他教育形式就不可能也不应该这样。例如，游戏是一种重要的教育形式，在中小学课外活动中有着不可低估的地位，在幼儿园则是主要的教育形式。对于它来说，就不能也不应该提出传授和学习系统科学知识的任务。作为教育活动形式之一的生产劳动，也不能提出这样的任务。相反，在幼儿园教育中要突出活动、兴趣、体育保健卫生教育的任务，在组织生产劳动教育学生时，要突出劳动实践、思想品德教育和技术训练的任务。如果广大教师掌握住把教育方针总目标和教学实践相结合的观点和方法，那么，关于教学任务的理解和贯彻就可大大提高自觉性。

第三，教学任务也是外部要求和教学内部规律相结合的结果。从外部来说，教学任务总要反映一定社会、阶级、生产和科技发展的要求。这是历史唯物主义的基本原理，西方资产阶级教学论不能明确肯定这一点，甚至有意无意地回避它。我们对这一点是坚定不移的。但我们不能只是从外部向教学提出这样那样的任务，还要从教学内部寻找根据。例如，教学论的研究已经揭示出，知识和技能，知识技能和能力，知识、能力和思想、世界观、品德之间，都存在着内部的必然的联系。它们各因一定的条件互相作用和互相制约着。在许多情况下，合则两利，离则两伤。教师懂得这些道理，就可有助于形成关于教学任务的全面而整体的观念。又例如，教学永远具有教育性，即在教学中从内容到方法总寓有某种观点和道德精神的影响，这是教学内部的最重要的规律。但是，究竟教学朝着什么方向，以何种性质的思想影响学生，这又是因不同条件而异的。古今中外各个阶级和社会集团都利用这个规律，通过教学向学生灌输自己的政治思想，施加世界观和道德精神的影响。社会主义制度下的学校的教学，就必须旗帜鲜明地提出共产主义思想世界观教育的任务。教师掌握了这一道理，就可增强执行我们的教学任务的坚定性。

三、教学的一般任务必须具体化

（一）一般任务和特殊任务的关系

教学论只能规定教学的一般任务，不能也不应该规定各教育阶段（大学、中学、小学）或各门学科（语文、数学、外语……）的具体的教学任务，那是各科教学法或学科教学论的职能。这是一般和特殊的关系。一般指导特殊，特殊体现一般。一般任务的制定和特殊任务的制定，都是重要的，轻视任何一个方面都是错误的和有害的。

科学地制定和论证教学的一般任务的重要性就在于：它把握的是各教育阶段、各科教学共同的发展趋势和努力方向，起着指导和动员的作用。近年来我国教育科学界关于发展智力问题的讨论，可以说是一个突出的例证。它对各科教学大纲和日常教学在智力方面制定具体的教学任务，就起了明显的指导和推动作用。

但是，一般任务必须具体化，停留在"一般"就失之笼统，容易落空，甚至走向歧路。例如，20世纪60年代末和70年代初，关于教学要集中精力培养分析问题和解决问题的能力（简称"两个能力"），不可谓不努力或热情不高。但是，没有具体弄清楚：究竟什么是分析问题和解决问题的能力？在中学小学各应该怎样体现？在语文、数学、物理……各科又应该怎样体现？用什么方法进行测定？需要哪些指标、数据？等等。尽管当时教育书刊、报告、经验交流、学校工作计划、总结，都到处可见"两个能力"的词句、口号，都极力提倡、强调，而其效果不著却是众所周知的。更有甚者，"四人帮"乘虚制造混乱，鼓吹学生只有会种田，会开拖拉机，会安装电灯才算得上具有分析问题和解决问题的能力，对读书、做练习、做实验等教学实践形式，一律斥为脱离实际，而加以否定和排斥。这个教训是很深刻的。

（二）一般任务的具体化

那么，教学的一般任务怎样具体化呢？根据历来成功的经验和某些缺点、教训，可以看到以下三个方面。

第一，落实到课程、教材、教学方法、教学组织形式和学业成绩考查上，简言之，要落实到整个教学工作体系中。例如，为了实现前述三项一般任务，要设置相应的课程，各种教学大纲要规定本学科的具体任务……近年来我国在关于发展智力问题的讨论中，许多同志指出，过去教学论上从来都把发展智力规定为教学任务，明确无误，且无争议。但为什么实际上却没有实现，就因为没有在教学内容、教学方法等一系列环节上具体化，没有落实。只就学习成绩考查这一环节而言，一面提出发展智力的任务，一面只考知识而不考能力，互相矛盾，自然落空。

第二，教学论应该阐明各项任务以及执行任务的各种措施之间的具体联系。再以发展智力的任务为例，过去之所以未能落实，主要原因（除去客观上社会原因）就是没有搞清楚它同各方面的具体联系。过去一些教学论论著中也说：学习知识和发展智力是互相联系的，它们是辩证统一的。学习知识是发展智力的基础，智力发展又促进知识的掌握，在传授和学习过程中也就发展了智力。但是，究竟怎样统一联系的呢？为什么有时两者不一致呢？就没有再往下说了，至于发展智力的任务和一定课程、教材、教法之间的相关情况和具体规律性，更没有说明。这几年来讨论的重要收获就是对发展任务和各个方面的联系,认识上具体一些了。对这些联系未取得具体的认识,自然就难以落实和实现了。

第三,根据形势新发展和新鲜教学经验,不断丰富一般任务的具体内容。例如,根据世界新的技术革命和我国历史新时期的要求,根据国内外教学改革实验的成功经验,许多同志提出,以下一些内容应该列入教学任务:培养学生创造性、独立性、首倡精神;培养自学能力;武装学生关于学习活动的方法;培养学生个性性格特点,注意学习动机,求知欲的培养;等等。又例如,苏联巴班斯基在教学过程最优化体系中,反复强调关于教学任务要进行综合规划而不能单一或孤立地考虑,并且要结合学生实际的学习可能性加以具体化,特别是"指向消除学生知识中的落后面,解决学生教育和发展中最薄弱的环节";① 还要找出在特定场合下最主要的任务。② 又例如,苏联奥尼舒克认为,过去提出的教学任务基本上是适用的,但随着形势的发展,对学校的要求更高更复杂了,必须进行修改和补充。他主张现代课堂教学的任务应包括七项。③ 其中突出了培养创造力和学习态度、个性品质等。这里需要顺便讨论一个问题,就是教学的一般任务随着形势发展和教学经验的创造,内容越来越丰富具体,是不是采取越来越加多项目的办法呢?趋势恐怕不是简单地无限加多项目,而是在使具体内容越来越丰富的同时提高概括化程度,项目不应很多。我们认为,原来三项的基本提法仍然正确,而新的成果和新的要求,丰富着我们的认识。

综上所述,教学是教学论第一的基本的概念,其内容十分丰

---

①②〔苏〕巴班斯基,吴文侃等译:《论教学过程最优化》,第168、170页。

③ 参见雷晓春:《奥尼舒克论提高现代课堂教学质量的问题》,载《外国教育》1982年第6期。

富，迄今远未充分揭示出来，人们对它的理解也是多种多样的，把握其统一的本质和多样性的表现，有着十分重要的意义。教学对社会和个体发展有很大的作用，在整个教育体系中居于中心地位，要正确认识、估计教学的作用，尤其要掌握教学发挥作用不同于其他教育形式的特点。随着社会发展和教育发展，人们对教学的一般任务的认识越来越丰富了，重要的是要揭示一般任务的内部和外部的客观根据，并且将它不断地具体化。

思考题

1. 什么是教学？把握教学的统一本质和多样表现，有什么重要意义？
2. 怎样正确认识教学的作用及其特点？
3. 教学的一般任务的提法和科学根据如何？怎样将一般任务具体化？

第五章
教学过程

教学过程的理论是教学论的基本理论。任何事物都是作为一个过程展开的，教学也是一个过程。恩格斯说过："世界不是既成事物的集合体，而是过程的集合体"。① 教学的基本规律正是存在于教学发生发展运动的过程中。要探寻教学基本规律，就要认真分析教学过程。教学任务的实现是一个过程，教学任务提出的内部根据也深深存在于教学过程之中。要真正实现教学任务，就必须真正理解教学过程。

教学过程的理论是关于教学工作的基本原理。任何工作如机器生产、农作物栽培等，都有自己的基本原理。教学作为一种工作，也有自己的基本原理，这就是教学过程的理论。教学实践中一系列问题如何解决和解决得好不好，都取决于对教学过程的理解（当然只就理论上来讲，不涉及其他原因）。例如，把教学过程理解为系统知识的传授和学习，或者理解为"从做中学"这样两种不同的观点，就导致课程、教材、教学方法、教学组织形式等一系列问题都用不同的方式处理，效果也不一样。

教学过程的理论所要回答或解决的问题主要有两个：一是关于过程的性质问题，包括教学过程与其他自然、社会诸过程的联系和区别问题等；一是关于过程的结构、环节、阶段、程序等即模式

---

① 《马克思恩格斯选集》第 4 卷，人民出版社 1995 年版，第 244 页。

问题。

第一节 关于教学过程的各种探索

由于教学过程问题在理论上和实践上至关重要,所以古今中外教育家都对它进行各种探索和解释。

孔子对教学过程的各因素都接触到了。不过他是矛盾的:既主张"生而知之",又主张"学而知之";① 既主张内省,又主张"多见"、"多闻"。他的关于学习过程或教学过程的主张,可以概括为学、思、行。其内容主要是唯心主义的,但也有唯物主义因素。在他之后,中国儒家分成两大派:思孟学派以及宋明理学发展其唯心主义方面;荀子、王充、颜元、王夫之等发展其唯物主义方面。《中庸》把"学"的过程概括为一个完整的公式:"博学之,审问之,慎思之,明辨之,笃行之。"朱熹明确地把它定为"所以为学之序"。② 荀子则主张"闻、见、知、行",并把"行"提到最重要的地位,认为"学至于行而止矣","行之明也"。③ 颜元更进而主张"习行",甚至走向另一极端。他说:"吾辈只向习行上做工夫,不可向语言文字上着力。"④

在西方,古希腊柏拉图提出:"认识真理的过程,便是回忆理念的过程,教学就在于使人回忆理念世界。"⑤ 这和孔孟主张的内

---

① 《论语·季氏》。
② 转引自孟宪承等编:《中国古代教育史资料》,人民教育出版社1961年版,第355页。
③ 《荀子·儒效》。
④ 转引自周德昌著:《中国古代教育思想的批判继承》,第63页。
⑤ 参见罗炳之编著:《外国教育史》上册,江苏人民出版社1981年版,第35、37页。

省是相似和一致的。古罗马昆体良比较明确而具体地提出教学步骤或阶段的见解，介绍了这样三个递进的阶段：(1) 模仿；(2) 接受理论的指导；(3) 练习。① 到了近代，关于教学过程的研究更加开展起来。夸美纽斯提出著名的直观教学主张，认为教学要从观察到理解、记忆，从感知事物到文字、概念。裴斯泰洛齐把教学过程设想为"观照"（anschauung，也译"直观"）过程，就是由观察摄取材料，然后由先天固有的某种潜在能力去整理加工，使得观念明确、清晰起来。赫尔巴特根据他的"统觉"原理，把教学过程看做一个新旧观念联系和系统化的过程，并提出教学的形式阶段。嗣后，杜威提出"从做中学"的主张，认为教学过程是学生直接经验不断改造和增大意义的过程。以桑代克为代表的、持刺激—反应说的行为主义学习心理学，格式塔学派主张完形说的认知学习心理学等，也对教学过程的研究和解释产生很大的影响。在当代，由于科学技术大发展，对教学过程又有许多新的解释和说明，最显著的例子，如皮亚杰、布鲁纳等人的学说，导致人们把教学过程看做一个发现的或认识（知）结构不断构造的过程。又如"三论"的产生，导致人们从信息传输和处理的观点来解释教学过程。

众所周知，自从马克思主义产生以后，对教学过程的解释相应地产生了新的变化。以它作为指导，在苏联和各社会主义国家学校的教学实践经验的创造和积累的基础上，产生和发展了马克思主义的教学论。马克思主义的教学论把教学过程解释为一种特殊的认识过程。

---

① ［苏］麦丁斯基撰，叶文雄等译：《世界教育史》上册，五十年代出版社1952年版，第48页。又一种说法为："理论的指导、模仿和练习。"参见罗炳之编著：《外国教育史》上册，第49页。

第二节 教学过程是一种特殊的认识过程

这是马克思主义教学论关于教学过程的本质的回答。它包含两方面的意义：其一，教学过程本质上是一种认识过程；其二，这种认识又不同于一般认识或其他形式的认识，有其特殊性。

教学论发展的历史和现状表明，为了获得这一结论，曾经经历了很长的岁月，可谓来之不易；而要坚持这个结论，把它贯彻到底，更不容易。

如前所说，人们在历史上对教学过程作过各种探索。但都未曾明确地认定教学过程就是一种认识过程。西方的一些教学论者至今仍处于这种状态。苏联和我国教学论虽然明确地认定教学过程是一种特殊认识过程，但事实表明，这一理论并未被坚持贯彻下去，出现了简单化的毛病。近年来，我国教育理论界更提出了批评乃至怀疑这一理论的正确性。有的同志指出："这样一种教学过程的理论是十分不全面、形而上学很严重的理论"，"是比较陈旧过时的理论"，"它忽视了教学过程中其他成分、特别是心理成分方面的研究"，是"片面"的"唯一"本质论，"仅仅用哲学认识论这根绳子把教学过程紧紧捆住……造成今天教学理论贫乏，与实际严重脱节，教育学教师越教越空，学生越听越厌……其根本原因皆出于此。"[①] 此外，与教学论相关的学科和教学论本身近年来有许多新发展，如出现了"三论"，学习心理学获得新成果，教学改革实验和新主张层出不穷，等等，的确提出了许多新的问题。

这一切，要求我们再次审查、检验这一理论，究竟是否过时，是否正确，问题出在哪里，解决的正确途径是什么？

---

① 蒲心文：《教学过程本质新探》，载《教育研究》1981 年第 1 期。蒲心文：《教学过程本质再探》，载《教育研究》1982 年第 6 期。

一、教学过程首先是一种认识过程

我们认为,教学过程本质上是一种认识过程。这是马克思主义的观点,应该坚持。对教学过程达到这种理解,是教学论发展史上最重要的成就,是教学论科学化道路上重大的飞跃。顺便指出,这在哲学发展史上也是重要的事件,它标志着一般认识论具体化应用到教学领域,已经达到了自觉的程度。

(一)把教学过程看做一种认识过程,这才把握了它的根本和整体

认识过程概括了人类总认识、个体认识、科学认识、艺术认识以及教学认识的过程,即人脑对客观世界的反映。只有用认识过程才足以概括教学过程的各种成分、各个方面、各种属性。其他任何一种成分、方面、属性,都不足以概括。例如,心理、逻辑、信息等等,都不过是认识即反映过程的个别成分、方面、属性,只有认识即反映才是它们的共同本质。历史上对教学过程各种探索的教训之一,就是只涉及其中个别方面、成分、属性并把它当做整体。心理学化或完全从心理学观点解释教学过程,就是一个明显的例子。而把教学过程看做一种认识过程的理论,正克服了历史上各种解释的局限,也总结概括了历史上各种探索的积极成果。

(二)把教学过程看做一种认识过程,不仅科学地说明了事实,而且具有重大方法论意义

认识过程的普遍规律是支配教学过程的根本规律,它为揭示教学过程的运动规律提示了总的方向和根本线索。例如,认识是人脑对客观世界的反映。没有反映者主体和被反映者客体,或者主体的结构和功能不正常,认识就不能发生或受到影响;只要这两方面的条件正常,就会有正常的认识。教学认识也是这样。社会实践是认识的目的、基础和检验的标准。教学也不能超越一定的社会历史实

践，始终必须在一定社会实践的基础上进行。认识过程的一般顺序或阶段是：由感性认识发展到理性认识，再由理性认识发展到实践。教学中的认识在总体上也必须这样。认识是主体的能动的活动，不是机械地或简单直观地进行的活动。教学认识也不例外。认识不是直线的、平静的、可穷尽的过程，而是曲折的、充满矛盾斗争的、活生生的、永无止境的过程，教学同样是如此的。人类通过实践、认识、再实践、再认识……不仅改造着客观世界，也改造着自身的主观世界、认识能力和主客观的关系，教学也是这样。……试问：在教学中，无论是知识技能的学习，或是智力的发展，思想品德的形成，情感、意志、性格和整个个性的培养、锻炼、熏陶等等，哪一方面能够逃脱这些一般的规律呢？即使是生理、身体素质的发展也是与此紧密联系着的，即使把教学过程解释为信息过程，也必须遵守这些规律。可以设想：如果我们认真地把教学过程首先看做一种认识过程，又完整、准确地掌握认识的普遍规律，真正以它来指导教学过程的研究，就一定能够更有效、更广泛、更深入地揭示教学过程运动的规律。古今中外许多教育家在教学论问题上这种或那种成就和失误，其理论根源都首先在于他的认识论立场（自觉与否是另一回事）。我们的教学理论和教学实践尽管有许多缺点和错误，但由于明确和遵循了上述认识的一般规律中的若干条规律，从而保证了最基本的方向和水平。这是重要的历史事实和经验。

（三）要克服对教学认识的简单化理解

坚持教学本质上是一种认识的观点，这绝不意味着可以简单化地理解；一简单化就失去事物的本来面貌和意义，走向反面。现在，我们已经从长期的经验教训中懂得了："坚持"本身就包括克服对它的简单化理解，否则就达不到坚持的目的。

苏联教学论和我国教学论都发生过简单化理解的问题，主要是犯了哲学代替论和心理学化的毛病。

所谓哲学代替论的毛病，就在于它否定哲学指导论，不认为哲学认识论对教学认识论是指导和被指导的关系，实际上认为教学认识论就等于哲学认识论，似乎教学认识只不过是教学遵守一般的认识规律而已，没有也不必有教学认识自己独立的规律。这种曲解把一般和个别等同起来，把"本质"跟"一切"等同起来。本来，任何一般都只是个别的一部分、一方面或本质，只是大致地而不能全部地包括一切个别。① 哲学上讲的认识和教学认识，就是一般和个别的关系。显然，教学认识还有它不能包括在一般认识范畴中的自己的内容和属性。"本质"不等于教学认识的全部，不能代替全部。

所谓心理学化的毛病，就是对"认识"一词，不取它哲学上的概念，即人脑对客观世界的反映的意义，而取它心理学上的概念，即与情感、意志平列的意义，更与能力、性格等相区别的意义。显然，这就大大缩小了、降低了认识这个概念的地位和意义。这是以另一种不同于代替论的形式否定哲学指导论。

由于一方面用哲学认识代替了教学认识，另一方面又把认识概念缩小为心理学上的概念，这一"代替"和一"缩小"，就使得教学认识不成其为教学认识了。这种简单化的理解，导致把教学过程搞成偏重知识而忽视智力和个性发展的过程，也导致简单套用实践—理论—实践公式并把它绝对化。这在实践上实在是很大偏差，在理论上则是一种片面性，以致内容贫乏。"教师越教越空，学生越听越厌"。这种批评在某种意义上讲是真实的。但是，从以上分析不难得出结论：这种状况完全是对教学本质上是一种认识的观点简单化理解的结果，不是这一理论本身造成的。

为了克服教学理论的贫乏和教学实践的偏差，有的同志认为，教学是以认知为基础的知、情、意、行的统一培养和发展过程，是智育为关键的德、智、体全面培养和发展的过程，是个性全面培养

---

① 参见《列宁全集》第38卷，第409页。

和发展的过程；既然如此，就不能限制在认识过程的狭小胡同中寻找规律，因而主张从多层次多类型的结构去说明教学过程的本质。除了认识方面以外，还有心理方面、生理方面、伦理方面和经济方面，等等。这只是第一层次或第一平面的几个类型；还有第二、第三……层次或平面的众多类型。①

  这种见解和主张对不对呢？能不能解决问题呢？毫无疑问，指出教学过程有丰富的、全面的内容，这是十分正确、非常有益、富有启发的。不过耐人寻味的是，这种见解的思想逻辑，和我们原来教学论的思想逻辑却仍然是同一个。按照这种见解，如果把教学过程看做认识过程，就不可能有丰富全面的内容；而如果教学过程是丰富全面的，就不能只是认识过程，两者是不相容的。前已提到，这种见解还认为哲学认识论是一根绳子把教学论紧紧束缚住了。这就等于说，作为哲学概念的认识，它对于教学只能是代替，不可能有其他。依照这种见解，认识又只是认知，是与情感、意志、性格以及能力、个性等相平列的。这同样是把哲学认识的概念当做了心理学的概念。因此，不能不说这仍是一种简单化的理解，并没有找到克服教学理论贫乏和实践偏差的正确办法。

  我们认为，克服教学理论贫乏和教学实践偏差的正确办法，应该是实行哲学指导论。这就是说，应该坚持认定：教学本质上是一种认识；这认识是一个哲学范畴，对于具体的教学认识来说，它的本性是指导和概括，而不是代替和占领。它也概括着心理学上的认知、情感和意志过程，以及个性心理品质，而不等于心理学上的认知过程。它为揭示教学认识各个方面、各级层次的丰富内容和多样形式，提供一般规律的指导和方法论基础，不断开辟道路。相反，如果不要哲学认识论"这根绳子"，不要任何概括，不要指导，将它和心理、伦理等平列起来，等量齐观，实行所谓的"多层次多类

---

① 参见蒲心文：《教学过程本质新探》；《教学过程本质再探》。

型本质论",那就有可能走向多元论,甚至有可能失去中心,模糊方向,那就不能很好地把握住教学过程的本质,对教学过程本质见仁见智的主观随意性就难以避免了。

二、教学认识过程的特殊性

教学作为认识过程,有它的特殊性。教学过程既是一种认识过程,又是丰富的全面的过程。这两方面统一的关键就在于广泛、深入、具体地揭示教学认识的特殊性。实行哲学指导论的实质也正在于此,就是要求在认识的普遍规律的指导下,全力去揭示教学认识的特殊矛盾、特殊规律。一旦把教学认识的具体特点揭示出来,教学过程就立刻会呈现出无比丰富多彩的内容和形式。这当然是一个历史过程,教学论迄今还未深入研究。但是,借助于哲学认识论和许多相关学科以及教学论本身的历史成果和新发展,我们对教学认识的特殊性或教学作为认识的特殊性,已经不是毫无所知了,关于教学认识的概念在一天天丰富起来,至少可以说,进一步揭示教学认识的丰富内容和多样形式的基础已经具备了。

那么,教学认识的特殊究竟在什么地方呢?

总的来说,它的特殊性就在于它是学生个体的认识,是教育的认识。作为教育,它是认识性的教育,这一点我们在上一章中已经讨论过了;作为认识,它是教育性的认识,不同于一般认识和其他形式的认识。

下面,作一些说明,并提出一些问题来讨论。

首先,教学是个体认识,不同于人类历史总认识。它可以依靠他人、前人的实践而不只是个人实践,还有语言这个工具(今天更信息化)可以保存、接收知识,占有前人、他人的经验。这样,就无须事事亲身去经验了,也无须简单重复人类历史总认识了。恩格斯说:"每一个体都必须亲自去经验,这不再是必要的了,个体的个别经验在某种程度上可以由个体的一系列祖先的经验的结果来代替。"① 毛泽东同志也指出，"一切真知都是从直接经验发源的。但人不能事事直接经验，事实上多数的知识都是间接经验的东西，这就是一切古代和外域的知识。"② 毛泽东同志还在延安时代对农村工作干部说过："从我个人调查农村来说，是经过了六七年的时间的。现在你们有了过去同志们的经验，都可以走直路了，可以把六七年的工作，在几个月内完成。"③ 这种道理在生活中到处可以得到证明。例如，中医用药不必去重复"神农尝百草"的经验，根据学习过的药学知识就可以了。在菜市场上见到螃蟹就可以买来吃，不必担心会中毒死人，因为古人早已尝过了。许多科学家都说过自己是站在前辈的肩上攀登的，是接过前辈的接力棒继续往前进的。

其次，学生这个个体认识，不仅不同于人类历史认识，而且又不同于其他个体的认识。学生是受教育者，是学习者，是准备担任工作而尚未担任工作的人，对于中小学生来说还是未成熟、未成年的人。学生这个个体的认识纳入了教育过程，它区别于教学以外的认识，区别于科学家、艺术家和一切正从事各种工作的人们的认识。因此，这种认识便具有三个基本特点，即间接性、有领导、有教育性。我们的教学论过去和现在都讲到这些，不过，在具体提法和理解上却互有出入。教学论发展到今天又提出了一些新的问题，需要进一步研究。

（一）关于间接性

在教学中，学生的认识，主要是掌握（领会）人类在千百年中已经认识到了的知识，并且已经确定并订入课程、教学大纲和教科

---

① 《马克思恩格斯选集》第4卷，人民出版社1995年版，第365页。
② 毛泽东：《实践论》。
③ 转引自华中师范学院等五院校编：《教育学》，人民教育出版社1980年版，第108页。

书。其他的个体认识如科学家等人的认识则不同。他们的认识的主要任务是去亲身探索人类尚未认识的事物,并且是不确定的东西。

这就是说,学生认识的对象(客体)和认识的方式都是特殊的,主要是间接经验——学习间接的经验,间接地去经验。毛泽东同志曾经指出:学生学习的书本知识,是他们的前人总结生产斗争和阶级斗争的经验写成的理论,不是他们亲身得来的知识。这种知识是人家证明了而在他们则还没有证明的。学生接受这种知识是完全必要的,但就一定的情况说来,这种知识对于他们还是片面性的,必须善于将这些知识应用到生活和实际中去。[1] 这向我们绝好地描述了教学中学生认识的最重要的特点。学生不是直接同事物打交道亲身去取得对事物的认识,而是通过读书(包括听讲、观察、实验等)"接受"现成的知识,然后再去"应用"、"证明"的。我们也在前边已引过王夫之的话:"引教者之意而思之以反求于致此之由者,学者之事也。"[2] 这也简要地道出了教学中学生认识的对象和认识的方式的特点。学生不是直接从"由"出发经过"思之"而到达"意",而是通过引教者之"意",经过"思之"而"反求"致此之"由"。

教学中的认识,主要是间接经验,这个命题本身就包含着不是唯一间接经验、也要有直接经验的意思。没有一点直接经验,也无法掌握间接经验。陶行知先生作过一个精辟的比喻:"接知如接枝"。他说:"我们必须有从自己的经验里发生出来的知识做根,然后别人的相类的经验才能接得上去。倘使自己对于某事毫无经验,我们决不能了解或运用别人关于此事之经验。"[3] 他举了一个例子,

---

[1] 《毛泽东选集》第 3 卷,人民出版社 1991 年版,第 816 页。

[2] 参见王夫之著:《读四书大全说》,中华书局 1975 年版,第四章第一节。

[3] 陶行知:《教学做合一讨论集》,上海儿童书局 1943 年第 3 版,第 33~34 页。

要让学生了解哥伦布发现新大陆的故事,就要坐过海帆船,遇到过大风暴雨,受过同事阴谋加害,看过野人,住过新大陆……不得已而求其次也要渡过湖,再其次也要渡过江,再其次也要渡过河,万不得已也要看过池塘。倘使没有坐过海帆船,不得已而求其次也要坐过鄱阳湖里的民船,再其次也要坐过秦淮河里的花船,再其次也要看过下雨时堂前积水之竹头木屑。倘使这些经验毫无,我不知道他如何能懂得哥伦布之探险。①

根据今天生产和科学技术以及教育事业发展的趋势,教学论更加强调教学中直接经验的重要性,不仅为掌握间接知识所必需,尤其为发展智力、培养创造力所必需。把教学过程跟科学研究(艺术创作)过程截然划分开、绝对对立起来的观念正在改变,要求在教学中增加研究(创作)的因素,把科学研究(艺术创作)过程渗透到教学中来。因为科学研究(艺术创作)活动最需要也最利于培养锻炼独立性、探索性、创造性的能力。美国学者布鲁纳等倡导所谓的"发现法",苏联一些学者倡导所谓的"问题性教学",都反映了现代教学论发展的趋势。

不过,教学中学生的直接经验,包括亲身观察、亲身实践、亲身探索等,不仅事实上仍有其特殊之处,而且从理论上讲也是应该有它特殊之处的。

第一,它是从属的,从属于间接经验。换句话说,间接经验是主导的。直接经验是为了更好地间接经验,是为更好地掌握间接经验服务的。

第二,它是少量的,只以达成上述目标,起到"接知"的作用为限,不是越多越好。

第三,它是经过改造了的。换句话说,它不是生活中和科学研

---

① 陶行知:《教学做合一讨论集》,上海儿童书局1943年第3版,第33~34页。

究（艺术创作）中原来的那个样子。也就是说，不仅数量少，而且具有质的不同。布鲁纳声称：学习物理学的学生和物理学家的"智力活动全都相同"，"其间的差别仅在于程度而不在于性质"。① 我们认为这个说法是不准确的。事实上，教学中学生的亲身观察、亲身实践和亲身探索，大都经过改造而典型化，简约化了，有的则是隐蔽了。例如，让学生观察各种直观教具，特别是表现各种宏观世界、微观世界、特快或特慢的事物和过程的电影、电视录像，可以明显地看到这种特征。让学生亲手做的练习和实验，让学生懂得某某原理或公式所举的事例或例题，都是经过精心设计、挑选、改造、典型化和简约化了的。教师设疑提问，让学生互相讨论，自学新教材，或者设置情境，组织学生从事一种活动去解决某一种实际问题，也都是经过精心设计、挑选、改造、典型化和简约化了的。在某种意义上讲，这一切具有"做假"或"做戏"的味道。十年动乱期间，极"左"派尽情嘲笑教学搞"黑板上种庄稼"。其实这在一定条件下是事实，也是符合教育科学的正确原则的。教学中还有这样的大量的现象，即学生的亲身观察、亲身实践和亲身探索，不仅数量少，并经过改造简化，而且是隐蔽着的。例如，整堂课或接连几堂课都由教师讲授知识，运用旧概念解释新事物，或者用演绎方法推论出新的概念。在这种场合下，没有学生的积极思维是不行的，思维而没有直接经验做基础也是不行的，但这里直接经验却是隐蔽的，未表现出来，或者距离较远，是学生早些时候在课下获得和准备的。从理论上讲，马克思说过："再生产科学，同最初生产科学所需的劳动时间是无法相比的，例如，学生在一小时内就能学会二项式定理。"② 对于马克思这段极精辟极重要的话，过去我们

---

① ［美］布鲁纳著，上海师范大学外国教育研究室译：《教育过程》，第9～10页。

② 《马克思恩格斯全集》第26卷第一分册，第377页。

大多从教学可走捷径的意义方面去领会,这当然是不错的。但还应注意领会马克思在这里主要指出了教学认识的性质的特殊,即教学认识属于"再生产科学"活动,是与"最初生产科学"活动相对应的不同的活动。换句话说,教学认识不是第一次或原始生产知识的活动——人类社会历史总认识和科学研究(艺术创作)的认识所从事的活动,而是把人类已经生产出来的知识转化为学生自己的知识,可以说是再生产知识的活动。正因如此,才大大缩减了时间。根据同样的道理,教学中学生的智力活动和科研(艺术创作)中的智力活动,作为智力加工来说,不只程度不同,性质上也有差异。科研中的智力加工属于"最初"智力加工,而教学中的智力加工则属于智力"再"加工。它已预有目的,预知结果,并有教师领导,其智力活动的步骤和内容以及难度,都大大简约、压缩、轻易了。其缺点是不及"最初"的加工充分和深刻,其优越性则是赢得时间、速度和知识的系统。我们只能扬长避短而不能舍长就短。

有人认为,强调学生认识的间接性意义不大。所学知识客观上是否已知没有什么关系,对于学生自己来说仍然是未知的,因此就应像科学家那样去探索,退一步说,这也只是认识对象的差异,而不是整个过程的特殊。① 其实,正由于客观上已知,才决定了教学的"再生产"知识和智力"再加工"的性质,才可以由教师传授,学生接受,走一条认识捷径。换句话说,这既是对象的差异,也是整个过程的特殊。反之,如果学生学习的知识客观上也未知,教师和学生一样无知,那么,就无法预先选择、制定课程和教材,教师就无法备课、讲课,学生就无法接受教师的传授,而只有亲身去摸索、尝试一途了。

最后,也必须指出一点,教学中真刀真枪的社会实践和真正的发明创造,也是必不可少的,事实上也是有的,连小学生都有发明

---

① 陆觐熊:《关于教学过程的本质》,载《教育研究》1981年第9期。

创造，更不必说中学生和大学生了。只要教学计划和进度有基本保证，应尽量组织这类直接经验。其意义不言而喻，无须讨论了。

（二）关于有领导

在教学中，学生的认识是由教师领导着进行的。这是区别于科学家等人的认识又一个重要特点，甚至也区别于教学以外的自学活动。我们在讨论教学概念、教和学双方统一的问题时已经指出，在教学中，任何学习活动不可能是没有教的指导而孤立存在的，即使学生在家庭中做作业、教师不在场的时候也是这样。① 有一种意见认为，科学家也不是无师自通的，意思是说，他们与学生之间并无区别。其实不然，这混淆了两个概念或范畴。当科学家自己读书以获取知识或请教别人指导他的工作的时候，他就已经离开或尚未进入科学研究领域，而是仍然留在或重又进入学习、受教的领域了。

在教学中，教师领导或起主导作用具有客观必然性和必要性。教学的方向、内容、方法、进程、结果和质量等，都主要由教师决定和负责；学生决定不了，也负不了这个责任。教师之所以起主导作用，是因为教师受社会、国家和党的委托，"闻道"在先，而且受过专门的教育训练，教和学的方向、内容、方法、进程等他都已掌握；而学生尚未"闻道"，特别是中小学生，正在发展成长时期，知识和经验还不丰富，智力和体力还不成熟，他们不可能掌握教学方向、内容、方法等。好比探险行军到一个新的地方，一开始总是向导如何领路便如何走，是正向还是偏向，是顺利还是困难，是迅捷还是曲折，都主要决定于向导。教师之所以起主导作用，还有其更深刻的根据，就是唯物论所揭示的：人是环境和教育的产物。教师当然代表不了学生外在环境和教育的全部，但却像一个聚光镜一般，把外部环境和教育对学生提出的要求和提供的条件，集中起来

---

① 参见本书第四章第一节。

发挥影响；而学生这方面，他们的学习动机、学习行动、学习方式和方法，以及学习结果所获得的知识、思想和能力等等，都不可能是主观自生、自发、先验的东西，必须而且在正常情况下可以接受、吸收来自外部环境和教育的影响，主要来自教师的影响。

在教学中，教师主导和学生主体是辩证的统一。学，是在教之下的学；教，是为学而教。换句话说，学这个主体是教主导下的主体；教这个主导是对主体的学的主导。在教育史上长期以来对这个关系争论很大，理解和处理不好，经常是各执一端。一个极端是片面强调教师权威。中外封建专制时代自不必说，近代资产阶级传统教学论仍是如此。人们经常引用赫尔巴特说的一句话就是："学生对教师须保持一种被动状态。"① 另一极端就是杜威等人主张儿童中心主义。苏联教学论明确提出了教师领导或主导的概念，② 并从理论上作了论证，同时也提出了要发挥学生的自觉性、积极性、独立性。我们接受了这种观点，并曾认为它比较全面，克服了赫尔巴特或杜威等人的两种片面性。但是，多年来在教学实践中，关于发挥学生自觉性、积极性和主动性，始终是一个老大难的问题。教师们经常感到困扰和苦恼的问题之一，就是难以做到使学生主动地学习和发展，在某种意义讲，我们的学生还处于赫尔巴特所要求的"一种被动状态"。这不能不引起人们的思考：原因何在？如何办？我们应该积极参加研究，这里提出三个问题来讨论。

第一个问题，要承认学生的主体地位。

这就是说，要把教师的主导作用和学生的主体地位一致起来。过去的问题之一就是在理论上一直拒不承认学生的主体地位，把教师主导地位和学生主体地位对立起来。苏联教学论工作者也已发现

---

① 张焕庭主编：《西方资产阶级教育论著选》，人民教育出版社1964年版，第284页。

② 《苏联普通教育法令选译》，第32～33页。

这个问题。例如，M. A. 达尼洛夫在 1975 年出版的《中学教学论》中提到：在教育学上还没有克服一种片面观点，即"学生主要地被看成是教育的客体。"① 按照非此即彼的思想方法看问题也只能如此：既然教师居于主导地位，学生就居于被领导地位，必然服从教师，也就不能说什么学生是主体，而只能是客体。苏联人还没有明确地直截了当地承认学生是主体。我国教学理论工作者则明确提出了这个命题。究竟这个命题能不能成立，当然还可以再研究，但却是有理由的。既然学生的学习是一种认识活动，这种认识活动必须是能动的、主动的、独立的活动，教师包办代替不了，那么，学生就当然是主体，需要自己做主。学生的学习固然是在教师领导下进行的，教师掌握着整个教学过程，但教师教或领导的目的何在呢？教或领导的效果又如何表现呢？整个教学过程的成败的标志是什么呢？应该说，教是为学而存在、为学服务的。人类创造出教学这种活动形式，就是为学生的学习提供各种优越条件、特别是教师教这个最优越的条件，以便他们学习得更有效，方向正确，减少困难，保证质量；如其不然，教学和教师的领导就失去存在的根据和意义。教师主导作用必须也必然有一个落脚点，这个落脚点只能是学生的学习。因此，单从学习这个角度来观察，学为主体是毫无疑义的。即使把学生的学和教师的教统一起来观察整个教学，学生也是主体，当然不是一般的主体，而是教主导下的主体。

第二个问题，领导过程不应是径直的。

这就是说，外因要通过内因而起作用，不能直接地或笔直地或简单地起作用。过去的问题之一，就是有意无意把事情想象成这样：教师教了，学生也就学了。多教多学，少教少学，不教不学。这种理解和上面所说的忽视学为主体的思想是密切联系、互为因果的。既然不承认学为主体，就导致教简单地决定学；既然认为教可

---

① 参见《外国教育资料》1984 年第 4 期。

以简单地决定学,也就实质上取消了学为主体。其实,多教多学、少教少学的情况乃是一般的情况,另外还有多教少学、少教多学的情况。而且,教和学通常平衡的情况往往掩盖了教师领导的内部的真实过程,即教师的教学意图必须变成学生自己的意图,并且必须使学生自己行动起来。例如,教师讲课,必须想方设法使学生愿意听,用心听,听进去。向学生布置作业,也必须想方设法使学生不仅自己有这个要求,而且自己动脑动手去做,达到预定标准。在哲学上,这叫做外因通过内因而起作用,而不是外因简单地、径直地起作用,是辩证的发展观而不是形而上学的外因论。过去我们教学论也讲到外因通过内因而起作用,但未深入下去,并未真正揭示其具体的"过程",甚至具体的"内因"是什么也不深去追究,所以仍停留在一般地谈论外因内因的"关系"上。这是不够的,必须弄清楚在每一具体教学场合下学生的内因包括哪些内容和方式,尤其不能只了解这些或那些内因本身,而且要具体地了解如何通过这些或那些内因而起作用的具体过程,包括条件、程序等等。这是教学论今后要解决的研究任务。

第三个问题,领导的形式是变化多样的。

迄今为止,教师发挥主导作用的主要形式是系统讲授教材。教学大纲和教科书中规定的所有课题,都由教师讲授,不仅一题不漏(当然并非每一细节)地讲,而且以讲授居先,开路带头。只是在讲授过程之中或之后,才组织、指导学生阅读教科书,做作业。这就决定了:学生学习的主要形式就是系统听讲,其他各种学习形式如自己读书、复习、练习、实验、实习等等,都是在听讲的基础上进行的。我国从20世纪初学习赫尔巴特等人教育理论以来,学校教学都基本上是这样做的,但不那么"严格",自从学习苏联教育学以后,便走向了极端,形成了唯一的固定的模式。

应该说,系统讲授确实是保证教师领导的好形式。它最经济有效地面向全体学生传授系统的知识;而这是教学的最具有决定意义的东西。通过阐述基本内容也体现并指示了学习的方向，奠定了学习方法的基础。它对学生学习的其他环节，如自己读书、复习、练习、实验、实习等确实起着主导作用。凡是教师讲好了和学生听好了，其他环节就事半功倍，水到渠成。在这种领导形式下，学生的主体性或主动性如何呢？自从实用主义教学论产生，就猛烈抨击教师系统讲授这种形式乃至教师领导本身，认为它严重束缚了学生的主动性，因而主张实行儿童中心主义。今天，国内外教学论和教学实践中，对这个问题也十分敏感和关注，对系统讲授这一形式和教师领导以及学生主体性之间的关系，出现若干思想混乱。我们认为这需要具体分析，不能绝对地简单地肯定或否定讲授这种形式。一般说来，讲授这一形式既是领导的好形式，也是发挥学生主动性、把教为主导和学为主体统一起来的好形式。这通过对比就可知道。我国封建时代的私塾教学，教师不讲，学生不懂，呆读死记，学生主动性和主体作用何在呢？实用主义者搞的许多实验，不但教师不讲，甚至既定教材也没有，只是组织学生感兴趣的活动，其结果不仅知识质量降低，而且也谈不上学生的真正主动性。而系统讲授，能充分发挥教师口头语言和学生听觉功能，激发和锻炼学生思维能力、注意力、想象力和情感。学生听讲时并不注定被动而可能是积极主动的，听好了课以后，在其他学习的诸环节上就取得了主动权。不过，把它作为唯一形式，小学、中学、大学长年累月都这样，的确不利于发挥学生主动性。事实上，从历史到现实，随着教师领导的任务、内容、内外部条件的不同和变化，教师领导的具体形式并非只是一种，也不是凝固不变的，而是越来越向多样化和高级水平发展。除系统讲授这个形式之外，还有制定最优化教学方案，编制教材教法的多种程序，运用各种教学手段对学生自学活动进行科学的组织，等等。运用多种的而不只单一的领导形式，可以更好地发挥教师的主导作用并与学生的主体地位统一起来。顺便谈到，把教师主导作用的形式作这样理解，还有助于防止和澄清这样一种观点：由于把教师主导作用和讲授形式绝对化、固定地联系在一起，一旦实行指导自学，只编制教材教法程序而不亲临讲台的时候，就以为教师不再是领导或不起主导作用了。这是极大的误解，也是错误而有害的。

总之，教学中学生的认识是有领导的，这种领导保证着教学的正确方向和质量。但教师领导和学生主动长期不能得到很好的统一。今天看来，解决这个难题，已经有了几个可供探讨的线索，这就是：要承认学生的主体地位；要切实具体地实现外因通过内因而起作用的过程；要运用多样而变化不拘的领导形式。

（三）关于有教育性

前已说到，教学中学生的认识已纳入了教育过程。这是教学认识的最重要特点之一，甚至可以说是总的特点。学生进行认识的过程同时是接受德、智、体全面发展教育的过程。

这明显地不同于科学家认识、艺术家认识和各项实际工作者的认识。第一，出发点和任务不同。科研或工作实际中的认识是从工作出发，以取得关于事物的规律性的知识和解决问题为满足。尽管人们在这个过程中也受到思想教育，智力和体力也会受影响，但这不是他们追求的目标。而教学中学生的认识则不同，它是从全面培养人出发，直接的认识成果只是追求的目标的一个方面，甚至只是手段——为了达到全面发展目标的手段。第二，条件或必要性也不同。在科研或工作中的认识，智力、体力和思想的准备，是已有了的先决条件（必须如此假定，至于每一具体的人和场合是否如此，那是另一个问题）。而教学中学生的认识则不同，学生为了顺利地进行认识，其智力、体力和思想条件，还是不具备或不完全具备的。因此，他们认识或学习的任务、内容和方法等等，还要受他们身心发展水平的条件限制，还要在领导他们进行认识的同时，不断为他们创造进行认识的条件。第三，可能性或必然性也不同。在科研或工作中，人们进行认识的同时，并不肯定会发生多少教育和发展上的影响和变化。而在教学中，学生在进行认识的同时，其教育和发展上的影响和变化，则是必然的、显著的。例如，读书、写字、作文、观察、实验等活动，对于科学家和成人工作者来说，他们利用的是已经形成了的思想方法和能力，并不改变他们的一般精神面貌。而对于中小学儿童来说则完全不同，这同样的一些活动，却引起他们心理上、生理上十分复杂的新的过程和变化，获得新知，形成新的技能或智力活动，接受某种观点、思想。这就是教学总具有教育性的规律。古代人们已经不自觉地利用这条客观的规律；近代的赫尔巴特则明确地在理论上表述了这个规律；① 现代又有众多的科学成就，如马克思主义哲学、心理学等，为这一规律提供新的论证。现代教学论把教育和发展问题，提到教学任务的高度和教学过程的突出地位。其所以如此，是由于：一方面，生产、科技和整个社会生活的发展和变化空前加剧，教学只使学生获得一些现成知识，已经不能适应客观要求；另一方面，人们愈加懂得，正确的世界观和发展良好的智力，构成认识能力，对于新生一代不断获取新知识和创造新生活具有极端重要性。

一般说来，教学总具有教育性，客观上又提出了要求，那么，在教学中突出教育和发展的地位或加强思想教育和智力体力的发展，应该没有疑义。但是，大家都知道，在历史和现实中，关于传授和学习知识跟思想品德的教育以及智力体力的发展这几者之间的关系，老是处理不好。教育史上有所谓"形式教育"和"实质教育"之争。我们将在课程理论部分详细地加以讨论。② 解放后三十多年来反复出现"教书不教人"或生拉硬扯进行空洞的思想教育的偏向。最近几年，人们则普遍认为应着力克服长期存在的偏重知识而忽视智力发展的偏向。这里有许多理论问题需要讨论。

---

① 参见任钟印主编：《西方近代教育论著选》，第298页。
② 参见本书第七章。

第一，思想教育和能力发展是不是教学认识的"题中应有之义"？是不是教学认识所固有的东西？回答应该是肯定的。上面已经提到过，有的同志批评教学弄成单纯传授知识的状况，是由于把教学看做认识过程的结果。我们认为不是这样的，造成偏差的原因是由于缩小了认识的概念，把哲学认识和心理学上的认识或认知概念等同起来了。认识作为一种反映，它概括了认知、情感、意志、性格以及各种个性心理特征。列宁曾经把心理学、感觉器官生理学、儿童智慧发展史，乃至动物智力发展史等等的知识，看做应当构成认识论和辩证法的知识领域。① 毛泽东同志在《实践论》中也指出，人们在认识和改造客观世界的同一过程中，也改造自己的主观世界，改造认识能力以及主客观的关系。心理学上的研究也指出，有学习就有发展，只有学习，才能在它们的内部，以某种形式构成发展得以进行的过程，离开了学习就没有发展，学习（因而也就是教学）是发展的形式。② 总之，思想教育或智力发展，不是教学或教学认识或学习过程以外的东西，不是附加物，而是内在其中的。说来说去，还是教学必然有教育性这句话。

第二，知识、思想、能力之间的具体联系和条件究竟是怎样的？这是问题的关键。历史和现实中对这几者的关系老是处理不好，教学任务不能全面贯彻，除去其他原因，主要就是由于对它们的具体联系（不是抽象的一般的联系）和条件，在理论上没有搞清楚，这个意见我们在上一章中已经表达了。③ 这里要补充讨论的，就是关于"自然统一"的观点。苏联人批判"形式教育"和"实质教育"将知识和能力割裂的缺点，指出两者是统一的，这无疑是一

---

① 《列宁全集》第38卷，第399页。又参见曹日昌主编：《普通心理学》上册，人民教育出版社1963年版，第16页。

② 参见钟启泉：《苏联"智力加速器计划"述评》。

③ 参见本书第四章第三节。

个进展，但却陷入了自然统一论。例如，他们说："学生在掌握系统知识的同时，也掌握着智力活动（分析、综合、概括），从而也就发展他们的智力。""随着对愈益复杂、愈益纷繁的教材的掌握，能力也就发展起来。"①"教材使学生能够认识周围世界，同时就发展他们的智力和精神力。"② 这些论断也就等于说：教学总是有教育性的，一般讲当然是对的。但是，特殊地讲又是有片面性的。依照这种说法，无论在理论上或实践上都只能得出这样的结论：只顾传授和学习知识就够了，智力的发展是不成问题的。可是，事实上教学中确实发生了忽视智力发展的问题。这是一个漏洞。他们也似乎有所觉察，加了注脚。例如说："学生认识能力和才能的发展"，应该"有意识、有计划地"进行。③ "对于发展学生才能的任务重视不够，在发展学生能力中的'自流'、自发现象也是不能容忍的。"④ 他们也甚至指出了知识和能力之间存在着"差异"或不一致的现象。例如说："在人的能力方面和人的知识、技能与熟练方面之间是有重大差异的。"⑤有某些知识技能并不等于能力强；有某种能力也不等于具备了足够的知识技能。⑥但是，这些说明仍然没有回答一个要害问题：它们之间的关系究竟有些什么规律，在什么条件下，学习了知识也就发展了能力；而又在什么条件下，两者发生矛盾或不一致？如果不切实研究和回答这些问题，仅仅描述它们之间的差异是不够的，而关于"有意识"、"有计划"、"不能容忍"云云，都将是空谈。赞科夫的贡献之一就在于，他不仅指出了掌握知识和个性发展之间存在着"剪刀差"，而且指出："要使教学能够促进学生在发展上取得重大进步，单单从掌握知识和技巧的任务出

---

①⑤⑥［苏］斯米尔诺夫等编，朱智贤等译：《心理学》，人民教育出版社 1957 年版，第 492 页。

②③［苏］凯洛夫主编，沈颖等译：《教育学》，第 55、54 页。

④［苏］达尼洛夫、叶希波夫编著，北京师范大学外语系 1955 级学生译：《教学论》，第 55 页。

发来进行教学是不够的。对教学中所遵循的教学论原理和教学法都应加以特殊考虑。"① 他的实验体系，包括提出新的教学原则，对学科和大纲进行新的编排，采取新的教学方法等等，都反映了他的所谓的"特殊考虑"。这种特殊考虑的实质，就是试图创设有利的条件，避免不利条件，使掌握知识和个性发展不致发生矛盾而能够统一起来。当然，赞科夫的实验并不是完全成功的，更不是科学探讨的终结。② 关于知识和思想的关系的认识和处理，我国教学实践具有丰富的经验，教学论上也作出了较为科学的说明。任何教学活动，包括教学内容、教学方法、教师言行等等，总都寓有某种思想观点和道德精神，但其性质、方向、程度又是有区别乃至对立的。因此，我们在不断克服"教书不教人"和牵强附会地进行思想教育等偏向的过程中，要求教师一定要紧密结合而不是脱离教学活动的具体内容进行教育，但又要按照社会主义、共产主义思想原则，在教学活动一切方面和一系列环节上作出自觉的努力。

根据以上两个问题的讨论，我们可知，知识、能力和思想彼此是在统一过程中实现的，但这种统一是有条件的矛盾统一，而不是自发的统一。关于教学认识有教育性的命题，应该作这样辩证的而不是形而上学的理解。

综上所述，可以得出结论：教学过程确实是一种特殊的认识过程。其任务、内容和整个活动，都是认识世界或对世界的反映。它的特点就在于是学生个体的认识，主要是间接性的，有领导的，有教育性的。它在教师领导下把社会历史经验变为学生个体的精神财富，不仅使学生获得关于客观世界的映象即知识，也使学生整个个

---

① 邓鲁萍译：《小学教学新体系的实验》，载《外国教育资料》1978年第6期。重点是原有的。

② 参见本书第二章第二节。

性获得发展。如果不把教学过程看做本质上是一种认识过程，就不能把握它的全体甚至会迷失方向；如果不具体揭示其特殊性，就会导致简单化、贫乏和偏差。

此外，近几年来我国教学论工作者中还有的同志提出所谓教学认识的"三体"问题，把教师的认识也列入教学认识范围，研究学生和教师互为认识的主体、客体的错综复杂的关系。在教育心理学中也有的著作把教师心理列入它的内容。这当然是很有意义的，值得进行探讨的。不过，在我们这里不持这种立场。我们认为，在教学过程中，教师进行"教"或"领导"，包括备课、讲课、组织活动、学习教材、了解学生等等，固然也存在着"认识"的问题，但主要不是"认识"的问题，而是"实践"的问题，或者说，是属于我们把它区别于学生个体认识的其他个体认识的范畴。教师是工作者，甚至兼有科学家、艺术家的双重品质。在教学中，是他教学生认识，而不是他自己认识，他的认识是带从属性的，是工作的条件，并且是先决的条件。简言之，对于教师来说，教学不是他的认识过程而是他的工作过程。因此，我们在讨论教学中的认识问题时，不讨论教师的认识问题。

第三节 教学过程的多种模式

古往今来，教学实践中存在着多种模式，并不是只有一种模式。而不同的教学论，往往由于只着眼于某一种模式，只反映、总结某一种模式，甚至加以夸大、吹擂，否定其他模式，因而陷入片面性和不可克服的矛盾。过去，我们的教学论把教学过程简单化，除了表现为内容贫乏上，也表现为形式单一上，把一种教学模式当做了教学的普遍模式。这是一个教训。

一、教学模式历史发展的简单回顾

在原始社会劳动和生活中,脑力劳动的因素如经验、知识等,还仅仅作为一种次要的因素附属于体力劳动和生活本身。这时的教学活动过程,主要是儿童跟随长辈直接参加生产劳动和生活实践,边干边学,口耳相传,示范,模仿,练习,干什么,学什么。

后来,社会生产和生活越来越复杂,人类对客观世界的改造和认识水平越来越提高,脑力劳动渐渐由附属的因素转化为重要的因素。体力劳动和生活本身的智力化(知识和技术)程度越来越高。加上,剩余劳动产品及阶级出现等条件,一批脑力劳动者从体力劳动中分化独立出来,这引起了一系列的变化。在这之前,经验、知识、技术等,只能保存、体现在脑中,口头语言中,产品中,工具中,一代代人的大脑生理发展和智力发展中,总之离不开具体的人和物。现在不同了,经验、知识、技术等,既可离开它所反映的客观事物,也可离开人脑,也不再只是保存和体现在口头语言、产品和工具之中,而主要体现于文字和书籍之中了。这文字和书籍,既然成了保存和体现经验、知识、技术的主要形式,也就成了联系脑力劳动与体力劳动、科学与生活、认识与发展的主要中介或环节,也就成了传递和接受、教和学的主要工具了。从此,教学过程的主要模式,就由边干边学,口耳相传,示范、模仿,练习,让位于教师教学生系统地学习书本知识(其内容的丰富程度和系统性当然是相对的)。这是历史发展的必然和进步。

这种教学模式在其实践过程中,除了显示其巨大优越性,也逐渐暴露出其弱点和局限性,不容易与生活保持密切联系,不容易充分发挥学生的主动性和创造性。特别是中国长期的封建社会中学习儒家经典,欧洲中世纪学习宗教教条,把教学弄成严重脱离实际生活,严重压制学生发展,僵化停滞的东西。

于是，人们就分别从两条轨道上加以改革。一条轨道是对系统地教学书本知识的模式进行改善。另一条轨道则是根本反对系统地教学书本的模式，而以新的形式"重返"在这之前的那种模式取而代之：组织儿童自己活动，在活动中从事探究性的学习，学习新的经验，改造和丰富旧的经验。这种模式固然不是简单地回到原始社会的那种教学模式，但它毕竟不利于学习系统科学知识。因而在其实验过程中不断受到批评和谴责。

当社会生产、生活和科学技术发展到了现时代，人们对教学模式又有了许多新的考虑。对以上两种教学模式，认识到它们都各有合理性和局限性，应该扬长避短，取长补短，谋求折中于两者之间的新模式。此外，国内外又都有各种实验或理论主张，认为过去教学模式都是从经验、知识、技术的角度着眼，还应该从其他角度，如智力发展、信息处理、人际关系、行为控制、人格陶冶等角度去考虑和设计教学模式。

二、几种重要的教学模式及其变式

（一）师生系统地传授和学习书本知识

这又有几种具体形式和很多变式，并且呈现出一个历史发展的过程。在它的历史发展过程中，它不断地受到改进。

第一，近代以前的典型形式为：

讲，听，读，记（记录、记忆），练。

而且，具有极其机械的性质。

书中文字与教师的讲解 → 学生多遍机械地复习 → 学生对答，与书本或教师讲解完全符合

第二，近代开始，以夸美纽斯为代表，把观察引进教学过程。教学的一般结构或进程为：

观察，记忆，理解，练习。

对事物的 → 对事物 → 理解和 → 行动的
直接观察　　的记忆　　语言表达　　练　习

第三，苏联教学论根据马克思主义认识论原理，吸收历史成果、特别是乌申斯基的理论，总结教学实践的经验，为师生系统地传授和学习书本知识的教学模式，提出了一个堪称较前完备的结构：

诱导学 → 领会新教材 → 巩固知识 → 运用知识 → 检查
习动机　（感知、理解）

在以上三种形式之间，还有许多各有侧重、各有特点的具体形式或变式。例如，赫尔巴特提出了著名的教学过程形式阶段：明了，联想，系统，方法。他真正明确地描绘了一个过程。他注重了系统和思维，但轻视亲身观察。裴斯泰洛齐注意到能力的发展和训练。乌申斯基对教学作为一个过程的设想，已经很接近于苏联教学论了，其最重要的特点是不限于把直接观察作为教学的起点，也把已知作为教学的起点，并且已经意识到感觉和理解的联系，知识和能力的联系。[①] 当代兴起的程序教学也应归属于这一模式，其特点在于谋求学生独立性、教学个别化和可控性，由于把教材分成极小的单位，已经无所谓教学阶段的划分。苏联赞科夫对教学过程的阶段性的观念已不那么严格，不主张什么专门的巩固阶段。达维多夫等人的"智力加速器计划"的实验，则强调由抽象上升到具体的路线。巴班斯基对教学过程的结构或环节，作了独特的划分。[②] 在我国，长期以来对教学模式的说明，基本上都是借鉴苏联的教学论的说法，也基本上是限于传授和学习书本知识这一种模式。近年来，我国教学理论界和教学实践中对于这种模式的解释和做法，有了新的发展。例如，有的同志提出，教学中的学习认识过程包括四个各自具有相对独立性的方面，即：由形象思维活动到抽象思维活动；

---

① 参见〔苏〕丹尼洛夫：《教学的本质》，载《苏维埃教授学问题Ⅰ》，正风出版社1953年版。

② 参见本书第二章第二节。

由已知到未知；由认识到实践；由理解到记忆。① 又例如，许多学校进行了各种形式的指导学生自学教材的实验，改变或突破了历来教师系统讲授、学生系统听受的形式。但是这一切，也都仍然属于系统地传授和学习书本知识这一教学模式范围，是这一教学模式的各种变式。

（二）教师辅导学生从活动中自己学习

这是对系统传授和学习书本知识的教学模式的否定。这种模式的指导原则就是杜威的"从做中学"（learning by doing），亦译"由做而学"。其理论根源则在于对教学认识过程的一种独特的理解，片面强调直接经验、学生主体及其发展。这种教学模式也有一个发展过程，并也有许多变式。

早在19世纪70年代，欧洲兴起的"实验教学论"就提出"行动原则"。根据这个原则，教学过程的程序为：

感知──→加工──→表现

在感知阶段中，规定和提供给学生观察用的材料。在加工阶段中，要求通过记忆、思考、想象和情感对所感知的内容进行加工，最重要的是表现阶段，把所感知的内容用各种形式的外部活动，通过词句、图画、模型、表演等等表现出来。②

杜威的教学模式论在"设计教学法"中体现得最为完全。它同时是课程论，也是教学方法论。所谓"设计"就是活动计划或活动单元的意思。所谓"设计教学法"，就是要学校在学生的有计划的活动中进行教学。其一般进程为：

设置问题的情境 ──→ 确定问题或课题 ──→ 拟定解决课题方案 ──→ 执行计划 ──→ 总结与评价

与设计教学类似的，强调活动、强调学生自己在活动中学习的

---

① 胡克英：《教学论研究》，教育科学出版社1982年版，第19～34页。
② 参见〔苏〕达尼洛夫、叶希波夫编著，北京师范大学外语系1955级学生译：《教学论》，第31页。

教学形式，还有很多。例如，德可乐利教学法，以学生兴趣为中心组织教学；道尔顿制由教师和学生定期订立学习"公约"或合同，然后学生自己去图书室、实验室或各种其他作业室个别学习；苏联20世纪20年代搞过所谓"综合教学"，通过组织"纪念十月革命节"活动等等进行教学；我国70年代出现过"典型产品组织教学"；等等，都属于这一类型。总之，它们是与系统地传授和学习书本知识的教学模式有区别乃至对立的。

（三）折中于两者之间的教学模式

这是近若干年来才发展起来的，是想对以上两种类型的模式取长补短。不过，这种企图和想法也不是在历史上完全没有萌芽的。例如，20世纪20年代在美国出现的"文纳特卡制"，既主张学生应有充分的普通知识，作为继续学习的基础，又主张学校内要有团体的活动和创造活动，以发展学生个性才能和社会意识。知识学习采取个别教学，组织活动则为集体的。

20世纪50年代以来，世界范围内发生了新的重大的科学技术革命，对教学提出了更高的要求，那种轻视系统科学知识的思想是无论如何站不住脚了；而忽视学生智力发展、创造才能的培养的片面观点也显然有待于克服了，于是出现了既重视科学知识又重视学生自己活动学习的明确意图。其最典型的代表，就是美国布鲁纳的主张：教材结构化和通过发现学习。

这种教学模式在两个方面都很突出。一方面，它不仅有既定的教材，而且要求教材反映最新科学成果，大大提高程度，达到结构化；另一方面，它反对把现成结论教给学生，而提倡经过发现进行学习（learning through discovery），要求学生（甚至小学生）利用教师与教科书所提供的某些材料，亲自去发现应得的结论和规律，成为"发现者"。显而易见，前一方面是吸取了传授和学习书本知识的教学模式中的"书本知识"这一因素而否定"从做中学"教学模式中轻视书本知识的做法。后一方面则相反，吸取了活动教学模式中的活动因素而否定讲授学习。这种教学模式的一般进程为：

明确结构，掌握课题，提供资料 → 建立假说，推测答案 → 验证（一次或几次） → 做出结论

与教材结构化——发现学习的教学模式相类似的或同类型的模式，也还可举出一些。例如，西德20世纪50年代出现的"范例教学"就是这样。其一般进程为：

解释作为范例的个别事物 → 解释范例的"类"或"属" → 掌握规律范畴 → 获得对自我或人类的理解

保加利亚于20世纪60～70年代兴起的"暗示教学"，也可归之于这一类型。其教学进程为：

伸展活动 → 提出课题 → 表演

从以上所述可见，古往今来，教学过程的结构、环节、顺序、阶段，确实产生、存在和发展着多种多样的模式，并非只有一种模式。各类模式，又有着多种具体的形式或变式，在教学实践中，事实上是多得不可计量的。

三、在马克思主义认识论指导下提倡教学结构多样化

对于实际中存在的多种模式采取什么立场？究竟应该采取哪种模式？我们的回答应该是这样的。

我们必须认真吸取过去绝对化、单一化的教训。在教育史上，所谓"传统派"和"进步派"各执一端。苏联教学论不但只认定传授和学习书本知识的模式，而且单一地、绝对地抱定"感知—理解—巩固—运用—检查"这一种具体形式不放，几乎凝固化了。我们也受到了这种影响。

应该指出的是：为什么在教学模式问题上单一化、绝对化、凝固化的现象，在一定时期内竟成为可能而又终于站不住脚？今天为什么必须提倡多样化？这需要从教学理论上加以探讨和解释。

原来，每种教学模式以及它们的各种变式的出现，都不是偶然

的、凭空而来的，都有它一定的条件、原因，因而也就多少有它存在的理由，绝对否定是不行的，闭着眼睛的简单否定更是荒唐的。同时，每一种模式或形式也总都有它的局限性，都不会万能。而且，随着教学过程内外部条件的发展，教学的现有状况不断与客观要求发生矛盾，因而，谁搞单一化、绝对化、凝固化，就不可避免地要使矛盾尖锐化。

当然，我们既要反对绝对化，也要防止陷入相对主义，要防止为多样化而多样化，把多样化本身当做目的；不能任意取舍，也不能把各种模式等量齐观、机械地拼合到一起。这就必须有马克思主义方法论的指导，对具体情况进行具体分析。

有的教学论著作里，已经接触到这个问题。例如，从总体来讲，特别是对于中小学的教学来讲，传授和学习书本知识的模式，体现教学过程的特点较为全面和充分，其合理性、有效性更大些，应该成为基本的模式。在当代科学技术迅猛发展的条件下，它也并未过时，毋宁说更为重要。应当确立以这种模式为主，辅以其他模式。这是就总体来讲的。至于在某种具体场合，如办技术训练班，学校中劳动技术教学，音乐、美术、体育课教学，也可能要采取活动教学为主要模式。无论在什么场合运用某种模式，其具体形式也可以变通。例如，我国20世纪80年代中期，各地各校进行了多种自学辅导的教学实验，其具体形式由于教师发挥创造性而呈现出无限多样性。

不同的课程、教材必须用不同的形式，不同的教育阶段也应该用不同的形式，教学的不同情境，教师和学生不同的特点，都可导致教学形式的变化。例如，事实、现象、过程性的知识宜于采用传授和学习书本，教师讲、学生听的模式。概括性、规律性知识可以考虑采取发现式。实践性强的教材宜于用活动式或解决问题式。小学和大学高年级采用活动式发现式（当然程度和具体做法是大不同的），常常是适当的，中学和大学低年级宜最大限度地运用传授和学习书本知识的模式。如此等等。

总结本章，我们可以获得几点概括的理解。

教学作为一个过程，乃是一种特殊的认识过程。之所以说它是一种认识过程，是就其哲学概括或本质而言的，它不但不排斥而且恰恰要以特殊性、多样性丰富自己，不存在什么片面的"唯一本质"论的问题。

过去教学论贫乏和教学实践中发生偏差，恰恰在于没有从哲学概括和真正科学意义上去看待教学认识过程，而是把本质架空，代替了特殊，或者把它降低、缩小为认识的某一种形式、某一方面（如认知）。克服贫乏和偏差的正确办法应该是竭力揭示教学作为认识的特殊性、具体内容和多样形式；而且只有把它看做一种认识过程，掌握住根本、整体和全局，才能更好地揭示其特殊性和具体多样性。

教学作为认识的特殊性，主要在于它是学生个体的认识，是间接的认识，有领导的认识和教育性的认识。其多样性、丰富性不仅表现在内容上，也体现在形式上。

一要坚持，二要发展，这个原则在这里也是完全适用的。教学作为过程本质上是一种特殊认识过程，这一命题可以成立，没有过时，不会动摇；但教学的内部、外部、主观、客观的要求和条件都有很多新的发展，教学过程的理论必须要发展，要丰富，要克服简单化，要防止僵化。

思考题

1. 教学过程的本质是什么？有人批评：认为教学过程本质是一种特殊认识过程的观点是片面的"唯一本质"论，你的意见如何？

2. 教学过程的结构问题在不同历史时期、各种教学论中探讨的情况如何？

第六章 教学原则

　　教学原则问题在教学论中处于十分重要的地位。它是主观见诸客观，理论见诸实践的中介。把教学的基本原理运用到实际的教学工作中去，其中间的必经的环节，就是教学原则。例如，教学过程中有许多规律：教学永远具有教育性，教学认识主要是间接的认识，等等。如何运用这些规律去指导制定课程教材，选择教学方法，安排教学形式和步骤，这就要通过制定出教学原则去执行指导的责任。

　　古往今来，多少教育家们都极其关心教学原则的探讨和制定的问题。三十多年来，我国教育科学界的这种努力一直未曾停止过。我们应该提出哪些教学原则？名称叫什么？数目多少？内容如何？怎样构成一个教学原则体系？为了解决这样的任务，我们反复不断地进行过多方面的探索，成绩很大，但也没有获得公认满意的成果。近年来，在总结历史经验，研究国内外教学论新成就的过程中，这方面的议论更多起来。这涉及几个基本的问题，即教学原则的实质究竟是什么？探索教学原则的途径和方法应该是怎样的？如何实事求是地评价现在一般提到的主要教学原则？进一步发展的趋势和前景如何？这些问题都是值得认真研究和讨论的。

第一节　教学原则的实质

一、什么是教学原则

　　教学原则是根据教育、教学目的、反映教学规律而制定的指导教学工作的基本要求。在我国教学论界，这种理解差不多是大家公认的。

什么是教学规律？教学规律即教学内部所包含的矛盾联系。教学之进行、发展和提高，正是教学中各种矛盾运动的结果。人们关于教学规律的研究和说明，都不过是研究和说明教学中各种矛盾运动的情形。教学原则是根据教育、教学目的的需要去处理教学中的矛盾关系。换句话说，教学原则就是对教学中一些矛盾关系的处理原则。教学原则所反映和所要处理的矛盾，不是无限多的非基本的或局部的矛盾，而是一些基本的矛盾关系，带有普遍性，它制约着教学过程的各个方面和自始至终的整个过程。

但是，我们发现，一旦把一般的理解加以具体化的时候，特别是在具体地论证和提出教学原则的时候，就出现分歧和异议了。

二、教学原则与教学规律、教学原理

分歧和理解不同的一个主要表现，就是对于教学原则、教学规律、教学原理这几个范畴混淆不清。有一种理解："教学原则是教学规律的反映。"还有一种理解："教学原则是指导教学的一般原理。"我们觉得，一般地这样说一说未必不可，但细究起来则是不正确的。

教学规律是客观存在于我们意识之外的东西，不管被反映与否，如何反映，如何表述，它都客观地那样地存在着。教学原理是科学工作者用名词、概念、命题来反映、表述教学规律。这是两个不同的东西。当两者不符合时可以明显地看出；即使两者基本符合时，也毕竟只是符合，而不是一回事。这是唯物论的常识。教学原则不仅不同于教学规律，而且也不同于教学原理。教学原理的任务及特点，在于说明教学规律，只要做到这一点就够了。例如，教学过程不同于一般认识过程，有其特殊性；教学的教育和发展作用是受制约于知识的传授和学习的；等等。教学原理对这一切如实说明，就算完成了自己的使命。教学原则则不然。它对客观规律的反映的重要特点，就是带有很明确而强烈的目的性或实践性。教学原则要从教学原理中做出实际的结论，提出行动的要求。如果教学目的和教学实践的需要不同，那么在同一条教学规律的面前，就可能提出不同的教学原则。例如，教学永远具有教育性，这是客观的教学规律。对于古今中外各社会各阶级各种教学过程都一样。但不同社会不同阶级对它所抱的态度则不一样，提出的教学原则也不一样。我们提出的原则是要求教学把思想性和科学性统一起来，也就是要求教学与社会主义、共产主义思想联系起来。而在我国古代教育史上经常提到的"博学于文、约之以礼"或"文以载道"之类的原则，实际上就是要求教学与奴隶主阶级、地主阶级的政治、伦理观念结合起来。教学原则对教学规律的反映，不仅带有强烈的目的性或实践性，而且它不是直接的反映，而是通过教学原理来反映；换句话说，它不直接取决于规律，而直接取决于对教学规律的主观认识。由于主观上对客观教学规律的认识不同，在同一条规律面前，也可能提出不同的教学原则。例如，教学中理论和实践的辩证联系，这是教学规律，客观地存在着。但根据马克思主义的教学原理，就可以提出理论联系实际的教学原则；而根据杜威的主观经验论或实用主义教学论，就自然地提出"从做中学"的教学原则。有时，教学原则、教学原理、教学规律彼此符合乃至重合。我们提出的一些教学原则，如思想性和科学性统一，理论联系实际，教师主导作用与学生学习主动性结合等等，都是这样，既是教学原则，又是教学原理，也可以把它们视作教学规律。正是在这个意义上，说"教学原则是教学规律的反映"，"教学原则是指导教学的一般原理"，有一定的道理。但是，这毕竟不是由于它们是一个东西，而是在这一场合下，教育、教学目的，对教学客观规律的认识，与客观规律之间取得了或基本上取得了一致的缘故。事实上，这样的情况是很少的。大量的是这三者互不一致的图景。即使这三者在总的方向上相一致时，彼此也大都不是单义的关系，不是一条原则对一条规律，而可能是一条原则反映了多条规律；一条规律反映到多条原则上。因为教学原则作为"实际的结论"和"行动的要求"，是从教学工作的实践出发的，提出何种教学原则及其具体形式如何，这要诉诸经验。例如，教学系统性原则综合反映了教学要与科学知识本身逻辑相适应的规律，教学要与学生知识和智力以及认识结构发展相适应的规律等。教学直观性原则，综合反映了教学中词和实物或形象相互作用的规律，使学生掌握理论知识与感性认识密切联系的规律，学生思维发展的一般规律，等等。又例如，教学中学生主要是掌握间接经验的规律，教师起主导作用的规律，都贯串于几乎每一条的教学原则的始终。总之，教学原则与教学规律及教学原理这三个东西，既有联系，又有区别，不能混淆不分。

　　如果认为教学原则是教学规律的直接反映，教学原则即教学规律，那么，将会发生什么问题呢？第一，这就抹杀了主观、客观的界线，模糊了对于客观规律的认识，取消了唯物论，为主观随意性和胡说八道开放绿灯。第二，这不仅模糊了对客观规律的认识，而且也降低了教学原则的意义。教学原则对客观教学规律的反映，体现了人的主观能动性。它要指导教师创设有利条件，避免和防止不利条件，利用和控制规律的发展，去为我们的一定的实践目的服务。如果认为教学原则即教学规律，或者把事情想象成规律"自己"去"指导"教学各方面的工作，那么，这实际上是让教学工作听任规律自发支配，那么制定教学原则还有什么重要意义呢？第三，问题还在于：如果认为教学原则直接反映了教学规律，原则即规律，那就等于说，所有的教学原则都是合乎实际的或正确的，但这与科学乃至经验是矛盾的，也是有害的。事实上，我们看到的教学原则，有比较正确的，也有错误的，还有正误参半的。一些教育工作者包括我们自己在内，曾经有一种似是而非的观念，似乎凡是教学原则便都是正确的;殊不知教学原则有正误之分。例如,理论联系实际,启发学生自觉性等教学原则,基本上符合教学的客观规律,可以认为属于正确的教学原则。"从做中学"的教学原则,把教学规律的某些片面夸大(如夸大个人实践、直接经验),导致总体上违反教学的客观规律,主要属于错误的教学原则。"满堂灌"或注入式也可以说是一条教学原则,只不过持这一原则的人公开不这么说,但实际上是对教学工作的一项要求,还有一套教学理论支持,认为多灌多得,少灌少得,不灌不得等,属于教学原则的范畴,也属于错误的教学原则。至于正误参半的教学原则那就更多了。古往今来人们提到的教学原则大多数属于这一类。例如,人们经常谈论很多并以为正确无疑的循序渐进的原则,正确反映了"序"和"进"的关系及其稳定性的一面,但未能反映出它们的不平衡性,基本上是正确的,但也不可以全称肯定。又例如,量力性原则也有类似情况,它正确地要求教学要适合学生的能力,不能使学生负担过重,但未能反映出积极发展能力的规律。

三、教学原则和教学规则

分歧和异议的再一个表现,就是关于教学原则和教学规则的关系和它所反映出来的教学原则的范围或界限的问题。

教学原则作为一种基本要求,究竟有没有一定的范围或界限呢?因为在教学中称得上基本要求的实在太多。什么样的要求称之为教学原则,而另外什么样的要求不称为教学原则呢?如果不确定一个界限和范围,那么教学原则可以提得无限多,主观随意性也将很大,会把任一种或几种要求称为教学原则。不解决这个问题仍然确定不了什么是教学原则。我们知道,从苏联教育学到我国教学论的一些著作中,把具体的教学要求称之为教学规则,认为它比原则小,从属于原则。例如说:"各个教学原则还包括着一些教学规则。""所谓教学规则是指那些阐明某一教学原则的某一方面的指导原理。"① 又例如说:"教学原则是借助于一定的教学规则来具体贯彻的。教学规则就是教学原则的具体化。""这些规则就是:由近及远,由简及繁,由易到难,由已知到未知,由具体到抽象,由整体到部分,由部分到整体等。"② 但是,这些说法不能令人信服。因为界限仍然是不清楚的。而且,由整体到部分、由部分到整体之类的要求,既可以说被原则所包括,也可以说它还包括原则,它甚至可以适用于一切认识活动,远远超出教学的原则的范围哩!西方教育史上的一些事实更表明这种划分并未说明问题。英语"principle"(通译原则)、"rule"(通译规则)和"law"(通译规律或法则)几个词在教育著作中使用时往往不是严格的。第斯多惠的《德国教师教育指南》就是一个明显的例子,他偏偏是在"教学规则"的下边提出和阐明各条"教学原则"的,并且是把"直观教学"的要求,与"由近及远、由简到繁、由易到难、由已知到未知"等要求相提并论的。③ 诸如此类的界限不清的情况继续存在,就仍然无法真正揭示教学原则的实质,也不能确定究竟提哪些教学原则;教学原则数目的多少及其具体内容更无从确定了。

那么,怎样弄清教学原则的界限和范围呢?

要解决这个问题,必须寻找和分析界限不清的原因,从而探明弄清界限的条件。我们认为有以下几个方面值得注意的线索。

第一,界限不清的原因,首先在于界限本身有相对性。这就是说,教学中一些矛盾和由此提出的要求,在这一场合是基本的,拿

---

① [苏]波·恩·申比廖夫等著,陈侠等译:《教育学》,人民教育出版社1955年版,第110页。

② 北京师范大学教育系编:《教育学讲义》(中册),北京出版社1957年版,第18、37页。

③ 参见任钟印主编:《西方近代教育论著选》,人民教育出版社2001年版,第372~392页。

到另一场合可能成为非基本的；再拿到第三场合，可能是不适用的。例如，直观对于理论联系实际来说是从属的；而对于演示和讲解相结合而言它又成为基本的。"精讲多练"究竟有多大普遍性（姑且不涉及其内容），就要看它跟什么来比较。对理论联系实际而言它是具体的；但如果对语文教学中讲读而言，它又是基本的；对直观和讲解相结合而言，又属于同等或并列的关系。不仅如此，即使在中小学里，在历史课、政治课教学里，其适用性说来就有些勉强。如果超出中小学范围，在大学文科教学、学术讲座中，也要求精讲多练，那就更牵强了。由此可以得出一个重要的结论：教学原则、教学规则以及一般要求之间的界限，不是抽象的；而是具体的。需要区别不同范围的矛盾，不同层次（等级）的矛盾，进行具体的分析，明确各种矛盾在总体中的地位。这是确定教学原则范围和界限的重要条件之一。对于教学原则，必须抛弃抽象的无所不包的观念。迄今为止，我们教学论讨论的，只是中小学校教学的原则。一方面，它不能概括所有的教学实践，管不了大学和其他专业、职业的教学；另一方面，它在中小学领域，也不能规定各个具体学科教学的更为具体的教学要求，而只是各科教学共同的一般的要求。

第二，教学原则、教学规则以及一般教学要求之间界限不清的再一个原因，就是在古今中外教学论中，对教学中一些矛盾进行划分的基础或标准，是形形色色的。有的根据心理学，有的根据认识论，有的根据学校工作体系，有的着眼于知识，有的着眼于能力，有的着眼于教，有的着眼于学。在根据不同学科方面，又有不同派别之分。例如，夸美纽斯提出教学原则是根据感觉论的认识论和当时兴起的自然科学。第斯多惠则根据学生主体、教师、教材和教学条件四个方面来划分他的教学规则。布鲁纳和斯金纳都是根据心理学提出各自的教学原则。斯金纳的积极反应、强化等原则和小步子逐渐接近等原则，是从新行为主义心理学派的理论出发的，而布鲁纳的结构原则、程序原则等则是从认知派心理学理论出发的。苏联以凯洛夫为代表的教学论和以赞科夫为代表的教学论，在提出教学原则时都力图遵循马克思主义认识论。但前者主要着眼于知识的学习，后者则主要着眼于心理发展，这已经为大家所公认。这样，由于划分的基础和标准形形色色，就自然带来教学原则的纷繁杂乱、界限不清的局面。许多教学原则或规则，名称虽然不同，其实反映的是类似或同一的矛盾关系，有些被认为是基本和从属的关系，其实是互相包含的关系。因此，要想确定教学原则的范围和界限，尤其想建立一个完整的教学原则体系，就必须寻找一个合理的统一的划分基础或标准；否则是永远也搞不清楚的。

第三，教学原则、教学规则、教学一般要求之间之所以界限不清，也同古往今来对教学原则研究的不平衡性有关。人们处于不同的时代、不同的社会和阶级地位上，抱着不同的世界观，面临着不同的教育实践，为解决不同的具体课题即研究和解决不同的教学矛盾，制定了各种各样的教学原则及一定的体系。各种各样的教学原则及一定的体系，不仅性质上千差万别，而且反映客观的教学矛盾的范围、程度和方式，包括划分的根据和标准，乃至语言表达方式，也是各种各样的。他们的研究，在某些点上探讨得较多，较正确，较深入，而在另一些环节上却很薄弱：一方面有许多空白点，许多矛盾关系或规律尚未被揭示出来；另一方面，彼此以不同方式重复了同样的工作。例如，迄今为止，在传授和学习知识范围内，对各种矛盾关系的研究较多较深，所提出的原则较多，内容也较具体，而关于知识的教学与思想教育的矛盾联系、尤其关于知识教学与智力发展的矛盾联系等范围内，研究得就较薄弱，甚至说不出多少东西来。夸美纽斯早在17世纪就提出了直观原则，而差不多两百年后的裴斯泰洛齐，由于不知道夸美纽斯的著作，竟把直观原则作为他自己的发现和贡献。此后，第斯多惠、乌申斯基以至苏联教学论，都大多限于在传授和学习书本知识领域内考虑教学原则问题；与此形成鲜明对比的是，凯兴斯泰纳和杜威等人，从生物学原理或主观经验论出发，反映培养较为伶俐的熟练劳动力为资产阶级服务的需要，则主要探讨活动教学领域中的原则，如行动原则，从做中学原则等。以上种种的对教学原则研究不平衡的情况，也使得教学原则的范围和界限更加纷乱不清。这说明：人们对教学中诸矛盾关系的反映，尚未达到完整、平衡的认识，这样也就谈不上确定各个教学原则在总体中的特定地位，也谈不上确立合理而统一的划分根据或标准。因此，要弄清教学原则的范围和界限，一个重要条件，就是需要对教学过程取得一个整体的统一的全面的理解（尽管这在任何时候都只能是相对的）。

综上所述，我们可以对教学原则的实质获得一定的结论。我们认为比较确切地说，教学原则应该是：根据一定的教学目的和对于教学过程的规律性的认识，人们制定出来以指导教学实际工作的基本要求。教学规律是客观的。教学原理虽是客观的，但带有主观性。教学原则必须有客观基础，但它是人们主观制定的。对这三者既要看到联系，又要严格区别。教学原则的范围和界限不确定，也就不能确定什么是教学原则，要确定教学原则的范围和界限，有赖于确定统一的划分标准，而要确定统一的划分标准，又取决于对于教学过程获得相对完整的认识。

第二节　探讨教学原则的方法

教学原则究竟是怎样提出来的呢？这只停留在上面讲的教学目的、教学规律、教学原理和教学原则之间的抽象联系上，是不够的，必须找到正确的方法，探讨它们之间具体的联系，取得对于教学过程的相对全面的认识。只有如此才能制定出正确的教学原则及其体系，也只有如此才能进一步认识教学原则的实质。

一、历史的教训

在探索教学原则的道路上,古今中外是有许多历史经验教训值得总结的。认真总结这些历史教训将有助于找到正确的方法。

(一)简单地从经验出发

这就是说,从直接经验和感觉到的结果、成败中,提出某一种或某一些教学要求,而没有多少科学解释或理论概括。我国古代许多的教学原则,如"不愤不启,不悱不发",① "量其力之所能至"② 等等,虽然十分精彩,却大多属于朴素的经验之谈。西方近代资产阶级教育家明确提出了教学原则的概念,并制定了许多的教学原则,如夸美纽斯在《大教学论》中提出了大大小小的教学原则三十七条。第斯多惠在《德国教师教育指南》中,提出了三十三条"教学规律"、"教学规则",实质上也就是教学原则。他们对这些教学原则已有所说明了,已不再停留在朴素经验上了,他们引证当时自然科学或心理学成果加以论证。但是,从今天看来,仍然没有超出经验水平,概括程度不高,原则的数目竟达几十条之多,即可见一斑。而在我们的学习和研究中,也出现过这样的情况:把一时一地、个别学科、个别工作环节上的教学经验,提为教学原则,如"精讲多练"、"少而精"、"典型产品组织教学",乃至"知识归类,突出重点"等等。

我们现在认识到,教学原则当然要根据教学经验,但教学原则之来自教学经验,不是简单的过程,至少必须具备两个条件:必须是大量而长期的教学经验、反复检验证明了的经验;还必须提升到

---

① 《论语·述而》。
② 《墨子·公孟第四十八》,转引自顾树森:《中国古代教育家语录类编》(上),上海教育出版社 1962 年版,第 134 页。

理论的和普遍性的高度。归根到底，教学原则不是教学经验的形态，教学经验不是教学原则。

（二）简单地套用一般哲学、政治原则

我们在1958年间、十年动乱期间，就曾把"政治挂帅"、"群众路线"、"实践—理论—实践"等直接当做教学原则。教育史上也不乏其例。夸美纽斯把许多自然法则生硬地套到教学上。他在《大教学论》中，在提出教学原则并进行论证的时候，差不多都采取这样的程式："自然"、"模仿"、"偏差"、"纠正"。例如，关于循序渐进的原则，他首先说："自然并不跃进，它只一步一步地前进"，并举母鸟教小鸟学飞为例，说明只有到一定的时候才能采取一定的步骤，"步骤也应当是渐进的；不独要渐进，而且要是一种不变的渐进。"接着他说："建筑家也是同样去进行的。""园丁也得同样采用渐进的原则"。然后，他便说到教学上，他认为，"假如教员不把所教的科目分成阶段"，"有所省略或颠倒"，那就是一种"偏差"。最后，他提出"纠正"："各个班级的一切功课都应该仔细地分成阶段"，"时间应该仔细地划分"，"时间与科目的划分应该严格遵守，务使无所省略或颠倒。"① 可以看出，夸美纽斯的方法具有典型的机械性质。

其实，一般哲学、政治原则或自然、社会一般法则，只能是指导而不能代替，不能简单套用。教学原则应当是一般哲学、政治原则的具体运用和个性化。例如，政治方向性这个大原则教学当然要遵守，但它在教学原则上的体现应该是思想性和科学性的统一，或者说，思想教育和知识教育相结合。群众路线在教学原则上的体现应当是：充分调动师生两个积极性，教师主导和学生主体相结合，集体教学和个别教学相结合等。不与教学的具体实践相结合的一般哲学、政治原则，不是教学原则。

---

① 参见［捷克］夸美纽斯著，傅任敢译：《大教学论》，第96～98页。

(三) 简单地从别的学科引申出来

例如，桑代克的学习律：准备律、练习律、效果律等，是从心理学、并且是从行为心理学派理论中引申出来的。布鲁纳提出的四条教学原则：动机原则、结构原则、程序原则、反馈原则，也是从心理学中引申出来的，又主要反映了结构派的观点。本来，教学论原则与心理学原理并不互相排斥，关系十分密切，比其他学科更加亲近，但毕竟也只是间接的关系而不是直接的关系。其他任何学科、也包括心理学科的原理，必须通过教学论的折光而作为教学原则的学科基础。它要与教学的具体实践相结合，才能成为教学原则的内容的组成部分。这道理跟上边论述一般哲学、政治原则、自然法则和教学原则的关系是一致的。

(四) 搬用前人和他人的教学原则

今天一般提到的教学原则，就含有这种特点，基本上是从苏联教育学移植过来的，而苏联教育学又是从夸美纽斯、第斯多惠、乌申斯基等人那里继承、发展而来的。这有一定的合理性和必然性，因为教学原则的继承性是很强的。任何教学原则体系不可能完全脱离已有的教学原则思想资料，也就是不能脱离千百年来教学实践经验及其总结出来的教学原则成果。一切重新做起是愚蠢的。何况，纯粹搬用的事是没有的，总要有所改造，加进自己的教学思想和教学经验。教学原则的源泉是教学实践经验，但不能理解为只是今人的教学实践经验，也应把前人、他人的教学实践经验包括在内，特别是在形式上，每一"当前"的教学原则都是过去的教学原则的推陈出新。不过，搬用毕竟不是根本办法。社会主义学校的教学原则，尽管它不抛弃长期的历史经验，但主要应该总结我们自身的现实的新鲜的教学经验，有更多的创新。

(五) 把古今中外不同来源的某些教学原则，简单地拼合到一起，构成一个体系

人们迄今还没有摆脱这种方法。这种方法也有一定的历史理

由，因为不同的教学原则只涉及教学过程的某一方面，而教学过程又是多方面的。在一个比较完善的教学原则体系未出现以前，为了当前的需要，东拿一个，西拿一个，结合到一块儿，这是可以理解的。但是，这也毕竟不是好办法。苏联教育科学界曾有人提出，要以完整的观点来对待教学原则，认为必须具备一整套原则，对教学过程各个基本成分即教学目的、教学内容、教学组织形式和教学方法，都提出一定的要求。例如，对于教学目的来说，提出教学要全面而和谐地发展社会主义类型个性的原则。在规划教学内容方面，提出与实践相联系的原则，科学性原则，系统性原则，连贯性原则，可接受性原则。在选择教学形式和方法方面，提出全班教学、小组教学和个别教学合理结合的原则，口头教学、实践教学、再造性教学和探索性教学以及其他教学方法合理结合的原则。在分析教学效果方面，提出教养效果和教育效果统一的原则，从四个方面提出了九个原则。① 但是，这样一来问题是否就解决了呢？似乎还没有。

这里自然产生一个问题，既然上边列举的几种方法都未尽妥当，那么，探讨和提出教学原则的正确方法是什么呢？

二、正确的方法

从考察历史经验教训中我们认识到，探讨和提出教学原则的唯一正确的方法应该是：根据社会主义教育方针目的，以辩证唯物主义观点和方法为指导，在系统地总结社会主义学校教学实践经验的基础上，批判地改造吸收古今中外教学原则的思想资料，全面地具体地分析教学过程中各种矛盾关系，找出基本的矛盾关系，提出处

---

① 参见吴文侃：《当前苏联对教学过程、原则和方法的研究》，载《外国教育动态》1980年第2期。

理这些基本矛盾关系的实际工作要求。这里包含了两个要点。第一，对于教学原则来说，教育或教学目的是出发点，一般哲学、政治原则是指导，现实教学实践经验是源，历史上的和外国的教学原则思想资料是流。这一切，都还不是我们现成的教学原则本身。第二，分析教学中的矛盾关系是关键。什么时候提出什么原则，或正或误，或深或浅，或偏或全，关键在于对教学中诸矛盾关系的发现、认识和分析。从教学原则产生的程序来说，总体上一般是从实践经验出发，进而作出理论论证的。在具体场合下，有时是先根据一定的教学实践经验总结，便提出一定的教学原则，然后，从理论上加以说明；有时则循着相反的路线：先根据某教学理论提出理论的推论或假设，作为教学原则，然后，与教学实践相结合，进行检验和证明。这两条途径都是允许的，只要做到理论与实践相结合。但是，它们实际上是、也应该是殊途同归的。无论从哪一端开始，总要逐步地追求到对教学中矛盾关系的分析和认识，只有这样才能符合教学原则的本质，也只有这样才能达到真正理论的自觉的高度，所以说，分析和认识教学中的矛盾关系乃是探讨和提出教学原则的关键所在。至于教学过程究竟存在哪些矛盾？其中哪些是基本的矛盾？据此提出哪些教学原则？这不能离开具体的社会历史实践，超越一定时间、空间条件抽象地回答。拿普通学校教学而论，可以举出一些例子。夸美纽斯发现和分析了教学中词、概念和实物、形象之间的矛盾（脱离），提出了直观原则。赫尔巴特发现和分析了教学中知识作为观念之间的矛盾，提出了统觉原则。很显然，这在他们各自的时代之前是不可能的；同时，在他们各自的时代的局限下，他们没有也不可能发现、认识到更根本更概括的矛盾关系——理论和实践的矛盾关系，从而也就提不出理论联系实际的教学原则。关于传授知识和发展智力这个矛盾关系的认识和分析也说明一种历史过程。长期以来，这个矛盾关系在教学原则中未曾明显地体现，至少在我国，感觉到它是一个问题，力图分析它，认识它，并在教学原则中体现出来，这还只是近几年的事。为什么这样？不单纯决定于人们的主观意识。就在20世纪50年代以前，社会生产、生活的发展要求于人的智力化程度远没有今天这么紧迫，人们对智力本身的知识也没有达到今天的程度。因此，对教学中矛盾关系的发现、认识和解决，亦即教学原则的探讨和提出，这是一个历史过程，永无终结。只能求得在一定历史条件下具体的相对的全面或完整。上面已经提到，苏联人提出关于教学原则要有完整性的设想，无疑是很有意义的。我们也主张应有一个完整的教学原则体系，全面地反映和处理教学中的基本矛盾关系。教学论的理想和任务之一正在于此。但是，看来他们并未解决问题，从我们这里讨论的领域即方法来说未免机械了，抽象化了。第一，他们分别从教学目的、教学内容、教学方法、教学组织形式、教学效果检查等方面提出各自的要求，以为这样就全面了，就完整了。但是，教学过程作为一个整体，不是多种"成分"的机械的集合，而是多种矛盾的综合。对各种"成分"提出具体要求，那应该是课程理论、教学方法理论、教学评价理论等部分理论所讨论和解决的课题，而作为一般的教学原则，应该是整个教学过程的基本的矛盾关系的反映，换句话说，它要规定的应是各"成分"的要求的共同要求。这种共同要求不是由各种具体要求简单相加、拼合而来，这需要作出高一层次的概括。把教学目的、教学内容、教学方法……这些"成分"彼此分立，并把"目的"作为与其他成分平列的成分"之一"，也未免使人感到有些机械。第二，他们只把教学原则看做各种教学成分的要求，而不看做矛盾关系的反映。这样，教学原则就抽象化了，就难以理解或可以任意理解了。教学目的、教学内容、教学方法……这些教学成分，跟教学这种社会活动与生俱来，自古有之。那么，为什么不同历史时代、不同教育家为之规定的要求却千差万别呢？固然，他们也承认：随着社会进步和科学成就，教学规律的发现和教学经验积累，教学原则本身也变化发展。但是，为什么对某某成分的要求,今天比昨天多规定出一个,估计明天又会比今天多规定出两个,后天还可能提出三个……?试问:这种变化发展的内部根据是什么?为什么规定这种要求而不是别种要求呢?如何排除主观任意性呢?

我们的理解有所不同。我们坚持实践论和矛盾论的观点,认定教学原则是在教学实践基础上对于教学中矛盾关系的认识和处理原则。随着社会实践的发展,人们根据教育目的的要求,将逐步地越来越深入地发现和认识教学过程中各种矛盾关系,又逐步地搞清楚它们各自的范围和层次(级别),依靠成功的经验,提出处理这些矛盾关系的原则,并形成一定历史条件下相对完整的教学原则体系。这个变化发展是一个历史过程,并且是一个活生生的不断发现矛盾、解决矛盾的过程,而不是什么死板的或单纯数量进化的过程。

那么,我们究竟已发现、认识了教学过程中哪些基本矛盾关系,从而应该和可能提出哪些教学原则呢?

要承认,教育科学、特别是教学论对这个任务解决得不好,还要作出艰巨的努力,但是我们又不是没有成就和无所作为的。通过实事求是地评价现在一般提到的主要的教学原则,就可以既看到我们的成就,也看到我们的差距以及进一步努力的方向和一些线索。

第三节 实事求是地评价现在一般提到的主要教学原则

在20世纪50年代,我们提过五个教学原则,即直观性、自觉性、巩固性、系统性和量力性。到了50年代后期和60年代初,发觉它有片面性,又补充上思想性和科学性统一的原则、理论联系实际的原则,后来,又强调提出因材施教的原则。大家对于这些原则的名称、数目、内容以及彼此的相互关系,都有不同的意见,也都不满意。但是,经过几度的反复,特别是经过了1958年和"文革"十年的冲击,人们还都肯定它们,在教育学课程的教学中讲到它们,在学校教学实际工作中运用它们,并且尽管文字表述各不相同,但小异大同,不外乎这些方面。

无论是肯定或者不满,都是有道理的,也是值得深入思考的。

一、这些原则的基本意义

首先,让我们约略地了解一下这些教学原则的基本意义。

关于思想性和科学性统一的原则。它要求教学在马克思列宁主义、毛泽东思想指导下,既武装学生以科学真理性知识,又使他们受到社会主义和共产主义思想品德教育。这一原则所反映和要处理的矛盾,主要是教学中知识的传授、学习跟思想品德教育之间的对立统一关系,也包括:传授和学习的是真理性的科学知识还是谬误的知识的矛盾,先进思想的教育还是落后或反动思想影响之间的矛盾。处理好这些矛盾关系的关键,在于以马克思主义立场、观点和方法指导和组织整个教学过程。教师本身的思想政治水平和科学水平是决定性的条件,教材思想内容和科学内容的充分发挥是主要的。同时,所有的教学方法、教学组织形式,以及教学质量的考查与评定,也都要合乎科学,渗透先进思想,还要注意以科学方法论和科学态度武装学生。要反对脱离各科教学实际的空洞说教、千篇一律的形式主义,也要克服事务主义,单纯知识观点、无思想性和自发论。

(一)关于理论联系实际的原则

它要求教学中理论和实际要统一起来。它所反映和要解决的矛盾,主要是保证所学知识与其来源、基础——社会实践不致脱节,学生掌握的知识能够运用或回到实践中去。解决这些矛盾的主要途径，应是在理论知识的主导作用下，把教学和生活、间接经验和直接经验、观点和材料结合起来；同时，创造多种多样的实践形式，由半独立到独立，由简单到复杂……引导学生把知识用于实践，并注意培养学生手脑并用的操作能力。要求防止单纯从书本到书本、从概念到概念的教条主义教学，或者把教学融于生活，仅仅从做中学等庸俗做法。

（二）关于教师主导作用和学生主动性统一的原则

它要求既防止片面强调教师权威，无视学生的主动性和自觉性，强迫学生呆读死记，也防止儿童中心主义，使教师处于顾问的地位。要使教师主导作用和学生主动性结合起来，其前提是师生双方有共同的目的，要在教学过程中激发学生的求知欲，并使他们理解学习过程，学会独立学习，关键是教师要认真钻研教材，实行启发式教学，指导学生真正自觉地掌握知识，独立地利用已有知识探索新知识，并逐渐培养分析问题和解决问题的能力。因此，这一原则在有的论著中也表述为"自觉性"原则或"启发性"原则，近年来，又有人把学生主动性、自觉性提高到学生主体作用的高度。

（三）关于系统性原则

它要求教学活动持续、连贯、有系统地进行，也就是要求处理好教学活动顺序、科学知识的体系、学生掌握知识和智力发展顺序这几者之间错综复杂的矛盾关系。根据千百年来经受反复检验的经验，教学的系统主要应以学科逻辑体系为依据，要保证学科系统的主导地位，同时力图切合学生掌握知识和智力发展的顺序。教学系统性包括突出重点，把量的积累与质的飞跃、渐进和跃进结合起来，既反对"杂施而不逊（顺）"，也反对对教学系统性的形式主义的曲解。

（四）关于直观性原则

这是为处理好教学中词、概念和事物及其形象之间的矛盾关系而提出的。换句话说，就是要克服词脱离事物，抽象概念脱离具体现象，理解脱离感知等等的矛盾。它要求根据具体的教学目的，选择、制作多种多样的典型化的直观教具，由语言加以指导、概括和说明，与启发学生积极思考结合起来，注意发展学生的观察力和形象思维，并帮助学生实现从具体思维向抽象思维的顺利过渡。

（五）关于巩固性原则

它所要反映和处理的矛盾就是教学中获取新知识与保持旧知识之间对立统一的关系。它具体要求学生所学的知识能够长期地在记忆中保持住。教学中要有专门的巩固工作，并要及时、经常，把平日的巩固与阶段性的巩固结合起来。同时，专门的巩固要与自然的巩固结合起来。既要温故而知新，也要知新而温故。注意发展学生的记忆力。

（六）关于量力性原则（也叫可接受性原则）

它要求教学要适合学生知识和能力的水平，防止发生教学低于或超过学生力所能及的限度的矛盾。为此，它具体要求深入了解学生，正确估计学生的水平，使教学不导致学生负担过重，而又能积极促进学生知识的增长和智力的发展。

（七）关于因材施教原则

它要求教学要照顾个别差异，也就是处理好集体教学与个别教学、统一要求与发展学生个性的对立统一关系。一般是在集体、统一要求下照顾个别，在面向大多数前提下照顾少数。教学各个环节（教材、教法）中把原则性和灵活性结合起来，反对机械划一，也反对个人主义自由化。

二、肯定的评价和批评的意见

在简单概述了现在一般提到的主要教学原则的基本意义之后，我们就可以回到前面提出的问题。

为什么人们都肯定它们呢？这是因为，这些教学原则是从教学实践中来的，经过实践检验，行之有效，也经过一定的论证，并非简单的经验总结。这些原则吸收了历史上许多优秀的教育遗产和国外教学论重要成果，也非简单搬用，而是经过一定的民族化、现代化的改造。特别应该指出的是，我们已经把它们建立于实践论、矛盾论亦即辩证唯物主义的基础上，并且不断地用新的实践经验和科学成果，对它们进行更深刻的改造，丰富它，发展它。集中到一点，就是它们反映了教学过程中客观存在的矛盾关系及其处理的经验教训，而且，它们作为一般要求，比之于课程、教学方法、考查和评定等方面的要求，具有高一级的概括水平；换句话说，它们不是某一个或某几个"教学成分"的要求，而是各教学成分的共同要求。它们也不是各"教学成分"的要求的简单之和，每一"教学成分"都要贯彻所有的教学原则，每一原则都要贯彻到所有的"教学成分"中去，是教学全过程的要求。简言之，它们体现了教学原则的实质。再从消极方面说，迄今为止，我们还没有另外一套教学原则来代替它们。旧中国时代不必说了，在建国以后三十多年中，曾经有几度长短不等的时期，我们抛弃了这些教学原则。例如，1958年和"文革"中，这些教学原则都受到批判，部分地或全盘地遭到否定，其后果是众所周知的。近若干年来，我们注意到国外一些新的教学论成果。例如，布鲁纳提出的动机原则、结构原则、程序原则、反馈原则等，我们认为都是不错的，但是，能够把它拿来（即使和我们的实践结合，变成了自己的东西）代替指导教学全过程的教学原则吗？不能。人家只是从他的学习心理理论出发提出问题的，并且自己说明只是"若干"原则而不是所有的原则。① 又例如，苏联赞科夫提出高难度、高速度、理论知识起主导作用等五大原则，我们也认为是很不错的，但是，我们能够以它们来代替前边

---

① 参见[美]布鲁纳：《论教学的若干原则》，载《教育研究》1979年第5期。

概要介绍的八条原则吗？也不能！赞科夫本人曾经声明，他提的教学原则主要是从促进学生一般发展着眼的，无意取代传统的教学原则，也不能与之相提并论。① 所有这一切，就是为什么这些教学原则虽然还很不理想而仍为大家所肯定的道理。

但是，前边也已指出，人们对这些教学原则的名称、数目、内容以及它们的相互关系，都有不同意见，都不满意，这也是有充分理由的。

我们教学论工作者早就发现并深深感觉到，有许多现实的乃至历史的优秀教学经验和教学思想理论成果，未能得到充分的反映。例如，反馈、调节、控制的思想，在教学过程中是很重要的，也并非全新的发明，而是从来客观存在着的，但在传统的教学原则中没有反映。又如，《学记》所说"当其可之谓时"的思想，无论在量力性原则中或启发主动性原则中，都未能贴切反映。许多教学原则的内容，究竟其应该包括些什么和不包括些什么，还很不确定，主观随意性还是很大的。例如，自觉性的含义是指对知识的理解，还是指学习的态度，或者兼而有之，苏联赞科夫提出：自觉性不应只是为对知识即学习的结果的理解或外部的理解，而应该是对学习的过程的理解、内部的理解或学习方法上的理解。究竟其含义如何，就很值得研究。许多教学原则如理论联系实际、系统性等等，还不能认为已经个性化了，因为它们不只是教学活动所独有的，在其他许多活动中都是存在的，我们还没有找到它们在教学中的具体或特殊表现形式。所述八条原则显然还构不成一个有机的体系，它们对教学中矛盾关系的反映还不平衡，不协调，而有机械拼凑之感。例如，思想性和科学性统一、理论联系实际、教师主导作用和学生主动性相结合这三原则所反映的矛盾的范围和层次，与直观性、巩固性、量力性等原则所反映的矛盾的范围和层次，不能认为是同等

---

① 参见［苏］赞科夫编，杜殿坤等译：《教学与发展》，第41页。

的，特别是把直观原则和理论联系实际原则平列在一起，实在有些不伦不类，正如论资排辈时把兄弟辈跟父祖辈排在一起一样。此外，有的原则提到矛盾双方的结合或统一，另一些原则则只提到矛盾的一面。某些教学论著有鉴于此，一律运用"统一"或"结合"的提法，又显得牵强，总之，使人感到不是一个有机的整体。

近年来，由于迎接世界范围重大科学技术革命的挑战，现代教学论特别重视发展智力和整个个性的问题。由于对智力问题的重视和研究，使人们对传统的教学原则更发现它们一个重大缺陷，即它主要限于知识的传授和学习方面，而没有反映智力和个性发展的要求，简言之，它只是知识的教学原则而不是真正全面的教学原则。赞科夫声明他提出的教学原则无意取代传统的教学原则，也不能与之相提并论，正是看到教学中的"发展"方面需要有"特殊的考虑"，需要提出不同于传统教学原则的新的教学原则。随着智力问题研究的深入，人们又注意到非智力因素如兴趣、情感、意志、性格的作用和培养，其特点不仅不同于知识的教学，也不同于智力发展，而应该考虑另一套独特的教学原则。如感化、多元化、间接性、主体性等。

由此可见，对于现在一般提到的主要教学原则，必须给予肯定评价，但问题确实不少。那么，从这两方面的分析，能否看出发展前景的某些端倪呢？

我们认为，最有决定意义的一点，就是对于各种教学论成果都有必要也有可能加以分析和综合，将其合理的成分吸收进来。囫囵吞枣是不行的。例如，有的论著为了借鉴赞科夫的教学论成果，提出"量力性与高难度相结合"、"巩固性与高速度相结合"等原则。这就违反了赞科夫本人的声明，将不能相提并论的两个东西简单捏到一起，是不科学的。但是，经过分析或分解，将其个别成分加以吸收则是必要和可能的。例如，赞科夫在高速度原则中提倡自然的记忆，提倡在扩大新知识的过程中求得旧知识的巩固，这些思想完全可以吸收来充实、丰富巩固性原则的内容。又例如，布鲁纳关于结构原则、程序原则的一些合理因素，可以分别吸收过来充实、丰富理论联系实际原则（理论知识起主导作用）和系统性原则（知识结构和学生认知结构相结合）。日积月累，从一个个别的教学原则到整个教学原则体系，不断充实、丰富其内容，逐步推陈出新，定将有所突破。这可能是符合教学原则发展的规律的。

在教学原则的内容不断充实、丰富的同时还应不断提高概括化程度。这两个过程应该并进。从夸美纽斯、第斯多惠等人把教学"原则"、"规律"、"规则"提为三十多条，到当代一般只提五条或八条，应该说是进步而不是退步，概括化程度提高了，内容更丰富而不是贫乏了。当然，这里是有矛盾的：原来的被认为只是知识教学的原则要不断吸收和充实内容，又越来越多地从发展智力的角度，从非智力因素培养的角度以及其他着眼点出发，提出这些和那些教学原则，岂不出现"多而杂"的局面？"多"得难以容纳，"杂"得更难以搞清楚这方面的原则和那方面原则之间的关系，更难指望形成一个有机的体系。我们认为，解决这一矛盾的办法的重要一点，就是要放弃那种急切构造无所不包的体系或为了体系而牺牲内容的观念。前边已经讨论过，由于人们所处历史时代不同，世界观、理论基础、面临的矛盾、着眼点……互有差别，教学原则从来就提得很多很多。任何一个原则体系或一组原则，都是有特定范围、条件和意义的，从来都不是无所不包或没有限制的。例如，赞科夫明确地给他提出的教学原则限定为出于促进发展的"特殊考虑"。从夸美纽斯以来，人们所讨论的教学原则，主要是中小学的教学原则，也的确是只偏重于知识的教学原则。大家知道，即使在这个范围内，教学原则的数目、名称、内容及相互关系，也还是很不确定的。因此我们在讨论上述八条教学原则时，特地加上了"现在一般提到的主要的"的限定语。所有这一切，都是客观事实，只是有的人不曾注意到罢了。因此，我们要放弃无所不包的观念，也要放弃急于构成体系的观念,要使体系服从内容。如前所说,关键是内容,也就是发现和分析新的矛盾关系,逐步地搞清楚它在一定教学过程中的范围、层次和地位,以及和其他矛盾关系的关系。例如,近年来已新发现传授知识和发展智力是教学过程中一个重要矛盾,它过去在教学原则中确实未得到很好的反映,应该克服这种片面性,而且事实上也已有人作出了这种反映,赞科夫做的就是这种工作。这样,两套或几套教学原则可以并行不悖。至于它们之间怎样相互联系起来,逐步融为一体,可以继续研究。在我国国内采取的反映方式是,把传授知识与发展智力统一提为一条独立的原则,同时,把有利于发展智力的要求的某些因素、某些内容,分别渗透、充实到传统教学原则的各条中去。这也是可以尝试的。

综上所述,我们关于教学原则的认识可以概括一下。教学原则的实质,就是在教学实践经验的基础上发现和认识其中的基本矛盾关系,根据我们的教学目的提出正确处理的要求,其内容不断丰富,概括化程度也不断提高,但这是一个逐步推陈出新的历史过程。关键在于不断发现、认识教学中各种矛盾,逐步搞清楚它们之间的相互关系。

思考题

教学原则的实质是什么?探讨和制定教学原则的方法,应该是怎样的?关键是什么?

第七章
课程的历史发展

本章和下面两章，即"课程的历史发展"、"课程的概念和结构"和"课程的设计方法"，重点讨论课程问题，属于课程论的范围。

课程论要解决的问题是：如何在教学过程中使学生掌握人类长期创造和积累起来的经验的精华。也就是我们在"教学的一般任务"中提到的"知识"、"能力"、"思想"，也就是"教学过程"中提到的"人类社会历史经验"或"间接经验和直接经验"，简言之，即教学内容的安排。

课程问题在任何一个教育体系中都居于中心地位、实力地位。因为教育目的必须依靠一定的内容安排来实现和体现；教学方法、教学组织形式等，都是受内容决定并为它服务的；教学的质量、水平和评价的标准，主要看教学内容以及实现得怎样。当代科学技术飞速发展，引起对智力开发的普遍的关心，课程论的研究空前地突出了。

关于课程论和教学论的关系问题，多年来有一个争议：是教学论包括课程论，抑或教学论要从属于课程论？两种主张都有根据。后者认为，课程与学制相类似并联系密切，是受更高一级的规律如社会经济、政治、教育制度和一般科学文化发展水平所制约的，主要不取决于教学过程中的规律和原则，教学论是为实现课程服务的。但是，我们采取前一种观点，把课程看做教学内容的安排，认为没有教学内容的教学论是空洞的，课程事实上接受着、也应该接受教学过程规律的支配。在教学论中阐述课程论，并不妨碍揭示它跟高一级规律的联系。

第一节　古代课程论及其特点

对课程问题进行研究，很早就开始了。

在我国古代，《礼记》上就有"诗书礼乐以造士"的记载。《史记》说："孔子以六艺教人。"《学记》对课程更作了相当具体的系统的描述。"一年视离经辨志，三年视敬业乐群，五年视博习亲师，七年视论学取友，谓之小成。九年知类通达，强立而不反，谓之大成。"汉以后，中经隋唐至宋，攻读儒家经典成为各级学校主要的乃至唯一的课程。儒家经典就是所谓的"四书"、"五经"。《诗》、《书》、《礼》、《易》、《春秋》，称为"五经"。《论语》、《孟子》、《大学》、《中庸》称为"四书"。

在西方，古希腊、罗马学校中，通行的有代表性的课程为所谓的七种自由艺术，简称"七艺"，即文法、修辞、辩证法（逻辑）、算术、几何、音乐、天文。到中世纪，还有所谓的"武士七技"，即骑马、游泳、投枪、击剑、打猎、下棋、吟诗。宗教教义则为"公共必修"课。

古代课程论有些什么特点呢？

第一，严格讲尚未形成，从而不能认真称之为课程论。人们对于课程问题只是简单规定或者进行描述，并无理论说明和论证。

第二，那时人们对课程的规定仍是很简单的，并无严格的年级和年限，各课程之间的联系也是不确定的。

第三，人们已经懂得：要把使学生学习和掌握的经验，分成一定的门类，并分配于不同年龄和水平的学生去学习，不同类型的学校要设置不同的课程。这毕竟是历史的进步，也是后来课程理论建立和发展的出发点和基础。

第四，古代关于课程问题留下的资料，已经显示出：课程和关于课程的思想深深打有历史的和阶级的烙印。在我国古代，在封建阶级内部，不同教育思想的斗争，在课程问题上也反映出来。例如，荀况、韩非、王充、王安石、颜元等人，猛烈抨击死背儒家经典、"死守章句"、空疏无用，提倡"经世致用"的实学。这是我国古代课程论和教学论的积极的进步的传统，提供了宝贵的历史经验。

第二节 近代几种课程理论

近代以来，随着社会生产、生活的发展，科学文化大发展，教育也大发展并促进教育科学进步，学校课程越来越丰富，并且越来越定型。在此基础上，形成了各式各样的课程理论。我国自19世纪末和20世纪初，废科举，兴学堂，在引进西方课程的具体做法的同时，也引进西方的各种课程理论。

据我国台湾出版的一本教育辞典的介绍，有六种类型的课程论。(1) 科目本位课程，各种科目分化独立。也称分科课程。(2) 相关课程，增强教科间之联系，如历史与文学配合教学，文学教师加强某一文学作品时代背景之说明，历史教师提及历史小说并指出文学家对于史实之影响。(3) 融合课程，或称合科课程，更增强教科间的联系。如动物学和植物学合为生物学。(4) 广域课程，取消众多的科目，代以少数的广域，如自然、社会、一般艺能、健康体育。也称综合课程。(5) 核心课程，在广域课程的基础上，以其中一域为中心，如以社会为中心，其他的均围绕这一中心进行。(6) 经验本位课程，由学生自由地选择并组织知识和经验，来解决其接近生活的问题。也称活动课程。①

我们参照其他课程分类资料，对课程论的发展进行粗略考察和分析，认为课程论基本上可概括为两大类型，即学科课程和活动课程。此外，形式教育论和实质教育论，也对课程论发生影响。这是研究课程问题的人必须知道的。课程论的研究在我国三十多年中极为薄弱，而昧于历史考察尤为一大缺陷。我们在"教学过程"一章中曾经指出在教学模式上搞单一化绝对化的问题，其具体的重要的内容和表现之一，就是在课程论方面搞了单一化和绝对化。

下面，我们试对历史上的几种课程论进行一些讨论。

一、学科课程和活动课程

（一）学科课程的特点

所谓学科课程，就是分别地从各门科学中选择部分的内容，组成各种不同的学科，彼此分立地安排它的顺序、学习时数和期限。

从学校一产生，这种课程论就发展起来。远在奴隶社会，古人就懂得："理大物博，不可殚也，圣人为之立官分守，而文字亦从而纪焉。"② 孔子将奴隶制文化典籍加以整理编辑，分为礼、乐、射、御、书、数六科，以教弟子。他还提到过，德行：颜渊、闵子骞、冉伯牛、仲弓。政事：季路、冉求。言语：宰我、子贡。文学：子游、子夏。③ 有人认为这是分科教学之始。

迄今为止，传统的、占优势的课程论就是学科课程论，研究得比较多，经过几大名家之手，形成了比较系统的理论。

---

① 《云五社会科学大辞典》第八册《教育学》，台湾商务印书馆1970年版，第134～135页。

② 章学诚：《校雠通义·原道第一》。转引自孟宪承等编：《中国古代教育史参考资料》，人民教育出版社1961年版，第13页。

③ 《论语·先进》。

美国一位学者认为:"有两个流行的课程学说一直左右着欧洲各国课程的发展。其中比较早的学说产生于亚里士多德。这个学说的最简明的解释,认为一个真正的自由普通教育的内容应当由少数经过仔细选择的学科组成。在实践中,具体表现为'七艺'。我称它(为)基本的(essential)课程学说。……第二个学说,发源于夸美纽斯的'每个人普遍应该具有知识(pansophism)'的思想,后来发展成为法国的百科全书派的观点。"[①] 这里所谓的"两个"课程学说,都是学科课程范畴内部的差别。"基本课程"学说自古希腊时期至文艺复兴时期以前,支配了欧洲学校教育课程实践,长达一千五百年以上。这是与那个历史时代的生产、科学、政治、经济制度等状况密切联系的,也是与一定的教育思想有关的。在古希腊罗马时代,当时的科学发展主要是天文学和数学,当时培养目标主要为奴隶主统治者,又主要是政治家、哲学家、雄辩家和享受闲暇者。由于这些原因,当时的课程不可能也不需要更多。同时,柏拉图、亚里士多德,以及罗马的昆体良等人的思想里,都认为培养抽象思维、哲学头脑和演说家的口才等目的,重于知识实用的目的。这反映了古老的剥削阶级(比如说,不同于后来的资本家剥削阶级)的本质。这一点到了欧洲中世纪就特别突出了。"七艺"完全置于宗教和神学支配之下并为之服务。外国教育史书籍中多有这类的资料。文法、修辞、辩证法主要用以使教士们阅读圣书,训练说教的口才,指导辩论去打击所谓异端,甚至算术和天文用以计算复活节和祭奠日期。"1"象征着唯一的上帝,"2"意味着耶稣基督的两重性(神性和人性),等等。到了文艺复兴时期,生产、科学大发展,突破了教会的束缚,兴起了人文主义思潮,教育也大发展起来。这根本上反映了资本主义政治和经济的兴起与封建制度的崩

---

① [美]布赖恩·霍尔姆斯,金冬日译:《关于课程改革的几个问题》,载《中小学教学改革的理论和实际》。

溃。当时人文主义教育家们都有一张新的课程表,其集大成并论证者就是夸美纽斯,其课程表就是百科全书式的,其理论基础就是"泛智论"。夸美纽斯的一个崇高理想和名言,就是:"把一切事物教给一切人类"。他把他理想建立的学校称为"泛智学校",对他的著作《大教学论》定下的任务,就是"阐明把一切事物教给一切人的全部艺术"。① 他说"每一个生而为人的人"都应该受这样的教育。"把一切知识领域中的精粹的总和灌输给他们的头脑。这就是说,要使在天空中、在地上、在水中、在地层深处,一切存在过的事物,无论是在人的身体上和精神中、在圣经里、在手艺方面、在政治生活方面、在教会方面,最后对生和死以及永恒本身,没有什么是年轻的智慧接班人所不能切实理解的;要使他们知道一切必须熟悉的东西,理解一切事物的原因,懂得一切事物真正有益的运用,这样就使得他们当中每一个人的精神成为全知全能的上帝的最确切的形象,他创造的最最明亮的镜子,最最真实地反映的世界。"② 他这种理论的突出表现,就是设置百科全书式的课程,并主张在出生到六岁的"母育学校"里就应实施。他说:"在这最初的学校里面,我们也应当把一个人在人生旅途中所应当具备的一切知识的种子播植到他的身上。"尽管他明确声明只是一些"种子"、"日后成为主干的嫩枝"、"初步"、"底子"、"基础"……但竟然开列出二十个项目。包括:玄学、物理学、光学、天文学、地理、年代学、历史、算术、几何、静力学、机械学、辩证法、文法、修辞、文学、音乐、经济学、政治学、道德学、宗教。③ 简单说来,以夸美纽斯为突出代表的百科全书式课程理论,是与亚里士多德为代表的基本课程理论不同的,它主张现实世界的一切知识都是有用

---

① 参见[捷克]夸美纽斯著,傅任敢译:《大教学论》,第3页。
② 参见张焕庭主编:《西方资产阶级教育论著选》,第43页。
③ [捷克]夸美纽斯著,傅任敢译:《大教学论》,第217~222页。

的，是培养"全知全能"的"智慧接班人"所需要的，所以都应该包括在课程之内。这是课程论的进步、教育科学的进步、社会历史的进步。这种课程论在往后的发展中，不断地在内容上有所变化，更不断地获得新的理论论证和说明。

赫尔巴特是最早以心理学为课程提供理论基础的人。他把发展人的"多方面兴趣"看做一种基本的教育任务，保证实现他的教育总目的——培养"善良的人"，即忠诚于普鲁士君主制度的人。他认为应当培养六种兴趣，相应地要设置有关的课程。

第一，经验的兴趣，即了解事物"是什么"的兴趣。这种兴趣引导人去观察与亲身经验一切。适应这种兴趣的培养，应设自然、物理、化学、地理等学科，使学生获得自然的知识。

第二，思辨的兴趣，即进一步思考事物"为什么"的兴趣。适应这种思辨兴趣的培养，应设数学、逻辑学、文法等学科，锻炼学生思维能力。

第三，审美的兴趣，即对各种事物，自然界、艺术品和"善行"的体验和美的评价的兴趣。适应这种兴趣的培养，应设图画、音乐、文学等学科，培养学生艺术鉴赏力和审美情感。

第四，同情的兴趣，即在与他人交往中产生的兴趣。适应这种兴趣的培养，应设国语、外国语学科，培养友爱、谅解精神。

第五，社会的兴趣，即在交往中建立广泛联系的兴趣。适应这种兴趣的培养，应设公民、历史、政治、法律等学科，培养群体合作精神。

第六，宗教的兴趣，即认识人与神的关系的兴趣。适应这种兴趣的培养，应设神学课。

以上六种兴趣又可归纳为两大类：前三者属于自然知识与个人经验方面；后三者属于社会历史和与他人接触的联系。简言之，就是对自然的兴趣和对社会的兴趣。

显然，赫尔巴特把当时普鲁士统治者培养人的要求，归之为心理、兴趣的要求,并对兴趣作这样任意的分类,掩盖了他主张的教育和课程计划的阶级实质,也是缺乏科学根据的。不过,他提出了较广泛的学科,并试图借助心理的积极性(兴趣)来使学生更好地获取知识锻炼思维能力,培养各种品质,为设计课程以有效地实现教育目的,提供心理学的依据。这是有积极意义的。

在学科课程论发展中有重要地位的一个人是斯宾塞。他从教育为完满生活做准备说和知识价值论,为学科课程论作出新的理论论证。他的课程论的最重要的特点,是从资产阶级个人功利和实证主义哲学出发,批判所谓"装饰性"知识,提倡实用科学知识,实质上是反对脱离生产和生活实际的绅士教育课程或古典文科中学课程,主张适应资产阶级新需要的实科课程。这反映了工业革命或第一次技术革命时期科学和生产、科学和教育开始结合起来的趋势。斯宾塞认定:"为我们的完满生活做准备是教育应尽的职责,而评判一门教学科目的唯一合理办法就是看它对这个职责尽到什么程度。"① 他还看到了社会发展到他那个时代,资本主义的生产已经要依靠科学,而生产的科学化又直接影响到生活内容也必然地依靠科学知识。他得出结论说:"什么知识最有价值?一致的答案就是科学。"② 这样,生活需要、科学和课程这三者就紧密地联系起来了。斯宾塞对所谓的"完满生活"活动进行了分析,划分出五个方面,并以此为根据来安排学科。第一,为准备直接的自我生存活动,包括个人健康、生育儿女等,需要学习生理学科。第二,为准备间接自我生存的活动,包括谋生、赚钱、设计、生产等,这需要掌握多种学科:逻辑学、数学、力学、物理学、化学、天文学、地质学、生物学、有关的社会科学。第三,为准备做父母和教育子女的活动,需要学习生理学和教育学科的知识。第四,为将来尽公民

---

①② [英]斯宾塞著,胡毅译:《教育论》,人民教育出版社1962年版,第7、43页。

职责做准备，需要学习历史、社会学、生物学与心理学。第五，为准备将来善于在闲暇中满足爱好与感情的需要，要设油画、雕塑、音乐、诗歌等课程。

马克思主义产生在科学领域实现了根本性的变革，在课程论这个具体范围内也表现出来。马克思恩格斯与斯宾塞是同时代人，但阶级立场和哲学世界观根本不同。马克思恩格斯从无产阶级劳动者争取解放和辩证唯物主义、历史唯物主义出发，对生产、科学、课程之间的联系的解释和解决方式完全是另一个样子。概括说来，马克思主义对于课程论发展的主要贡献至少有以下三点。

第一，马克思恩格斯批判地继承和发展了欧文的教育与生产劳动相结合的教育思想，提出综合技术教育的主张。"这种教育要使儿童和少年了解生产各个过程的基本原理，同时使他们获得运用各种生产的最简单的工具的技能。对儿童和少年工人应当按不同的年龄循序渐进地授以智育、体育和技术教育课程。"[①] 这是斯宾塞没有提出也不可能提出来的。因为这是工人阶级、劳动生产者的教育课程，而不是资产者的教育课程。资产者也是不希望工人及其子弟受到真正的综合技术教育的。

第二，马克思恩格斯提出了以体力劳动和脑力劳动相结合为核心的全面发展教育学说。这就使课程设置具有全新的明确的目标。培养全面发展的新人正是生产和科学结合的结果和要求。为了培养全面发展的新人，就要使他们全面地认识世界，掌握各种科学知识，继承和发扬人类历史上一切真正有价值的文化。科学进入课程这一历史过程从此获得有力的理论根据，科学的意义和作用也被提高到空前未有的高度，即为发展社会生产和培养全面发展新人服务。

第三，马克思恩格斯提出的科学的科学分类方法，为学科课程

[①]《马克思恩格斯全集》第16卷，第218页。

奠定了牢固的基础。学习哪些学科？为什么要分科学习？这些问题都可以得到科学的解释。科学是人们对客观世界的规律性的认识，要认识客观世界的规律，就要认识物质运动的各种形式。物质的不同运动形式的规律分别由不同的科学进行研究，因此就要学习许多不同的学科，例如，自然界的基本运动形式分为：最简单的运动形式即机械的运动形式、物理运动形式、化学运动形式、有机界的运动形式，相应地研究这四种运动形式的科学分别是力学、物理学、化学和生物学。同理，研究社会现象运动形式的为社会学，研究思维运动形式的为思维科学。在自然、社会、思维运动形式中又有更具体的互相区别的运动形式，如生物运动中又有植物、动物等，社会运动中又有经济、政治、文化等，思维运动中又有逻辑、心理等。显然，要全面地认识世界，就必须全面地学习各种学科（当然是相对的，下面还要讨论），同时，学习这些科学，要互相联系地分科学习。恩格斯总结自然科学发展的历史，即人类对自然界的认识的发展史时，指出，在古希腊时代，认识到自然界是一个整体，各种现象是互相联系、变化、发展的，但却是直观的、朴素的、笼统的，后来，分门别类地进行研究，搜集资料，分析整理资料，获得许多具体知识，这又高于古希腊时代，但它把事物当做静止、孤立、不变、死的东西，养成了形而上学思想方法，危害很大，不过，它对于新的更高级的整体认识和辩证方法的产生，又是不可避免的必经过程和前奏。这种思想运用到学校课程上，就是既要分科学习，又要互相联系，恩格斯直接地提到过这个问题。他曾经批判过杜林，批判他幻想捏造"综合数学"之类的某种非驴非马的混合物，取消独立学科，更抹杀教学的特点，从而取消系统的学习。① 他又在评论孔德把各门学科按数学、天文学、物理学、化学、生物学、社会学的顺序排列时指出，"这个整理方法在他那

---

① 参见《反杜林论》最后一章。

里只是为了安排教材和为了教学。……在他那里不到每一门科学完全教完之后，不教别的学科，于是，一个基本上正确的观念，被数学地夸大为胡说八道。"① 这是把分科教学推向极端，割裂学科之间的有机联系。恩格斯批判了这两种绝对化观点而发挥的正确思想，就是各种不同学科是各种不同的物质运动形式的反映，是一个从另一个发展起来的，有其固有的顺序，但又是互相联系和转化的。因此，要研究和学习科学，必须分科、循序进行而又不机械割裂。这个原则对于学校课程的设计，具有重要的理论意义和实践意义。

总之，马克思主义基本上肯定学科课程，通过提出综合技术教育、培养劳动者全面发展新人的教育目标，以及科学的科学分类方法，丰富了学科课程的内容，为它奠定真正科学的理论基础。苏联20世纪30年代以后一直实行这种课程论。

我国历史进入近代，也采取学科课程论。1902年张百熙讲到当时制定学堂章程的指导思想：要办学堂就不能不参取欧美日本的成法，但许多办法和我国古代"良法"大概相同。例如在课程方面，"其科目则唐有律学、算学、书学诸门，宋因唐制，而益以画学、医学，虽未及详备，亦与所谓法律、算学、习字、图画、医术各学科不甚相殊。自司马光有分科取士之说，朱子《学校贡举私议》，于诸经、子、史及时务皆分科限年，以齐其业；外国学堂有所谓分科、选科者，视之最重，意亦正同。"② 于是，各级学堂，除设修身、读经而外，便设有算学、史学、舆地、体操、图画、手工、格致（物理）博物、化学、外国语等学科。辛亥革命和民国建立，则废除读经，北洋军阀统治时期曾企图恢复，但又被反

---

① 《马克思恩格斯全集》第20卷，第593页。
② 舒新城等编：《中国近代教育史资料》（上册），人民教育出版社1961年版，第195~196页。

掉了。① 解放后，我国学校课程才在马克思主义理论基础上并参照苏联的课程理论和课程实践，进行了改造。这种课程理论和实践的改造，成为我国教育改革的重要组成部分。

（二）活动课程的特点及其与学科课程的分歧

所谓活动课程，就是认为课程应是一系列的儿童自己组织的活动，儿童通过活动学习，获得经验，培养兴趣，解决问题，锻炼能力。

活动课程论的发展，首先从思想上要追溯到卢梭，在19世纪后半期的"新学校"运动中出现这种实验或实践，到了杜威著作里，就形成一套系统理论，而"设计教学法"则把这种活动课程论体现得最为完全。

为什么说活动课程论的思想发展首先要追溯到卢梭？因为他从自然教育理论出发，提得很突出。他反对教师给学生讲知识，也反对从书本学习，主张儿童在大自然中，通过身体锻炼、劳动、观察事物来学习。例如，他说："不要对你的学生进行任何种类的口头教训，应该使他们从经验中去取得教训。"②"我们只主张我们的学生从实践中去学习。"③"不要教他这样那样的学问，而要由他自己去发现那些学问。"④"问题不在于教他各种学问，而在于培养他有爱好学问的兴趣，而且在这种兴趣充分增长起来的时候，教他以研究学问的方法。毫无疑问，这是所有一切良好的教育的一个基本原则。"⑤"教育都应该是行动多于口训。"⑥他认为"读书是孩子们在儿童时期遇到的灾难。"他的教育对象"爱弥儿长到十二岁还不大知道什么叫书。"⑦由此可见，活动课程论的一些基本思想在卢梭那

---

① 舒新城等编：《中国近代教育史资料》（中册），人民教育出版社1961年版，第195～196页。

②③④⑤⑥⑦［法］卢梭著，李平沤译：《爱弥儿》上册，商务印书馆1978年版，第94、111、217、223、107、153页。

里都已提出,并且表达得极其生动和鲜明。

在 19 世纪末,欧洲出现许多"新学校",主张在师生之间、学生之间建立一种合作关系,让学生在自由活动中得到发展。在课业的学习上,重视观察和实验,或提出假设并完成一定的课题,让学生通过一定的实际活动进行学习。小学重视手工劳动,以及体育、音乐、美术等活动。中等学校强调培养学生具有进行积极研究的精神和掌握科学研究的方法,因而注意各种实验室作业活动,还安排学生到工厂和研究所参观。20 世纪初,德国人凯兴斯泰纳兴办的"劳动学校",就是针对"读书学校"而提出的。他反对书本教育,主张利用实用教材,注重劳作训练,并贯彻他反动的"公民教育"的目的。① 在这个时期里,还有一种所谓"行动教育学"的理论。倡导者德国人赖伊认为,以赫尔巴特为代表的传统教育学以获取知识为主,属于"主知主义"。他反对这种主知主义,而主张以活动为教育的基础。在他看来,感觉、活动为构成意识、取得知识的根本条件,因此应当特别注重活动性的课程。他特别重视图画、泥工、制造、制图、游戏、歌舞等。在其他知识的教学中,则重视学生运用感官感受外界的刺激和最后用各种外部活动形式表现出来,从而重视各种实验、表演、发表,以及各种口头的或书面的、实际的或摹拟的作业。

给活动课程以系统的理论基础的是杜威。杜威从垄断资产阶级的政治需要、主观唯心主义经验论以及本能心理学出发,提出"学校即社会"、"教育即生活"、"教育即生长"、"教育即经验的不断改组"、"儿童中心"、"从做中学"等一系列口号和原则。在课程论方面,则坚决反对学科课程,主张活动课程。基于主观经验论,教学只能归结为让儿童自己活动来获取个人经验。基于本能心理学,他

---

① [德] 克申什太奈著,刘钧译:《工作学校要义》,商务印书馆 1935 年版,第 64、96 页。

认为人有四种本能：制作的本能，语言社交的本能，研究与探求的本能，艺术的本能。其中制作的本能是最突出的。因此，他说："学校课程中相关的真正中心，不是科学，不是文学，不是历史，不是地理，而是儿童本身的社会活动。"① 他也反对教材是"固定的和现成的"、"儿童经验之外的东西"。他特别注意游戏、活动作业、各种手工、烹调、缝纫等课程，也特别注重在学校里设实验室、商店、菜园，并主张充分利用化装、表演等活动方式进行教学，认为这样的课程所得的经验，可与学生在校外生活中的经验相类，从而减少校内外生活的隔阂，使学生能够亲切地了解社会，过好现存社会的生活，也就是适应垄断资产阶级统治的"民主社会"的生活，成为这种社会的良好分子和公民。在杜威那里，活动课程既是"学什么"的内容，也是"怎样学"的方法，教材与教法是一而二、二而一的事情。他所提的所谓"思维五步骤"也就是活动课程的五阶段：（1）设置情境暗示学生产生疑难；（2）了解问题的所在，确定问题；（3）启发学生自己提出解决问题的假设；（4）推断哪一种假设能够解决问题；（5）在行动中检验假设。② 杜威的学生克伯屈创立的"设计教学法"，把杜威的活动课程论体现得最为完备。"设计教学法"是一种教学体系。它同时是课程论，也是教学方法论。所谓"设计"，就是活动计划或活动单元的意思，所谓"设计教学"就是要学校在学生的有计划的活动中进行教学。这种活动必须是儿童起意，儿童计划，儿童执行，儿童总结的，也就是说，由儿童决定目的，儿童制定活动计划，儿童自己执行活动，儿童自己评价活动效果。③ 儿童们在设计活动中可以获得知识，培养

---

① 赵祥麟、王承绪编译：《杜威教育论著选》，华东师范大学出版社 1981 年版，第 6 页。

② 参见赵祥麟、王承绪编译：《杜威教育论著选》，第 302～303 页。

③ 曹孚：《批判实验主义教育学》，载《胡适思想批判》第三辑，三联书店 1955 年版。

兴趣、能力和各种品质。例如，在一个建筑一座小房子的"设计"中，通过计算建筑材料价格等学习算术；学得有关建筑的一些词句和书法；为了装饰房子学习图画和泥工；等等。

活动课程论在苏联20世纪20年代曾经流行过一阵。例如，废除按俄文、算术等分科教学，采取"乡间秋季工作"、"五一劳动节"等"生活主题"进行教学。又例如，把教材分为"自然"、"劳动"、"社会"等三组进行学习。在我国，在旧中国，陶行知先生倡导的"生活教育"、"教学做合一"，以及其他一些实验学校的实验，都是根据活动课程和"设计教学"的原则。解放后批判了这种课程论，但60年代，曾出现过"典型产品组织教学"、"以战斗任务带教学"等做法，实质上也就是贯彻活动课程原则。

活动课程和学科课程两种课程理论有哪些分歧呢？

1. 知识本位、社会本位和儿童本位

活动课程论者批评学科课程论为知识本位，不管儿童的需要、兴趣和个性发展，有的甚至批评它不仅不管儿童需要，而且也不管社会的需要，总之只从科学知识或文化本身出发。坚持学科课程论的人则认为，从儿童出发就不能保证掌握科学知识，也不能满足社会需要。一般也把学科课程论视作社会本位课程。

这是课程论的中心问题，也就是如何把社会和儿童联系起来的问题（建立这种桥梁当然是整个教育的事情，不仅是课程的事情，但课程设计是一件主要的事情）。杜威很明确地意识到并指出这点。他说：对于这两端常各有所偏重。"于是有儿童本位与教材本位之争执，个性本位与社会经验本位之对峙。一切教育主张之歧异，皆莫不含有此冲突。"[①] 学科课程论和活动课程论的"争执"和"对峙"首先就是这样。

---

① 转引自孟宪承编：《教育概论》，商务印书馆1946年版，第112~113页。

2. "教育准备生活"和"教育即生活"

学科课程论者都是持的"教育准备生活"的观点，只不过强调的程度不同，如有的不那么注重实用，有的则非常强调实用。有的在实际上那样做了而不曾自觉，有的（如夸美纽斯和斯宾塞）则明确提出这个原则。活动课程论者刚好相反。杜威的"教育即生活"的口号就是与"教育准备生活"针锋相对提出的。他认为生活千变万化无从准备，只有紧紧抓住现实，从现实生活中选择一些实际作业，从衣、食、住、行到社会政治活动，精心组织到学校教学中来，把学校办成雏形社会，使学生过着与社会生活类似的生活，学得一定的知识技能以及对付各种问题的能力和方法。他和斯宾塞两人都看到并承认：生活本身如家事、农事、制造以及运输、交际等，都含有实用科学在内。但是，两人在课程问题上却得出相反的结论：斯宾塞据此主张学习各种学科以准备生活；杜威据此主张组织生活本身来学习生活。

3. 理论和实践、间接经验和直接经验

活动课程论者批评学科课程是主知主义，崇尚书本，脱离实际，没有多大用处，最有价值的是现实有用的经验。同时，从认识途径而言，唯有个人亲身实践、直接经验，才是最好的途径。正如列宁所说："它宣扬经验而且仅仅宣扬经验"，"仅仅为了实践，这里没有任何形而上学。"① 杜威不承认经验以外的任何东西，否定理论，以个人主观实践取代社会实践。学科课程论相反，强调间接经验、以社会实践为基础（各个主张学科课程者本人是否明确意识到这一点是另一回事）。它承认理论的独立性、指导性，有的甚至夸大理论的指导作用，唯理性论者、要素主义者就是如此。

与此相联系，活动课程论与发现法或解决问题学习（教学）往

---

① 列宁：《唯物主义与经验批判主义》，人民出版社1960年版，第343页。

往是密切联系着的,甚至看不出教材和教法的界线。学科课程则往往和接受学习、讲听、读书等方法联系着。

4. 逻辑(论理、科学)顺序和心理顺序

活动课程论主张课程和教材应按心理顺序安排。杜威说:"已成学问的材料,它的组织法与初学的人的经验不同。""要使学生的经验常常朝着专家已知的结果方向发展。"① 孟宪承解释说:"分科的教材是论理的组织,而发展中的儿童所需要的教材,则宜取心理的组织。这并不是说论理的组织在学术研究上不是重要;不过说儿童的教材,应当从心理的组织,渐进于论理的组织,二者是一个过程的一始一终罢了!"② 可见,活动课程论者也不否认课程的逻辑顺序,但是,要求从心理顺序开始,为出发点,要逻辑顺序去服从心理顺序。学科课程论者相反,有的根本不考虑儿童心理顺序,如古代课程,中国的儒家经典、西方的宗教教义等,有的虽也承认儿童心理顺序的必要性和重要性,但是要求儿童心理顺序服从学科的逻辑顺序。

5. 分化(分析)和综合

活动课程论者批评学科课程把世界的完整性割裂了,也割裂了儿童本身的生活和认识世界过程,因此,主张综合课程,反对分科课程,因为活动都是整体的、综合的。学科课程论者则持相反的见解,认为正是为了使学生获得对世界的完整的认识,特别是要使儿童逐渐掌握事物发展的规律,恰恰要先分析,后综合,在分析的基础上综合,也就是要分门别类地系统学习各门学科,认为活动学习或综合学习,只能获得零星的、浮浅的知识,归根到底,反而不能获得对世界的完整的图景。

6. 学习的结果和学习的过程

活动课程论者批评学科课程论是只让学生获得现成知识,被动

---

① [美]杜威,邹恩润译:《民本主义与教育》,第 220~221 页。
② 孟宪承编:《教育概论》,第 115 页。

地接受知识，不能学会探索，是只问学习的结果，不问学习的过程。他们之所以主张活动课程，是关心学习过程（或学习方法）甚于关心学习结果（获得知识）。因为在活动课程中，学习结果还是未知的，必须去探索乃至尝试错误。学得了方法，懂得学习过程，他们认为这才对学生最有用处。学科课程论者则相反，他们的着眼点，不言而喻是在于知识或学习结果，并且是预先选择、组织、准备好了的。他们认为传授和学习这些知识的过程中，并不是不教方法，也并非不可以使学生懂得学习过程。更重要的是，学科课程论者认为，活动学习在认识上是不经济的，而学科课程可以使学生在短时间内以较少的精力获取人类长期积累起来的大量知识。

（三）对两种课程论的简单评价

学科课程和活动课程究竟孰优孰劣？我们应该怎样评价？

对这个问题我们实际上早已回答了。首先在第一章中讲到19世纪末和20世纪初出现新学校运动后，教学论就出现两个"三中心"的长期论争。[①] 其次，在讲"教学过程"专题时已讨论过多种教学模式问题。只不过侧重点和角度不同而已。我们这里讨论的课程问题中，学科课程属于所谓"传统教育"或旧的"三中心"（教师中心、书本中心、课堂中心）范畴，也即属于"传授和学习书本知识"的教学模式的范畴。而活动课程则属于所谓"现代教育"或新的"三中心"（儿童中心、直接经验中心和活动中心）范畴，也即属于所谓儿童从自己活动中学习的教学模式的范畴。我们不属于任何一个"三中心"，也不是任何教学模式的"唯一"论者。因为它们各有长短，既都不全面、又都含有合理因素，都有一定的实践基础和支持它们存在的条件，搞单一化和绝对化是行不通的。但是，它们各自在不同条件下，其合理性和有效性又不都是一样的。

现在特就课程论而言，从整体上讲，学科课程论比较地更符合

[①] 参见本书第一章。

认识和教学的规律，更能保证学生较好地认识世界。应该说，更好地认识世界，这是课程论要解决的根本任务，因为提高能力，创造新生活等等都是以更好地认识世界为基础和前提的。而努力学习科学，并且分科学习，主要按照各学科本身的逻辑系统，学习书本理论，就能比较好地满足这种要求，创造这样的基础和前提。但是，活动课程论也不能完全否定。就拿前所列举的分歧和矛盾来说，如果只顾学科本身的体系或只顾社会的要求，全然不考虑儿童的需要、兴趣和个性发展，把准备生活和现实生活截然分开，只从书本到书本，从理论到理论而不结合实践，各科间只讲分立，不讲联系，只顾学生学得知识而不问知识如何获得的方法和过程……矛盾就必然尖锐化，影响教学质量和学习水平。这就是为什么学科课程从19世纪开始就不断受到批评的原因。

再从课程实践和课程理论发展的实际情况看，单纯的或纯粹的学科课程论，单纯的或纯粹的活动课程论，事实上都不存在，全面考察任何一个课程计划（小学、中学、大学）整体的时候，都是兼有学科课程和活动课程的。例如，有的学科内部必须包含也从来都包含着活动，物理、化学、生物中的实验课就是。有许多学科如劳作、图画、音乐、体育等早就是活动性课程，大学中的实习、毕业设计更是活动性课程。小学自然课也更明显地带有活动课程的性质。前边提到的"相关课程"、"融合课程"、"广域课程"、"核心课程"等，都有互相吸收，救弊补偏之意。

特别值得提出讨论的问题是，理论脱离实际和形而上学的思想方法多少年来影响着教学论领域，也包括课程论。它不能如实地、准确地、全面地反映实际，而把两类各具特点、各有侧重的课程论，搞成水火不容的两大营垒。最突出的例子，就是所谓"现代派"或"进步派"把学科课程论批判得一无是处，而我们在运用马克思主义中也犯过简单化的毛病，把它与唯心论、教条主义宿命地联系在一起。相反，苏联20世纪30年代以后形成体系的教学论则把活动课程论全盘否定。我们在学习苏联教学论过程中缺乏独立思考精神，也跟着把它与实用主义、经验主义宿命地联系在一起。今天看来，这都是片面的不科学的。在理论上分别地加以研究，以揭示其独特的规律，在实践上综合地扬长避短，让它们都与马克思主义联系起来，就不可以吗？

二、形式教育论和实质教育论对课程论的影响

（一）形式教育和实质教育思想的发展

研究课程和课程论的人，不可避免地要涉及历史上曾经出现过的形式教育派和实质教育派的争论。因为这两种观点和主张对课程论影响很大，是又一些不同类型（相对于学科或活动）课程的理论基础，或者简直可以说就是又两种课程论。对这两种教育思想进行讨论，不仅可以使我们更好地了解课程的历史发展，而且在今天十分重视知识和能力问题的条件下，还有很现实的意义。因此，几乎所有的教学论教科书、专著、文章，都论述到形式教育思想和实质教育思想及其争议的问题。我们也要把过去学习和研究中碰到的一些矛盾、经验和教训，提出来作些讨论。

首先碰到的一个问题是，通行的论著大多一般地概述两派的主要观点和主张，而很少明确具体地讲到：究竟在什么时间，在哪种著作中，哪个或哪些人物，怎样地说过或实践过形式教育或实质教育的言论或主张？① 虽然，我们没有必要去搞什么名词术语的训诂考据，但这终究涉及到对其思想发展的大致脉络要有所了解的问题。要解决这个问题，需要教育史学家的帮助，我们这里只能试图

---

① 最突出的例证之一，有一本《教育学原理》论述这个问题的篇幅达24页之多，洋洋万言以上，只是在最后一页顺便地提到一下一个人名，但仍然未引证其原话。

提出若干线索。

在英语中,"形式教育"为"formal discipline"。"实质教育"为"material discipline"。据近年来有的同志考证,最先创造和使用"形式教育"一词的人是德国教育学家尼麦亚(A. H. Nlemeyer, 1754—1823)①。

作为一种教育思想和主张,最早明确表达形式教育的思想的是古罗马时代的昆体良。他说:在教学中,"学生不只获得一些学者所限定的各种事物的知识,也不只是了然于修辞的规则为何,而更须获取增进其说话的能力,具有孕育其雄辩的口才。因为,就一般而论,研究修辞艺术之枯燥之教科书,多半是强调辩说技巧,因而损害了、阻碍了一切高贵的形式,耗损了想象的活力,只留了干枯的骨骼。"② 这就是说,培养演说家或雄辩家,教学的主要任务不在于使学生掌握关于"事物的知识"、"修辞规则"、"技巧",而在于"能力"、"口才"、"形式"。

再往上追溯,"形式"和"实质"这两个概念,以及形式重于实质的思想,则源于古希腊的亚里士多德。他把事物的原因分为四种,即质料因、形式因、动力因和目的因。质料因是事物所由形成的原料,如铜像的铜,银盘的银。形式因是事物的形式。因为每一事物都是以一定的形式出现的。动力因是创造者,目的因是创造者所抱的目的。亚里士多德以为质料是消极的、被动的,形式是积极的、主动的;形式被认为是事物的本质。比如,建筑家建筑房屋需要一个蓝图,证明了形式先于质料。铜和银都因有像和盘的形式才成为一个物件。③

---

① 宁泽:《近代教学论史初探》,北京师范学院教育科学研究所1982年9月,打印稿,第7页。
②《训练讲演的学校》第一篇。转引自〔美〕乌里其著,徐宗林译:《西洋三千年教育文献精华》,台湾幼狮文化事业公司1973年版,第78页。
③ 参见高觉敷主编:《西方近代心理学史》,人民教育出版社1982年版,第2页。

形式教育和实质教育正式形成理论并相互斗争,是从18世纪开始的。夸美纽斯以后,经过启蒙思想的传播,自然主义教育思想已经形成潮流。它有两大特点。一是主张教授实用学科,除重视体育外,要教给学生机械技术、自然科学、数学、历史、地理,以及一切有关现实世界和人生的知识。这也就是现实主义的实体(质)教育。二是认为感觉是一切认识的来源,重视事物本身的教学而不重视语言文词的教学。但是,这个时代的生产和科学发展还没有提供发展实科教育的充分的基础(即不像后来那样)。同时,自然教育的理论本身也有缺陷。回答不了这样的问题:如何通过直观经验达到认识的完成呢?于是,亚里士多德的"形式"又以新的不同名词出现了。笛卡尔的"天赋观念",斯宾诺沙的"理性直觉和推理",莱布尼兹的"单子论",特别是康德的"范畴"、"纯悟性概念"、"理性法则"等等,被认为只有它们才能对感觉来的材料进行加工,最终完成认识的任务。根据这样的理论,在教育上就不要求去教授一个一个特殊的各种对象的知识,而要求主要训练悟性或理性能力、思维能力那样的"形式的东西",这就是所谓形式教育派的观点。①

(二) 形式教育和实质教育两个学派的分歧

1. 培养目标和课程方面的分歧

形式教育派的观点是古典中学、文科中学教育实践在教育思想上的反映;而实质教育思想则是为实科学校辩护的。按照形式教育论,学校课程设置就偏重于古代语言(希腊文、拉丁文)、数学、逻辑(辩证法)等,而忽视一般学科,尤其轻视自然学科。按照实质教育论,学校课程就重视自然学科、现代语言等,轻视古代语言和古代史之类的学科。在科学发展的同一历史背景下,课程设置的不同或教学内容问题上的分歧,实际上反映了培养什么样人的不同

---

① 参见宁泽:《近代教学论史初探》,1982年9月。

要求。实质教育论及其对课程的观点，比较适应生产发展的需要，强调社会的和经济的理由，反映了市民即当时的资产阶级培养人的要求。而形式教育论及其对课程的观点，带有新人文主义的色彩，是以培养包含古代历史研究和美育的更丰富的人性为目标的。①

2. 偏重知识和偏重能力的分歧

这是人们经常讲到的两派的特点和分歧。形式教育论认为，教学的任务主要不在于教给学生多少知识，这是不可能的，也是不必要的。应该主要培养学生的能力、特别是所谓悟性或理性能力、思维能力。他们之所以重视语言，又特别重视古代语言，以及数学、辩证法等学科，理由就在于这里。他们认为语言是最好的形式，尤其古代语言的学习获得文法上的修炼，能很好地训练思维。同时，数学也被认为是思维的体操。实质教育论则相反，认为教学的主要任务应当教给学生对生产、生活实际有用的知识，至于能力的培养则是无关轻重的事情。他们之所以重视机械技术、自然科学知识，其道理就在于此。

3. 哲学认识论上唯理论和经验论的分歧

形式教育的哲学认识论基础是唯理论，实质教育的哲学认识论基础是经验论（只说唯物论的唯理论和经验论，不说唯心论的唯理论和经验论）。形式教育论者看不到经验是第一位的，是基础，是形式的内容，夸大了形式的独立性，脱离具体的实质内容，以为可以脱离实际知识而凭空地训练能力。实质教育论则相反，看不到形式的相对独立性和能动性，夸大了经验和实际知识重要性，而不懂得它的局限性或实用的有限性。

4. 心理学上官能派和联想派的分歧

形式教育论有一个支柱就是心理学的官能派理论（faculty

---

① 参见宁泽：《近代教学论史初探》，1982年9月。

psychology，也译材能心理学）。这种理论认为，人的心理的各种能力，如感觉、思维、记忆等等，是彼此分别独立的实体，就如耳朵管听、眼睛管看、鼻子管嗅一样。这些官能可以分别进行训练，经过训练提高了能力以后，可以迁移到任何别的对象上去，例如，通过数学和语言训练了记忆或思维，就可以更好地去识记和思考任何其他的教材或材料。实质教育论也有一个心理学根据，就是所谓联想心理学，或经验心理学、观念心理学。这种理论认为一切心理现象，如感觉、记忆、思维等，都是一系列经验、观念的联系或联结，在教学中就表现为各种知识的积累，联系和系统化，实际上就是认为无所谓能力的培养。

那么，究竟有哪些代表人物和代表言论呢？这里举一些例子。

洛克的教育思想中关于这个问题是存在着矛盾的。他曾经认为，要把学生培养能推理的动物，比要他们成为数学家的意义更大。数学必定可以培养儿童的推理能力。儿童有了这种推理的能力之后，将来有机会就能够迁移到其他的知识上去。① 这是比较典型的形式教育思想。但是，大家都知道，洛克是经验论者，是联想心理学的先驱，他的主要教育观点是主张学生广泛学习各种知识的。

裴斯泰洛齐被称为"形式教育之父"，的确比较明显地有形式教育思想。他的一个学生描述过他训练学生观察力的教学情形：让学生面对着糊了破旧的纸的墙壁，观察壁纸的窟窿和破块，观察它们的形状、数目、位置、颜色，用师生问答谈话的方式进行，并要求学生用长短不一的一些词句表述出来。这种练习实在单调，无意义，脱离具体的有内容的知识，可算得是一个形式训练的突出的例子。②

---

① 参见冯忠良：《学习心理学》，教育科学出版社1981年版，第160页。又参见张焕庭主编：《西方资产阶级教育论著选》，第87页。

② 参见曹孚编：《外国教育史》，人民教育出版社1979年版，第168～170页。

赫尔巴特是一个有争议的人物。有人根据他拥护古典主义学校及其课程，主张脱离任何具体内容的教学形式阶段，把他列入形式教育派。这是一般常见的看法。① 又有人把赫尔巴特称为新形式教育派，因为他重视数学的训练价值远比古典语文要高，这是与老的形式教育派的观点不同的。② 但是，赫尔巴特是观念心理学的著名代表，他坚决反对官能心理学。他认为一切心理现象，不仅知识，而且想象、思维、情感和意志等等，无非是观念的变形。学习和教学就是获得观念并且促进新旧观念的联系。因此他重视课程和教材，反映了实质教育的立场。

斯宾塞作为实质教育派的代表人物，似乎没有什么争议。有人甚至认为他是"最彻底的拥护者"。③

明确地使用形式教育、实质教育这些名词、概念（不只是思想或观点）并论述较多的教育家是第斯多惠。他主张应该"经常追求形式的目的，或者同时追求形式和实质的目的；借助同一教材，应尽可能多方面地激发学生的心智，就是说：把知识和技能联系起来，迫使他们去练习，直至所学会的东西成为他的思想的下意识之流。"④ 他还说："在所有小学中形式教育必须占统治地位，而在较高级的学校中——如果考虑到这些学校的学生已经获得加强能力的基础教育——那么实质的目的就逐渐占优势了。但是，一切学校教学的发展性的（锻炼性的）目的永远也不应忽视。"⑤ "我们深信，教学的最高目的，不是广度的实质的目的，而是深度的形式的目的。"⑥ 不过，"无论何时都不能谈到实质的观点和形式的观点绝对划分的问题。"⑦

---

①③ 参见［苏］冈察洛夫撰，郭从周译：《教育学原理（初译稿）》，人民教育出版社1951年版，第173～174页。

② 参见宁泽：《近代教学论史初探》，第10页。

④⑤⑥⑦ 转引自张焕庭：《西方资产阶级教育论著选》，第357、358、359页。

(三) 对于形式教育论、实质教育论及其对课程的影响的评价

两个派别都是片面的，但是，苏联的教学论工作者的一个看法是对的："我们应该注意到每个派别对教学内容问题所做的有益的研究工作。"① 教学论的发展也跟一切科学理论的发展同样，觉察和克服先前的理论的片面性，往往是导致全面正确认识的途径。人们早已觉察到两者的片面性了，并作了许多克服片面性的努力。不过，这种努力又似乎走了两个支叉。

一个支叉是实用主义教学论。如前所说，它主张活动课程，教材和教法浑然一体，获得知识和发展能力可以说是统一的。组织得好的活动教学，通过发现问题、解决问题、分析评价等环节，的确可以学到一些知识，同时又学会一些方法，了解学习过程，锻炼了应付一些实际问题的能力。但是，这种办法不能保证学生获得系统的科学知识，因而也谈不到真正地发展智力，特别是深刻的理论思维。从科学飞速发展的今天来看，这显然极不适应了。

再一个支叉，就是苏联的教学论对这个问题的解决办法。苏联教学论在这方面是有很大贡献的。它力图运用马克思主义辩证唯物主义观点，既批判了历史上的形式教育论和实质教育论的各自片面性，强调掌握知识和发展能力是统一的过程，而且它也大力地批判了实用主义教学论，指出实用主义"从做中学"、"设计教学法"，双双降低学生知识水平和智力水平。他们得出结论：掌握知识和发展能力这两者必须统一在使学生掌握系统的科学知识的基础上。这些都是很正确的。但是，他们却认为知识和能力的统一，似乎可以自然而然地实现。例如，他们说："知识技能掌握后，就能促进能力的发展"，"随着对愈益复杂、愈益纷繁的教材的掌握，能力也就发展起来。""学生掌握知识的同时，也掌握着智力活动（分析、综

---

① [苏] 达尼洛夫、叶希波夫编著，北京师范大学外语系 1955 级学生译：《教学论》，第 55 页。

合、概括）从而也就发展了他们的智力。"① "教材能使学生认识周围世界，同时就发展他们的智力与精神力。"② 这就又不全面了，犯了新的片面性。他们这种理解可以从俄国时代教育家言论中找到渊源。达尼洛夫、叶希波夫所编著《教学论》中就曾援引乌申斯基的话："人们以前所理解的那种理性的形式的发展，是一个不存在的幻影。理性只有通过确切的实用的知识才能发展起来。"他们还引证杜布洛留波夫所说："思维是否完善，必然取决于人类头脑中的材料是否丰富和确切"，"掌握知识过程本身就包含思考活动，也就是包括判断和推理"，"思维和知识是一种有机的、完整的现象"，是一种"统一的不可分割的现象"。③ 该书作者在引述了上面的言论后说："不得不承认"这些见解"是正确的"④，其实，这些见解并不完全正确。掌握知识可以有不同的形式，对"本身包含思考活动"这句话要具体分析。掌握知识对于智力的发展不都是正向作用，有时促进，有时还会阻碍。知识本身的情况也不是无足轻重的，不同的学科如数学、语文、自然科学、历史……不同的性质如理论性的、实践性的、形象性的……不同条件下不同的分量、结构……对智力活动的要求和作用，不都是一样的。此外，智力发展具有强烈的个性，每个学生都是按自己的方式去掌握知识的，智力活动是各异的。总之，掌握知识和发展智力是统一的。历史上形式教育论和实质教育论从两个极端将其割裂是错误的。两者要统一于系统的科学知识的基础上。实用主义教学论希图把它统一于"做中学"或个人经验基础上是错误的。但是，两者的统一又不是自发的，而是有条件的矛盾的统一。正如我们在前面不同场合下反复提

---

① [苏]斯米尔诺夫等编，朱智贤等译：《心理学》，人民教育出版社1957年版，第492页。
② [苏]凯洛夫主编，沈颖等译：《教育学》，第55页。
③④ [苏]达尼洛夫、叶希波夫编著，北京师范大学外语系1955级学生译：《教学论》，第54、55页。

到的,赞科夫指出了两者存在"剪刀差",为要全面完成掌握知识和发展智力的两重任务,需要作"特殊的考虑"。我国教学论工作者近年讨论中有不少的同志指出,两者有时是矛盾的,要在课程的内容性质、分量、结构上,还要在教学方法和教学组织形式乃至考试办法上多方创造条件,才能促进两者统一。如果它们自然而然地统一的话,那就实质上取消了发展智力的任务,而且事实上已经导致偏重知识而忽视智力发展的偏差,历史已经表明了这一点。

第三节 现代课程论发展的新动向

课程论发展到当代,又出现了许多新情况和新问题。主要由于新的技术科学革命的挑战,世界范围内教学改革的中心就是课程改革。美国20世纪60年代教育改革主要是课程改革。苏联1967年的教学改革也主要是教学内容的改革。联合国教科文组织1973年9月在日内瓦国际教育局召开了第34届国际教育会议,可以看出各国官方对课程革新的关注。[1] 1980年7月,联合国教科文组织又在巴黎召开了教育内容讨论会,有三十多个国家的教育界人士应邀参加。[2] 80年代中期,美国又掀起一个教改浪潮,其中主要是课程问题。[3]

在我国,如前所说,从废科举、兴学堂以来主要实行的是学科课程论。新中国成立后,学习苏联,也继续实行学科课程论。形式教育论和实质教育论的争议,在旧中国时代似乎没有明显的反映。

---

[1] 参见〔美〕布赖恩·霍尔姆斯:《关于课程改革的几个问题》,载《中小学教学改革的理论和实际》。

[2] 参见《外国教育》1980年第5期。

[3] 参见本书第二章。

虽然有的小学算术教材中编进了"鸡兔同笼"、"和尚分油"等题目，透露了编者某种形式训练的思想，但没有看到什么系统的主张和论著。新中国成立后，在学习苏联过程中，可以说，既学到了他们的成就即重视系统科学知识技能的学习，结合我国实际还形成了具有我国特色的"双基论"，但也没有能避免他们所犯的新的片面性即忽视智力的发展。有一点跟世界各国一样，在不同时期的教学改革中，课程问题始终是注意的中心。特别是近几年来，我们在这方面进行了大量的实践工作，同时重视了课程的研究。在党和政府的直接关怀下，1978年重新修订颁布了中小学教学计划，组织全国各方面雄厚的力量，重编了全国统一使用的各科教材。1983年又修订并实行重点中学和一般中学两种程度的教学计划，对教材也进行相应的区分要求。在理论研究方面至少有两点是空前突出的。一是许多同志注意从事于系统总结我们建国以来（乃至历史上）的经验教训，例如类似《语文教学三十年》、《三十二年来的英语教材》的论文各科都有。二是许多同志热情积极地介绍和研究国外课程论的新材料、新观点，作为思考、解决我国自己课程问题的借鉴。我国重要的编辑和出版教材中心——人民教育出版社，于1981年创办出版了《课程·教材·教法》杂志，作为课程研究领域的一份专业期刊，对推动我国课程改革发挥了重要作用。为了加强基础教育课程和教材的研究工作，1983年6月经教育部批准，成立了课程教材研究所，与人民教育出版社合署办公。仅仅这些事例，就足以说明在我国跟世界各国一样，课程及其理论研究又出现许多新情况新问题，从其历史发展角度说，又进入了一个新时期、新阶段——现代化阶段。

那么，现代课程论或课程论现代化有些什么特点呢？可以看到一些什么趋势和端倪呢？

据有的同志译述，日本学者曾专门把课程的"现"代化和"近"代化加以区别并探讨了其特点，还认为按日本的历史进程，直到 1958 年才算彻底完成"近"代化。从 60 年代末和 70 年代初，则开始了"现"代化的进程。他们认为近代课程的特点主要是：智德分离，教学和科研分开，课内和课外分明，学科分立，强调统一标准，等等。而现代化课程已经显示或将要显示的特点是：把智育和德育重新结合起来，把教学和研究结合起来，加强教学科目和课外活动间的联系，要搞综合课程，课程的标准要有弹性，等等。①

此外，国内外有关课程研究的论著中，对课程论现代化的特点，还有许多从不同角度提出的说法。如多样化，灵活化，综合化，结构化，程序化，简约化，开放化，系统或整体化，等等。

我国的课程论研究也跟世界各国的课程论研究同样，面临许多重大的矛盾。

我们认为，主要的重大的矛盾有以下三个。

第一，学校课程如何适应今天科学技术革命发展的新形势新要求，如新兴科学大量涌现，知识量急剧膨胀，更新过程空前加快，等等。现有课程如何更新，如何增大容量，如何具备应变能力呢？

第二，学校课程如何适应准备培养职业专家或各种专业劳动者和准备培养一般学术文化人才，简言之，中等学校课程如何服务于准备劳动就业和升学的双重任务。现代教育概念中最核心的内涵就是同生产劳动的联系，因此，不能为生产作准备的课程，就不能认为是现代化的课程。

第三，学校课程如何适应发展学生的个性的要求，更加符合其发展规律，既增强、利用它们的可接受性，又有力地促进它们发展，包括一般智力，各种智力、非智力因素等等，以及不同教育对象的个别差异。

除了以上三大基本矛盾以外，在课程方面要研究的理论问题和

---

① 参见赵秀琴译述：《日本学者论教学内容的现代化》，载《课程・教材・教法》1981 年第 2 期。

实际问题，实在是太多了。例如，课程的实质和结构问题，决定其发展变革的内外部条件及规律问题，课程与教育制度结构的关系及由此产生的纵横关系——大、中、小学校课程衔接和普通、职业、综合技术课程渗透问题，课程论研究的方法论和具体课程设计方法问题，等等。

综上所述，课程的实践和课程理论，有着长久的发展史，积累了丰富的经验和思想资料，近代主要有学科课程和活动课程的分歧，形式教育派和实质教育派的争论。现代课程的实践和理论的发展，又出现新动向。这一切对于我们考虑自己的课程改革和理论研究，是有重要意义的。

思考题

历史上有哪些有代表性的课程理论，各有什么特点？如何正确评价？

第八章
课程的本质和结构

在前一章中，我们主要讨论了课程的历史发展。在这一章里，我们讨论有关课程的基本理论问题，包括课程的本质、结构、影响因素和发展的一般规律等等。

第一节 课程的基本概念

一、什么是课程

"课程"一词，据有关的辞书和有的研究者考证，始见于唐宋间。唐孔颖达为《诗经·小雅·小弁》中"奕奕寝庙，君子作之"句作疏，说："维护课程，必君子监之，乃得依法制。"① 南宋朱熹在《朱子全书·论学》中，不止一次使用了"课程"一词。如"宽着期限，紧着课程"，"小立课程，大作工夫"，等等。②

在西方，"课程"这个词,英语为"curriculum"，亦用"course"。俄语为"курс"，也作"курс обучение"。我国20世纪初学习西方

---

① 参见陈侠:《课程研究引论》，载《课程·教材·教法》1981年第3期。又参见《辞源》，商务印书馆1948年合订本第16版，酉二一页。其含义似指仪礼活动程式之类。

② 转引自同上陈侠文。

教育制度和教育理论过程中，在所制定、颁布的文献中，如所谓《钦定学堂章程》、《京师大学堂章程》等等文件中，对设置哪些学科以及怎样安排，都明确地统一地使用课程这个词来概括。这也就是说，它们都明确地统一地用课程这个词来翻译外国语言中相对应的词。

"课程"和"学科"、"教学内容"、"教学计划"、"教学大纲"、"教科书（教材）"等词，既有联系，又有区别。课程自然不等于学科，活动课程论者反对这一点自不待言，学科课程论者也认为学科只是课程的一部分和一种含义，课程不仅包括学科，还有其他内容如劳动和其他各种活动，也不只是内容本身，还有对内容的安排，以及内容安排实现的进程和期限等含义。在学习苏联教育学以后，普遍使用"教学计划"、"教学大纲"、"教科书"等词，与课程一词并用，甚至取而代之。有的同志认为：这是名异而实同，除了令人一新耳目之外，并无多大实际意义，完全没有必要，而且"教学计划"一词，容易与教师教学进度计划或教案相混淆，容易引起误解。①

怎样看待这个问题呢？应该说，使用课程一词，最为概括。它概括了多种意义：教学的内容（学科、活动等），安排，进程，时限。此外，它包括大纲和教材。如布鲁纳的课程论所讨论的主要不是设什么学科，而是讨论大纲和教材的选择和编排。此外，在汉语里，"课"字含义十分丰富，所谓："试也，计也，程也。凡定有程式而试验稽核之，皆曰课"。② 这是很有道理的。教学计划、教学大纲、教科书等名称，除教学计划一词意义含混的缺点以外，也嫌不够简明概括，更难表示出上述全面丰富的含义，特别是"试"的意思。不过，它们把课程从范围上加以分化，把教学计划作为课程

---

① 陈侠：《课程研究引论》。
② 参见《辞源》。

的总的规划，把教学大纲作为具体学科的规划，教科书作为具体知识材料的叙述；这是对课程的研究的深入和具体化，可以分别地细致地揭示有关的特点和规律，相形之下，课程一词，则嫌笼统。其实，在学习苏联教育学之前，在过去旧中国时期，为补笼统之弊，也采取了相应的办法，即把课程分为"学校课程标准"和"×科课程标准"。

因此，关于什么是课程的问题。我们可以获得两点认识。第一，课程是教学内容和进程的总和。第二，"课程"和"教学计划"、"教学大纲"、"教科书"两种称谓，可以并行不悖，互相补充，结合起来。具体说，可以用课程一词来概括；同时要分别地对它的总规划、具体规划进行研究，并贯彻试、计、程的意思。

二、课程是由什么决定的

这个问题在课程论史上有过好多探讨，迄今也不能说已解决好。我们过去在研究和解释过程中也存在不小的片面性，需要逐步讨论。

可先举出两种有代表性的说法。

一种说法，认为影响课程的因素有：（1）历史传统；（2）文化背景；（3）政治力量；（4）社会需求；（5）世界潮流；（6）教育制度；（7）有关人员。[1]

再一种说法，认为决定中小学教学内容的三个基本因素是：（1）决定于政治经济发展的需要，具体说来，决定于每个国家的教育方针政策，中小学的任务和培养目标；（2）反映社会科学文化水平；（3）制约于儿童的年龄特征，要符合儿童身心发展的特点和已

---

[1]《云五社会科学大辞典》第八册《教育学》，第132页。

有的知识水平。[①]

怎样分析评价这些说法？更好的说法应该是怎样的呢？

第一种说法，比较抽象，也只罗列一些现象，使人看不出哪些是主要的、本质的，哪些是次要的、表面的，有点多元论的味道，完全没有提到学生的因素，也显然是一个缺陷。但它反映出多方面的考虑。

第二种说法，比较概括，突出了最重要的因素，抓住了要领。但它失之简单，许多重要的因素如历史传统、教育制度等均未涉及。

对于我们来说，多年来持的是第二种说法，基本方向是对的。但是，如同许多问题一样，犯有简单化的缺点。这种简单化，不只是表现在以上所说：忽视了某些因素，显得不全面；更重要的是表现在，只研究了影响课程的外部因素，而忽视了课程发展的内部因素，忽视了研究课程本身发展的相对独立的辩证规律。

根据辩证法，课程这个东西，也是遵循着外因通过内因而起作用、在外力作用下内部矛盾斗争的规律而发展的。因此，既要考虑影响课程的外部因素，更要考察课程本身怎样在外部因素影响下自己发展的。

影响课程的外部因素，概括说主要有三个方面：知识，社会要求和条件，学生。

（1）知识。所谓"知识"，代表一定时代和世界水平，即继承以往所积累的人类历史经验和现时达到的新成就的科学的总和。课程要解决的第一个问题，就是从这些知识总和中选择什么。因此，它是影响课程的最基本的前提，并且具有客观标准，就是时代的和国际的水平。例如，多么落后的国家和地区，今天也不能不设置物理、化学课程，不能不讲原子能和电子技术知识、不能无视辩证唯

[①] 北京师范大学教育系编：《教育学讲授提纲》，1962年。

物主义的方法论,以及系统论、信息论、控制论等知识。那种把从实际出发设置课程问题,简单地理解为只是从某一国家和地区的实际出发,是不全面的。

(2) 社会要求和条件。这包括很多的内容,如生产力、经济制度、政治制度、教育制度,教育方针和具体的学校的培养目标等。正是由这些因素的差别,带来了或决定了人们从上述的知识库中进行不同的挑选,而制定自己特有的课程。可以说,社会的要求和条件是影响课程的决定性因素。"所谓学制问题,不过是反映了社会分工的纵断面,所谓课程问题,不过是反映了社会分工的横剖面。"① 课程最直接决定于学校的培养目标和任务:是普通教育还是专业教育?抑或职业技术教育?是重点学校还是一般学校?是速成、短训、业余教育,还是长期正规学校?是理、工、农、医还是文史哲经法?如此等等。简言之,社会需要和可能培养什么样的人才,是决定课程的因素或影响课程的决定性因素。

(3) 学生。这包括需要和可能,原有的知识和能力的基础,可接受性等等。这也是影响课程的重要因素。在同样知识总和、同样社会因素下,学生不同也带来课程的不同。提供给学生的课程,特别是教科书,明显地区别于提供给成年人、科学家的科学书籍就是例证。"学科"不同于"科学",学校中组织的"活动"也不同于"生活"本身。这都是由于社会的要求和条件不同,加上学生可接受性不同而决定的。

以上三个方面对课程的影响是综合交错的,比较概括地说,实质上就是科学结构、社会结构和学生心理结构综合交错,影响着课程的结构。应当补充指出的是,影响课程的外部因素除了以上三因素而外,还有其他一些条件,如教师水平、物质设备等。国外有一种说法:教师训练机构是课程设计的不在场的参加者,例如要开设

---

① 《论普通教育中的学制和课程》,载 1944 年 5 月 27 日《解放日报》。

电子计算机课程，没有一定的师资和设备是不可思议的。当然，也可以把这些归入社会的要求和条件之内，但过去在课程理论里是极为忽视的，在课程实践中的教训也是不少的。通常抱定这样一种观点：师资、物质设备条件应该服从、从属既定的课程，导致课程脱离实际，徒具虚名或竟根本开不出来。

关于课程是由什么决定的这个问题，仅仅讲到上面三因素，乃至加上师资和物质设备条件，仍然是不够的。因为它只是影响课程的外部因素。我们过去的教训之一就在于此，严重地说，犯了外因论的片面性错误。这种理解，不能解释各国课程或各种课程类型的多样性。例如，欧洲中小学课程不完全同于美国、日本，欧洲各国之间也不尽相同，同一国内、同一类型学校也有不同类型的课程，不仅表现在科目名称上，尤其表现在大纲、教材的具体内容上。

那么，影响课程发展的内因、内部因素又是什么呢？这是一个值得探索的问题，过去一直注意得不够，更研究得不够。但是，只要认真总结历史和现实的经验，特别是近年来的课程改革实验，对此也不是一无所知的，至少可以提到一些。

（1）课程的历史传统。这总是任何一种课程设计或课程改革由以出发的基地。所谓课程改革，总是对已有的课程的改革，往往是或不过是："减少一些课程，改变一些课程，增加一些课程。"[①] 任何课程的制定，都决不可能凭空而来，另起炉灶，而且它的变化过程是很缓慢的。所谓"课程革命"、"打碎旧的一套"等说法，都不符合课程发展的实际情况，至少要作正确的解释。不能理解为可以撇开、抛弃课程的历史传统。苏联建国初期，对旧课程否定过多过急，甚至提出"打倒教科书"的口号，吃了苦头，不得不在30年代纠正过来。我国十年动乱时期，所搞的所谓"开门办学"，事实

---

① 《论普通教育中的学制和课程》。

证明是没有建设性的。

（2）教学论、特别是课程论观点。这是任何课程制定的指导思想。我们在前边已经讲过：教学过程有多种模式，① 近代以来有多种不同的课程理论，② 当代又出现一些新的课程论主张。由于课程论观点的不同，就会有不同的课程实践；换言之，课程的实践是直接受相应的课程论观点决定的。各种外在因素对课程的影响，都是要通过课程论思想的折光而实现的，对课程历史传统增加、减少、改造，也是通过一定的课程论指导进行的。我国几十年中课程实践的教训之一，就是忽视这个事实，不重视课程的理论研究，甚至在教学论中专门阐述课程问题的部分，也没有充分估计和指明这一点，因而课程的制定或改革，缺乏科学理论的指导，存在着不同程度的经验论倾向或盲目性。这是值得我们认真思考而加以改进的。

（3）课程发展有自身相对独立的规律并呈现出一个辩证过程。课程的发展是在科学、社会、学生等外部诸因素和条件的作用之下，直接通过一定的课程论作为指导思想，对已有的或历史传统课程进行损益和改造而实现的。原始的活动课程③时期当然无从形成什么课程论，而在长期实行学科课程的实践的基础上，形成了学科课程论。学科课程是对原始活动课程的否定。但由于学科课程存在着不适应客观上科学、社会、学生发展的要求的矛盾，于是出现了活动课程的实践和理论。这又是对学科课程的实践和理论的否定，而对于原始的活动课程则似乎是否定之否定。今天，由于各方面因素和条件的影响，出现综合化等趋势也决非偶然。这一切，是不是称得上规律性的现象，当然还有待于检验，但总是需要探讨的，总

---

① 参见本书第六章第三节。
② 参见本书第七章第二节。
③ 当然，认真讲，不能称为课程。

是存在着客观的自身的相对独立的发展规律的。决非外部因素简单地决定，决非简单地割断历史，也决非简单地进化，这是可以肯定的。

科学迅猛发展，结构也在改变；我国社会进入一个新历史时期，儿童心理学、大脑生理学有许多新的突破。国内外各种教育改革包括课程改革实验和理论主张层出不穷……这样，我们的课程必须改革，必须建设和发展我们的课程理论。原来关于制定课程的原理原则，已不完全适应，需要在继续坚持社会主义方向，保存、发扬其正确合理方面的前提下，加以修正和发展。

第二节 课程的总体结构——教学计划或学校课程标准

一、教学计划的基本结构及其基本原则

教学计划是课程的具体表现形式之一，而且是课程的总体规划。我国自20世纪初废科举、兴学堂以来，就有这种关于课程的总体规划，叫做"学校课程标准"，学习苏联后才改称为"教学计划"。它主要由以下几部分构成。

（1）列出各种学科，如语文、数学、历史、地理、物理、化学等。

（2）规定各门学科的学习时数，以及在各年级的安排顺序，如语文、数学每周、每学期每学年都有，时数最多，物理作为一门独立学科最早也得到初中高年级才学习，时数不多，等等。

（3）生产劳动、体育活动、其他活动及自学活动，以及它们的时间安排。

（4）学期、学年、假期的时间、划分，如每学年划分两学

期，规定几周寒假和几周暑假，在农村的学校有时规定农忙假，等等。

很显然，通过这种规划，就把学生和学校的整个生活和工作组织起来了。夸美纽斯在他的《大教学论》中提出，要使得学校各项工作配合得法，组织得像一架机器、一座钟那样准确，"把时间、科目和方法巧妙地加以安排。"① 教学计划正起着这种作用，这也可见它主要是近代社会的产物，主要是由于资本主义兴起，生产和科技的发展，人类积累起来的知识内容扩大和复杂化了，社会分工和职业多样化了，教育科学（包括心理学）也发展了，要求培养不同类型的人才，并且有可能把这种培养的工作组织得合理些。可以说，教学计划既是学校这部"机器"或"座钟"的运行图，也是关于培养各种规格人才的蓝图。

我们制定教学计划的总原则，亦即制定课程的总原则，就是保证学生全面地认识客观世界，学习全面的科学知识，获得德、智、体、美和劳动技术全面发展。中小学校更应该贯彻这个总原则；而事实上，中小学校的课程和教学计划体现这一总原则也比较充分和有代表性。

在这个总原则之下，根据多年的经验总结，我国在制定教学计划时遵循以下一些一般原则。

（1）教学为主，全面安排。这就是说，在学校中搞"教学压倒一切"，或者，搞劳动和其他活动过多，都是不应该的。应该以主要时间和精力在课堂上学习一般科学文化知识，适当地安排生产劳动和其他活动。这是符合教育与生产劳动相结合以及理论联系实际的精神的。

（2）精简课程，打好基础。这就是说，学习内容应该比较全面，但不能过多，并主要为了打基础。这既是由于青少年身心发展

---

① ［捷克］夸美纽斯著，傅任敢译：《大教学论》，第74页。

和接受能力有限，也是由于只有打好基础才能适应升学或劳动就业的不同需要。这还由于教学的本质和功能，正在于以较少的时间和精力，获得最大的效果。举一反三，以简驭繁。

（3）适当分段，相对完整，互相衔接，基本一贯。这就是说，课程的总结构与学制结构要互相适应。小学、初中、高中要适当分段。每一阶段的课程要相对完整；各阶段之间又要衔接，保持基本一贯。在没有普及初中的全国农村大多数地区，小学课程必须保持独立的完整性，学科和活动的设置必须相对全面。在城市已经普及初中的条件下，小学和初中就可以不再独立分段而连贯起来，而初中阶段的相对完整性则必须保持。无论在考虑小学相对完整性或考虑初中相对完整性的时候，都应该同时考虑与下一阶段——初中和高中的衔接问题，以便保持基本上的一贯性。实行这一原则，可以使不继续升学的学生，有相对完整的教育准备去就业，也可以使继续升学的学生便于继续深造。

（4）突出主要学科，保证学科之间的联系。这就是说，对全面的各个学科不能等量齐观，平均对待，必须根据各学科的地位作用、内容分量、教法特点等，分清轻重、主次。如语文、数学应是主要学科，要从时间及安排上给予足够的保证。各学科之间要互相联系，互相配合，而不能互相隔绝，各自为政，过分集中或过分分散。例如，物理、化学需要数学作基础，而物理又要早于化学一步，各科学习都与语文密切联系，等等。实行这一原则，可以使学生能够学到各科系统知识，又不致孤立片面，切实地打好基础。

（5）统一性、稳定性和灵活性相结合。这就是说，教学计划要全国统一，这样才能保证规格和质量，保证逐步消除城乡差别悬殊，保证学生就学、转学、升学、就业等方便。教学计划又必须稳定，"朝令夕改"是不行的，确有必要实行变动时，也必须制定出妥善的过渡办法。但是，教学计划的统一性和稳定性又必须与灵活性结合起来。无论是学科设置、顺序安排、时数期限和假期的次数、长短等,在不同地区、不同学校(同类型同性质)之间,都可以或应该有所不同。统一和稳定只能是在方针、任务和基本课程上的统一和稳定。没有灵活性,就会脱离实际,就会走向反面,破坏统一性和稳定性。

二、教学计划结构的改革问题

在制定教学计划或对课程作总体规划时,应坚持以上所述总原则和一些一般的原则,但要加以发展。这是因为影响课程的各种因素,包括外部的和内部的诸因素,特别是科学技术的迅猛发展、课程论本身的发展,都要求这样做。

第一,在整体化、系统论思想和现实经验总结等等的启示下,我们认识到:教学计划亦即课程总规划的结构,已经扩大和丰富得多了。它只作为一种学科结构已经不够了。这就是说,近代以来,乃至古代以来,教学计划或课程总规划,其结构主要是学科结构,占统治地位的是学科课程论,极而言之,只是一张科目表。但现代的课程的概念变化了。

首先,学科本身的结构变化了,不再简单由自然学科、人文学科、思维学科等组成。科学分类方法也不再简单局限于研究对象的形式,而是多样化了。如基础学科、应用学科、边缘学科等,呈现出多层次、多类型。横断学科如系统论、控制论、信息论的出现,就是一个显著的例子。有的研究者断言,控制论"尚未列入普通教育的内容","这是暂时的现象"。[①]

其次,教学计划不应只是规划学科,或再加上劳动,而应该对

---

① [苏] B. C. 列德涅夫,韩玉梅摘译:《普通中等教育内容的科目结构的一些现实问题》,载《中小学教学改革的理论和实际》。

学生在校内外一切教学、教育活动进行统一的整体的规划。苏联教育界早已开始热烈讨论和研究：改革和完善现行教学计划的结构，认为教学计划除了教学各门学科以外，还应包括组织各种形式的活动，如体力生产劳动、发展体力和增进健康的活动（户外游戏、体操、运动、旅行）、艺术活动、社会活动（在学生会、十月组织、少先队和共青团组织里工作）。有人说："这样的计划，不仅包括上课，而且包括课外活动的体系。它同现行教学计划的原则性区别就在于此。"① 有的学者建议：把教学计划划分为"纲内"和"纲外"两个部分。"纲内"即教学大纲范围内的教学工作，包括上课和课下作业、考查、辅导等"，"纲外"包括学科小组、选修课、学生科学团体、学校讲演会等等。② 在我国国内，实际上早已这样做了，许多学校校长们在胸中都有这样的全面规划。许多地区和教育报刊热烈开展了关于开辟"第二渠道"或"第二课堂"问题的讨论，有的同志提出了建立"两个渠道并重"的教学体系的主张。③ 也有的同志提出"开辟三个课堂的设想"，这三个课堂指"课堂教学"、"课外活动"和"生产劳动技术课"。④ 这是重要的关于课程论的理论探讨，也反映了我国教育改革向纵深发展。

第二，在综合化趋势的启示下，原先那种把学科分化或分科教学绝对化的办法需要改变。本来，恩格斯早就对孔德把分科教学绝

---

① ［苏］斯卡特金著，张天恩译：《现代教学论问题》，教育科学出版社1982年版，第21页。重点为引者所加。

② 参见《当前苏联对教育内容和教学工作体系的研究动向》，载《外国教育动态》1980年第3期。

③ 参见万莲美：《要建立两个渠道并重的教学体系》，载《人民教育》1984年第5期。

④ 谯清泰：《开辟"三个课堂"的设想》，载《人民教育》1984年第8期。

对化的观点作过分析批评。① 但我们在批判实用主义活动课程、综合课程的过程中，却犯了类似的错误。各学科分化过细，学科之间壁垒森严，人文学科和自然学科之间，工具课（语文、外语、数学）和知识课之间，普通文化课和职业技术课之间，也泾渭分明。这都不能适应现代课程论发展的趋势。过去，活动课程论者攻击学科课程的弱点之一，就是把世界整体和知识整体割裂了，这有一定的道理。过去批判活动课程最力，维护学科课程最坚决的苏联教学论工作者，也在重新提起实行综合课程的问题。② 我国近年来有的学校在小学和初中阶段实验：将原来分开的学科综合起来，发挥学科间相互联系的促进作用，获得很好的效果。在高等学校中，理工院校注意开设人文课程，文科院校注意开设自然学科课程。这种做法已经普遍、并没有什么异议，只待从理论上加以论证，进行更具体深入的研究了。

第三，课程结构的主体——基础学科更应加强。这是对付"知识爆炸"，知识量剧增和更新过程加快，以及社会对人才需求的多样性和教育结构多样性等新趋势的最主要的办法之一。新兴学科或高、精、尖的学科一定要进入学校课程中来，这是客观规律，但怎样进入？过程怎样？采取什么形式？这是需要认真探讨的科学课题。但是，可以肯定地说：这决不是一个简单的同步的过程，也不会直接原封地进来。据有的研究者统计，现在，称得上科学和学科的已达两千四百多门。能够在学校课程中相应地一一开设出来吗？即使把所有普通学校、专业学校所有课程相加起来，也是不可能的。要使学校课程适应科学新发展，或者要使新的学科进入学校课程，应该另寻出路，这就是加强基础学科。基础学科也是最大的综

---

① 参见《马克思恩格斯全集》第20卷，第593页。
② 参见［苏］斯卡特金著，张天恩译：《现代教学论问题》，第24～25页。

合学科。它具有较大的适应性，它反映物质世界、自然界和社会的一般规律。它是从事各种工作和学习（认识世界和改造世界）的共同工具。苏联学者指出："增设新课程不是唯一的和良好的丰富普通教育内容的途径。新学科的出现，不一定要在学校的教学计划中随之增设新的课程；通常，只要把必要的新知识纳入已有的各门课程的内容就够了。"① 这未免说得太轻巧，但有助于说明这样一条规律：科学新发展反映到学校课程的过程和办法，经常是通过充实基础学科或改组基础学科来实现的。更为具体的过程和办法我们将在下一节去讨论。当然，这并不排除增设新学科的办法，但即使如此，新设的课程也大都是带基础性质的而不是尖端性质的。近些年来国内外普遍增设电子计算机课程，就是一个明显的例子。它主要是作为工具课、基础课而进入课程体系的。

第四，要改变只有必修而无选修的单一课程结构，创建包括必修和选修的新的课程结构。本来，课程结构采取必修课和选修课结合的形式，无论国内国外，都早已有之。但由于种种原因，时兴时废。在旧中国，选修课一直兴不起来，主要是目标不明，学用脱节，质量不高。根本上则是由于社会不发展，政治腐败，教育落后，对人的个性发展极其漠视。解放后，社会条件根本变化了，教育根本指导思想——马克思主义关于人的个性充分、自由、全面发展的思想，也确定了，本来可以把选修课较好地搞起来。但由于学习苏联的教育学，片面强调统一要求，统一标准和规格，批判实用主义自由化，导致课程结构单一化，只有必修课，完全不设选修课。这也提供一个具体的例证，即证明：课程论观点对于课程实践确实有着重大的影响。这种只有必修而无选修的单一化课程结构，使得客观上无限、多样、变化迅速的知识、社会、儿童的要求，与学校的课程、学生学习负担、时间限制、稳定性之间，发生越来越

---

① 参见［苏］斯卡特金著，张天恩译：《现代教学论问题》，第26页。

尖锐的矛盾。苏联人在这个矛盾面前也不得不改变做法。我国教育部在1981年颁布的重点高中教学计划中，列入了选修课。这是新中国课程改革中第一次采取的重要措施之一，打破了课程结构的长期封闭状态，朝开放化迈进了一步。实行了这种课程结构之后，对实现共同教育目标，发展多样个性，减轻负担，提高质量，繁荣科学等等，都将产生良好的影响。当然，要实行这种结构并不容易，需要理论的研究和指导，要讲求质量和实效。旧中国历史上和当今国外在开设选修课方面，有许多教训值得吸取，如开得太滥，甚至冲击了必修课等，这些弊病应该避免。

总之，教学计划或课程总规划，其结构朝着整体化、综合化、基础化、开放化等方向发展，有利于更好地发挥课程的整体功能，为党的教育方针和培养目标（这里主要讨论的为中小学）服务。

第三节　教学大纲和教科书的结构

一、教学大纲和教科书的基本结构及其指导原则

教学大纲和教科书是课程的两个具体结构形式，比教学计划要具体。旧中国称其为学科课程标准。布鲁纳等人所谓的课程论，主要是关于学科的大纲和教科书的结构问题的理论。这也说明所谓课程是包括了学科、活动、学习内容的总体规划和具体规划在内的。

教学大纲一般由以下基本部分构成。

（1）"说明"。扼要地叙述本学科的目的和任务，选材的主要依据，以及有关教法的原则性建议。

（2）"本文"。列出教材的编、章、节、目的标题、内容要点和授课时数，实际作业的内容和时数，其他的教学活动，如参观、考试等的时数。

（3）（有的教学大纲还包括）参考书目、教学仪器、直观教具（电子技术手段）等。

简单说，教学大纲是以纲要的形式，规定出学科的内容、体系和范围。它规定出课程的实质性内容，是编写教科书的直接依据，也是检查教学质量的直接尺度，对教师工作有直接的指导意义。

教科书一般由下列各部分构成。

（1）"目录"。

（2）"本文"。分编、章、节、目，系统、简明、通俗地叙述教学大纲所规定的内容，包括最基本的事实材料和基本的概念、原理、公式等。

（3）"作业"。包括思考题、习题、练习作业、实验作业等。

（4）"图表与附录"。图表属于图片、画片一类的，一般附在相应的课文之中；属于历史年表、检字表等，一般附在教科书的最后，供教师和学生查阅。

教科书是教师和学生学习学科知识的主要材料。

迄今通行的教学论都论述了教学大纲和教科书的编写原则。

所谓编写教学大纲和教科书，主要是每门学科在相应的科学中选择些什么和怎样选择，以及对这些材料怎样进行组织的问题。

（1）科学性。这是最根本的一条原则。教学大纲和教科书中的知识必须是科学上已经有定论的真理性的知识。不确切的、尚有争议的知识不应进入教学大纲和教科书。中小学尤应如此。

（2）思想性。任何知识的选择和组织都有一定的思想性，我们则要求以马克思主义立场和方法为指导，力图体现社会主义和共产主义思想和道德精神。这首先要建立于科学性的基础上。但又并非客观地叙述了科学知识就自然而然地有了思想性，还需要编写者自觉努力。

（3）理论联系实际。这包括：既要有知识，也要有技能、技巧；既要有具体事实知识，也要有理论观点；既要有基本原理，也要有现实的社会主义建设生活的材料。

（4）基础性。这是教学大纲、教科书不同于任何科学书籍的最显著的特点之一。不是任何真理性知识、思想性强的知识、理论和实际结合的知识都能进入教学大纲和教科书，只有当它们具有基础性或改造为基础知识和基础技能时，才能被选择和组织进入教学大纲和教科书。所谓基础性，包含两个方面的意义。从一方面讲，它具有普遍性或共同性，无论是事实知识或原理知识，都是客观上大量存在的事物和基本规律的反映，因而适用于广大的空间、较长时间和众多的事物，成为学生学习和从事各种职业都用得着的工具。从另一方面讲，它具有发生性、起始性。后来学习其他知识，必须以它为准备条件，或者都不过是它的发展：或者是它的扩充，或者是它的加深，或者是改造，或者这几种情况兼而有之。

（5）可接受性。为了使学生能够接受，有时须将科学知识加以变通和改造。例如，将比较深奥的道理加以通俗化，多用形象比喻，对原理和概念允许暂时给予不完全的定义，等等。

（6）系统性。教学大纲和教科书的系统性主要包括两项内容。(1) 以学科逻辑系统为主，力求照顾到学生心理特点，即他们的年龄特点、认识事物的心理顺序、智力和各种心理品质发展的顺序。例如，一般是从具体到抽象，由近及远等。（2）直线排列和螺旋（圆周）排列相结合。所谓直接排列，即各种知识（事实、原理）只学一次；所谓螺旋排列，即许多的知识要反复学习。究竟采取何种排列方法，要综合考虑普及教育情况、学制分段情况、具体学科的特点以及学生基础条件，才能决定以哪一种排列为主，同时辅以另一种排列，不宜绝对化。

（7）统一性、稳定性和灵活性。这几者要有机结合，其道理跟前面讨论教学计划问题时谈到的基本相同。

（8）教科书的形式的特殊要求。它应该不同于其他科学读物，要符合教学法的要求，还要符合美育的要求。例如，章、节标题，结论，均应鲜明醒目，有的要用黑体字印刷。字体要大小适宜，以防损害学生视力。封面、插图应尽量美观，切合内容，富有教育意义。书的大小要适当，便于学生携带。……总之，教科书不仅在内容上比一般书籍要求严格，而且在形式上也要充分讲究。编写一本好的教科书是很不容易的。

二、新的研究成果和问题

以上一些原则对于今天和今后编写教学大纲和教科书，是否失效了呢？我们认为没有。这些原则还有指导作用，还应坚持。但是，近若干年来，课程论的发展在这方面的成果很令人瞩目。有的可以说丰富了既有的原则，有的则促使人们改变过去的某些观念。这里讨论以下几个问题。

（一）关于吸收最新科学成就问题

教学大纲和教科书必须吸收最新科学成就，不断更新内容。各种教学论著中都讲到这一点，但大多未再具体讨论吸收哪些和怎样吸收的问题。这个问题在近几十年来世界科学技术飞速发展的历史条件下，越来越迫切和尖锐。

事实上这一工作在进行着，也有各种理论主张和经验教训。例如，中学数学中已包含了微积分初步知识，物理学吸收了相对论初步知识和原子物理最基本知识，化学讲到了物质结构理论知识，一些新的新术——激光、新能源、环境保护等知识，都在进入中学有关学科。又例如，20世纪60年代美国的课程改革运动和布鲁纳的课程理论，其显著特点之一就是大跨度地提高科学水平，把科学的最新成就吸收到各科中来，出现了"新数学"、"新物理"等，以致走得太急，脱离了实际。这导致教师难教，学生难学，遭到"恢复基础运动"者的反对。撇开其他原因不论，没有从理论上解决好

"吸收"的规律性，应是直接原因。差不多在这同一时期，我国在教学改革中也提出了"提高程度"并"缩短学制"和"控制学时"的主张和措施，也造成了内容过深，负担加重的问题。

我国的教育界、特别是专门从事编写教材工作的同志，细心地研究了这些经验教训，提出了我们的见解和解决办法。

总的指导思想是：要根据为学生学习现代科学技术打基础的需要，还要考虑学生的接受能力。换句话说，不能盲目吸收，为新而新，也不能凡是传统的东西一定要去掉。为此，要做的工作如下。（1）精选传统的内容，进行更合理的组织和确切的表达。（2）对最新科学成果也要根据为学习现代科学技术打基础的需要，进行认真选择和改造。（3）把现代科学思想渗透到传统的内容中去。例如，在数学这门学科中，从小学起就把"集合"、"对应"等现代数学的基本思想渗透进去。①

这样，教学大纲和教科书中，大量的作为主体的仍是传统内容。如数学中仍然是初等数学，物理中还是经典物理。纵观课程发展的历史可见，科学新成就或高、精、尖知识一定要进入学校课程；主要采取转化为基础知识的办法；要经历长短不等的历史过程。

（二）关于加强理论性的问题

现代课程论发展中有一个值得注意的趋势，就是提高理论知识的地位和作用。这跟教学大纲和教科书的编写有直接的密切的关系。这种趋势的最著名的代表，可以举出赞科夫、布鲁纳和达维多夫等人。赞科夫提出了理论知识起主导作用的原则。他说："现行小学教学首先和主要是以培养俄语和算术技巧为目的的。理论知识所占的位置是微不足道的，而且，它们几乎完全服从于形成技巧这一任务。我们提出另一种小学教学的结构。应该大力加强小学教学

---

① 参见叶立群：《中小学课程设计中的三个问题》，载《课程·教材·教法》1981年第2期。

的认识活动的作用和理论知识的作用。……在尽可能深刻地理解言语的规律、数的概念和数的运算规则的基础上，才能形成这些（按：书写、计算及其他）技巧。"① 布鲁纳主张：学习任何学科应该主要学习该学科的基本结构，所谓基本结构，就是基本概念、基本原理。他把原理（还有方法和态度）的迁移当作教学过程的中心。这也就是说，过去和现行的教学，主要是学习事实的知识和技能技巧，是把具体知识技巧的迁移作为教学过程的中心。② 他的主张对过去和现行的教学论，对教学大纲和教科书的编写原则，是一种转变和发展。达维多夫和艾里康宁的实验，更提出一种大胆设想：实行一个与传统学科结构相反的学科结构：由抽象到具体的结构。在教材的选择和编排上，理论知识先于具体的知识。他们认为，从小学低年级开始，就可以借助于特别的感性活动的组织，形成科学的概念（不是日常生活概念），从而发展理论思维。

以上这些新的见解的确值得重视研究。我们现行各科教学大纲和教科书，差不多都是事实或具体知识技能占优势，并且都是循着具体—抽象的形式顺序排列，不是理论知识起主导作用。这样，确实不利于学生掌握规律性知识，发展理论思维，甚至也不能提高掌握具体知识的质量，今后应该吸取有关的合理意见，进行实验和改革。

（三）关于教科书要适合学生自学的问题

这也是现代课程论发展的一个重要趋势。美国 50 年代"程序教学"的出现，是一个重要的标志。我国在 60 年代和 70 年代中，也提出了这个问题，并吸取"程序教学"某些合理因素加以改造，

---

① ［苏］赞科夫，邓鲁萍译：《小学教学新体系的实验》，载《外国教育资料》1978 年第 6 期。

② 参见［美］布鲁纳著，上海师范大学外国教育研究室译：《教育过程》，并见本书第一章第二节。

开展了实验。

应该说，这是一项重要的改革。因为传统的教科书不适于学生自学，可说是名副其实的教材而不是教学之材。学生自己读不懂，必待教师讲授而后才能学习，对学生来说，它只是作为加深、复习教师讲授的知识的工具，而不是真正的新知识的来源，不是把未知和已知联系起来的桥梁，有时竟是把两者隔开来的屏障。这种教材在培养学生自学（读书）能力上作用是有限的，甚至有消极影响。有的同志批评教师们喜欢自己多讲，不相信学生自己能看书研究，主张教师应该少讲，精讲，让学生自己看书。这种批评意见和主张，从教学的整体战略上无疑具有重大意义，但是，这种批评是不完全公正的；其主张也失之简单。因为教师讲得多的教法有其不得已的一面，是和传统的教材相适应的。这种教法和教材，都是在教为重点，教以讲授为主，学以听讲为主的教学论观点指导下的产物。如果不改革这种教学模式，从而改变教材的专供教师教之用的性质，那么，仅仅要求教师改变教法，自己少讲，让学生自己看书，弄得不好，学生自学就可能事倍功半，甚至两头落空：既不能从教师讲授中得到足够的知识，又不能从自学教材中真正受益。自学能力的培养不仅不能得到促进，甚至学习信心受到挫伤。

中国科学院心理研究所从60年代开始进行的"数学自学辅导实验"① 获得了宝贵的成果。这个实验的主要特点，就是改编教材来辅导学生自学。他们编写的教科书有什么特殊之处？与传统教科书有何不同呢？"自学教材是给学生看的"。（"一般的课本是给教师讲的，而不是给学生看的"）自学教材"是把心理原则和教法寓于教材之中的"。这就是说，把原来的教材和学生之间、由教师掌握和进行的一部分工作，挪到教材之中去了。他们寓于教材之中的心

---

① 参见卢仲衡：《数学自学辅导教学实验扩大研究结果》，载《教育研究》1984年第1、2期。

理原则和教法,最重要的有:缩小步子,由小步子逐步加大;及时反馈,让学生很快知道自己的正确或错误;解释、论证、推理等从展开到压缩,即由详细到简约;直接揭露本质特征,即一开始就讲规律,不绕弯子;前者启发后者,后者复习前者;尽量采取变式复习,避免机械重复;强调按步思维,尽量运用可逆性联想;①等等。

数学教材有其特殊性,别的学科不能机械套用。如物理、化学有实验的内容,地理、生物除实验室实验外,还有野外学习的内容,本国语和外国语,以及音乐、绘画、体育等科包含了很多技能训练的内容,等等。但是,其两条基本精神(教科书主要是给学生看的;寓心理原则和教法于教材之中)是有普遍意义的。

(四) 其他问题

除了上述关于吸收最新科学成就、加强理论性、适合学生自学等三个重要问题之外,还有一些新发展、新问题也是直接与教学大纲和教科书有关的,值得注意。例如,西德50年代兴起的"范例教学",意在解决教材臃肿庞杂问题,并培养学生科学态度和方法。② 布鲁纳从早期教育思想出发,想把科学概念在儿童早期就教给他们,因而重新强调螺旋式排列方法;而赞科夫从发展教学的思想出发,主张以广度求深度,不主张教材重复,近乎重申直线法的主张。③ 我国从1984年起,正式地在高中数学、物理、化学、生物、政治等科,实行基本的和较高的两种教学要求。这对于过去的"灵活性"原则,是一个新的发展。此外,国内外也都有人提出这样的主张,即在教科书里,要加强"方法"的知识,有的学校还试

---

① 参见卢仲衡:《数学自学辅导教学实验扩大研究结果》,载《教育研究》1984年第1、2期。
② 参见钟启泉:《苏联"智力加速器"计划述评》"附录"。
③ 参见本书第二章。

验开设"学习方法"课，或者独立于所有的其他学科，或者附在某种学科之内。所有这些，都对我们研究教学大纲和教科书的结构及其原则，有参考的价值。

综上所述，课程的本质就是教学内容及其进程的总和。它的产生和发展受到外部和内部许多因素的影响，主要是社会结构、科学结构和学生心理结构作用于课程实践和理论本质内在因素而不断发展的，有它自身相对独立的发展规律。它有总体结构和各组成部分的具体结构，这些结构在今天形势下，都有加以调整、改造和丰富的必要性和可能性。

思考题

什么是课程，其产生发展受到哪些因素的影响？课程的结构有哪些问题值得研究？

第九章
课程设计的方法

　　所谓课程设计，也就是制定课程，包括制定教学计划（学校课程标准）、编写教学大纲（学科课程标准）和教科书。如前所述，这一工作的实质，就是从人类社会历史经验——科学和生活中选择什么、怎样组织、安排的问题。上面两章，我们讨论了它的历史发展问题和它的结构及原理问题，本章则重点讨论它的方法问题。

第一节　课程设计的几种方法

一、"主观法"（判断法）

　　"主观法"，也称判断法（相对于客观、实验而言）。它是指这样一种做法：设置什么学科，组织什么活动，选择什么教材，怎样组织安排等等，都由某个人或集团的意志来决定。其所以称为"主观法"，是西方资产阶级一部分实证主义者，只认为实验法才是客观的方法，而那种由个人和集团判断的方法是一种主观方法。可是，这种方法是古今中外长期沿用的制定课程的主要方法。例如，我国古代春秋战国前的奴隶主官学自不必说，春秋以后的"私学"和后来的"官学"都是如此。所谓：孔子删诗书，以六艺教弟子。汉章帝"钦定"《白虎通义》，20世纪初废科举，兴学校，1902年颁布《钦定学堂章程》，更是具体的例证。近代欧洲资产阶级教育家都各有自己的一张《课程表》。我国蔡元培办北京大学时采取"兼容并包"的方针。自由讲学、因人设课，这在旧中国是一度盛行的。不独大学如此，有的中学也是如此。

二、经验法

经验法，它是指这样一种做法：设计什么学科、活动，选择什么教材，怎样组织等等，根据对已有的课程、教材使用的经验教训，得出某种结论、认识和原则来决定怎样改进。经验教训包括：教师、学生、家长有什么反映？分量如何？程度如何？使用有无困难？教学效果如何？等等。例如，新中国建立初几年里，小学算术教材编排中有七个循环圈，反应强烈，于是减少些。1978年全国统编教材实行后，普遍反映程度过深，教师中有些教不了，学生也有些学不了，加上其他原因，自1983年起，部分省市乃至全国采取了延长学制的办法，1984年又采取了实行两种要求的办法。

这种方法的特点是：有一定依据，但只是经验，缺乏切实可靠的理论论证和实验数据。正如有人所说："旧中国的小学历史、地理，时而合为社会科，时而又分开；中学的植物学、动物学，时而分开，时而又合在博物学之内。中学数学，开始分算术、代数、几何、三角，时而又改为混合数学。新中国诞生后，对这些课程也时分时合。对分或合产生的教学效果，我们缺乏切实可靠的实验根据，只能依常情论，小学重点在学好语文、算术；为了减轻负担，有利于儿童发育和为中学分科做准备，设社会常识和自然常识，是合情合理的，也合乎儿童心理特点的。"① 其中，"只能依常情论"的说法是很中肯的，也最确切地道出了经验法的特征。

---

① 戴伯韬：《论研究学校课程的重要性》，载《课程·教材·教法》1981年第1期。

三、"客观法"

19 世纪末,美国一些统计学家和教育心理学家,用所谓客观的方法,研究实际生活的需要,从而编制教材。如欧叶斯(L. P. Ayres 1879—?)、桑代克等人,曾以应用次数的统计,择定常用的词汇;华虚朋曾从日报、杂志的检查和统计,选择历史、地理的教材。① 据有的英语教学法专家的意见,桑代克所编的词汇表,是这类书籍中的第一本,对英语教材的编写,给予了很大帮助。② 我国 20 世纪 60 年代在开展小学低年级集中识字实验时,也使用了字汇统计法,得知:一般报刊、日常用语用到的约三千字,《毛泽东选集》一至四卷用到的字为 2 981 字。为一、二年级儿童编写的读物用到的字约 800 个③。这种方法,对于克服主观主义、经验主义,有一定意义。但它也有缺陷,即狭隘功利主义和实证主义。例如,历史、地理教材有它自身的内容体系,怎能会由一定时期报刊用到与否或数量来决定?关于词汇表也不是无可争议的。我国外语教材编写中反复摇摆的教训之一,就是时而重生活词汇,时而重政治词汇,这也可见仅凭一时的实用、实证是不行的。

四、活动分析法

20 世纪 30 年代,美国研究课程问题的专家,如查特斯、巴必脱等人,提倡所谓"活动分析法",根据社会调查和统计,决定生

---

① 孟宪承编:《教育概论》,第 122 页。
② 北京师范大学外语系教学法教研室:《外语教学法》,1981 年打印稿,第 6~7 页。
③ 刘曼华等:《集中识字二十年》,载《人民教育》1979 年第 11 期。

活的需要，因而编制教育的目标。他们要把教育所期望达到的结果、技能、知识、理想等，逐项列举出来，连篇累幅，缕析条分。①

苏联有的学者在课程设计中，也采取了所谓"个性—活动"分析法，从工业工人典型的概括化的活动及其相互关系中，分析出工人应具备的个性品质和才能的模式。例如，典型职能和技能：机械技能，电力技能，自动化技能，组织技能。相应的知识：自然现象，技术的，生产组织的和经济方面的，以及社会和心理现象方面的。又例如，典型关系：直接发生的组织与经济上的关系，间接地发生的道德上、法律上以及审美方面的关系。这些概括化活动和关系，就构成综合技术教育内容的理想模式。这种理想模式，结合某种具体时期、具体学校的实际，就产生出综合技术教育内容的具体模式。②

五、实验法

这是今天公认必要的、应用得最广的一种方法。它是指这样一种做法：根据一定的理论研究和经验总结，提出一种假设，设计出一定的课程和教材（可以是整体的，也可以是局部的）拿到一定学校、班级去试行，并有比较对照的学校、班级。经过一段时间，取得各种数据，进行分析处理，获得相应的结论，肯定或否定或修改已有的课程和教材。

西方从实验教育学开始，由枝节的教学方法的实验，逐步推广到课程教材的实验。西方流行的许多所谓"教学法"，如"设计教学法"、"道尔顿制"、"德可乐利教学法"、"文纳特卡教学法"、"莫

---

① 孟宪承编：《教育概论》，第 122 页。
② ［苏］斯卡特金著，张天恩译：《现代教学论问题》，第 34～36 页。

里逊单元教学法"、"程序教学法"等等,都既包括教材,也包括教法,但首先是一种课程实验法。

我国在旧中国时期,在一些"实验学校"里也曾重复上述西方的一些课程实验,大多无结果,更很难说创造。解放后,特别是 1958 年以后,实验法广泛应用于教育领域,包括课程设计的实验。

这种方法的特点,就是比较精确,比较合乎科学。依其严格性程度,可分两类:一种是专门控制环境下的实验;一种是自然状态下的实验。例如,我们制定的教学计划、教学大纲和编写的教科书,都有"试行"、"试用"字样,在一定意义上讲也可以说是一种自然实验。

第二节　西方课程实验法的发展

20 世纪中叶以来,世界各国(主要是美国)都不同程度地掀起课程改革的热潮,实验法有了新的发展。有的同志对西欧北美课程改革的方法,进行了综合研究和系统的介绍,使我们可以看到一个大概的轮廓。①

一、实验法的三种模式

第一种模式叫做研制推广型,或者叫做中心—外围型。

具体的做法是:(1)由专家组成课程设计小组,提出设计的计划和完成期限,取得经费;(2)把课程设计方案拿到学校、班级中

---

① 洪丕熙:《西欧北美国家课程改革的方法》,载《中小学课程和教学》,人民教育出版社 1980 年版。

去实验，取得反馈信息，据以进行修订；（3）进行教材建设，编写教科书和教学资料，制作教学仪器，并且发行和传播。

具体例子如1956年美国麻省理工学院发起搞"物理课程设计"。1957年正式成立五十人小组，有大学和中学的物理教师，行政管理人员，心理测量学家，电影摄制工作者。1957～1958年度，小组设计的第一个方案在8所学校300名学生中进行实验，同时，为这些实验班的教师开了暑期讲习班。1958～1959年度，第二个方案在270名教师和11 000名学生中实验，接着是1959～1960年度，把第三个方案拿到560名教师和22 500名学生中实验。经过这三次实验，最终确定的方案发表于1960年。1956～1960年，在这个小组工作的专家达750人（不包括服务人员），耗资500万美元。这一套设计包括：实验室设备，视听教材和影片，还有一册教学用书，以及学生实验手册，最后是检验教学目的是否达到和学生作业成绩的一些测验题。这个最后定本有两套：一套给大学或中学程度较高的学生使用；一套给程度较低的中学生使用。

这种实验法模式在理论上受唯理论的影响，即从学科出发，从理想规格出发，相信这种方案一定会受到欢迎，收到效果。在实践上，它受工业上研制产品模式的影响，即在设计中心搞出一套符合规格的产品，推广到市场上去，只要按照规定的技术条件，不管谁来使用，都能得到预期的效果，就像电灯一样，谁来按一下电钮，都会发出同样的亮光。用我国古代的说法，就是"闭门造车，出而合辙"。① 这种模式的优越性和局限性就在于此。它能保证规格和质量，但推广却不容易，不能适应使用对象的个别差异，适用性是有一定限度的。

---

① 朱熹：《中庸或问》卷三："古语所谓闭门造车，出门合辙，盖言其法之同。"转引自《辞海·词语分册》（上），上海辞书出版社1977年版，第936页。

第二种模式叫做社会同意型，或者叫做外围—外围型。

其具体做法是：课程小组确定目的和目标以后，小组成员就系统地调查学校相应学科的基本情况，这是第一步；第二步，确定课程内容，并把内容分配于各个年级；第三步，拿到学校中去实验；第四步，组织和训练教师。

具体例子如美国加州大学1967～1971年搞的"改善小学理科课程设计"。以卡普勒斯（Karplus）教授为首组成小组，有物理学家、生物学家、心理学家和小学教师参加。其目的是制定一套小学理科课程，以推动美国的科学扫盲。他们认为科学扫盲，首先要扫除对生物和物理的基本概念的无知。目标确定后，小组成员就系统地调查小学和这两门学科的基本情况。然后，他们确定六个单元的内容，分配到小学的六个年级。每一个单元都通过一些基本概念，把物理科学和生物科学结合起来。例如，一年级第一单元，内容为物质性事物和有机体。基本概念有：事物，特性，材料，变化，证明，序列，等等。又例如，六年级第六单元，内容为：电和磁的相互作用。综合以前各单元的学习，研究生态系统，科学模式，等等。在这同时，要确定这一套内容的教学方法。1967年，他们把这套设计，在35万小学生中进行实验。根据这个实验，他们在1971年拿出设计的定本，并在全国各地设立许多实验中心。教师可以自由参加。实验中心设有实习工厂，备有教学论、心理学资料供教师使用。这就是所谓"外围网络"。此外，还为教师和行政人员开设讲习班。

这个实验的特点，就是所设计的内容，只是教师参考的范围，不像前一种实验设计那样提供确定的现成的内容。它要求教师进行相当大程度的创造工作。各实验中心的任务是刺激教师间讨论、观摩和再创造。它所奉行的是合作主义，互助主义。用我们的话说，课程设计只是提示方向，划出范围，启发教师群众一起来创造。它把创造、使用和推广毕于一身。

第三种模式叫做解决问题型，或者叫做外围—中心型。具体做法是：课程设计小组针对"用户"提出的问题，为之设计一套课程。这套课程，并非把什么都搞齐全了，现现成成地交给用户，而是为用户的咨询提供解答的技术和专家的帮助。

具体例子如荷兰罗宁根和阿姆斯特丹大学搞的"中学社会教育设计"（LEDO），英国纳菲尔德基金会资助的"学习资料"（re-sources for learning）设计。①

这个模式的理论基础，就是实用主义，实践上受市场工作模式的影响，与研制推广型刚好相反。

二、三种模式的结合

据西方学者的意见，这三种实验模式是依次出现的，并与知识领域的不同有关，因而也提出把三者结合起来的设想。

研制推广或中心—外围型最先出现，而且是关于理科（数学、物理等）和外语的改革。这种学科的特点是知识结构比较严密，序列比较严格。有人说它们属于线性的或积累性的知识领域。随着课程改革的进展，研制推广型的不足之处开始暴露，而课程改革也由理科、外语，进到社会学科、人文学科，如地理、文学等。这些学科的特点属于非线性、非积累性的领域，结构和序列都比较松散。这种课程更加依赖于教者、学习者的独立性、创造性。因此，"闭门造车"的办法更不行了，而社会互助型的实验方法就比较适宜。社会互助型的实验方法也有弱点，即它既然依赖于教师的创造性，而教师条件很不平衡，达不到设计小组的期望，质量得不到保证，精力浪费，重复劳动。解决问题型的出现，是针对上两种模式的不足的，它从用户出发，要什么，设计什么。这

---

① 所引洪丕熙文，具体内容未详。

也和知识领域有关，比较适合于综合性课程，适合于更要求实践和创造才能的课题上。例如，前面提到的关于"社会教育"、"学习资料"的设计，虽未详其具体内容，但其综合性、实践性较强，则是明显的。

因此，把三种实验模式结合起来似乎是合理的，并且应该说，这在实验法的发展上是重要的进展。

第三节　改进我们的课程设计方法

从历史的经验教训和近年来西方这方面的动态看来，我们可以得到以下的认识。

每种设计方法的出现，都有一定的条件和原因，都有一定的意义，也都有局限性，未可一概肯定或一概否定。我们对它们都应该批判地借鉴和运用。

所谓"主观法"，如果是马克思主义指导的，就不但不能称为主观法，而且是必要的，因为任何有经验、实验、理论研究为基础的决策，都要通过集团或个人的主观意志。只有脱离经验、实验、理论研究的课程决策，才能称之为主观主义方法；否则的话，一切就都成为了主观主义的方法了。

所谓"客观法"，由于它的实证主义、实用主义，在某种程度上却正不过是主观主义。如上所说，仅凭一段时间报刊统计来决定历史、地理教材，岂不脱离了历史和地理这根本的实际？但如果在马克思主义指导之下，运用调查和统计等方法，来作为选择教材的参考，如上所说，调查统计汉语词字的应用情况，也是有用的。

即使是实验法，尽管没有异议，但如果不以辩证唯物主义为指导，也和所谓"客观法"一起，可能成为主观主义的方法。例如，在实验法应用于教学研究一开始，就有生物学化和机械主义的缺点。① 至今在西方也还未克服这种缺点。

经验法也一样，如果只停留经验上，就意味着未达到规律性的认识，也意味着脱离新的发展了的实践，就会成为经验主义，也就是主观主义。例如，"编写中学课程教材中的经验主义问题，不仅苏联的作者们，其他社会主义的教育家也都指出来了。"②

因此，我们关于课程设计的方法，应该是在马克思主义指导下，认真考察影响课程的内外部各种因素，加强理论研究，总结经验，开展实验，对已有的课程教材，进行损益和改造，补偏救弊。

回顾几十年来，我们在课程设计方法上教训是不少的。例如，20世纪50年代，中学英语课被严重忽视，甚至停开，政治课有时停开，有时又过多，来回摇摆。"文化大革命"期间，大砍课程，教材变动频繁，等等。主要是仅凭经验办事，或者只是"依常情论"。有的则是毫无研究，搞了真正的主观法（即不带引号的）。

但是，我们在课程设计方法上仍然积累了丰富的经验，也有创造，对于中小学教材的编写、供应，非常重视，有专门的机构和队伍，有大量的成果。特别应该提到的是，50年代我国的一次语文课程改革设计，有理论，有计划，有步骤，有完整的过程，有创造性。有的同志作了系统的论述，提供了一个典型。③ 这里，我们较详细地加以介绍，进行一些讨论。

这次语文课程改革的主题和重大措施，就是把中学语文课实行文学与汉语分科教学。

---

① 参见本书第一章。又参见〔苏〕达尼洛夫、叶希波夫编著，北京师范大学外语系1955级学生译：《教学论》，第31页。
② 〔苏〕斯卡特金著，张天恩译：《现代教学论问题》，第16页。
③ 蒋仲仁：《语文教学三十年》，载《教育研究》1979年第4期。

这项改革设计从1952年起，经过调查研究，编写教材，试教教材，准备了五年，于1956年才拿出方案。至于在思想认识上、学术研究上以及作某些尝试等酝酿时间，那就更长了。整个五年的工作过程，大约分为以下五个阶段。

第一阶段为思想理论上的准备。这又可以分为几个方面，有几件重要事实。

解放初，在改编、编辑课本时，就开始发现问题并采取了初步的改革措施。原来，旧中国时期，小学设课的名称为"国语"，中学和大学叫"国文"，当即一律改为"语文"。这不只是名称的改变，而且涉及一个根本理论观点，就是文本于语，还是文脱离语？从一般文化上讲，就是反对文言和白话不分，反映到教学上，就是反对只重读写，不重听说，忽视语言训练。所谓发现问题，就是认为古老的传统的教法，都是讲读文章，语言作为一门科学，它所揭示的规律、法则，在语文教学中没有系统地有计划地安排，仅仅在课文后提些要点。简言之，认为中学只重文，不重语，是一个问题。

学习毛主席著作，对语文编辑工作者、语文教师，发生了强烈的影响。这种影响有三个方面：用《实践论》、《矛盾论》的哲学观点来对待语文教学上的问题；《在延安文艺座谈会上的讲话》和《反对党八股》等文章中，直接论述到语言、文学等问题，更对语文教学有指导意义；毛泽东同志自己的全部文章所表现出来的新文风，也给语文教学以很大启示。

适逢其会，斯大林的《马克思主义与语言学问题》发表，其中一些重要的语言学理论和观点，也对当时的语文改革设计，提供了更多的科学依据。

学习苏联的教育经验也发生了很大作用。苏联中小学实行的正是语言和文学分科。此外，学习巴甫洛夫关于两个信号系统学说，其中关于语言和思维的关系，有声语言和书面化语言的关系等知识,也给人们以启发。

当时国内正进行汉字改革和汉语规范化运动,也给语文改革设计以很大推动。汉字简化,废除异体字,推广普通话,制定汉语拼音方案,《人民日报》发表社论,连载《语法修辞讲话》等,都反映了对语言学习的重视。

这一切,都给语文课改革设计作了准备。

第二阶段。1952年,中央组织了语文教学问题委员会。1953年提出《关于改进中小学语文教学的报告》。《报告》明确地把存在的问题和改革设计的指导思想提了出来。它说:"我国中小学语文教学,历来都是把语言和文字混在一起。这样教学的结果,不仅从语言方面看,从文学方面看都遭到很大的失败。""一般语文教学着重在语言文字解释方面,并没有有计划地教给学生以系统的语言规律的基本知识,所用的教材也不适于进行语言教育。其结果是使学生缺乏严格的语言训练,在写作中形成语法、修辞、逻辑的严重混乱,遗害甚大。"要改变这种"语言教育和文学教育两败俱伤"的状况,只有实行"语言文学分科教学"。这个报告得到了中央的同意。改革工作就着手进行。先是宣传鼓动,又做了有关的调查;具体工作上又着重研究解决几个问题。

第三阶段。研究解决几个问题。

(1) 文学教材按什么体系编排?高中、初中有什么差别?现代文学、古典文学、外国文学各占什么比重?作品挑选标准是什么?

(2) 汉语教学内容:语音、文字、词汇、语法、修辞、逻辑怎么安排?各占什么比重?其中语法一项,采取哪一家的体系?如果综合各家,又怎样斟酌损益?

(3) 小学阶段分不分?怎样分?

经过调查研究,得出了解决方案的设想,召开了十几次集会讨论,有文学家,语言学家,参加帮助,制定了《暂拟汉语教学法系统》,编了文集《语法和语法教学》,也提出了语文教学的《初步意见》。《初步意见》认为：小学还是继续叫语文课，实行合科教学，以识字为重点，在阅读教学中，除了文学之外，还要学社会和自然的普通文章，要把词汇、语法和文章的一些规律性基本知识作适当安排，强调从语言实践来认识和运用语言规律。

接着，拟订了中学汉语教学大纲和文学教学大纲，小学语文教学大纲的草案，编出了中学的汉语课本、小学语文课本，并且在语文课本之外，编写了《语文练习》。各套课本还编写了教学参考书。

在编课本的同时，还进行了教具的准备。约请了语音学家，优秀的广播员和朗诵演员灌制了教学的唱片；专门成立了教育图片社，约请著名画家和有关专家绘制挂图、插图、卡片；还约请了著名书法家为小学生写了字帖。

第四阶段。开始试教。1955年秋季始业，在若干省市的部分中小学试用所编的教学大纲和课本。

第五阶段。把大纲和课本，连同试教结果，提到全国语文教学会上讨论，之后，于1956年秋季在全国范围内开始推行。

从1952年起，经过调查，研究，编写，试教，直到在全国范围内推行，共历五年。

这个改革设计，只实行了一年，就停止了。原因基本上有两个方面。主要是1957年反右派斗争和1958年大跃进，国家的整个形势急剧变化，"左"的思潮日益发展。这种文学、汉语分科教学的改革设计，意在进行语文教学科学化的探讨，自然提不到话下。但另一方面，这次改革本身还有缺点。例如对"文学"的含义，理解得狭隘。选文的时候，偏到"纯文学"方面去了，对多方面培养学生语言的能力很不利。再者以文学史体系编排，古汉语障碍很大。某些作品选得不甚适当。在汉语教材编写上，注意语言科学、语音，文字，词汇，语法……的体系，而很少考虑教育科学中有关教学法诸原则，如巩固的原则，从知识技能到熟练技巧的原则等，有些学生感到学了用处不大。教师素养不够，也感到难教。①

以上这个语文改革的设计，确实相当典型。通过对这个典型的了解、分析，可以使我们对课程设计方法，获得十分具体的、完整的认识。其实，它们还不仅仅在方法上，也在整个课程论上，如课程的影响因素、课程的结构等等理论问题上，给予我们很多启示。

为什么这样说呢？下面试作一些讨论。

第一，在50年代初期，我们就进行了这样有理论指导的，系统的，长达五年之久，作了大量、浩繁、细致工作的课程设计。这在世界范围来讲，也是毫不逊色的。它不仅毫不逊色，而且具有我国特色。它生动地体现了《实践论》、《矛盾论》的哲学指导思想，从实际出发，发现矛盾，分析矛盾，解决矛盾，还体现党领导下的群众路线，广泛协作，有领导，有计划，有条不紊地进行工作。

第二，它充分说明：即使是语文这一个学科的课程设计，其所涉及的范围或方面是十分广泛的，包括社会的、历史的、哲学的、文学的、语言学的、教育科学的诸多因素。它所用的方法也不只是某一种，而是综合了多种方法。

第三，这个课程设计也充分表明某种课程论观点对具体课程的直接影响；实验要在一定的理论指导下进行。这个实验设计直接根据这样的一种语文教学理论，即文本于语；语言有它的规律；要使学生学习和掌握语言规律，必须分科进行教学。它是针对另一种语文教学理论和实践而提出的，即语言和文学混在一起进行讲读文章的做法。

第四，这个课程设计，在理论方面的研究和准备是足够的。（这个理论本身是否完全合乎科学，是否存在争议，那是另一问题）可是在实验方面显得很薄弱，反映了我国课程设计工作在方法上的

---

① 以上材料、内容和分析，均引自蒋仲仁《语文教学三十年》一文。如有出入，以原文为准。如有疏漏甚至误解之处，责任在引者。

缺陷。这项设计，试教时间太短，只一年就全国推行。可能由于时间太短，也可能由于缺乏实验数据，所以在谈论成绩时，只能作些描述，例如说：给当年的学生"留下深刻的印象"，"今天见到老师还念念不忘得到的益处，还能背诵当年的作业……认为他们的语文基础还是当年分科学习时打下的"，等等。当然，这一切可能跟实验中断了有关，如果当年改革继续下去，会是另一个局面。

第五，关于这次改革设计的回顾总结的文章指出：注意语言学本身的体系较多，而对教学法原则考虑不够。这反映了世界范围课程设计的普遍存在的问题。60年代美国课程设计就曾犯过这个毛病，苏联学者也指出，他们的毛病之一，也是"过分信任某些学者"，专家们的"严重缺点，是忽视教育学的问题"。[1]

综上所述，课程设计或制定是一件非常复杂的工作。历史上曾经创造和积累了多种的设计方法，实验法是普遍采用并不断有新的发展的方法。我国三十多年中，不仅在运用经验的方法上积累了大量经验，而且也创造了运用实验法的成功经验。如何总结这些经验，借鉴历史上丰富的经验，对改进我们的课程设计方法是十分重要的。

思考题

课程设计的方法有哪些？如何改进我们的课程设计方法？

---

[1] 参见［苏］斯卡特金著，张天恩译：《现代教学论问题》，第17～18页。

[附] 小资料：关于开设电子计算机课

一、电子计算机进入中小学课程的时间表

1946年，世界上第一台电子计算机"爱尼亚克"问世。当时它的功能是每秒钟完成五千次运算，重30吨。

近三十年来，它们每六年更换一代，运算速度提高十倍，存储量增加二十倍，可靠性提高十倍，价格降低四十倍。①

今天正在设想光计算机、超导计算机和智能计算机。

计算机的应用，最先是在经济、军事和科研领域，然后才进入教育领域。进入教育领域又有两种形式和两个阶段。

一是引进来作为教学工具，辅助教学，管理教学；二是进入课程。

关于引进电子计算机作为教学工具，最早是在美国1959年伊利诺伊大学。② 60年代初，又引进到了中小学。一开始又多用于行政而非教学。③

关于开设电子计算机课程，也是美国先搞起来的。1967年，美国费城学区给十三、十四岁的学生开设了电子计算机知识课。④南斯拉夫1971年开始试验在中学3～4年级开设电子计算机

---

① 1984年1月30日《文汇报》。
②③④ 人民教育出版社《外国教育丛书》编辑组编：《现代化教学手段》，人民教育出版社1979年版，第54、103、107页。

课程。①

我国关于电子计算机的研究，起步并不晚，速度也不慢。1956年着手，1958年就搞出了第一台，1959年搞出了每秒钟一万次的计算机，只是后来拉下了距离。60年代初，清华大学开设了电子计算机系，是我国最早引进计算机应用于教学的学校。至于中小学引进电子计算机，用做教学手段和作为课程，差不多是同时。1982年9月，教育部正式在北大附中、清华附中、北师大附中、复旦附中、华东师大附中等几所中学开始进行电子计算机选修课试点。

由上可见，关于电子计算机的研究，以及引进教学，引进课程，我们比国外晚了10～15年。

1984年有较大的发展，全国已先后有几十所中学开设了电子计算机选修课，还有的学校列入必修，或者作为课外活动。②

1982年10月，上海曹杨新村小学在市少年宫的帮助下，建立了电子计算机小组，购置了一台微型电子计算机。1983年2月，学校在五年级试验开设电子计算机课，每周一节。③ 这是我国在小学开设电子计算机课的首创学校。

二、电子计算机课的目的、内容和性质问题

1967年美国费城试验课的目的被订为：（1）使学生了解计算机在他们生活中的影响；（2）表演计算机怎样工作，它会做什么，不会做什么；（3）开始学习计算机程序，以便他们在学习高中课程时能够使用；（4）给学生介绍将来在各种职业中他们在数据处理方

---

① 人民教育出版社《外国教育丛书》编辑组编：《现代化教学手段》，第84～92页。

② 1984年4月8日《光明日报》。

③ 1984年2月8日《中国教育报》。

面用得着的东西。1971年南斯拉夫开始试验设课时的目的订为：(1) 使中学生具备关于电子计算机工作的足够知识（维修、操作、程序编制）；(2) 讲授计算机科学的一般基础知识和为以后可能的专门化打基础。

我国教育部初步规定：使学生初步了解电子计算机的基本原理和电子计算机在现代生产和科技中的作用；掌握基本的 BASIC 语言，初步具有程序设计和上机调试程序的能力；培养学生逻辑思维能力和解决实际问题的能力。

电子计算机课是一种什么性质的课程呢？它属于技术课或工具课，但又不是一般的技术课和工具课，类似语文、数学、外语这类的基础工具课。因为在现时代，不懂电子计算机将难以生活和工作。电子计算机语言，将是一种新的普遍的交往语言。

电子计算机进入课程，尖端科学转化为基础课程，这是一个重要的现象，可能反映了课程发展的某种规律性；其时间和过程相当地快，比历史上尖端科学进入学校课程的时间和过程要快得多。

第十章 教学方法

　　教学方法的理论是教学论中一个重要组成部分。经过千百年的教学实践，教师们创造了许多教学方法。教学论要将其进行整理和论证，形成一套理论。它应该指导教学实践，使教师更好地理解各种教学方法，选择、运用优良的教学方法，并不断创造新的教学方法。

　　向来，在教学方法的理论研究上，存在着一些问题。一般口头上都说教学方法重要，但实际上却不重视。教学方法的理论本身的确有弱点。在教育学的教学中，师生都觉得没有味道。广大中小学教师，学了这部分理论觉得笼统一般化，不如各科教学法来得实际、具体，解决问题；或者又过于琐细，大条条套小条条，似乎只是执行问题，没有多少道理好讲，理论性不强。

　　但是，近几十年来，教学方法的理论有很大发展，内容丰富了，理论性加强了。关于教学方法的观点以及研究的方向，都有所变化。

第一节　教学方法的概念

一、教学方法的术语

　　教学方法一词，在汉语中是一个多义词，在不同场合意义不同，由于不加区分，往往造成混乱，并引起无谓的争论。

在第一种情况下，对于实现教学内容、达到教学目的而言，一切手段、途径都叫教学方法。这是比较广义的理解，连教学原则也包括在内。例如，理论联系实际，启发式，循序渐进，等等，都可称为教学方法。1952年颁发的《小学暂行规程（草案）》第二十一条中就有这种说法："实行理论与实际一致的教学方法。"至于"课堂教学"或"上课"，"辅导"等教学组织形式，更可称为教学方法。

在第二种情况下，教学方法已与教学原则区别开来了。教学原则作为处理教学实际工作中一些矛盾关系的要求，属于教学方法的指导思想，而教学方法则是在教学原则指导下采取的具体活动措施。但是，这时它还与教学组织形式不分，"上课"、"辅导"等还一样叫做教学方法。

在第三种情况下，教学方法不仅区别于教学原则，也区别于教学组织形式，只把讲授、实验、练习、演示等，叫做教学方法。

一般教学论论著中讲的教学方法，就是指的第三种含义。我们这里也是讨论这种意义上的、狭义的教学方法。

对教学方法一词的不同含义作如上区分和说明，不是抠名词，而是有必要的。我们看到国内外都有一种现象，即把不同类型和层次的教学范畴混到一起。例如，一方面采取上述第三种情况下的含义，分别论述教学原则、教学组织形式和教学方法，可是另一方面，又把发现法、自学辅导法、启发式教学法、程序教学法、设计教学法、问题教学法、研究法、情境教学法、读读、议议、练练讲讲教学法、范例教学法……都归入"教学方法"一章里。这是很值得商榷的。因为它们不是同类、同层次的范畴。启发式、问题教学、研究法等，实际上属于教学原则范畴，而设计教学、程序教学、范例教学等，不仅仅是教学方法，甚至也不仅仅包括了教学原则，而且还包括课程教材，各是一种教学体系。把它们列入教学方法一章里，把它们与讲授、演示、实验、谈话等具体的教学方法相提并论，一锅煮，实在不容易说清楚。打个不恰当的比方，好比把一个有头脑、有躯体、有手足的娃娃，放到一个靴子里去。

需要说明的是，客观上的确没有什么把教学原则、教学组织形式、教学方法分得清清楚楚的教学，甚至也不存在没有教学内容的教学方法。教学永远是一个综合体。苏联和我国教学论所划分的范畴和采取的研究方法，是一种分析的方法，把教学这个综合体的个别方面，孤立出来加以研究，为的是更细致更深入地研究它们各自的特点和规律，在分析的基础上进行综合。西方有的教学论不划分什么教学原则、教学方法和教学组织形式等范畴，常常采取像程序教学、设计教学、范例教学那样综合研究的方法。这两种方法各有优越性，也各有弱点，但无论如何不能机械地混淆不分。

二、教学方法的定义

关于教学方法的定义，也就是揭示教学方法本质问题，过去由于教学方法理论研究很薄弱，推敲的工夫下得很不够，甚至不太关心，以致影响了对教学方法的本质和规律的揭示。

这里，举出几个定义进行一些讨论。

"教学方法是指教师在教学过程中为了完成教学任务所采用的工作方式和在教师指导下的学生的学习方式。"[1]

"教学方法是教师为完成教学任务所采用的手段。"[2]

这些定义，与苏联40～50年代的教学论所下的定义是差不多的。例如说：

---

[1] 上海师范大学编：《教育学》，人民教育出版社1979年版，第156页。
[2] 华中师范学院等五院校编：《教育学》，人民教育出版社1982年版，第150页。

"教学方法是指教师的工作方式和由教师领导的学生的工作方式,借助这些工作方式,可以使学生掌握知识、技能和技巧,还可以形成他们的共产主义世界观和发展他们的认识能力。"①

以上这些定义,基本上还是正确的,但是都比较笼统,也不确切。近年来,国内外的研究有新的发展,主要表现在这样两个方面:一是对教学方法按照结构观点,注意分析它的结构;一是注意了学生的主体活动,以及师生的相互作用。例如,同一位达尼洛夫,在他与斯卡特金1975年合著的《中学教学论》中,对教学方法下的定义是这样的:

"每一种教学方法是教师为组织学生的认识活动和实践活动,以及确保学生掌握教育内容而进行的一系列的有目的的行动。"②

1978年1月,全苏讨论教学方法问题的科学实践会议,曾建议在现阶段把教学方法定义为:

"旨在达到学生的教养、教育和发展目的,对师生相互联系的活动进行调整的方式。"③

这些定义,确实比过去的定义加进了新的东西,比较具体,也比较确切些了。

它说明教学方法不是某件东西或物品,不同于教学工具或手段,而是对工具或手段的运用。它也不是某种固定的方式或动作,而是一系列的活动,并且是有目的的活动和师生相互作用的活动以及一定动作结合的活动,还是按照一定的教学原则调节的活动。

用我们比较通俗的语言来说,可以把教学方法定义为:

---

① [苏]达尼洛夫、叶希波夫编著,北京师范大学外语系1955级学生译:《教学论》,第285~286页。
② 参见《外国教育资料》1981年第3期。
③ 参见高文:《教学方法的优选——巴班斯基教学论思想述评之五》,载《外国教育资料》1983年第5期。

为达到教学目的,实现教学内容,运用教学手段而进行的,由教学原则指导的,一整套方式组成的,师生相互作用的活动。

为了简明起见,不避简单化之嫌,可试作一个结构示意图:

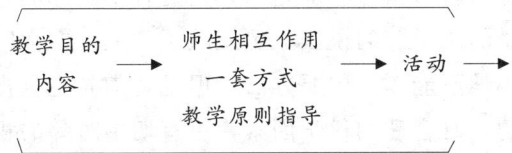

例如,讲授法的目的和内容为传授和学习知识。它是一种教师讲、学生听的活动。过去,教学论上一般就讲到此处为止了。现在,就要深入探讨:这"活动"是由哪些方式组成的?"讲"的活动由哪些方式组成?"听"的活动由哪些方式组成?还要探讨:它们如何受什么教学原则指导或调节?重要的是:师生如何相互作用?讲怎样作用于听?听怎样影响于讲?

显然,讲授法的实践(类推到各种教学方法的实践),都客观存在着这些内容,广大教师,特别是优秀教师,有着丰富的成功经验,可惜的是,教学理论没有去深入进行解剖和细致地分析,没有去揭示它的结构。如果教学论这样做了,就会对教学方法取得日益科学的认识,掌握它运动的规律性。

在我国,相当长的时期里存在着重教而忽视学的片面性,并且一直存在着争论和斗争。20年代,陶行知先生主张把"教授法"改为"教学法",并主张教的法子要根据学的法子,学的法子要根据做的法子,为这问题在当时南京高等师范学校校务会议席上辩论两小时,不能通过,他因此不当教育专修科的主任。后来,苏州师范学校带头采用"教学法"一词,逐渐通行起来。这件事传为教育史佳话。① 当然,这只是名词的更换,并不一定改变了事情的实

---

① 陶行知:《教学做合一讨论集》,上海儿童书局1934年版,第2~3页。

质,更不是一改名词就解决了问题。"教的法子要根据学的法子"这句话只说到问题的一面,是不完全的,因为"学的法子"还要根据"教的法子"。我国现行教学论和苏联教学论,都明确强调:学生学习方式是由教师指导和决定的,这是合乎实际的。至于"学的法子要根据做的法子"的说法,更反映了"从做中学"的实用主义观点,对中小学不能作为主要方法。但是,陶先生重视学生的学的主张是宝贵的,有合理的科学因素,更有切中时弊的积极意义。一至于今,忽视"学的法子"的片面性尚远未克服。例如,上边引述的现在通行的《教育学》对教学方法的定义,还仅把教学方法看做"教师为完成教学任务所采用的手段"。① 这并非偶然的笔误或疏忽。我们在第四章中曾经指出,教和学是统一的双边活动。在教学中,两者不可分离孤立,没有没有教的学,也没有没有学的教;但是,两者又不是一回事,不可互相代替或吞没,教不是学,学不是教,从这个意义上讲,教的活动和学的活动又是各自独立的。再以讲授法为例。教师讲,决定了学生听。没有学生听,就无所谓教师讲(不过是某个人在独白);没有教师讲,哪来的学生听?这说明两者的确是不可分离孤立的。但是,教的方法——讲,与学的方法——听,又的确各是各的事。我们来看一看现行教学论著中,在论述讲授法时,差不多都是仅仅论述教师如何讲的活动,而很少论述学生如何听的问题以及教师如何指导学生更好地听的问题。关于演示法,也差不多都是仅仅论述教师如何演示的活动,而很少论述学生如何观察以及教师如何指导学生观察。关于练习法这样主要讲学生学习活动的方法也不例外,也大都只论述教师如何指导的活动,而很少论述学生自己如何练习。其他各种教学方法,都有类似的情形。近年来,由于发展智力问题被突出地提了出来,强调激发学生的主动性积极性,确认学生的主体地位,因而对教学中学生的

---

① 重点为引者所加。

学重视起来。那么，在教学方法定义中，就理所当然地要重视第二个方面即学法。不过又要注意：教学方法也决不是教法＋学法这种机械之和，因为两者毕竟是教学活动统一体的两个方面，而且是相互作用、相互影响的。

三、教学方法的产生和发展

影响教学方法产生和发展的因素是很复杂的。最根本的受制约于社会生产和科学技术文化的发展，例如，演示、实验法，视听教学法只是近现代才有。古代教学主要用讲、听、读书、谈话等方法。更远古时代教学只能口耳相传。在一定的社会生产和科技水平条件下，社会制度（经济制度和政治制度）不同，也带来教学方法上的特点。例如，封建社会里学校教学方法一般具有被动的、呆读死记的性质，资本主义社会里学校教学方法则带有自由化性质，社会主义社会里学校教学方法，在计划性、组织性方面较强，如此等等。教学方法还受哲学世界观以及一定的教学理论观点的影响。例如，自夸美纽斯以来使用演示直观的方法，后来运用实验的方法，总是与唯物主义哲学联系的，传统教学论看重讲授法，实用主义教学重视活动性强的教学方法。

但是，直接决定教学方法的是教学目的和教学内容的要求，学生认识活动的规律和在一定年龄阶段上的发展水平。一句话，教学实践（在上述各种条件、因素的作用下）是教学方法创造和不断丰富多样化的源泉和动力。随着生产、科技、社会形态、教学理论和教学实践的不断变革，教学方法也经历着推陈出新的变革过程。

教学方法虽然受那么多条件制约，但是它也不是消极地被决定，一旦形成之后，又有相对独立性。其表现之一，就是反过来对教学目的、教学内容起极大的反作用。同样的教学内容，采取不同的教学方法，效果大不一样，这是大量经验证明了的，是常识所能理解的，而且在教学改革中，教学方法的改革比起教学内容等其他环节容易着手，也往往就成为某一时期或某一学校或某一种教学体系改革和创造的突破口，简言之，往往教学方法的改革会引起对学制、课程设置及安排等的改革。例如，我们在前面多次提到的程序教学、"数学自学辅导实验"，就是由改革"教师讲、学生听"的方法为指导学生自己读书的方法，引起了对教材编写上的改革。上海育才中学的教学改革，就是首先从教学方法改革入手的，逐步引起并进行了课程、教材、学校各项制度和工作的全面改革。① 教学方法的相对独立性，还表现在它形成之后，并非简单随着不同的社会变革和世界观不同而变化，而是相当稳定的。它的变革有自身的规律。过去一个时期，曾经有一种论调，把教学方法理解为上层建筑之类的东西，甚至要论证每一个别教学方法都具有阶级性，这是不合乎科学的。

第二节 教学方法的分类

在教学方法理论中，分类是一个十分重要也十分复杂的问题。

一、对教学方法进行分类的意义

所谓对教学方法分类，就是将千百年来在教学中创造出来的众多的教学方法，按照某些共同特点，把它们归属到一起；又按照某些不同的特点，把它们区分开来，以便更好地分析、认识它

---

① 参见《一所教育思想端正的学校——上海育才中学调查报告》，载1982年12月29日《光明日报》。

们，掌握它们各自的特点，它们起作用的范围和条件，以及它们发展运动的规律（它们各自与一定教学目的、教学内容……诸因素之间的规律性的联系，它们各自的变化的规律等）。上面已经提到，如果把不同类型、不同范围的教学方法掺乱不清，那就对任何一个个别教学方法也认识不清，更无法掌握某种教学方法的体系。

教学方法怎样分类？有哪些种类？对这个问题，很难几句话回答清楚。由于各家所持的分类基础或根据不同，有时同一家在分类时都不持同一基础，甚至连对基础本身都不明确。因此，教学方法，就出现极其繁多，彼此歧异，乃至互相重叠的现象。

二、几种分类的比较

就我们所接触到的资料，比较明确地涉及教学方法分类的，可以举出下面几种。

第一，桑代克把教学方法分为：（1）读书教学法；（2）讨论教学法；（3）讲演教学法；（4）练习教学法；（5）实物教学法；（6）实验教学法；（7）设计教学法；（8）表演教学法；（9）自动教学法。[1] 它并未指明分类的基础，但看来有的是根据各种教学方法所使用的手段（工具）和动作，如读书、讨论、表演等，但又似乎想体现从受动到主动，从简单到复杂，不断提高活动水平的性质。

第二，旧中国时期，有的学者作了这样的分类：（1）思想（考）

---

[1] ［美］桑代克、盖茨著，宋桂煌译：《教育之基本原理》，商务印书馆1939年版，第212～252页。

教学;(2)练习教学;(3)欣赏教学;(4)发表教学。① 同样,这也未说明分类的标准,看起来主要从心理活动,以及学习知识、陶冶情感、形成技能,或由科学到艺术,由理论到实践等角度去划分的。

第三,苏联传统教学论中对教学方法是这样进行分类的:(1)保证学生积极地感知和理解新教材的教学方法;(2)巩固和提高知识、技能和技巧的教学方法;(3)学生知识技能和技巧的检查。② 这是根据掌握知识的基本阶段和任务:感知、理解、巩固、运用来划分的。而这种过程阶段的规定的背后,如上曾说的,就是简单化了的"马克思主义认识论"。近些年来,苏联关于教学方法的理论研究十分活跃,关于分类问题,提出了多种方案,有许多种分类法都突破了传统的划分法。

第四,达尼洛夫和斯卡特金合著的《中学教学论》中的分类:(1)图例讲解或信息感受法;(2)复现法;(3)带有问题因素的讲述法;(4)局部探讨法;(5)研究法。③ 它说的是具体方法,其实在我们看来是一种分类。这是根据学生掌握知识或认识性质或水平(不是阶段)来划分的:先是接受形象和语言信息;接着简单复现;再就是带有问题因素;然后,实行局部的探讨;最后,具有发现研究性质。

第五,帕拉马尔丘克的分类:(1)知识的来源(实习、直观、讲述);(2)认识的独立程度(指导、启发、研究);(3)逻辑或智力活动(分析、比较、抽象、概括)。这种分类法叫做"多度性"

---

① 罗廷光:《教学通论》第三编"各种学习及其教学法",中华书局1946年版。
② [苏]达尼洛夫、叶希波夫编著,北京师范大学外语系1955级学生译:《教学论》,第六、七、八章。
③ 参见《外国教育资料》1981年第3、4期。

(多测度)或"多维"法。①

第六,巴班斯基的分类:(1)组织认识活动的方法(知觉、逻辑认识、实习);(2)刺激和形成学习动机的方法(兴趣、责任);(3)检查方法(口头的,直观的,实际操作的)。②这个分类法是企图综合各家的分类法,根据马克思关于劳动活动分析的理论,即认为在这种活动中可以划分出:引起、调整和控制三种因素。③但是,苏联有人提出批评说:"他把教学论发展的各个时期中被认为是教学方法的所有概念都归入教学方法范畴,而不顾它们在分类原则和理论论证上本质区别,也就是说,他是朝着把建立在不同根据上的教学方法的概念加以联合或一体化的方向进行的。"④用我们的话来说,就是把许多不属一类的教学方法机械地拼凑到一起。

综观了以上各种对教学方法的分类,我们如何评价?我们曾经是怎样分类的?应该怎样分类呢?

三、较为正确的分类

说实在话,我国教学论对此几乎没有什么研究,更谈不上理论的研究。有的同志责难教育学工作者:为什么老讲外国的理论,不讲我们自己的理论?这实在值得我们深思。我国广大学校教学实践经验,包括教学方法的经验,从古到今,真是丰富得很,但是,迄今未能作出系统整理和概括,长期对理论的漠视,后果实在太严重了。从今开始,我们必须认真重视起来,切实开展理论研究。这里,简单谈谈我们现在的看法,作些讨论。

---

①② 参见吴文侃:《当前苏联对教学过程、原则和方法的研究》,载《外国教育动态》1980年第2期。

③ 参见《马克思恩格斯全集》第23卷,第202页。

④ [苏] М. И. 马赫穆托夫,杜殿坤译:《现代苏联教学论的发展趋势》,载《外国教育资料》1983年第6期。

我们过去和现在，实际上都是采取多度性分类法或综合性分类法，只是没有从理论上明确罢了。例如，我们关于中小学常用的教学方法进行排列的次序是：讲授，谈话（讨论），读书，演示，观察，参观，实验，练习，实习……这种排列反映出三个角度和顺序。

第一，反映出信息来源的多媒体和渠道及其发展：语言（口头的和书面的）—直观—操作。

第二，反映出师生的相互作用关系及其发展：教师为主—学生半独立、教师半放手—学生独立自主。

第三，反映出学生掌握知识过程的阶段及其水平：接受知识—形成技能技巧—综合运用知识技能技巧。

可以看出，我们的分类指导思想自有我们的特点。在我们的教学论论著中，还比较注意对每种教学方法作一分为二的具体分析，注意分析各自的性能、适用范围和条件及其特点。例如，关于谈话法：它对启发学生积极性、思维和训练语言表达能力，有良好的作用。其适用范围十分广泛，各种学科、各个年级都可以使用；其运用条件主要是必须有一定的知识准备和心理准备，关键是谈话借以进行的"问题"必须设计、组织得好；其局限性是容易离散而无系统或脱离中心，时间不甚经济，特别要求教师对谈话作出较好的小结，并掌握好时间。又例如，关于讲授法：它利于教师发挥主导作用，在短时间内传授大量知识，系统性强，且能有力地启发学生积极思考，激发学习热情，一位教师可以同时教许多学生。但是，它不容易发挥学生主动性、独立性、实践性、创造性等，还需要学生有较高的学习自觉性和听讲的能力，因此，它只能用于中学和较高年级，而且只宜于用于教材系统性强的学科。总之，每种教学方法，都有其优越性和局限性，都具有二重性。我国教学论工作者，在矛盾论观点指导下，一般都比较注意作这种分析。我们认为，每种教学方法，都是在某种范围内由于对其性能的需要和在一定的运用条件下,而产生而创造的。我们一方面可以根据这个线索去全面地深入地认识它们;另一方面,又可以顺着这个线索,去进一步丰富或改造,以至创造出新的教学方法。

因此,我们认为教学方法的分类,最好是从多角度分析或进行综合分析。(1)信息媒体是什么?(2)师生怎样相互作用的?(3)认识的性质和水平如何?(4)它有何种性能或功能?(5)它适用的范围怎样?(6)它的运用需要哪些条件?每一种教学方法,都是一个综合体,不能强行归属于某一类,分类只能是相对的。每一种教学方法既经创造出来,就有相对的独立性和稳定性,都在以上列举的六个方面具有自己的特点。对每一个教学方法,从这六个方面去进行具体的分析,就能较好地认识它,运用它。这是教学方法理论的精华所在。过去,之所以感到笼统、一般化,或者,大条条套小条条,陷于琐细,其重要原因之一就在于没有进行这样的具体分析。

第三节 教学方法的选择

教学方法的理论,既要研究教学方法的本质和结构,也要研究它的分类,还要研究教学方法的选择问题。换句话说,要帮助教师在思想上明确:在什么情况下选择什么样的教学方法以及怎样进行选择。

过去,教学论上都讲到教学方法的选择问题。一般都提到三个方面的根据,或者说建议教师根据这样三个方面去选择教学方法:(1)根据当前的教学任务,是传授和学习新知识,还是形成某种技能技巧,等等;(2)根据教材内容的特点,是事实性的知识,还是理论性的知识,是多是少,是科学性强的还是艺术性强的,等等;(3)根据学生的年龄特征,是高年级还是低年级,知识基础和心理准备如何，等等。

今天看来，这些原则当然还是正确的，但也反映出笼统、一般化的缺点。因为除了以上提到的三个方面而外，还有其他许多因素未考虑进去。即使是以上三个方面的任何一方面，教师究竟怎样据以具体地进行选择呢？这并没有作出回答。当教师学了这些原则之后，还是不知道如何去做。概括起来，有两个问题需要较好地解决：一是选择标准问题；一是选择程序问题。以下我们作些讨论。

一、教学方法选择的标准

究竟什么样的教学方法才算是好的教学方法？那种认为要挑选某种万能的方法或几种有限的方法的观念，已经过时了。现在着眼的是一种教学方法的体系或多种教学方法的合理组合。每一种具体的教学方法都有它的长短，都有自己的特点——独特的性能、适用范围和条件，换句话说，没有什么一种或几种教学方法，适用于一切范围和条件。好的教学方法的标准，只讲适合当前的教学任务、教学内容特点和学生特点，还是不够的。教学手段、教学环境、教师特点等因素，实际上也影响着教学方法的选择。这是过去忽略的，而且，关于教学任务、教学内容特点和学生特点，由于传统教育观的束缚和时代局限，也理解得简单狭隘。由于各种缘故，过去关于教学方法的选择的标准，论述得不全面，不具体，实际上并不明确，因而不能切实地指导教师作好选择。从今天的认识来说，选择教学方法，要全面地、具体地、综合地考虑各种有关因素，进行权衡，取舍。例如，在教学任务方面，过去对激发学习兴趣、发展智力、培养个性，提高学生的认识由复现性不断向准研究性以至研究性发展等等，严重估计不足，今天就应该把它们列入选择的重要标准。又例如，教师的某些特长（善于绘画、讲故事）或某些弱点

(不善于口头表达)，有时也应成为选用某种方法而舍弃某种方法的根据。又例如，问题探索法、归纳法等，较之复现法、演绎法需要更多的教学时间，当受到教学时间限制时，教师就不得不放弃某些好的方法，因为教学大纲规定的教学进度和教学时间也是选择教学方法的重要标准。又例如，在现代技术设备较好的条件下，教师就有可能使用较多样的教学方法，如果只有黑板和粉笔，那就只能经常地采取教师讲授或指导学生读书的方法。

二、教学方法选择的程序

过去，教学论的教学方法理论，对此几乎没有提及。近年来，苏联巴班斯基从教学过程最优化这个总的指导思想出发，论述了教学法的最优化，也论述了对教学方法进行优选的程序，我们认为是一个贡献，值得我们借鉴。

按其基本精神[①]，选择教学方法的程序，大概包括以下几个大的步骤。

第一步，明确选择的标准。关于标准的内容及其理论根据，就是上面讲的那些。不过，巴班斯基特别强调的是：标准要具体化，反对抽象的标准。最重要的是当前具体化了的教学任务和规定的教学时间，再就是此时此地教师使用的实际可能性，如教学设备和教学环境等等。

第二步，尽可能广泛地提供有关的教学方法，便于教师考虑和选择。这不仅包括各种教学方法，而且包括每种教学方法中的方式或细节。例如，按照他对教学方法的分类，第二类为"刺激和形成学习动机的方法"，下列第一小类"刺激学习兴趣的方法"，第二小类"刺激学习责任感的方法"。在第一小类"刺激学习兴趣的方法"

[①] 参见高文：《教学方法的最优化——巴班斯基教学论思想述评之五》。

下,又列出:"认识性游戏"、"学习讨论"、"设置道德情感体验的情景"、"设置引人入胜的情景"、"设置统觉情景(依靠生活经验)"、"设置认识新颖性情景"等。① 教师搜集、了解到的教学方法越多,就越有利于教师进行最优的选择。人们要求教学实践和教学理论创造和论证更多的教学方法,与其说供直接使用,毋宁说是不断扩大教师的选择范围。

第三步,对各种供选择的教学方法,进行各种比较。

(1)比较各种具体教学方法的可能性。以具体的教学方法为纵坐标,以其对"形成"、"发展"、"教学速度"的功能为横坐标(又分三级),进行比较。例如,"问题性探索法",对于"形成理论知识",其成功性高于所有供选择的方法,用"+!"表示(第一等),对于"形成实际知识"则为"+"(第二等,基本有效),对于"形成实际操作和劳动技能"就是"—"(第三等,成功性低)。以下各项:"发展语言逻辑思维"为"+!","发展直观形象思维"为"—"……对于"教学速度"为"—"。其他如"口述法"、"直观法"、"认识游戏"、"学习讨论"等等,依理类推。

(2)比较各种供选择的教学方法的适用范围和条件。例如,分别比较口述法、直观法、实际操作法、复现法、探索法、归纳法、演绎法、独立工作的方法,比较它们各自"最适宜于解决的任务"、"最适宜解决的教材内容"、"相应的学生特点"、"教师应具备的可能性"、"是否有时间应用",等等。

最后,在既定的教学任务、教学内容、师生特点、教学时间等条件下,对各种方法进行筛选,作出最后决定。

综上所述,教学方法问题的研究长期以来不受重视,理论性差。教学方法的概念混淆不清,本质不明,教学方法的分类也是纷

---

① 转引自高文:《教学方法的最优化——巴班斯基教学论思想述评之五》。

繁杂陈。但是，近些年来，这些方面的研究都有很大的变化和发展，特别是关于教学方法的选择，突破了一般化的原则议论，引进系统论方法很有成就，在选择的标准和选择的程序等方面都具体化了，也理论化了。

思考题
1. 向来，教学方法理论的缺点是什么？近年来有哪些进展？
2. 教学方法的本质、结构和分类如何？
3. 教学方法优选的理论和程序如何？

第十一章
教学手段

　　教学手段问题,过去在教学论中几乎没有专门的研究和论述,一般都归结为教学方法,在教学方法理论部分里提到一些,更无理论上的探讨。其实,这是一个重要的范畴,也是一个独立的领域。

　　这并不能简单归咎于人们主观思想认识上的偏差。如今,将其提出作为一个专门课题来讨论和研究,乃是因为现代化教学手段迅速、广泛地发展起来,显示了巨大作用和无限前景。这种客观实践推动了人们的认识和教学论的发展。从专门研究现代化教学手段开始,进而研究一般的教学手段,这也有一个过程。"文化大革命"后,有的《教育学》中开始论述"电化教育"的内容,但仍只作为"附录"。[①] 至1980年出版的一本《教育学》才把"电化教育"列入正式章节体系中。[②] 再于1983年出版的一本《教育学》中,所列专章的内容有所扩大,题为:"现代化教学手段和普通教具"。[③] 这显然是一种进步。不过,这还只是把这两部分内容初步地加到一起,而没有把两部分作为一个整体来研究。我们在这里就想作这样的尝试。

　　本章要想讨论的问题,就是从一般教学论的角度,考察一下教学手段的产生、发展、应用,以及它对教学理论和教学实践的影响

[①] 上海师范大学编:《教育学》。
[②] 华中师范学院等编:《教育学》。
[③] 唐文中等编:《教育学》,黑龙江人民出版社1983年版。

和意义。

第一节 教学手段的意义

一、教学手段的术语和概念

教学手段这个词,常与教学方法、教学技术、教学媒体等几个词相混,迄今说不清楚,而且存在争议。

关于教学手段与教学方法之间的区别和联系,我们在上一章中讲教学方法时已经讨论过了。教学方法不是某件东西;教学手段不是教学方法。教学手段是指某种物体、工具,教学方法是对教学手段的运用(当然,在常识中,手段有时被看做更大的概念,即它包括方法,甚至包括内容)。

教学手段也不同于教学技术。技术有物理学上的概念,如设备、电影、电视等,还有行为学上的概念,如设计、评价、策略、决策等。教学手段兼有物理学上和行为学上两种含义。我们把它理解为:教师和学生进行教和学以及相互传递影响的媒体。固然,西方又有人认为媒体(或叫媒介)与手段不同。[1] 手段只是解决信息交流的工具问题,而媒体则是指传递信息的性质和作用:是印刷文字、图解或讲述,还是电视、画片等图像?例如,在电视屏幕上映出文字,或者映出人物故事,这是不同的媒体。前者和教科书上的印刷文字无本质区别,后者属于图像信息。虽然同样由电视机映出,但其传播的信息的性质和作用都是不同的。但是,我们根据通常的理解,也不作这些区分。简要地说,我们赋予教学手段的含

---

[1] [美] 保罗·萨特莱著,朱景学译、王葆仁校:《教育技术发展简史》,载《教育研究》1983 年第 3 期。

义，就是师生教学互相传递信息的工具、媒体或设备。

二、教学手段在教学中的重要作用

教学手段对于教学的重要性，一般说是没有什么争议的。没有一定的教学手段，教学就无法进行，就不能存在。这种一般道理是完全容易理解的。问题在于，对于不同时期，不同场合，不同类型的教学手段，如何发掘、发挥它们各自的功能，如何正确评价它们对教学理论和教学实践的影响，这些，是重要的，也是不容易的，我们教学论要做的工作正在于此。过去，我们教学论的缺点之一，就是简单重复并停留在一般议论上。

第二节 教学手段的历史发展

一、历史上关于教学手段的思想

西方有人把夸美纽斯编写《世界图解》看做视听教学手段的开端。《世界图解》是夸美纽斯为贯彻他的直观原则而编写的。载有150幅插图，出版于1598年。[1] 其实，我国至迟在宋朝，据说就有王惟一于1026年撰《铜人腧穴针灸图经》，并铸成铜人模型，刻示经络腧穴位置，又绘制十二经图，刊行后刻石流传。[2] "图文并茂"的蒙养教材也很早就有了。至于重视教学手段的思想，早在战国时期荀子就发表了"善假于物"的见解。他说："吾尝跂而望矣，

---

[1] 上海师范大学编：《教育学》，第374页。
[2] 参见《中国大百科全书·教育》，中国大百科全书出版社1985年版，第479页。

不如登高之博见也。登高而招，臂非加长也，而见者远；顺风而呼，声非加疾也，而闻者彰。假舆马者，非利足也，而致千里；假舟楫者，非能水也，而绝江河。君子生非异也，善假于物也"。①当然，荀子这里讲的"善假于物"，含义广泛，不只是我们所讲的教学手段，包括整个学习，乃至认识和利用事物规律。但是，它无疑包含了这样的思想：善于利用工具、手段，是促进学习、争取获得良好的认识效果所必要的，也是大有讲究的。马克思关于劳动者使用机器生产，也说过类似的话。他说："劳动者利用物的机械的、物理的和化学的属性，以便把这些物当做发挥力量的手段，依照自己的目的作用于其他的物……这样，自然物本身就成为他的活的器官。他把这种器官加到他身体的器官上，不顾圣经的训诫，延长了他的自然肢体。"② 这就是说，机器这个工具、手段，增强了人的力量。"工欲善其事，必先利其器"，也是这个道理。

当然，直接重视并从事教学手段的研究的要首推夸美纽斯。他有理论，又有实践。理论就是他的建立于感觉论基础上的直观原则。实践就是他的《世界图解》和直观教具的设计。裴斯泰洛齐也设计了算术箱。这方面还有一位突出的人物——福禄培尔，他设计了发展幼儿感官、智力的教具，称为"恩物"。

当电影刚刚发展起来、开始传到中国的时候，鲁迅就说过："用活动电影来教学生，一定比教员的讲义好，将来恐怕要变成这样的"。③

至于当代，由于现代化手段的产生和发展，更产生一门新兴科学——教育技术学或教育工艺学。它出现于 20 世纪 60 年代，风行于欧美和日本。它是一种边缘科学，是在几种科学交叉点上产生

---

① 《荀子·劝学》。
② 《马克思恩格斯全集》第 23 卷，第 203 页。
③ 鲁迅:《连环图画辩护》，载《南腔北调集》，人民文学出版社 1980 年版。

的，是应用教育学、心理学以及自然科学和技术的知识，研究实现教育目标的最优手段和方法，包括理论和实践的一门科学。它的任务是研究现代化技术发生发展的规律，为有效地制造和应用现代化手段提供理论根据，并且，还研究由于现代化教学手段的应用怎样引起了和将引起教育组织、计划的变化等广泛的问题。日本图书公司 1971 年出版了八卷本的《教育技术学》丛书。①

二、教学手段发展的历史阶段

（一）四次革命说

据说，英国的一位历史学家，名叫埃里克·阿希比，已经确定教育史上曾发生过三次重大的教育技术革命，现在是第四次革命。第一次革命是将教育青年人的责任从家族中转移到专业教师手中。第二次革命是采用书写，作为与口语同样重要的教育工具。第三次是发明印刷术和普遍使用教科书。第四次，正发生于西方国家，尤其是美国，这就是近些年来电子学、通讯技术以及信息资料处理技术飞跃发展所带来的结果，也即通称的电化教育手段。②

（二）三分法

第一，人体自然器官本身。这主要体现在本书"教学过程"一章中所讲到的教学的原始模式中：口耳相传，示范，模仿，练习。马克思曾经讲到，人类原始时代采集自然果实为生，在这种场合，劳动者身上的器官，是唯一的劳动资料即工具。③ 在最原始的教学中，教学手段的情况和性质，也是如此。

---

① 参见钟启泉译：《日本八卷本〈教育技术学〉丛书介绍》，载《现代化教学手段》。

② 参见《美国教育科技》，美国驻中华人民共和国联络处，1977 年。

③ 参见《马克思恩格斯全集》第 23 卷，第 203 页。

第二，人体外部器官的延长。正像前边所引马克思的话所说的，劳动工具以至于机器，不过是人体器官的延长。在教育史上，文字出现，书本出现，各种直观教具出现，一部分现代化教学手段如幻灯、电影、录音等出现，这一切都不过是手、眼、耳等人体器官的延长，从而更广更深地认识宏观、微观、动、静、快、慢等等客观世界的各种事物和对象。例如，通过简单的直观教具大脑模型，可以看到自然状态下眼看不到的大脑形状和内部结构。通过现代的录音、录像、电影、电视，可以听到看到自然状态下听不到看不到的声音和图像。几千里几万里以外的、消逝了的、顷刻之间的、速度过快的、过程太长的、领域过广的、隐藏太深的……声音和图像，都能听到、看到。

第三，人脑的延长。电子计算机的出现，可以部分地代替人脑的工作，具有人脑的部分"智能"：不仅能记忆，检索，还能感知，分析，综合，判断，同时，对于其他各种现代化手段如电视、电影、录音、录像等工具，还能起指挥和控制作用，还能够使学生主动参与活动，与之交互作用，进行人—机对话。①

（三）一般的划分法

第一，原始的口耳相传，示范，模仿，练习。其主要为"口语"，也包括教学双方的形体、动作、表情、个性等，总之，局限于人本身的甚至不能离开个体的东西。

第二，文字和书籍。其主要标志为"文字"，还限于手写，手抄，包括竹简、木简和刻刀。这是教学手段发展史上一个重大的飞跃，也是整个教学、教育发展史上一个重大的飞跃。我们在"教学过程"一章第三节中已经讨论过，这引起了教学模式的变革，传授和学习书本知识的教学模式得以产生，使教学突破了局限于直接经

---

① 参见吴明瑜：《新的产业革命及我们的对策》，载《河南经济》1984 年 1 月号。又参见高时良：《教育科学面临的新挑战》，载《教育研究》1983 年第 5 期。

验的模式。

第三，印刷术的发明，包括纸的发明。这是扩大教学规模，提高教学效率的技术和物质的前提之一，其进步性和优越性，不言而喻。夸美纽斯在论证班级授课制、集体教学制时，曾经提到这一点并受到启发。他说："一个印刷匠用一套活字可以印出成千成万的书籍，所以，一个教师一次也应该能教许多学生，毫无不便之处。"①

第四，特别设计的各种教具。这指专为教学而设计的东西，不是一般的自然物。例如，裴斯泰洛齐的"算术箱"，福禄培尔的"恩物"，是历史上比较典型的例子，夸美纽斯的《世界图解》更是如此。在日常的大量的教学实践中我们看到的：粉笔、黑板、算盘、图片、模型、标本以至教杆等等，都可归属这一类。

第五，一般的电化教具。这是指利用电力（突破了机械学局限）制作的教具，又还不包括电子计算机的教具。例如，幻灯（投影）、唱片或录音带、电影、电视、录像、教学机器、语言实验室等等。

第六，电子计算机。它不仅不同于电化教学手段以前的那些普通教具，而且也不同于一般的电化教学手段。正如前面已经讨论过了的，一般电化教具虽然比起局限于机械学的教具远为优越，有质的进步，但终归是具体器官的延长，还比不得电子计算机，把人脑延长了。应该说，这又是一次新的质的飞跃。

关于现代化教学手段的发展，有的同志列出了一个时间表，可供参考：

幻灯	19 世纪后半叶
无声电影 } 唱片	20 世纪初
无线电收音机	20 年代

---

① ［捷克］夸美纽斯著，傅任敢译：《大教学论》第 135 页。

有声电影	30 年代
电视	
磁带录音机	50 年代
语言专用教室	
程序教学和教学机器	
闭路电视	60 年代
电子计算机	70 年代①

我国关于现代化教学手段的研究、制作和运用，起步晚。20世纪 30 年代才开始搞"电化教学"，运用广播和电影于教育领域，而且还只限于社会教育方面，未进入学校教学。它们名副其实地作为教学手段来运用，还是解放以后的事情。②

第三节　现代化教学手段的分类及应用

一、分类

究竟如何对现代化手段进行分类，如同教学方法分类以及其他各种分类一样，也比较复杂，迄今没有令人满意的答案。一般见到的是从以下三个不尽相同的角度来划分的。

第一，根据提供信息的性质，分为三类：（1）光学和视觉类，如幻灯、电视、电影、摄像、录像等；（2）音响和听觉类，如收音、录音、播音，包括配合视觉图像的电视、电影等；（3）实验和操作类，如语言实验室，其他各种专业专用教室等。这是应用最广泛、最常见的一种分类。例如，一般都把现代化手段及其教学称之

---

① 张人杰：《教学技术必须现代化》，载《现代化的教学手段》。
② 关于电子计算机的应用，参见本书第九章"小资料"。

为"视听教学"（audio-visual instruction）。

第二，根据设备的大小轻重，可分为两类：（1）小型轻设备，如幻灯机、录音机、收音机、扩音器、投影器等等；（2）大型重设备，如电影放映室、语言实验室、自动化教室等等。我国把"幻灯"誉为"常规武器"。显然，所谓大小轻重是变化的。例如，电子计算机，原来体积庞大，重以吨计，现在，所谓微型电脑，已很普遍推广了。

第三，根据技术的不同意义，可分为两类：（1）硬件，一般指装备或设备的机件本身，如收录音机、电视机、电影机、电子计算机等；（2）软件，指教学内容和程序等等。

二、应用

一般的视听工具的应用，比起传统的教具，大大地丰富、扩展、灵活、精巧、高效……这是显而易见的。但是，它们的应用的教学原理，基本上没有什么本质的变化，仍然是传统教学论上讲到的那些，特别是直观原则和演示、实验法的原理，主要是提供感性形象知识，借以形成概念。为此，要明确目的，精心选择，与语言指导、启发思考等结合起来。唯有程序编制与电子计算机的出现，其应用和功能原理才起了质的变化。

我们说过，电子计算机来源之一是程序设计。程序教学的特点之一就是主动积极的反应。发展到电算机，就明显地具有了相互应对的功能，学习者自身参与学习过程，直至人—机对话，这跟传统的直观教具，或一般的视听工具就大大不同了。我们已经说过，电子计算机具有部分的人脑的智能，不仅能记忆、重现，而且能识记、再认、理解、思维、计算、控制、指挥等。因此，它的应用，包括人怎样使用，以及如何充分发挥它的性能、作用，就变得复杂起来，也更加值得重视和研究了。

关于电子计算机的应用，迄今人们把它分为两大类：一是"计算机辅助教学"（computer-assisted instruction），简称CAI；一是"计算机管理教学"（computer-management instruction），简称CMI。其实，二者并不能截然分开，这里综合起来简单介绍一下。

第一，利用电子计算机来储存、呈现信息、资料。这在教学上就是提供各种课程、教材，在原则上并未超越程序课本、教学机器、录音、录像、电视电影等性能。但是，其数量则比所有那些手段提供的大得不可计算，不可比拟。

第二，利用电子计算机来指挥、控制多种视听工具，综合地进行自动化教学。例如，语言实验室，物理、化学、生物等专用自动化教室，由多种收、录、播音系统和摄、录、映像系统装置组成，由电子计算机控制指挥，来进行各种教学活动。

第三，与此紧密联系的，就是利用电子计算机来进行模拟教学。例如，美国培养飞行员的训练就很典型。驾驶员坐在特制的"驾驶舱"内，电子计算机根据各种假设的自然条件及飞行操纵情况，控制一些升降装置，使机舱倾斜、升降或抖动，甚至发出各种声音，并通过电视摄像机配合映出陆地、天空、云层等景象[①]，使驾驶员有身临其境的实感。这种模拟教学后来已推广到中小学各种教学中。

第四，利用电子计算机进行教学管理。这包括这样三个方面的内容：（1）收集和记录学生回答的资料，对学生的学习情况进行监视、监听；（2）分析回答的资料；（3）反馈，即将以上两类资料向教师提供，以便及时调整教学过程。[②]

[①] 何克抗：《应用电子计算机辅助教学》，载《现代化教学手段》。又参见陈琦：《电子计算机在教学上的应用和若干有关的学习心理学问题》，载《程序教学和教学机器》，人民教育出版社1979年版。

[②] 参见《现代化教学手段》，第67～71页。

第五，利用电子计算机真正地进行教学。人们把这种电子计算机称为"人工智能型"，也称"教师型"。其主要特点是能进行人机对话；相比之下，以上四种计算机的工作都还只是单向的和受动的。而在这种比较完善的系统下，学习者可根据自己的要求，用键盘向计算机提出问题，计算机很快找出指定的教学内容：显示出来，并在电声输出器上有讲解声音输出。学习者能看能听，如果未听懂，可发信号请求重讲。每讲完一课，计算机还可提出思考题或练习题要求学习者回答，计算机根据学生回答情况，可以分析、判断，进而提出学习资料，进行讲解，总之，电算机就真正接近于一个教师了。[1]

第六，计算机网络和计算机讨论会。这是上面所介绍的功能的进一步发展，由一个地区、国家许多计算机与一个中央计算机中央联络而成，可以在远距离进行学习，还可以利用更广泛多种计算机储存的信息资料。通过这种网络还可以实现全地区甚至全国范围学习者，共同讨论问题。[2]

第四节 现代化教学手段对教学实践和教学理论带来的影响

这是我们最关心的问题，也是一个尚知之很少的领域，并且是一个有争议的问题。[3]

现代化教学手段，以至传统普通教具，是在有关科学技术推动

---

[1] 参见《现代化教学手段》，第59～71页。
[2] 参见陈琦：《电子计算机在教学上的应用和若干有关的学习心理学问题》。
[3] 参见廖泰初：《国外人士谈教育媒介的过去和未来》，载《外国教育动态》1983年第3期。

下产生和发展的，其中也包括教育科学和教学实践在内。但是，它们产生和应用以后又反过来丰富教学理论和教学实践，甚至修正、改造，推动它进一步发展。最显著的例证，就是文字的出现，引起教学模式及教学理论一系列的变化。实验手段应用于教学，也引起一系列的变化。

那么，对于现代化教学手段的应用，怎样估计它带来的影响呢，这里提出一些问题来讨论。

一、提高教学的功能

现代化教学手段应用的积极后果，一般都提到：大大促进普及教育、终生教育、职业教育、整个教育结构改革等等。若单从教学领域来看，首先是大大提高教学的功能，又最突出地表现在：大大提高传授和学习知识技能的效率和质量；大大有利于发展学生的智力和身心个性品质，甚至包括促进教师智力水平的提高。

在一般感官训练方面，如果说福禄培尔的"恩物"是为了训练幼儿的各种感官能力而确实收到效果的话，那么各种视听手段：幻灯、录音、录像、电影、电视、电子计算机等，能更好地作用于学生各种感官系统和能力。这已经有大量实践经验和实验所证明，已经不需要作什么理论上的论证了。

电子计算机发展到高级阶段，具有人工智能。这是模拟人脑的产物；可是反过来，通过掌握、编制电脑程序的活动，可以使学生自觉地认识到自身大脑智力活动及其结构。这件事的科学意义是十分重大的。教学实践也证明，让学生操纵电子计算机，特别是让他们自己编制各种程序，通过这种种活动，不仅能大大地激发学习热情，而且能大大地促进他们的智力活动方式由低级向高级发展。例如，要求学生运用电算机在一万个数字中找出最大数和最小数，或者，在一万名中学生中找出身高最高者和最低者。为获得答案，学生就应该懂得按照什么程序，合理、经济，经过什么过程步骤，包括哪些智力活动及其结构如何？所需的时间多少？等等。

二、丰富了人们对教学过程、教学内容、教学方法的认识

现代化教学手段的应用及其积极效果，为教学过程是一个特殊认识过程的原理，提供了新的有力的证明。认识的主体——学生获得了更强有力的认识手段，不仅使眼、耳、手等感官延长了，而且也使大脑延长了。教学认识的间接性质更加突出了。其有领导性（精心设计，更典型，更精萃）和教育性，也不是削弱了，而是更加显示出来。教学过程更加丰富多彩，生动活泼，更加成为一条认识和发展的高速公路。同时，这也向教学论提出了新问题：由于知识信息化，学生思维和心理结构越来越具体、清楚，那么，教学过程的结构和模式，将作怎样相应的变化呢？

现代化教学手段的应用，给课程理论也带来影响。它本身将成为一门独立课程（如电子计算机课），更重要的是，"软件"的编制，对课程教材的编制有重要的启示。据国内外许多材料介绍，编制一小时用的软件资料，需要一个专家小组工作 200～300 小时。一位美国小学教师，在把一篇阅读课文改编为一个十五分钟电视节目时，说他与平常备课大不一样，需要"竭力掌握课题的主旨"，并且认为，如果在通常的课堂上也用这样的办法上课，学生决不会感到厌烦和疲倦，应该给孩子们留下他们自己能够做的某些东西。① 这就是说，有了现代化教学手段之后，课程教材的形式、结构、所起的作用乃至性质，都应有所变化。对其设计、编制的原

---

① ［美］赫钦格，恭一文摘译：《以电化教育代替正规学校的实验》，载《现代化教学手段》。

则，应有新的考虑，这都是有待于研究的。

现代化教学手段的应用，直接对教学方法和教学组织形式产生影响，这是最明显不过的。传统的课堂教学形式肯定要被突破了。教学的方式方法会无比地多样化起来。教学的个别化，分散化，小型化，将会有更多的探究、发现因素……这些，不仅是可能的，必然的，又是可以积极利用的。但是，如何积极利用，这就值得研究；而且，扬长避短也是重要的，如何补救它们带来的消极影响，例如，师生之间和同学之间的社会交往、情感交流的保证，全面发展的统一要求，知识的系统性的保证，等等，都是新的课题。

三、引起两个新的矛盾关系

（一）现代化教学手段与传统教学手段的关系

现代化教学手段与传统教学手段是什么关系？应该怎样正确认识和处理？当然，现代化教学手段具有巨大优越性，这本来就是对比传统教学手段来说的。但是，这并不意味着传统教学手段就已经是绝对的落后的东西，更不意味着现代化教学手段将完全取而代之。如果抱有这种认识，那是很错误的，而且是有害的。第一，从经济力量、技术力量、传统习惯、师生条件等方面考虑，远远不能抛弃传统教学手段，不能用现代化教学手段完全取代。第二，即使以上的各项条件全都具备，也不能这样做。有些传统的教学手段，是永远不会过时，不会失效的，在优秀教师艺术地运用恰当的情况下，比现代化教学手段还要好。例如，教师的口语、粉笔和黑板，都是这样的教学手段。有的教师能用三言五语把一个复杂的问题讲得清楚透彻，并带有强烈的感情色彩或逻辑力量，它是任何先进技术手段所不能代替的，其简便易行又是不可企及的。因此，正确的认识和处理的方法，应该是并行不悖，寻求其互相配合、互相补充的联系。

（二）技术与人的关系

自从 20 世纪 50 年代美国出现程序教学和教学机器开始，就有人发表一种论调，认为它们可以代替教师，教师将要失业了。电子计算机出现后，这种论调又时兴起来。但是，这种观点从来没有占优势。任何有健康的头脑进行正常思考的人，都知道，即使最先进的技术手段，也代替不了教师。两者应是"水涨船高"的关系，先进技术的出现，给教师提出更高的要求。教师的作用和工作形式将发生相应的变化。如果说过去起主导作用的主要形式是向学生集体讲授系统的知识，那么如今将更多表现为设计软件，组织指导学生自己的认识活动。先进技术手段把教师从过去许多的事务性负担中解放出来，教师将把主要时间和精力用于提高智力水平，向教学艺术的深度和广度进军。究竟教师如何与新的教学手段相结合，这的确有待于具体研究和不断探讨。

综上所述，现代化教学手段的产生、发展和应用，使教学手段成为教学论的一个日益重要的范畴。由普通教具到电化教具，由一般视听工具到电子计算机的出现，有一个历史发展过程，也在教学过程中越来越显示其巨大作用，并引起教学理论和实践的新发展。这一切，都是值得我们认真研究的。

思考题

1. 教学手段的含义和作用如何？
2. 现代化教学手段的应用，给教学理论提出哪些新问题？

第十二章
教学组织形式

第一节 教学组织形式及其理论的重要意义

教学组织形式理论所要研究和解决的问题，就是教师以什么形式把学生组织起来，并通过什么形式与之发生联系？是个别的、小组的、还是班级的？是固定的，还是灵活变动的？教学活动如何安排？教学时间如何规定和分配？如此等等。

教学组织形式在教学理论和实践中，处于真正具体落脚点的地位，带有综合、集结的性质。前面论述的课程（教学内容和进程）、教学方法，以及再往前所论述的教学任务、教学过程、教学原则等等，都最终综合、集结、具体落实到一定的组织形式中，要以各种各样的结构方式组织起来，展开活动，并表现为一定的时间序列，发挥其能量和作用。

教学组织形式问题如何解决以及解决得正确与否，关系着教学质量的高低。例如，苏联20世纪20年代和我国1958年的一段时间，特别是十年动乱期间，由于随意否定了班级授课的教学组织形式，造成了教学质量严重下降的结果。另一方面，长期以来，把班级授课的教学组织形式绝对化，凝固化，造成许多被动的局面，难以发挥学生主动性，难以因材施教，不利于学生更好地掌握知识和技能，更不利于发展学生的智力才能和个性。由此可见，教学采取什么样的组织形式，对教学的兴废好坏，影响很大。

这种经验和现象，在哲学上是有根据并能得到解释的，这就是内容决定形式；而形式又反过来作用于内容。形式具有能动性，这在古代希腊哲学家那里都早已认识到了。这种规律在自然科学也早有说明，在近年来新兴的系统科学中又得到新的论证。事物的系统，都由一定的要素组成，发挥着一定的功能，即适应环境，改造环境，满足人们某种特殊要求的作用。结构与功能是密切联系着的。例如，鸟体的结构适宜于飞行，蛇的结构适宜于爬行，船体的结构适宜于水上航行。无生命的物质也一样，结构不同，功能各异。例如，石墨和金刚石都是由碳元素组成的。石墨为六方板状，硬度为1，松软无力，而金刚石为八面晶体，硬度为10，坚硬得很。可见，同样的元素，由于结构不同，就产生了不同的功能，甚至成为不同的事物。①

因此，教学组织形式对教学质量产生影响作用的规律，乃是客观世界普遍规律在教学领域的具体表现之一。教学论的任务，就是要具体探明：教学组织形式和教学的其他方面以及整个教学的质量、结果之间的规律性联系。

第二节 班级授课制

研究和讨论教学组织形式，必然回避不了班级授课制。一方面，自从它于17世纪产生三个世纪以来，在全世界范围内，迄今仍然是广大学校基本的教学组织形式，尽管受到怀疑抨击已经一个多世纪也没有退出历史舞台。另一方面，它比较完全地体现了教学组织形式的各项要求，通过对它产生和发展的考察，就可以对一般

---

① 参见谢名奇：《试论课的结构》，全国教育学研究会第三届年会交流材料，1983年。

教学组织形式的产生和发展，获得明确的线索。更重要的是，通过对班级授课制的剖析，既懂得它为什么至今仍然站得住脚，又懂得它为什么受到怀疑和抨击。这就有助于理解今天在教学组织形式上实行改革的必要性，探索切实可行的改革的道路。

一、班级授课制的产生和发展

班级授课制产生于近代资本主义兴起的时代，是由于要求普及教育，扩大教学规模，提高教学效率和质量，从而批判否定分散的小农经济和封建隔绝状态下长期实行的个别教学组织形式的结果。当然也由于它具备了各种可能条件，包括教学论的进步。

16～17世纪，它首先在东欧的一些学校教学实践中由群众创造出来。它的发展经过三个阶段。

第一阶段，以夸美纽斯为代表的教育家从理论上加以总结和论证，使它基本确立下来。

第二阶段，以赫尔巴特为代表，提出教学过程的形式阶段的理论，给夸美纽斯的理论以重要的补充。① 相对比而言，夸美纽斯关于编班集体讲授的思想比较明确，而关于"过程"的观念，虽然也提到"安排"等词句，但还不甚具体和明确，他没有明确设计怎样安排的问题。

第三阶段，以苏联教学论为代表，提出课的类型和结构的概念，使班级授课制这个组织形式，形成一个体系，基本完成。

二、班级授课制的基本特征

班级授课制的特点，与个别教学组织形式的特点，形成鲜明对

---

① 参见吴杰：《教学理论的发展及其提出的问题》，东北师范大学教育系，1982年，打印稿，第13页。

照。这可以从三个基本方面来进行比较说明。

第一，把学生按照年龄和知识水平分别编成固定的班级，即同一个教学班学生的年龄和程度大致相同，并且人数固定。教师同时对整个班集体进行同样内容的教学。夸美纽斯形容这种教学，如同印刷书籍一样。① 他还说，教师的嘴就是一个源泉，学生的注意如同一个水槽，知识的溪流，由教师嘴里流向学生头脑里。② 这与个别教学大不相同或恰恰相反。我国古代私塾是个别教学组织形式典型的模式。它虽然也有一群学生（且不说地主家庭或宫廷里教师仅仅向一个学生进行教学），但不是固定的班级，学生彼此年龄和程度各不相同，教师与他们仍然是个别联系：教过这一个学生，再教另一个学生……学生入学、肄业、毕业，都是不固定的。

第二，把教学内容以及实现这种内容的教学手段、教学方法展开的教学活动，按学科和学年分成许多小的部分，分量不大，大致平衡，彼此连续而又相对完整。这每一小部分内容和教学活动，就叫做"一课"，一课接着一课地进行教学。这个特点，在很多的教学论著作中都不明确，甚至没有提到。苏联教育学中也只有凯洛夫主编的《教育学》（1948年版）中明确地论述了它。③ 这一特点是非常重要的。在个别教学组织形式下，不存在所谓的"课"。不同的学生学习内容和学习活动是彼此不同的。每个学生的学习内容和学习活动也无计划，无划分，随时随意决定学习什么和不学习什么，也可以随时随意决定多学些或少学些，没有通盘考虑，没有系统安排。

第三，把每一"课"规定在统一而固定的单位时间里进行。单位时间可以是50分钟、45分钟或30分钟，但都是统一的和固定的。课与课之间有一定的间歇和休息。从各学科总体而言，可能是

---

①② ［捷克］夸美纽斯著，傅任敢译：《大教学论》，第135、136页。
③ ［苏］凯洛夫主编，沈颖等译：《教育学》，第126页。

单科独进，也可能多科并进，轮流交替。在个别教学组织形式下，也没有这一特征。学习时间没有划分，或长或短，早学、晚学、停学，都没有确切的规定。

三、班级授课制中课的类型和结构

在班级授课制发展的过程中，以上三个基本特征应该说从一开始就都具备了，不过在不同的发展阶段又有所不同。在夸美纽斯时期，着重点在于编班，集体讲演，一个教师教许多学生，即突出表现了第一特征，至于教学内容和教学活动在"过程"和"时间"上是怎样一种序列，还是没有明确的规划和论述的。到了赫尔巴特，根据他的观念心理学的统觉论，提出教学是一种过程，认为形成观念即掌握知识技能要经过一系列的阶段：明了、联想、系统、方法。这就为"课"的划分和安排，提供了理论基础。但是，这时也还只能说是理论基础，赫尔巴特并未提出什么"课"的概念，更没有什么课的类型和结构的思想，这后者应该如实地归功于苏联教学论。它不仅明确提出了"课"的概念，而且把它的内容具体化了。

关于课的类型和结构划分的理论根据，苏联教学论并非简单继承赫尔巴特的统觉论，而是力图应用马克思主义认识论，认为学生在教学中掌握知识要经过感知教材，理解教材，巩固知识，运用知识，检查效果等几个互相联系的阶段。小而言之一个概念，大而言之一个学科，都要经过这些过程、环节或"工序"。有的教学内容，比较浅显，分量不多，在一个单位时间（50分钟或45分钟）内可以全部完成；而另一些教学内容，比较多，比较深，不可能在一节课里既学习新的知识，又巩固，还马上运用，并检查效果。这就需要把不同的阶段和"工序"分别赋予不同的课，由一系列不同的课来共同完成任务。换句话说，就是要由不同类型的课组成的课的体系来完成。课的类型即由此而来。那种包括掌握知识过程全部或大部环节或"工序"的课,叫做"综合课"。那种只担负一道或两道"工序"的教学任务的课,分别叫做:讲授新教材课、复习课、练习课、实验课、测验课等等。具体到某一特定类型的课中,由于它担负的任务,教材特点,以及所采取的手段和方法的具体情况,又有不同的更为具体的阶段、环节、步骤。这就叫做课的结构。一般都以"综合课"为代表,包括:组织教学,复习旧课,讲授新课,巩固新课,布置作业等环节。从结构观点看,不同类型,是课的体系的结构,是大的结构;一节课的不同环节,则是较小的结构。

以上就是苏联教学论关于课的类型和结构的基本理论观点。我国教学理论工作者也承认和接受这一理论。这样一来,班级授课制算是形成了一个体系,或者说作为一种教学组织形式的体系,已经基本上完成了。

四、班级授课制的优越性和局限性

班级授课制产生和发展三百年来、特别是受到批评一百多年来的理论和实践,比较充分地明确地显示出它的优越性和局限性。

(一)班级授课制的优越性

第一,它大规模地面向全体学生进行教学。一位教师能同时教许多学生,而且使全体学生共同前进。

第二,它能保证学习活动循序渐进,并使学生获得系统的科学知识,扎扎实实,有条不紊。

第三,它能保证教师发挥主导作用,首先是教师系统讲授,而后在这个基础上直接指导学生学习的全过程。

第四,它把教学内容及活动加以有计划的安排,特别通过课的体系,分工合作,从而赢得教学的高速度。

第五,学生彼此之间由于共同目的和共同活动结集在一起,可以互相观摩、启发、切磋、砥砺。

第六，它在实现教学任务上比较全面，从而有利于学生多方面的发展。它不仅能较全面地保证学生获得系统的知识、技能和技巧，同时也能保证对学生经常的思想政治影响，启发学生思维、想象能力，激发学生学习热情，等等。

总之，班级授课制组织形式比较突出地反映了教学过程的本质特点：间接性的认识，有领导的认识和教育性认识，能在时间和精力都比较经济的条件下，比较全面地实现教学任务。

（二）班级授课制的局限性

第一，学生的主体地位或独立性受到一定的限制。教学活动多由教师直接做主。

第二，实践性不强，学生动手机会少。

第三，探索性、创造性不易发挥，主要接受现成的知识成果。

第四，难以照顾学生的个别差异，强调的是统一、齐步走。

第五，不能容纳和适应更多种的教学内容和方法，因为它一切都固定化、形式化，灵活性有限。

第六，不能保证真正的智力卫生的要求，往往将某些完整的教学内容和教学活动，人为地分割。

第七，还缺乏真正的集体性。每个学生独自完成学习任务。教师虽然向许多学生同样施教，而每个学生各以自己独特的方式去掌握。每个学生分别地对教师负责，学生与学生之间并无分工合作，彼此不承担任何责任，无必然的依存关系。

懂得班级授课制的优越性，就知道它为什么迄今在世界范围内仍然是学校教学的基本组织形式，虽经一个多世纪的怀疑，非难乃至猛烈的抨击而仍然站得住脚，决不是偶然的。它是一个历史时代的产物；只要它赖以存在和发挥作用的条件未曾消失，它就不会消失，人为地强行否定是不行的，历史反复证明这一点。

懂得班级授课制的局限性，就知道它为什么一而再、再而三地受到怀疑、非难乃至猛烈的抨击，虽然不能抛弃或完全否定，但毕竟需要改革，这也不是偶然的。既然它是一个历史时代的产物；那么，时代前进了，许多条件变化了，它也不能固定不变。

第三节　对班级授课制的改革

　　班级授课制这一组织形式，总的看来，今天还未过时，尤其对我国国情来说，决不容轻易否定。这一方面由于它有充分的教学论的根据，它的优越性还未发挥得充分；另一方面，即使到达这一步，也还有一个未立不破的问题，在确保教学质量不会降低而会提高的教学组织形式未找到之前，也不能仓促从事，这是有历史教训的。

　　但是，从整个历史发展的趋势来说，班级授课制的局限性越来越暴露，而它的优越性则相应地减色了。同时，较好地改革它的条件也比过去更多了。这至少可以提到这样几个方面：（1）世界范围的新的生产和科学技术革命，提供了新的历史背景和强大动力；（2）新的科学理论和技术手段提供了前所未有的条件；（3）教学论本身又有新的飞跃发展；（4）对班级授课制进行改革不自今日始，积累了丰富的经验教训，可使我们吸取前人的积极成果，避免前人的错误，减少盲目性，增强自觉性。一个多世纪以来的历史经验告诉我们，当西方在19世纪后半叶已经开始怀疑、批评班级授课制的缺点的时候，而在东方，在我国，它还是刚刚露头的、崭新的、进步的东西。至于今天，在大城市的重点中小学里，已经强烈地感觉到班级授课制束缚了师生的手脚，不能更好地施展他们的身手才能，而在广大县镇农村乃至中小城市的一般学校里，还不能满足班级授课制的某些基本要求，还应切切实实地将它做好。这种时间、空间或历史、地理上的极大不平衡性，过去认识不够，造成盲目去改或坐视不改等局面。这些历史经验教训，是有重要意义的。

　　一个多世纪以来，关于要改革班级授课制的主张和相应的实验，其名目和种类，花样繁多，不胜枚举。尤其在西方，稍稍有点设想和动作，就标榜为某某新体系、新方法，许多是不负责的。有的名目相同，其实小异，有的名称不同，其实说的是一回事。但是，其中也不乏严肃郑重的人物和学说，某些主张尽管尚有争议之处，但很值得认真研究和借鉴。过去我们学习苏联教育学时，为了坚持班级授课制，把它们一律斥为错误和荒谬之谈，今天看来不完全是科学的态度。

纵观历史上和现实中对班级授课制的各种改革主张和实验，尽管纷繁杂陈，使人眼花缭乱，但有两点是可以把握并用来作为我们观察分析的线索的。第一，都是针对班级授课制的局限性而发的，都是从这样或那样的方面，以这样或那样的方式去企图克服它的局限性的。具体到某一种主张和改革方案，则是以克服某一种局限性为其主要着眼点和主攻方向。第二，都是针对班级授课制基本结构的三个方面："班"、"课"、"时"提出异议，只不过各自的侧重点互有出入罢了。

下面，介绍一些较有代表性的改革主张和实验，进行一些讨论。

一、西方的一些改革主张和实验

（一）设计教学法

设计教学法（Project Method of Teaching），1896年杜威在其所创设的芝加哥实验校首先采用，后经他的学生克伯屈等人宣扬，在美国风行一时。它是全面地彻底地改革班级授课制的一种教学组织形式。其理论基础为杜威的"从做中学"的实用主义教学论。在教学过程基本模式上属于活动学习模式，在课程论方面属于活动课程论。它打破班级组织，实行小组组织并且不固定，甚至不必同年龄同程度。它也打破"课"的体系，代之以一个个的设计的活动。

它也打破了固定的统一的课时,有长有短,有大有小。一般说,这种教学组织形式和班级授课制的组织形式的作用和实际效果正相反。班级授课制的优越性,正是它的短处,过去我们据此进行批判并不错,但没有考虑到它对班级授课制的局限性进行改革的一面,有其合理和可取之处,完全加以否定,则是简单片面的。

设计教学法有各种变种。例如,比利时的"德可乐利制教学法",被称为比利时设计教学法。设计教学法中包含了所谓"问题教学"、"发现教学"、"单元教学"、"社会化教学"、"开放教学"等因素,所以有时互相称谓。

(二) 道尔顿制

道尔顿制(Dalton Plan),美国柏克赫斯特所创,1920年在美国麻萨诸塞州道尔顿城的道尔顿中学实施,因此得名。它对班级授课制的否定也很彻底,其主要的突出的特点就是教师辅导学生个别自学。每个学生分别地从教师那里接受作业,与教师签订"工约",然后去专业教室,自己去学习,有疑难则请教各作业室的教师,到期(签订"月约"者则以一月为期)去接受教师考查,合格后,另订新的"工约"。多数学科均以这种个人自学为主,每周只有一或几次的集体教学。音乐、体育、美术、劳作等科则集体教学多些。十分明显,在这种教学组织形式下,什么固定班级、系统授课、课时规定和分配等等都否定了。它区别于设计教学法之处在于:还保存学科或分科课程,学生之间彼此不相干,而设计教学法则强调活动和集体分工合作。关于道尔顿制教学组织形式的长短和我们过去对它采取的态度,与设计教学法相类似。

与道尔顿制相近似的还有"文纳特卡制"。美国华虚朋于1919年起在芝加哥文纳特卡镇公立学校开始实验。它把课程分为两部分:一部分按学科进行,由学生个人自学读、写、算和历史地理等知识和技能;另一部分通过音乐、艺术、运动、集会,以及开办商店,组织自治会等团体活动,以培养和发展儿童的"社会意识"。

这后者又吸取了设计教学法的因素，都由学生自己设计，自己实行。

（三）**分组教学法**

这种实验于 19 世纪末和 20 世纪初在西方就出现并流行，受到批评而低落，近年又时兴起来。① 它大致分为两大类：一是在一所学校内按学生智力或学习成绩分成年限长短不同，内容也各异的几种课程（或者年限不同，内容相同）；一是在一个班内，根据学生学习情况的变化和分化，分成内容深浅不同或进度各异的小组进行教学。最著名的代表有美国哈利斯创建的"活动分团制"。这种改革对于班级授课制来说，主要改在编班上，注重智力或成绩的差异，不再按年龄分班，也不主张固定化。简单说，就是按程度分班，而且不断变动。这样一来，在一个学校中，传统意义上的班级就事实上变得很多了，因此，这种组织形式也叫"多级制"或"不分级制"。这种组织形式带来具体工作上，学生、教师、家长几方面心理的和社会的各种矛盾，经多年经验证明不易解决。但它考虑到教学进程中必然产生的分化规律，试图找到便于教学又发展个性的办法，这是合理的，有积极意义的。

（四）**复式教学、自学辅导**

复式教学是一位教师在同一节课时里向两个以上不同年级进行不同教材的教学，对比而言，通常的班级授课是为单式教学。自学辅导是针对主要由教师系统讲授课程的做法，改为由教师指导学生自己读书，做练习以及各种作业。复式教学法和辅导自学法有一定的必然联系。至于当初是不是同时产生，像双胞胎一样，希望教育史工作者去考证，这里不作讨论。但既然要实行复式教学，就必然要有辅导自学相配合，这是可以肯定的。因为复式教学的特点，就

---

① 参见李其龙：《西方国家中小学的分组教学》，载《中小学教学改革的理论和实际》。

是当教师给其中某一个年级直接进行教学时，其余年级的学生则根据教师的指示进行自学，没有后面这一条件，复式教学就无法进行。当然，辅导自学法与复式教学又可分开，独立起来专门用于培养自学能力，因材施教的目的。无论是复式教学，或辅导自学，都还保留了班级授课制的基本特征，是班级授课制的特殊形式。复式教学的主要意义在于适应学生少、教师少、校舍和教学设备缺乏的条件，对培养学生自学能力也有积极作用，辅导自学法除了配合复式教学的作用外，也可以在单式教学中使用。

（五）单元教学法

单元教学法（Unit Teaching）在西方相当流行，还有著名的代表人物和体系，如"莫里逊单元教学法"。这种教学法也主要表现为一种组织形式，对班级授课制的否定情况不一。其主要主张是，学生学习内容和活动应该是完整的，反对把教材分成一课又一课，认为这是一种割裂，不合学生心理（尤其不符合完形心理学原理），不易掌握，更不利于发展学生能力和合作精神。依照它的主张，应把学习内容划分为较大的单元。单元分为两类。一类以问题为中心来组织，这和"设计教学法"就基本上一样了。再一类是学科单元，又分单科和合科。合科单元打破学科之间的界限。这种学科单元教学一般不打破班级编制，有的也不改课时，主要对"课"的划分进行改革。

（六）程序教学

程序教学（Programmed Instruction）是美国 20 世纪 30 年代发明，50 年代流行起来的。其主要特点与单元教学法恰恰相反。如果说单元教学法倡导者不满班级授课制把"课"分得太细的话，那么程序教学论者则认为传统的"课"，步子太大。它主张小步子，把教材内容划分得更细，使其简单易学。彻底的程序教学法，除了打破"课"的划分，也打破了班级和课时。学生借助于程序课本或机器，完全自己学习，自己掌握时间和速度，与别的学生无干，教师也不必在场。

（七）小队教学（协同教学）

小队教学，也称分队教学、协同教学（Team Teaching），是第二次世界大战后美国出现的一种教学组织形式，由几个教师共同负责一个班或几个班的教学工作。例如，由同年级各科教师组成教师小组，或者按学科组成教师小组，其中分为：首席教师、高级教师、普通教师、实习教师、助教、书记员等，各司其职，分工合作。一般由首席教师或高级教师大班讲课，然后分小组讨论，个别辅导，由普通教师、实习教师担任。这种做法改变了班级授课制下由一位教师全面负责的状况。据说实验的积极意义是，可以更合理地使用教师力量，有利于青年教师成长，也有利于教学活动形式多样化，把大班教学、小组教学和个别教学结合起来。①

（八）活动课时制

活动课时制也是20世纪50年代在美国出现的。它对班级授课制下规定使用统一的单位时间进行了改革，把原来的45～50分钟缩短为15～25分钟，并且主张不同学科和不同教学活动可以使用不同的单位时间。②

以上就是西方自19世纪末以来对班级授课制进行改革的几种有代表性的主张和实验。它们各从不同的角度，对"班"、"课"、"时"及其相互联系的方式，作出这样那样的改造，并提出自己的新方案。60～70年代以来，出现了"发现教学"、"暗示教学"等，说明改革又有新的发展。

二、苏联的一些改进主张

苏联的教学理论和教学实践发展的历史，走过一段曲折过程，

---

①② 参见《辞海·教育心理分册》，第77页。

20世纪20年代即革命胜利初期,西方的"设计教学法"、"道尔顿制"、"分组教学法"等,曾经流行到苏联。例如,在小学按"五一劳动节"、"十月革命节"、"自然"、"社会"、"劳动"等题目组织学习单元,进行综合教学、小组教学,打破了班级授课制度。其结果是学生学不到系统知识,教学质量严重下降。30年代,苏共中央发布决议,对此进行了严厉批判,① 并且,明确重申:班级授课制应该是中小学教学的基本组织形式。② 从此苏联教育工作者不断总结实践经验,进行理论论证,使它逐步形成一套完整的体系,越到后来,严格性发展到近乎机械化,凝固化的地步。

后来,他们虽仍然坚持班级授课制,但已经表现出灵活倾向,有变化,有新的发展。

例如,B. A. 奥尼休(舒)克在课的类型方面主张,应该有综合运用知识、技能、技巧的课,原来传统的复习巩固课应改为概括知识和使知识系统化的课。③ 这种主张反映出他们对待教学任务和教学过程的新的理解,主要就是认为教学应重视培养学生创造能力,教学过程应该更加积极化、深刻化。

又例如,M. M. 马赫穆托夫提出"问题—发展性教学"的理论。④ 从而也提出了跟传统教学论的教学过程论—教学阶段论不同的看法。他设想的问题性教学,包括了反映创造性思维逻辑和探究活动的几个阶段:(1)问题情境的发生与问题的提出;(2)预想的提出与假设的依据;(3)验证假设;(4)检验问题解决的正确性。他把教学分为"问题性"和"非问题性"两种。非问题性教学不同

---

①② 参见《关于中小学教学大纲和教学制度的决定》,载《苏联普通教育法令选译》。

③ 李春生:《苏联关于课堂教学类型的新发展》,载《外国教育动态》1983年第3期。

④ 参见杜殿坤译:《现代苏联教学论的发展趋势》,载《外国教育资料》1983年第6期。

于问题性教学的主要之点是：教师仅仅是教教材，说明教材，而不有意识地创设问题的情境。新知识与行为方式的掌握，主要通过范例，运用再现方法进行。基于这种理论，他对课的类型和结构提出新的划分的主张。

首先，他把传统的课的类型概括为四类：（1）学习新教材；（2）改进知识、技能、技巧；（3）学习并改进知识技能技巧；（4）检查修正和评价。

其次，他把这四种一般类型，分别地同问题性教学和非问题性教学结合起来。

最后，得出八种类型：（1）学习新教材的非问题性教学；（2）学习新教材的问题性教学；（3）改进知识技能技巧的非问题性教学……（8）检查、评价知识技能技巧的问题性教学。[①]

又例如，被认为是苏联传统教学论代表人物之一的斯卡特金，在他1980年出版的《现代教学论问题》中，又重新提出"综合的方法"问题，承认过去的"课程结构隐藏着一种危险，整体被部分掩盖着，只看到树木，看不到森林"，并且承认，过去所采取的"综合性的方法，现在已显得不够了"。他主张在保留传统的课程结构，不重复过去（按：指20年代）错误的条件下，应当探讨新的综合的方法。一些历史和文化学科的课题，采取由文学教师，历史教师，美术、音乐、社会学教师等共同参加，并与学生组成联合力量进行教学，并有辩论会、文艺晚会等相配合。[②] 斯卡特金还提出合理地吸收程序教学思想的主张。他说：在苏联对程序教学的研究兴趣减弱了，"但是，在程序教学中，具有宝贵的教学论的可能性，运用这种可能性，是不应当受到鄙视的"。[③]

---

① 参见钟岩：《苏联学者关于课堂教学的新研究一例》，载《外国教育资料》1983年第5期。

②③ [苏]斯卡特金著，张天恩译：《现代教学论问题》，第24～25、47页。

从以上几个例子可以看出：苏联对班级授课制也在考虑改革，并且，也在吸收 30～40 年代曾经批判否定过的西方的某些教学论主张和改革实验成果。当然，他们还是坚持班级授课制的基本原则，只是图谋有所改善和发展。这是与西方某些完全否定性的改革不同的。

三、我国的一些改革主张和实验

我国自 20 世纪初，废科举，兴学堂开始，采用班级授课制。20 年代以后至全国解放前夕，杜威派教育理论以及设计教学法、道尔顿制等传入中国，但只限于教育报刊、师范院校教育课程和讲坛，以及一些省市的少数实验学校，在广大学校实践中并未通行。广大学校教学主要还是采用班级授课制，这不是偶然的。班级授课制作为一种教学组织形式，是与学科课程论以及教学书本知识的模式紧密相联的一种体系，这就和我国古代传统有共同之处，而设计教学法之类作为教学组织形式，则是与活动课程论、活动教学模式紧密相联的一套体系。它与我国古代传统以及社会各方面的条件是不相适应的。经过半个世纪，班级授课制虽然是从外国引进的，但已逐步和我国教学实践相结合，成为了我们自己的东西，成为了广大学校教学的基本组织形式。不过，在旧中国时期，班级授课制的形态还不完善，执行中也并不严格。自从学习苏联教育学以后，就真正完善起来，严格起来，可以说达到相当的规范化程度。固定的班级，固定的课，固定的时间，秩序井然，有条不紊。在一个时期里，我们曾经认为这是最科学的，唯一的，不需要任何改革的。我们也对活动教学、设计教学法等，进行严厉的批判，全盘否定，认为它完全是反科学的。

但是，我们也有所改革，不同的时期具体表现不一样，有过曲折，总的说来，改革的意识越来越强，自觉性也在不断提高。这里介绍一些有代表性的事例，并作些讨论。

（一）复式教学

清末民国初期，复式教学就已经从日本引进，至今一直都存在，未曾间断。我国广大从事复式教学的教师，创造了极其丰富的经验。有的同志对此进行了整理、总结和系统化。① 从消极方面讲，复式教学是不得已而为之。但从积极方面讲，它不仅有利于普及教育，而且对于我们这里讨论的课题——教学组织形式有重要的启示。它表明班级授课制是可以有灵活性的。什么"学生独立性不易发挥"、"难以照顾个别差异"等局限性不是不可克服的。复式教学对于培养独立学习能力，因材施教，有很好的作用，它对编班、课的安排、时间分配和利用等多样化方式，对改革有僵化趋向的班级授课制，有重要的实践意义和理论意义，很值得深入地进行理论研究。

（二）个别辅导

这是我们一贯坚持实行的。在这一方面，我国有几千年的古老传统，也有不少新的创造。从20世纪50年代开始，除在自习课进行辅导，课下个别补课等形式之外，广大学校创造了更多的个别辅导的具体形式。例如，组织家庭学习小组和校外辅导站，教师轮回巡视，有的聘请有关的家长担任辅导员，督促指导学生完成各种独立作业。这种组织形式对班级授课制是重要的补充。

（三）现场教学

这主要是1958年贯彻教育与生产劳动相结合的方针而创造出来的一种教学组织形式，应该说是对班级授课制的一种改革措施。所谓现场教学，就是把教学安排在工厂、农村、社会生活各领域的现场进行。例如，一些物理、化学课的部分章节内容，在工厂中边讲，边看，边做；生物课的部分内容的教学，在有关的园地或农田

---

① 参见崔石挺编著：《复式教学》，山东教育出版社1984年版。

中进行；有的语文课、历史课到历史博物馆里去进行；等等。它对一般的班级授课制有所突破，不只是地点的转移，也不只是教学方法的不同。第一，它从现场事物出发，内容和分量有时突破了教学大纲和教材的范围；第二，在时间上也突破了通常的课时表；第三，学生的组织也可能是小组的、个人的，并且经常调整；第四，除学校教师之外，这种教学经常需要有关现场的工人、农民、技术人员、工作人员参加共同施教。

这种现场教学，到60年代末和70年代初，进一步发展到"开门办学"和"典型产品组织教学"。众所周知，在十年动乱期间，这些做法是在"左"的思想指导下进行的，在整体上讲是错误的，企图完全否定班级授课制而以此取而代之是荒谬的。但是，它又毕竟是群众从实践中实验、创造出来的，从局部看，还有合理的积极的因素。例如，电镀这个生产过程，综合体现了化学上酸、碱、盐的知识及其运用。土壤含肥量测定，可以把化学和生物知识以及某些实验技能联系起来。用"三机一泵"来取代全部物理教学当然是可笑的，但利用它确又有助于物理科的学习。劳动技术课的教学，选择典型产品，进行现场教学，应该说是不可少的一环。

总之，现场教学对于班级授课制是一种改革，而且带有我们自己的特点。

（四）数学自学辅导实验[①]

这是中国科学院心理研究所卢仲衡同志主持的一个实验。自60年代初开始，断断续续开展起来，至今已遍及全国许多省市，效果卓著。它最初比较多地再试验美国程序教学的做法，在初中数学科编出程序课本，进行自学的实验。后来逐步实行了对程序教学

---

① 参见卢仲衡:《数学自学辅导教学实验扩大研究结果》，载《教育研究》1984年第2期。

的改造：(1) 步子适当，由小到大，从展开到压缩；(2) 把学生自学置于教师直接指导之下，并把教师讲解列入教学环节的组成部分；(3) 把个别教学和集体教学结合起来；(4) 把学生自我检查和教师检查结合起来。这样，教学的具体过程采取以下一般步骤。(1) 教师布置自学任务和范围。(2) 学生自己独立阅读教材和做习题；教师巡视，个别辅导。(3) 教师提问和讲解、答疑、小结。教师讲解不超过十分钟，并且不在学生自学时间内打岔。

这一实验具有重要的意义。第一，突破"教师讲、学生听"的框子，为培养学习能力和学习主动性，提高教学质量，探索出有效途径之一。第二，它对课程、特别是教材编制的理论和实践有重要启示，把教法和心理学原理寓于教材之中，便于学生自学。① 第三，与我们这里所讨论的课题直接相关的，就是为改造程序教学使之与我国教学实践相结合，从而又改造传统班级授课制使之丰富和发展，提供了一个很好的经验。

当然这个实验也还有一些问题有待于进一步研究。它毕竟还是一个学科的一种类型，究竟有多大普遍意义还要看发展。这种实验的关键环节是编好特殊的教材，而这项工作极其艰巨。此外，它排斥了系统讲授是否妥当也还要经受检验。

(五) 中学最优教学方式实验②

这是武汉师范学院（今湖北大学）黎世法同志主持从 1979 年开始进行的一项实验，至今也已遍及全国许多省市学校，也获得良好的效果。1979～1980 年，他对武汉地区三百多名优秀中学生的学习方法进行了调查研究，总结出"中学生最优学习方法"，由前后联系的八个环节组成一个体系：制定计划、课前自学、专心上

---

① 参见本书第八章。
② 参见黎世法著：《最优中学教学方式实验法》，武汉大学出版社 1984 年版。

课、及时复习、独立作业、解决疑难、系统小结、课外学习。据此，提出"最优中学教学方式"，由六种课型组成：自学课、启发课、复习课、作业课、改错课、小结课。

这个实验，对改善班级授课的教学组织形式，提供了新鲜经验。第一，它对课的安排，符合学生掌握书本知识的一般过程。本来，这个一般过程在通行的教学论中都早有论述，但由于种种原因（主要是十年动乱），多年不讲了，为人们所忽视。如今更结合实际调查材料加以重申，便赋予了新的意义，用黎世法同志的话来说，这就是"学情"。以此学情为根据的教学方式就是最优的教学方式。第二，它改善了教和学的关系，较好地体现了"教为主导，学为主体"的关系。一切活动都是学生为主，但又都是在教师直接领导下进行的。第三，它对培养学生学习能力，激发学习积极性，因材施教，减轻课外作业负担，减少教师无效劳动，都有良好作用。第四，它不用特殊编写教材，教师根据任何教材，可以制定相应的自学指导提纲，来指导学生自学。因此，它简便易行。

当然，这个实验的方式只限于掌握书本知识，适用范围是有限的，不可能是普遍的唯一的方式。编制好自学指导提纲是这个实验的重要条件之一，编制起来要花费教师大量时间和精力，需要教师有较高水平。此外，它也和数学自学辅导实验一样，完全排斥了教师系统讲授，也是值得再研究的。

（六）读读、议议、练练、讲讲[①]

这是上海育才中学从1977年开始教改实验逐步创造出来的教法。虽然，还未见到其他学校明确宣布进行同样的实验，但这"八字教法"在全国引起强烈反响，其个别因素和基本精神广为各地各校所吸取。它的指导思想是以学为重点，使学生真正成为学习的主

---

① 参见《一所教育思想端正的学校——上海育才中学调查报告》，载1982年12月29日《光明日报》。

人。其教学的具体过程一般是：首先，学生在课内自己阅读教科书，接着，同桌和邻桌学生互相议论，提出问题，发表意见，然后，做必要的练习，有的课本身就以习题组织教材。讲讲贯彻始终，主要针对学生的问题，进行点拨，解惑，总结，指导学生的读、议、练，体现了教师的主导作用。

这个实验既可以从教学方法的角度去分析，也可认从教学组织形式的角度去分析，更多是属于课堂教学的结构问题，因为，读、议、练、讲这些方法，都不是新的创造。但它们在教学整体结构中所处的地位和作用不同，就给教学的功能带来巨大的深刻的变化。在这个实验中，课的结构变化了。它突出表现在以下两方面。第一，从以教为主变为以学为主。例如，"议"或"讨论"，过去是由教师直接提出问题，现在是由学生自己提出问题，然后引导到课题上来。又例如，过去新知识主要由教师讲授出来，现在主要由学生自己读、议、练得来。第二，读、议、练、讲四者所占的位置不同。例如，讲，过去是居于领先地位，而读，过去是属于从属地位；现在不同了：读居于领先地位，而讲，属于为读服务（固然仍是主导）的地位。如此等等。这种结构改变的重要意义，就在于从组织上保证了学生的主体地位。它完全坚持了班级授课制，但从结构上给予了重要的改革。

（七）活动课时制[①]

这也是上海育才中学实行的。在我国，这是首倡的。它把课时分为大课和小课两类。大课55分钟，小课30分钟。不同学科使用不同的单位时间。大课主要进行逻辑思维强的课，如物理、数学等。小课主要进行形象思维强的课，如音乐、生物等。每个学日分为三段，每段两节课，一大一小。全天共六节，第一、三、六为大课，二、四、五为小课，如图示：

[①] 参见《一所教育思想端正的学校——上海育才中学调查报告》。

| 大 | 小 | 课间 | 大 | 小 | 中午 | 小 | 大 |

实行活动课时制，有利于适应不同学科、不同年龄的特点，调节脑力活动。这对传统的班级授课制中课时固定化、一律化，是一种重要的改革。

以上就是多少年来我国国内对班级授课制改革的一些事例。综观一下，基本上是在坚持班级授课制（"典型产品组织教学"稍有不同）的前提下，对它的某些环节、侧面进行改造、丰富和发展。

除了以上列举的七项而外，还应提到1977～1980年曾经实行快慢班的做法。它类似上面提到的西方的分组教学法。当时这种做法是有充分根据的。一般说，学生们在入学（小学、中学都一样）时程度基本相近，经过一段时期，在发展中就会出现不平衡和差异。十年动乱使这种不平衡和差异极端加剧，形成悬殊无法进行统一教学。因此，划分快慢班乃是实事求是之举。这不是对班级授课制的改革，而是真正按班级授课制的要求办事，换言之，是针对对班级授课制的破坏而采取的措施。这几年逐渐停止了这种做法。照顾学生差异、解决分化问题采取另外的办法：划分重点学校和一般学校，实行两种教学要求；在同一学校中用班内因材施教的方法来适应较小的差异，因为经过几年的努力，同类学校中过分悬殊的现象已经不那么突出了。

最后还应指出，在教学组织形式的改革实验方面，有不少同志提出"要建立两个渠道并重的教学体系"的主张。[1] 有的学校还开展了实验，并初见成效。[2] 所谓两个渠道，也叫两个课堂。原来的课堂教学被称为第一课堂或第一渠道。"所谓第二渠道，就是指在

---

[1] 参见万莲美：《要建立两个渠道并重的教学体系》，载《人民教育》1984年第5期。

[2] 参见《改革现行教学体系的初步探索》，载《人民教育》1984年第5、6期。

国家规定的必修科目以外，在教师引导下，学生自愿参加的，通过选修课、讲座、各种学科、科技活动小组以及自由阅读等形式进行的学习活动。"① 开辟第二渠道，可以做到第一渠道所不能做到的事情：增大信息量，而且及时，灵活，较充分地发展个性特点，培养各种能力。有的学校实验的重要做法是，压缩第一课堂的时间和内容，以"教学时间少，教学内容精，教学方法活"的原则改革教学，增加第二课堂的时间和内容，广泛开展各种学科的、社会的活动。② 此外，还有许多思想尚待进一步酝酿和研究。例如，第二渠道或第二课堂，与原来的课外活动的区别何在？有了第二课堂之后还有没有课外活动？诸如此类的概念还不清楚。人们将注视着理论研究和实验开展的情况及其发展。如果在这方面有所成就的话，那么，关于教学组织形式的改革，将会取得真正的突破，出现一个新的局面。

综上所述，教学组织形式在教学理论和实践中具有综合、集结、落脚点的性质和作用。班级授课制经过夸美纽斯、赫尔巴特到苏联教学论逐步完成，提供了一个作为教学组织形式的完备的形态。由于它比较突出地体现了教学的本质，所以迄今仍然是学校教学的基本组织形式。但它也有局限性和片面性，一个世纪以来，不断受到批评，国内外有许多改革主张和实验。我们应该在这些大量的经验资料中探讨其中的规律性，进一步搞好我们的改革。

---

① 参见万莲美：《要建立两个渠道并重的教学体系》，载《人民教育》1984年第5期。

② 参见《改革现行教学体系的初步探索》，载《人民教育》1984年第5、6期。

思考题

1. 班级授课制的基本内容及其产生、发展和形成的历史过程如何？
2. 对班级授课制有哪些重要的改革？

第十三章
教学效果的检查

教学效果的检查,是教学过程不可缺少的环节。因此,研究教学效果检查问题的理论,也是教学论的有机组成部分。它要论证教学效果检查的本质和作用,探讨其中的规律性,帮助寻找好的检查方法。

关于教学效果检查的理论,不仅是教学论或教育学的组成部分,而且也是管理科学的一部分。教育测量学、教育评价学越来越成为独立的研究领域。

关于教学效果检查问题的研究,过去存在两个突出的问题。一是争论十分激烈。现代教育测验派对传统的考试法猛烈抨击;传统考试法的维护者对智力测验等方法,甚至斥为伪科学。当然也有根本废除考试与任何检查的主张,如我国十年动乱期间就曾有过。因此,在实践中,考试或教育测验,时兴时废。有的同志说:"反观我国60年代以来……欧美式教育测验被否定于前,苏式考评方法又被否定于后……学生成绩考评陷于无所适从的困境,甚至自发倒退。"[①] 再一个问题是,理论研究太薄弱。在教学论著作里,大多限于提示考查、考试的具体的种类、方法等等,很少探讨其中的规律性。我国是考试的故乡,有千百年的考试历史,

---

① 陈一百:《学业成绩检查与评定初探》,载《教育研究》1982年第7期。本章下面许多材料和观点,引自该文。不再一一注明。

有丰富的经验教训；但是，迄今未见关于考试的专著，这是很值得我们反省的。

第一节　教学效果检查的意义

一、教学效果检查的基本概念

教学效果的检查，其完整的含义应该包括：检查—分析—评定。有检查而无评定是无意义的；而要评定就必须有分析。

教学效果的检查、分析和评定，与考试既有联系，又有区别。考试只是检查的方法之一，除了考试之外，还有其他的检查方法。考试也不限于检查教学效果，还用于选拔。

教学论中研究的检查、分析和评定，是专指教学效果的检查，即教学意义上的概念或教学范畴，不是选拔意义上的概念。

二、教学效果检查的地位和作用

教学效果检查、分析和评定的作用，可以概括为下面四个方面。

（一）诊断作用

通过对教学效果的检查、分析和评定，可以了解教学的各方面的情况，从而判断它的质量和水平，优点，缺点，矛盾和问题，等等。这是它的基本作用，其他作用都是由此而来的。因此，检查的根本问题就是能真实地反映出教学的实际情况，并作出正确的符合实际的判断和评价。

（二）强化作用

这也就是通常所说的鼓舞作用，监督作用。

(三) 调节作用

这是指根据诊断，对下一个教学过程，修改原订的计划或重新拟订计划。

强化作用和调节作用，对于学生、教师、学校领导、上级教育行政机关，都是同样的道理，只是调节的范围和内容各有不同。学生调节自己的学习活动，教师调节自己的教的活动。教育行政和学校领导则调节自己权责范围内的各个环节。

(四) 教学作用

这就是说，检查、分析和评价本身，也是一种教学活动。在这种活动中，学生在知识技能技巧方面也获得长进，智力发展和思想品德的形成也获得进展。

因此，教学效果的检查，是教学过程中绝不可缺少的一个环节。没有它，教学过程就不能继续下去。人们常说，教学质量是教出来、学出来的，不是考出来的，这是对的，不能轻重倒置，舍本逐末。在考试之风盛行的情况下，这样讲是有重要意义的。我们反对夸大检查的作用。但是，又要如实地、足够地估计它的作用。它不仅通过诊断、强化和调节作用，促进更好地教和学，而且它本身就具有教学作用。在这双重意义上，考，也是能出质量的。

教学效果检查的这种地位和作用，从"三论"、特别是信息论上得到新的有力的论证。根据有的资料，用信息论观点来解释，教学检查、分析和评定，使师生双方不断获得反馈信息，从而使教学过程真正成为一个"首尾相接"、"循环往复"的可控制的系统。请看下面这个示意图。[①]

[①] 据沈阳师范学院教育科学研究所编《教育丛刊》1982年第1期，宋曙《教学过程的信息交换——谈谈教学信息方法》一文中的示意图改制，简化，不如原图表详细。

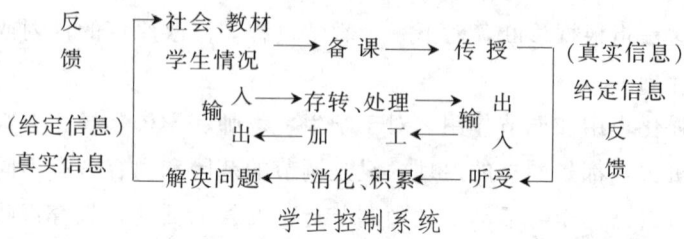

这个图描绘出，教学系统包括教师控制系统和学生控制系统这样两个系统。教师接收社会、教材和学生学习情况的信息，是为信息输入，接着，他进行备课，对输入的信息进行加工处理或存转，最后传授给学生，是为信息输出。学生听受教师传授的知识，是为信息输入，接着，他对输入的信息进行存转、加工处理，即消化、积累，最后，通过口头回答题或书面作业等解决问题形式输出信息，这个信息又成为教师输入信息的一部分。需要着重指出的是，学生输出的信息，既是他的真实信息，又是对教师的给定信息，同时是对教的反馈信息。教师输出的信息，既是他的真实信息，又是对学生的给定信息，同时也包含了对学生学习的反馈信息。正是由于有了学生给予教师和教师给予学生的反馈信息，才使得教和学两个系统"首尾相接"，"循环往复"；否则，便不可能。

教学效果检查的作用，在马克思主义经典作家的著作里，也曾作了原则性的论述。例如，马克思关于劳动过程的一段话，就很有启发。他说："劳动结束时得到的结果，在这个过程开始时就已经在劳动者的表象中存在着，即已经观念地存在着，他不仅使自然物发生形式变化，同时也还在自然物中实现自己的目的。这个目的是他所知道的，是作为规律决定着他的活动的方式方法的，他必须使他的意志服从这个目的。"① 教学效果也就是所追求的教学目的。

---

① 马克思：《资本论》第一卷，人民出版社1975年版，第202页。

对于教学活动来说，是一种规律，决定着教学活动的方式方法，并且要求从事教和学的活动者，排除各种干扰，使自己的教学活动服从于这种目的或结果。对这种教学目的或教学结果知道得越清楚，其决定作用就越有效。从这里，我们可以体会到通常所说的：考试对教学起着指挥棒的作用。不过，教学目的或教学效果都不是抽象的，而是具体的，有社会性的，有差异的，因而其发挥指挥棒作用的性质也是不同的。有的正确，有的不正确，有的全面，有的片面，由此，发挥作用的大小也不一样。例如，为追求全面发展而教学，或只追求死知识，片面追求升学率而教学，其作用的性质和大小便会不同。当然，我们坚持社会主义的全面发展的目的，追求符合这种教学目的的教学效果，使它发挥正确的指挥棒的作用。

第二节 教学效果检查和评定的方法

在通行的教育学或教学论著作中，都论述了学校中教学效果检查和评定的方法的一些基本知识。

学校中教学检查一般分为日常考查、阶段考查、期（年）末考试和毕业考试等几种类型。检查的方法有：口头的如口试或课堂提问，书面的如考试卷或各种书面作业，实践的如实验实习，以及闭卷考试、开卷考试等等。关于成绩评定，要求客观，公正，给予解释和说明，运用五级记分法或百分制记分法。

成绩考查和评定好不好的标准，最重要是所谓信度，即真实可靠地反映实际成绩，排除偶然性。再就是所谓效度，即能够有效地促进教学和学习。所谓区分度也很重要，即能够鉴别出差异来。

这里，我们不去展开详细地解释上面的内容，而提出几个问题来讨论。

一、传统考试法与现代教育测验

一般说来,所谓传统考试法,就是教师根据教学大纲和教材以及教师讲授的内容,出三五道试题,然后,根据学生答案的质量,评定一个分数。这种考试法也叫论文考试法。考生要根据题目要求,动员和组织已有的知识,发挥自己的见解和思想观点,然后表达出来,口头或书面同理,即如同做一篇论文或发表一篇讲演那样。所谓现代教育测验,包括成绩测验和智力测验,就是出大量的小题:选择题,是非题,判断题,填空题。每套测验题编出集体常模。这个常模是在极大规模的同年龄,同年级,同程度的学生中实测以后制成的。学校和教师选用某一套测验题(同值的备有好多套),对某一群学生进行测验,将学生实际得到的分数,与常模一对照,就可以确定学生的成绩,分别居于何种地位。

传统考试法和现代教育测验孰优孰劣呢?不能一概而论,要做具体分析。传统考试法检查面窄,这与教学要检查的广泛内容,显然是不适应的。传统考试法评分不容易客观,主观成分太大。有许多实验材料证明这一点,据说还有这样的笑话:国外某年夏季,一批大学教授评阅历史试卷,有一位教授为评阅方便起见,自己写了一份答案作为典范。不料这份范卷和其他待评考卷混在一起,经另一教授评阅,竟得一个不及格的分数。为慎重起见,其他教授对这份不及格的试卷重新评定,结果所得分数差别之大,竟是从40分起到90分为止!但是,传统考法也有很大优点,能检查学生对知识的理解,以及思维能力,表达能力。尽管确实有主观因素,但上述笑话所说的事例毕竟是少数的,一般还有统一的标准,得出一致的结果,不然的话,为什么我们一直使用这种方法,又为什么它至今未被淘汰。现代教育测验检查的覆盖面宽,题目数量多,但简单、明确,因而定分客观、准确,容易做到客观、一致,能检查记忆材料，判断是非，对问题的理解等等，但难以检查思考能力和综合运用知识等情况。

二、常模参考测验与目标参考测验

这是在教育测验中互相区别的两种测验方法。所谓常模参考测验，就是每个测验（语文、算术等等）都有一个常模，常模参考测验所提供的信息，是学生对于某科总的知识量掌握了多少，即答对了的题数。所谓目标参考测验，则不是与常模参照，而是与教学目标参照，它提供的信息是完成教学目标的情况。换句话说，常模参考测验是以鉴别学生与学生之间的成绩差异为指导思想的；而目标参考测验是检查学生的成绩与教学目标之间的差异。

这两种检查哪个好哪个不好呢？这也不能一概而论。参考常模的测验，能区分出不同学生的差异，并且能够确定学生在一群学生中处于什么地位，是上等还是中等，抑或下等。但是，它不能充分诊断学生掌握知识的具体情况。因此，它主要起概观的作用，发挥监督的功能。而参考目标的测验则相反，它能够诊断学习优缺点、具体困难等，从而能起调节作用。但是，它不关心也不能鉴别学生各人所处的不同的位置。

三、相对评分与绝对评分

这是与上面两种测验方法密切联系的。所谓绝对评分，是与参考目标的测验联在一起的。它只根据教学大纲和教材的要求进行评分，全部符合要求者得满分，全部答错者得零分。它不管多少人得满分，也不管多少人得零分，不管它们之间的比例，粗浅地说，就是"实报实销"。所谓相对评分，刚好相反，它是与参考常模的测验联在一起的，以考生成绩互相比较，按其在全班学生中所处的地位为根据，一般分为五等：上等，中上等，中等，中下等，下等；或者分为上、中、下三等，而且常常按照正态曲线规定人数比例。若用图形表示，就是下面的样子：

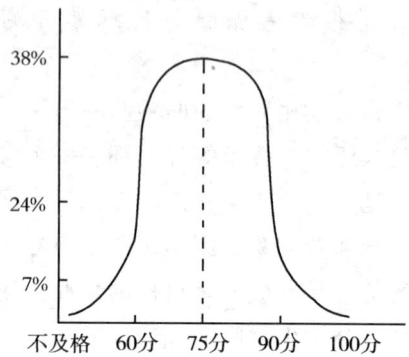

按图所示：得 75 分者占 38%。得 60 分和得 90 分者，各占 24%，不及格者和得 90 分以上的高分者，各占 7%。两头小，中间大，叫做正态曲线。

如果出现了与此不同的情况，就叫做偏态，分为正偏态和负偏态。得低分者多，得满分者少，是为正偏态；得满分者多，得低分者少，是为负偏态。图示如下：（左）负偏态；（右）正偏态。

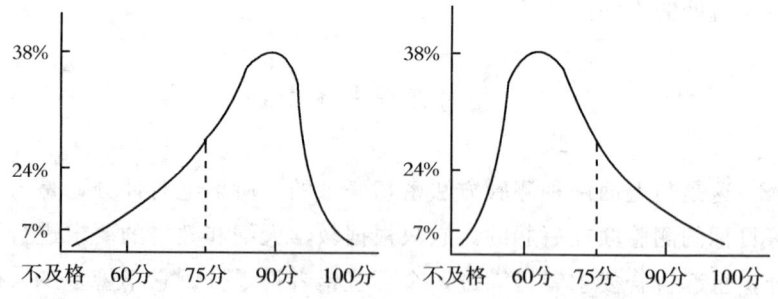

这两种评分方法的优劣长短，在讨论参考目标的测验和参考常模的测验问题时，已经提到过了。

四、综合的趋势

人们对于以上所说的传统考试法和现代教育测验法，参考目标的测验和参考常模的测验，以及相应的绝对评分法和相对的评分法，曾经长期争论，相持不下。但是，根据客观形势发展的要求，根据对教学实践的深入调查研究，已经出现并将必然显示出综合的趋势，即综合运用各种检查方法和评分方法。道理也很简单，彼此互有长短，都是需要的。问题是如何综合运用？应该努力探讨其综合的形式或方式。综合的办法主要有以下几种。

第一，把全面考核学生学习效果作为检查和评定的任务，克服单纯考知识甚至只考记忆的片面性，也克服单纯进行智力测验的片面性，全面地考核学生的知识、技能、技巧，一般智力和各种特殊能力。

第二，同时兼用传统试题和现代测验题，即兼用论文题，选择题，是非题，判断题，填充题等，也兼用口试，笔试，操作考试，闭卷考试和开卷考试。

第三，为了克服传统考试法中评分的主观性，以及试题的局限性，采取流水作业式阅卷，或者交叉评分，并运用统计学方法处理。同时，采取统一命题、集体命题等方法，提高题目的质量。[①]

第四，把绝对评分法与相对评分法结合起来。教学实践许多的经验证明，在正常教学的基础上，正确掌握试题的难度、评分的标准和方法，两者是可以统一起来的，换句话说，参照教学目标进行绝对评分，其结果一般是与常模相符合的。这一点，我们在下面讨论一个争论问题时，将能作进一步的说明。

[①] 参见王适安：《关于教育成绩测量的几点意见》，载《北京师范大学学报（社科版）》1983年第3期。

五、一个争论的问题

什么争论的问题呢？就是近些年来，不少学校，特别是大学，出现"分数贬值"的现象，也就是出现学生学习成绩偏高的现象，出现成绩负偏态分配的现象。优等生在全班所占的比例，大大超过25％。有一所学校文科一个系的一门课，优生即90分以上竟占到93％。这确实有些不正常。为了克服这种偏向，有的人就提出主张，甚至有的学校教务处下令：要求把优良中差劣各控制在一定的比例内，也就是按正态分配曲线来要求教师评分。这就引起了矛盾和混乱。

问题的性质和症结在哪里呢？这是采取相对评分法，还是采取绝对评分法呢？常态是否即"当值"，负偏态是否即"贬值"，正偏态是否即"升值"呢？有的同志认为，这是两种不同的评分法，不容混淆。采取绝对评分法，只要合乎教学大纲的要求，该多少个优秀分数，就给多少个优秀分数，不发生贬值问题，而正是教学质量提高的表现，也是我们追求的目标，可以创全优。换句话说，不能认为只有常态曲线才是"当值"。如果硬弄成常态，只要提高试题的难度，或者评分从严，就能达到，那就不是当值，而是失去信度和效度，实际上成了正偏态，不符合实际，打击了师生积极性，某些学校教务部门实行控制比例的规定，是缺乏科学根据的。但也有的同志认为，相对评分和绝对评分不是绝不相容的。换句话说，常态基本上"当值"，出现偏态（过于明显的），一般就是"贬值"或"升值"。这就是说，近年来学生成绩分配呈负偏态曲线，可以认为确实是分数贬值。因为，学生的学业和智力及其差异，一般都是呈常态分配的；教材难度一般说主要适应绝大多数学生；评分如果根据大纲来进行，既属于绝对评分，一般也自然合乎常态分配，即与相对评分相符合。

以上两种意见，都有道理。

从理论上讲，关键是正确地根据教学大纲和教材的要求，搞好教学；正确地掌握试题的难度，不过难或过易；正确地掌握评分的标准，尽可能避免主观性。如果这样做了，一般说，既能反映学生实际成绩，当值，有信度，也能测出个别差异，为学生在总体中定位，无须硬追常态。如果硬性规定按常态曲线评分，那就意味着不从教学工作、试题质量、评分标准等根本问题上着眼，单纯从比例分配上着眼，的确是舍本逐末的不明智的举动。

从实际上讲，近几年来学生成绩出现负偏态，确实是"分数贬值"，是虚假现象。这不是偶然的，原因很复杂。直接原因是降低了试题要求，评分过宽。还有更深刻的原因：(1)十年动乱的流毒；(2)某些"领导"作风不正，只根据分数高低来评定教学质量和教师的工作；(3)教师责任心和工作态度欠端正，甚至讨好学生，迎合某些"领导"的不正之风；(4)社会风气和学生学习态度不好，给教师也带来压力。[1]

对我们有启发的是，这当中是有规律可循的。绝对评分和相对评分是两个不同的体系，不能硬捏到一起。但是两者又是有联系的，能够结合和统一的，现实也是需要的。怎样既结合而又不是硬捏呢？这就要探讨和创设两者统一的条件，也就是上面不只一次提到的：正确掌握教学大纲的要求，切切实实地搞好教学；正确掌握试题的难度；正确掌握评分的标准和科学的评分方法。

第三节　教学效果的分析

在教学效果的检查、分析和评定中，分析是关键。我国多年

---

[1] 本节参见潘懋元、吴丽卿：《关于学业成绩负偏态分配问题的初步探讨》，载《教育研究丛刊》1980年第3期。

来，特别是近年来创造了试卷分析的经验，很有实际意义和理论意义，值得好好总结。

一、试卷分析的意义

检查之后，得到许多材料、事实和数据，不分析就看不出问题，只有通过分析才能看出问题。从哲学上讲，这是本质和现象的关系，现象表现着本质，但对本质不能直接认识，需要通过对现象的分析才能达到。用信息论的观点来解释，试卷是学生输出的信息，通过对这些信息的分析，可以推测、判断学生是怎样掌握知识的，可以推测、判断他们的思维过程，也可以推测、判断教师是如何教的。对试卷和检查得来的各种材料进行分析，不仅保证信度，尤其能提高效度，即充分发挥检查的鼓舞、监督和调节等作用，更好地提高今后教学双方的自觉性，还可以用提高检查质量的办法，减少考试的次数，减轻师生和教学管理人员的负担。

二、努力提高分析水平

根据这些年各种试卷分析的实践经验，分析的类型基本是两种：一是全面分析；一是专题分析。要提高分析水平。首先要把目的搞明确。在什么情况下进行哪种分析，更需要认真思考。例如，对学期、学年开始前的"摸底考试"，通常进行全面的分析。在期末、年终考试后，常把发展趋势，显著的进步和突出的薄弱环节等，作为分析的目的。在日常教学中的各种小测验，教师们则各自抱定一些更具体目的：或者分析学生解数学题的技能和能力，或者分析学生阅读课文的方法和能力，如此等等。

分析试卷和各种检查材料，必须有事实，有数据，讲出道理。这三者缺一不可。要有事实，特别是要有典型事实，切忌没有事实的一般评语,如"语法错误多"、"作文质量较好"、"错别字还未消灭"等。有的小学语文教师,注意到这种弊病,在分析试卷中,整理出《病句一百例》、《优秀作文集》和《错别字练习》等专题材料,这就是很有意义的,既能把一般评语具体化,也对今后改进教学有具体帮助。分析还要有数据,运用必要的统计学方法,这一点对我们实际情况来说应特别强调,因为我们多年忽视,在十年动乱期间达到顶点,往往只凭个别事例就下判断,不能反映实际,甚至歪曲了实际情况。因此,近年来一些试卷分析工作中都开始注意到百分比、平均分、中数、众数、离差,不及格率、及格率、满分率、错误率、相关率等数据,把质的分析和数量的分析结合起来。分析还要讲出道理来。有了事实和数据,有时它们自己就能"说话",但有时不能。光靠事实和数据"说话"还不够,必须讲出道理。这实质上就是要揭示它们的内在联系。这里试举一个例子。

在一份试卷分析报告中,说某区小学升学考试中,有这么一道算术题:"有两条绳子,第一条长 4 米,它比第二条绳子短 $\frac{1}{4}$ 米,问第二条绳子长多少米?"某班错误率达 53%,而且 70% 左右的学生列式都是 $4\div(1-\frac{1}{4})$。在评卷的时候,许多教师都非常纳闷,这么简单的题,怎么做错了呢?不就是 4 米+0.25 米=4.25 米吗?真是被两条绳子绕住了。其实,经过分析,其中大有文章。第一,错误的直接原因和性质是学生把"量"和"率"混淆了,把 $\frac{1}{4}$ 米看做了"率",把这道题看作了求"整数 1"类型的题,又简单地一看见短,就想到减法。第二,由此可以推想出学生的思维过程是这样的:首先想的是本题求的是第二条绳子,也就是整体 1。其次,想到求整体 1 用除法。再次,想的既然是短,就应减去,再往下想,被减数是 4 的 $\frac{1}{4}$,(而不是 $\frac{1}{4}$ 米)。这样,就"合乎逻辑"地得

出了 $4 \div (1 - \frac{1}{4}) = ?$ 的算式。第三，由此，也可推出教师在教学中某些弱点和疏忽。因为错误率达 53%，同样的错误列式达 70%，就不能认为只是学生的问题，而应该认为是教师的问题。什么问题呢？算术概念不清。有时为了通俗化，在教给学生一些公式和方法时，不够严格、准确，犯有科学性的毛病。例如说，看见短就减，看见长就加，几分之几就是率，"是"某某数的几分之几，"比"某某数的几分之几，"相当于"某某数的几分之几，这"某某数"就是"整体1"等等。更进一步分析，说明教师在教学中，不仅科学用语不准确，而且不注意引导学生理解，而只教学生套公式。

从这个例子可见，对教学效果检查的材料，必须经过分析才能有意义。而一旦经过分析，那些无生命的文字、符号、算式，就好像变成有生命的东西了。这种分析，也正像马克思所说，不能用显微镜、化学试剂，而必须用抽象力。①

当然，试卷分析只是检查材料和教学效果分析的一种。而且，它也不能孤立进行。要尽量避免表面性、主观性和片面性。试卷上出现的问题，单靠试卷本身的分析还不能得到解答。要联系学生日常学习情况，跟其他活动和整个教学活动联系起来，互相配合。由此，也可得出一个原则性的认识：对考试以及各种检查手段，都要认识其局限性，恰当地估计它的信度和效度，实事求是，不能追求万能的方法。

第四节 教会学生自我检查

这是近年来国内外都提出来的一个问题，表明一种发展，一种

---

① 马克思：《资本论》第一卷，"序言"。

进步，很值得从理论上进行探讨。

学生自我检查，简称"自检"。相对而言，教师的检查称为"他检"。关于自我检查问题，在其他领域即一般生活领域的意义，早已不用什么论证。如自知之明，吾日三省吾身，自我批评，等等。但是，在教学过程中，向来没有明确主张学生自我检查，而总是受检。本来，在教学实践中，有的优秀教师实际上也这样做了。要求学生自己检查作业中的错误，做算题后要检查、要验算，等等。但是，在教学理论上，在考查考试理论中，却还没有正式提出来展开论述过。近年来，由于培养能力、发挥学习主动性等问题更加突出，也由于教育科学有新的发展，因此，学生自检问题也就逐渐提到理论研究的日程上来了。

布鲁纳关于反馈原则的解释曾经说道："教学是带有临时性的，因为它的目的在于使学习者或解题人得以'自力更生'。提供任何矫正性指示都会带来危险，学习者很可能永远依赖教师的指正。教师必须采取供学习者最后能自行把矫正机能接过去的那种模式，否则，教学的结果势将造成学生跟着教师转的掌握方式。"① 巴班斯基也是明确提出并十分强调学生自我检查的一个人。在他的"教学过程最优化"的体系中，按照教学过程的成分，他分别提出了学生应该自己独立进行的活动。最后他提到学生应该"对学习效果进行自我分析，把学习效果和自己的可能性作一番比较，评价时间消费的合理性。"② 他还提出，对学生的自我检查，也应该包括在教师检查工作之内，也就是说，教师应该对学生的自我检查进行检查。教师为了检查学生自我检查的技巧，可以向学生布置简单的练习，并建议证明所得答案的正确性。③

---

① [美] 布鲁纳：《论教学的若干原则》，载《教育研究》1979 年第 5 期。
②③ [苏] 巴班斯基著，吴文侃译：《论教学过程最优化》，第 175、140 页。

我国科学院心理研究所卢仲衡同志主持的"数学自学辅导实验",把"自检和他检相结合",作为一条重要原则要求。这是对西方程序教学的改造和发展。他们在实验中发现:"自检能力的形成和发展是缓慢的"。"学生的自检能力是在教师的检查、督促和指导下逐渐形成和发展的"。"随着学生自学能力的成长,他检与自检的比重逐步发生变化,最终达到自检能力的形成"。在他们的实验中,许多老师创造了具体的培养学生自检能力的方法。一开始就强调并坚持让学生认真、及时核对答案,要求学生不只核对答数,还要给自己写批语,如"注意最后要提公因式","二不要写成2",等等。[①] 我国山东省济南第四十七中学自1981年开始,受联合国教科文组织的委托,在初中进行一门《绘图技术教程》课的教学实验。这个教学把"评价作业:使学生当堂对作业进行自我评价和评分",作为教学过程结构的有机组成部分。其办法是:每次练习开始,教师公布评分标准和练习开始时间。作业完成后,学生对自己的练习作业作出评价,给出分数,记入单元成绩表内。按照评分标准,正确率占40%,整洁美观和练习速度各占30%,总分满分为10分。一年试验证明,这样做是很有成效的。首先,学生的练习得到了及时反馈;其次,培养了学生作业认真,整洁和快速的学习作风;再次,养成了公正,谦虚,自我负责精神和思想品质。从已经进行的几十次自我评分来看。一般都是公正偏下,偏上的很少,基本上是可以信赖的。[②]

综上所述,教学效果的检查是教学过程中一个不可缺少的环

[①] 卢仲衡、金祥凤:《自学辅导教学实验的教学原则》,载《教育研究》1984年第1期。

[②] 王顺兴、丑荣之:《一门职业技术基础课程的试验》,载《外国教育》1983年第2期。

节。信息论等科学新发展给予了新的论证。各种检查方法和评分方法，各有长短，有综合趋势。检查、分析和评定是不可分割的，分析是关键。培养学生自我检查能力是新提出的课题，是重要的发展。

思考题

1. 教学效果检查评定的方法及其综合趋势如何？教学效果分析的重要意义及要求如何？
2. 培养学生自我检查能力的重要意义如何？

附 录

教育科学的本职在于
揭示教育的客观规律[*]

教育科学的本职在于揭示教育的客观规律。这是常识。但是，由于林彪、"四人帮"的干扰，也由于我们未能完整地、准确地掌握马列主义、毛泽东思想体系，出现过种种混乱，使这一点变得模糊起来，我们必须坚决拨乱反正，加以重申和明确。

（一）主要由林彪、"四人帮"制造的一个混乱，就是把教育学搞成只是"教育语录汇编"，似乎教育科学的教学和研究的任务就只是背诵、解说和照搬语录。如果不这样，就被扣上不以毛泽东思想挂帅的大帽子。

马克思、列宁、毛泽东教育思想是教育科学发展史上最辉煌的成果。它使教育科学发生了根本性的变革，成为真正的科学。它反映了教育的客观规律，包括一些根本性的规律和一些具体领域的规律；不仅如此，他们的教育思想还是运用马克思主义世界观观察和解决教育问题的光辉典范。因此，马克思主义教育思想是我们教育科学的基础。它既是最重要的内容，又对我们具有方法论的意义，

---

[*] 1979年，全国第一次教育科学规划会议举行，我提交一篇《对教育科学研究中几个问题的粗浅认识》的论文，收入全国教育学研究会编辑的《办好师范教育　发展教育科学》一书，人民教育出版社1979年版。本文是其中的第二部分，标题是现加的。

是我们探讨一切教育规律的指导思想。例如，毛泽东同志在《新民主主义论》中关于文化教育问题的论述，阐明了马克思主义关于文化教育同政治经济的辩证关系的原理。这就为教育科学进一步揭示了教育发展的一条基本规律；也为我们提示了把教育现象同一定历史条件下的政治经济联系起来考察的科学方法。同时，毛泽东同志还亲自为我们作了示范：运用这种马克思主义的观点和方法对我国近代社会政治、经济、文化教育及其相互关系，作了具体的历史考察。毫无疑问，这是我们教育科学的宝贵财富。我们对马克思、列宁、毛泽东同志关于教育问题的一切论述，都必须认真地学习和研究。我们的教育科学同马克思主义教育思想的正确关系和我们的任务就在于：要完整地准确地领会和阐述它所反映的教育客观规律；学习运用它所体现出来的立场、观点和方法去探讨尚未被认识的教育规律；不断地"补充、丰富和发展这种共同的本质的认识"。①

林彪、"四人帮"制造混乱，把教育学搞成只是"语录汇编"，是妄图把我们的教育科学引入歧途。首先，它模糊了我们学习马克思主义教育思想的目的；实践也已证明其后果是不好的。由于语录中每一个别原理，离开了革命导师们论述的时代背景以及前后连贯的完整的思想，这就使人无法学习到它所深刻反映的关于教育的客观规律的认识，甚至容易误解它歪曲它；这更使人无法学到它体现的马克思主义立场、观点和方法去研究教育上新鲜事物和具体过程的规律，甚至忘记了这个责任。例如，毛主席的《教授法》是1929年为在红军中进行政治课教学而规定的。毛主席提出了十条要求，十分精彩，反映了当时条件下提高教学效果的规律性。这种教学主要用讲授法，而一般讲授法极易形成注入式，为此毛主席特别要求实行启发式；政治课主要是讲革命道理，又是在农村环境对出身工人农民的士兵和干部进行，毛主席针对这一点特别提出"由

---

① 《毛泽东选集》第1卷，人民出版社1991年版，第310页。

近及远"、"由浅入深"即联系实际、循序渐进的要求；运用讲授法的特点是依靠教员口头语言作为教学的主要工具，教员的口语好坏是关键，因此，毛主席对教员的"说话"提出的要求，在十条之中就占了四条；当时没有现代化手段之类的教学设备，毛主席提出了"以姿势助说话"的要求。我们认为，学习和研究毛主席的《教授法》，应该努力阐明它所反映的运用讲授法进行政治课教学如何提高教学效果的规律性，更应该学习它所体现的马克思主义认识论，学习它为了具体的教学目的，利用具体的条件，创造具体的方法，提出具体的要求的精神。如果持这种态度，那么在今天，我们就应该具体研究多种学科、多种年龄儿童、多种环境条件下的多种方法和多种要求。例如，在新的历史条件下各级各类学校提高政治课质量的规律性，语文、历史、数、理、化、外语等科的演示、实验、实习、练习，以及使用幻灯、电影、电视、电子计算机、程序教学等等的规律性。可是，过去几年中，我们一些教学论教材和论著，关于教学方法的理论部分仅仅限于简单地解释毛主席的《教授法》，既不具体深入地阐明它所反映的规律性，更不讲述此外的任何学科、任何其他的教学方法。今天回顾起来可以看得很清楚，这根本违反了毛主席教育思想的实质。照那种办法做下去，教育科学要继续发展是不可能的。

　　我们必须认真地吸取这一深刻教训。要正确地对待教育语录。我们不能否定编辑教育语录的必要性。例如，在研究一定的教育问题时，把经典作家在不同历史条件下各种提法和论述汇集到一起进行学习、研究，对于加深理解有重要意义。我们也不能否定对经典著作进行注释和解说，对于其中的重要原理必须弄得十分确切，在有的情况下，对其中使用的字词乃至各种译文都要进行严肃的校对。但是只靠语录是不能学到马克思主义教育思想的。必须系统地学习，联系历史实践进行学习。对于马克思、列宁、毛泽东教育思想中每一个别原理，都要把它放到他们完整的教育理论中和整个思想体系中去理解，把它同有关的其他原理联系起来理解，首先要弄清楚每一原理是在什么时间、地点、条件下，针对什么问题而讲的，以便领会其特定的含义和精神实质，进而融会贯通，逐步达到完整、准确的理解，要着重学习他们观察和解决教育问题的立场、观点和方法，结合我们的教育实践，研究新的历史条件下的教育规律。只有这样地明确学习马克思、列宁、毛泽东教育思想的目的，才能学好学懂学通，更好地去执行教育科学的本职；也只有明确教育科学的本职，才能端正学习马克思主义教育思想的目的并获得成效。

（二）另一个混乱就是把教育学搞成只是教育政策法令汇编。这种现象在1958年后就曾出现，60年代初有所克服。林彪、"四人帮"又把它发展到极端。谁不这样，谁就被说成脱离现实政治斗争。

我们党所制定的教育方针政策，由于有马克思主义世界观和正确政治路线作指导，能够以客观教育规律为依据，特别是革命导师们亲自提出的一些基本的教育方针政策，如教育必须为无产阶级政治服务，必须同生产劳动相结合，培养有社会主义觉悟的有文化的劳动者、全面发展的共产主义新人等等，概括地反映了教育实践和阶级、群众对于教育的要求。因此，教育政策对于教育科学有指导意义，教育科学的研究必须为党的教育方针服务。

但是，教育科学与教育政策法令不是一个东西。斯大林关于科学规律与政策法令的区别说得好："一种是科学法则，它反映自然中或社会中不以人们的意志为转移的客观过程；另一种是政府所颁布的法令，它是依据人们的意志创造出来，并且只有法律上的效力，但这两种东西无论如何是不能混为一谈的。"（《苏联社会主义经济问题》）这就是说，一个是客观的东西，一个是主观的东西，即使在两者符合的情况下，也只是"符合"，而不是一回事；事实上，有一些教育政策并不符合甚至违反教育的客观规律。1971年，

"四人帮"利用窃取的部分权力炮制出来的那个《全教会纪要》就是一个突出的例子。其次，教育科学跟教育政策对客观的反映方式也不同。例如，关于教育制度的法令是根据实际的需要（多半还是时间较为短暂的需要）来制定的，并且采取综合的方式。而教育科学则是以理论系统分别揭示教育制度这个综合体的各个方面较为稳定的内在的联系。

把教育学搞成只是"教育政策法令汇编"其结果怎样呢？实践证明是有害的。即便教育政策法令本身是正确的，教育科学也不能局限于教育政策法令的解释，如果局限于此，就会妨碍它去深入探讨多方面的内在的规律性，更严重的是这样会模糊了主观、客观的界限，发展下去可能会走向唯意志论，按长官意志办教育，否定了教育的客观规律，从而实际上取消了教育科学，特别是当教育政策发生错误的时候更是危险的。1971年"四人帮"炮制的那个《全教会纪要》之后，利用其淫威，硬要教育学的教学把它作为教材的主要内容，使"两个估计"、"八大精神支柱"以及"上管改"等等穿上"科学"的外衣。不少的教育理论工作者是不得已做了违心的事，而有的人则是思想不甚清楚。尽管主观因素不都相同，但其客观效果都是不好的。

这个教训也是很深刻的，也必须认真吸取。今后再也不应要求教育科学局限于解释教育政策法令，更不能不加分析地论证任何教育政策法令的"合理性"。这是不是否定党的教育方针政策对教育科学的指导意义和教育科学应该为党的教育方针政策服务呢？不，恰恰相反。党的教育政策之所以有指导意义，正是由于它反映了实践、阶级、群众和教育发展规律的要求；教育科学为教育政策服务，不能归结为对任何教育政策进行解释和说明，而应该是通过揭示教育的客观规律，给正确的教育政策以科学根据，使某些错误的教育政策得到纠正，使它符合客观的教育规律，使一切教育政策都置于科学基础之上。

（三）过去多年中存在过的又一种混乱现象，就是把教育学搞成"教育经验汇编"。如果教育科学的教学或论著不能提供直接的教育经验，就被说成是脱离实际的空谈。

　　教育实践经验是教育科学的源泉，否定了教育经验而谈教育科学就是否定了唯物论，必然走向唯心论。教育科学在其发展长途中有时不得不停留在教育经验的形态而还达不到科学的形态。教育科学必须给实际教育工作提供指导性的帮助。这一切都是不待说的。

　　但是，教育科学与教育经验既要密切联系，又要严格区别开来。教育经验只是反映教育过程表面的、局部的、一时的、尚未完全排除偶然性的现象；教育科学则是反映教育过程内部的、普遍的、稳定的、必然的规律。两者对实践的反作用也不同。教育经验有直接的效用，并且带有生动活泼，感染力强，见效快的特点，但也往往使人知其然而不知其所以然，从而出现把正确的经验作了错误的运用或运用了错误的经验情况。例如，把对成年人行之有效的教育经验用之于儿童，在教育工作中表现出成人化、一般化的错误倾向。在"四人帮"横行时期，所谓的"学朝农、迈大步"，就是运用了错误的经验。教育科学对教育实践的指导作用则不同。它带有间接、比较缓慢以及抽象等特点。它主要是提供教育过程的规律性的知识而不是提供现成的教育工作方案。我国古代一部论述教育问题的杰出著作《学记》说："既知教之所由兴，又知教之所由废，然后可以为人师也。"这是说，教育工作的成功与失败，都是有原因的，都是同一定的条件相联系的。教育科学的任务和作用在于揭示教之兴废的诸条件以及它们之间的内在联系。教育科学把这些知识提供给教育实际工作者，使他们自觉地利用和创造使教育成功的条件，避免和消除使教育失败的条件，根据这些教育的客观规律，来正确地规定自己的教育任务，选择最优的工作方法，制定比较合理的教育方案；严格地讲，教育科学对教育实践的指导作用，更重要的应该在于丰富教育工作者的头脑，使他们能够从理论上思考、分析和解决各种教育问题，能够更好地吸取别人的教育经验和总结自身的教育经验。

在林彪那个"立竿见影"谬论的影响下，在"四人帮"大肆兜售实用主义教育思想的日子里，不少的教育科学的教材和论著，只有限于汇集和讲述一些教育经验，不敢研究和阐述基础理论。这样，就使教育经验和教育科学两败俱伤：先进的、包含了教育科学规律的教育经验得不到进一步的总结、发展和提高，也难以推广，往往自生自灭；而教育科学则实际上被取消了。像"朝农经验"那样的"经验"，许多教育工作者由于缺乏科学的教育理论的武装，未能及早识别和抵制，那就更充分地说明把教育科学跟教育经验等同起来的害处了。

综上所述，无论只是"教育语录汇编"，或只是"教育政策法令汇编"，或只是"教育经验汇编"，或者兼而有之，都是把教育科学同马克思主义教育思想，同教育政策法令，同教育经验等的关系歪曲了，而其关键都是否定了教育科学的本职应该是揭示教育的客观规律。其结果不但不能提高而恰恰降低了马克思主义教育思想、教育政策法令和教育经验对于教育科学的重要意义，特别是会在实际上取消教育科学。因此，必须重申和明确教育科学的本职在于揭示教育的客观规律这一点，这是关系着教育科学存亡的问题。

关于研究、阐明和掌握教学规律问题[*]

一、令人鼓舞的变化和成果

近年来，教学规律问题，引起普遍的关注和兴趣，这不是偶然的。在过去相当长的时期中，不按客观规律办事的现象很严重，教学领域也不例外。在党的十一届三中全会精神指引下，广大教育工作者决心克服这一缺点，而且认识越来越深：教育要面向现代化、面向世界和面向未来，就必须逐步进行全面、深刻的教学改革，这种改革必须有科学根据，建立在认识客观的教学规律基础上，而不是盲目地或仅仅凭经验办事。很明显，要按照教学规律搞好教学工作，特别是要据以指导一场新的教学改革，就要很好地研究、阐明和掌握教学规律。正是在这种背景下，广大教育工作者，广泛地开展了各种研究活动，进行了多方面的探索。

有的学术会议进行了关于教学规律的专题讨论，有的同志写出专题论文或专著，着重论述了教学规律问题，某些教材和讲稿也对教学规律作了专门的论述。关于有哪些教学规律，有的同志概括为"四条教学的根本规律"，并认为还有"一系列的大大小小的教学规律"，有的同志提出六条教学规律。有些同志提出八个关系和统一，认为都应该算作教学规律。

---

[*] 本文原载《北京师范大学学报（社科版）》1985年第3期。

可以看出，我们的教学论研究发生了可喜的变化，改变了过去不重视乃至不敢研究教学规律的状况，也获得了值得珍视的成果。上面提到的一些研讨，也有很积极的作用。第一，它适应了广大同志的迫切心情、强烈愿望和要求。因为，既然要按教学规律办事，那么教学论就要明确回答：什么是教学规律？有哪些教学规律？基本内容如何？这是合乎逻辑和常情的。第二，这是一种整理、综合、辨析性质的研究，对于已经学习过教学论基本知识和有丰富教学经验积累的同志，能起总结、提要、提高认识的作用；对于没有或很少学习教学论基本知识和不熟悉教学工作的同志，能起提示、启发、引导的作用；对于想了解教学论学科的其他领域的同志，可起介绍、宣传的作用。第三，这也在某种意义上反映了学科发展的一定规律，在实际的具体的研究的基础上，进行一些整理、综合、辨析，这对于更实际更具体和专门的研究，可起配合、促进的作用。

这是令人鼓舞的。现在的问题是：如何进一步扩大战果，深入下去？我们认为，对于教学规律进行探讨，应该多种途径并举，除了上述那种路子而外，还应从根本上着眼，努力具体化。下边谈谈我们粗浅的看法，供大家讨论。

二、还应从根本上着眼

所谓从根本上着眼，就是要真正搞清楚究竟怎样研究、阐明和掌握教学规律。依照我们的体会，对于教学规律，应该主要通过分析教学实际材料、解决教学的矛盾和问题来研究；通过教学论范畴和理论体系来阐明；通过系统学习教学理论、结合实际运用来掌握，才能取得更好的效果。

（一）关于怎样研究的问题

科学史告诉我们，研究客观规律是非常不容易的。最根本的是要研究事实，不可能离开事实，单纯思辨地研究出来。规律也是在解决矛盾和问题中发现出来的，规律存在和发挥作用还总是与一定历史条件有机联系的，因此，它也不可能是简单直观地发现出来的某种无条件的"必然性"。

马克思对资本的运动的规律的研究，提供了一个完全的典型。正如他自己所说："研究必须充分地占有材料，分析它的各种发展形式，探寻这些形式的内在联系"。① 还如恩格斯所说："即使只是在一个单独的历史事例上发展唯物主义的观点，也是一项要求多年冷静钻研的科学工作，因为很明显，在这里只说空话是无济于事的，只有靠大量的、批判地审查过的、充分地掌握了的历史资料，才能解决这样的任务"。② 当代大科学家爱因斯坦说："科学不是一本定律汇编，也不是一本把各种互不相干的论据集合在一起的总目录。……物理学理论试图作出一个实在的图像并建立它和广阔的感觉印象世界的联系"，"构成这样一座桥梁"。③

在教育史上，对教学规律的研究，也都是通过分析具体的教学活动，解决教学矛盾和问题而进行的。从《大教学论》中，我们可以窥见夸美纽斯研究教学规律的过程的一斑。他经历、观察，并分析了非常大量的教学实践活动。他具体研究了课程、教科书、教学原则和分科教学法，甚至从一些不伦不类的比拟中，也可看出他还观察了大量的与教学活动相似的自然现象和过程，例如老鸟教小鸟习飞，园丁培养花木，建筑师建造房屋，等等。近年来谈论得较多的苏联赞科夫，为了研究教学和发展的规律性的联系，他亲身参加、组织领导了大规模的教学改革实验，时间长达二十年。他逐个地具体地研究了小学各年级儿童在观察活动、思维活动和实际操作

---

① ②《马克思恩格斯选集》第 2 卷，人民出版社 1995 年版，第 111、39 页。

③［美］A. 爱因斯坦、L. 英费尔德著，周肇威译：《物理学的进化》，第 187 页。

活动中的心理发展情况，逐个地具体地研究了儿童在俄语语法、算术、自然常识、文学创作、音乐等科教学中的学习的情况。同时应当指出，无论是夸美纽斯或赞科夫，他们的研究不仅是实际的，而且都离不开特定的历史条件和时代的矛盾。前者是与资本主义上升时期近代教育兴起联系在一起的，是面临和解决封建落后的教学制度与新时代不相适应的矛盾而开展研究的。后者则是与现代教学论的发展联系在一起的，是为了克服苏联长期偏重知识教学而忽视儿童的发展的问题而开展研究的。总之，从教育史上看，对教学规律的研究，同一切领域中对规律的研究一样，也不是离开具体事实、具体矛盾问题和具体历史条件而孤立地进行的。有的同志正确指出，教学规律"含蕴隐藏于教学工作或教学实践中"。例如，教学应以间接经验为主，并在理论主导下组织实际活动，学习实际知识，才能保证教学质量。这可以说是带有规律性的认识。但这种认识正是从长期的大量的教学实践中，包括编制和使用课程教材，运用各种教学方法和形式，以及检查教学效果等，反复研究出来的，并且是克服教条主义和实用主义教学思想的成果。又例如，我国教学理论界近年来关于"教为主导、学为主体"的提法，可以说比单提"教师起主导作用"或"教师主导作用和学生主动性相结合"，更向规律性认识靠近了一步。但这一认识的获得也来之不易，除了总结了历史上克服教师专制或儿童中心主义的正反两方面的经验而外，更重要的是从20世纪60年代以来大量开展的自学辅导实验中，逐步形成起来的。

　　以上就是研究教学规律的根本途径。当然如前所说，在实际的具体研究的基础上，加以整理、综合、辨析，是有积极意义的。但它毕竟不是根本办法。特别是对于新参加到教学理论工作者行列中来的青年同志，应该着重引导他们从事艰苦细致的实际的具体的研究，去开辟新的领域，探索新的未知的东西。不然的话，他们可能发生误解，以为研究教学规律只是或主要是把教科书和有关论著的各种提法，即已知的，或基本上已知的知识，搜集起来，加以条分缕析，在一些"关系"上排列、推敲字句，使之更"全面"，更"准确"，等等。果真如此，那就可能转移了注意重心，轻重摆得失当，有些片面了，这样，教育规律的研究就难以取得新的进展。

（二）关于怎样阐明的问题

假定经过切实的研究，的确揭示出某些教学规律，那么，怎样阐明呢？将它们集中起来，列举出若干条，进行一定的解说，可不可以呢？当然可以，但是，这也不是根本办法或主要办法。

各种科学著作，特别是教科书，对所研究出来的规律，一般都是通过一定的范畴（概念）和理论体系来阐明的。例如《资本论》阐明了资本运动的规律，也把资本主义社会的阶级关系揭示得清清楚楚。但是，它不是列出规律一、规律二、规律三……来阐明的，而是系统地叙述资本主义的生产过程、流通过程和总过程，以及各种具体的过程，各种具体的形式。人们称赞它是"一座宏伟壮丽的科学大厦"，马克思自己曾经说过："它们是一个艺术的整体"。①又例如，毛泽东同志写作《中国革命战争的战略问题》，一开始就明确提出了要研究"中国革命战争的规律"的课题和任务。他总结了古今中外大量的战争经验，揭示了中国革命战争的许多重要规律。他的研究不是抽象的，而是具体的。而他对这些规律的阐明，也不是以规律为纲，进行直接的解说，而是系统地论述战争的各方面、过程和形式。

教学论对教学规律的阐明，也是通过对教学论诸范畴（概念）和理论体系的分析、论述而进行的。当然，教学论的范畴及其体系是各种各样的，不都是科学的，大可争议。在苏联和我国，教学规律是通过分析论述：教学的基本概念，教学的一般任务和作用、教

---

① 参见李承勋：《马克思与〈资本论〉》，北京出版社1979年版，第50页。

学过程、教学原则、课程、教学方法和手段、教学组织形式以及教学效果检查等教学论范畴及其体系,而阐明出来的。在西方,教学论范畴和体系不定型,不统一,但也是通过各自的教学论范畴和体系来阐明教学规律的。有的同志细心地注意到这样一个重要的事实,就是"对教学规律的认识当前在国内外尚未完全取得一致的看法。国内外公开出版的《教育学》教科书中,几乎均未对此进行正面的阐述。"① 前边例举的六条、四条、八条规律等说法,都是从我们教学论诸范畴的系统论述中,抽取出来的。这种直接进行规律解说的做法,难免产生以下一些问题。第一,一系列具体教学范畴、过程和形式,不可能得到充分的分析和论证。第二,每一个规律性命题也不可能得到充分的、展开的论述。因为规律是贯串、体现在教学论诸范畴、过程和形式之中的;没有前者,也就没有后者。例如,教师起主导作用的规律,是怎样比较好地阐明出来的呢?首先是在"教学的基本概念"中,揭示和明确教学乃是教与学、师与生的双边活动。接着,在"教学过程"中,分析教学认识的特点之一,就是学生在教师领导下的认识。在"教学原则"中,更着重解剖教和学双方的矛盾统一的关系,提出正确处理的要求。再往后,论述"教学方法"时,实质上是论述教师起主导作用下教和学的方式、方法和手段。而在"教学组织形式"中,也正是论述教师与学生怎样发生联系和相互作用的形式。这是符合马克思指出的"从抽象上升到具体"的路线的。只有经过从简单到复杂,从本质到现象,把抽象的东西的各方面的质的规定性一一揭示出来,然后才能够达到"思维具体"或"许多规定的综合。"第三,不通过教学论诸范畴和理论体系来阐明规律,而直接列出多少条规律加以解说的做法,只能是举些例子。它挂一漏万,难以摆脱主观随意性和偶然性。因为,这种做法虽然一般能把一些主要的或根本的规律

---

① 吴也显:《教学规律试探》,载《教育研究》1983年第12期。

列举出来，但科学认识是永无止境的，不能排斥还有一些规律、甚至属于基本性质的规律我们尚未认识到。即使就已知的规律而言，也不能肯定说出有多少条。因为，有些东西能否称得上规律还很难说；另一方面，如果脱离具体实践和特定条件，不分范围和层次，从不同角度和观点出发，那么，对教学规律提它几十条，上百条，也是不犯难的。例如，夸美纽斯、第斯多惠就各自提出三十多条。其中，从易到难，从已知到未知，从一般到特殊，从特殊到一般，由具体到抽象，由近及远……假使各列为单独的条目，能有什么理由反对呢？再举一个极端的例子："先提出问题，后指名叫学生回答"，这在某特定的启发性谈话中，也未尝不可以说是带有规律性的要求哩！

　　根据以上所说，对教学规律的阐明，可以采取列举一些命题加以解说的方法，它有一定的积极作用，但是，它不能代替从根本上通过教学论诸范畴和理论体系加以阐明的方法，只能作为一种配合或辅助。那么，是不是可以在同一本教科书或论著里，既按原来的诸范畴和理论体系来阐明教学规律，又加进专章或专节来集中解说可"正面阐述"若干教学规律呢？近些年来，包括我们自己写的教材在内，好像不知不觉地渐渐采取这种办法。可是根据我们现在的认识，这好比在一个有机体中，插进了它身外的一个楔子，不会成为原体系的有机组成部分，反倒类似架床叠屋，与教学论原有体系的各部分发生重复。例如，知识教学和思想教育统一、理论联系实际、教师主导和学生主体结合等教学规律，本来是通过论述"教学过程（'特点'、'阶段'）"、"课程"、"教学方法"，特别是通过论述"教学原则"而阐明的。而如果又在某个地方加进"基本规律"、"几个关系"之类的章节，其重复和不协调恐怕是难免的。无怪乎有的同志建议把"教学原则"这一部分删去，因为这一部分和"基本规律"、"几个关系"实在是太难解难分了。可是，教学原则作为一个古老的、经过实践反复检验过的科学范畴，能否轻易地抛弃呢？假定删去了它可以解决教学规律和教学原则的重复，那么，教学规律与教学过程的特点、阶段，以及课程、教学方法等等部分的重复，又该怎么解决呢？

总之，关于教学规律的阐明，可以有两种方法或形式：一种是通过教学论诸范畴和理论体系的论述来进行；一种是直接列举出若干命题加以解说。前者是根本的，后者是辅助的。就教学论整个科学领域来说，这两种形式虽有主次之分，但可并存不悖，就一本教科书来说，应该按照教学论诸范畴和理论体系来阐明，不应该使用直接解说的方法，更不应该把两种不同的东西简单地拼到一起。

（三）关于怎样掌握的问题

研究和阐明教学规律，是为了使广大教师更好地掌握教学规律。如果说对教学规律的"研究"和"阐明"的途径有主次之分，那么，关于如何更好地掌握教学规律，也有主次之分。从长期大量的经验教训中我们体会到，必须坚持理论联系实际的原则，主要通过系统地学习理论，结合实际运用来掌握教学规律。如果教学论教材或论著，列出十条、二十条教学规律，进行或详或略的解说，让教师们学习，教师们会不会直接地掌握得既快且好呢？前面已经说过，这种做法，对于不同的学习对象，具有提示或提要、提高等不同的作用，但仍然不能认为是根本办法。因为，那些条条，即使是经过科学抽象的，本身是正确的，但是，它脱离开了"教学任务"、"教学过程"、"教学原则"、"课程"等各部分理论的系统的内容，对于学习者来说，多半是"稀薄的抽象"，没有也不可能"上升到具体"，或是空洞的笼统，而不是建立在分析基础上的综合，还是只有骨头没有血肉的干瘪的东西。学习者很难以形成关于教学的真正完整的图像，难以融会贯通，消化吸收为自己的精神财富，难以养成观点、信念，激发感情。理解既很困难，更难谈运用，不运用也不能真正掌握。一切规律本质上不同于规程或规则。规律的运用不能直接实现（其实，严格讲，规程或规则也不能直接应用）。规律只能作为行动的向导，只能指示行动的大方向，而不能代替行动。教学规律也是这样。教学规律作为社会科学领域的规律，还不同于自然科学领域的规律。它本身就包括了人的主观能动活动在内。它的掌握和运用，如果没有教师的主观能动活动是不可能的。不仅如此，教学规律还不同于其他社会科学领域的规律。教学不仅是一种科学工作，而且是一种艺术活动。教学规律的运用还是与教师的艺术创造紧密联系的，是与教师的创造力、想象力、炽热的感情、丰富的个性、独特的风格等紧密联系的。教学工作如何进行，仍然要由教师根据教育方针和教学目的、教材特点、学生特点、主客观精神的和物质的条件等等，进行设计和实施。许多优秀教师的榜样告诉我们：他们之所以掌握教学规律，都是经过长期的实践、学习、积累，脑子里关于教学的经验和知识非常丰富，并能融会贯通，体会深刻，而当运用规律以指导工作时，又总是临事而惧，兢兢业业，详细而具体地分析教学实际情况，苦苦思索，力求设计和实施最好的教学方案。大家都深有体会：教学的实际情况是非常复杂的。古今中外教学论揭示出来的一些普遍的教学规律，如何运用到当前的教学实践，并有新的创造，新的发展，这是很不简单的。不然的话，教学论研究规律和按教学规律搞好教学工作，就是轻而易举的了。

　　历史的经验是最好的老师。曾经有一个时期，我们把教育学搞成近乎"教育语录汇编"、"教育法令汇编"和"教育经验汇编"，以它们代替教育学。在党的十一届三中全会重新端正思想路线以后，大家逐渐认识到那种搞法，使教育学不能执行它本身的职能和使命，即逐步全面、系统、深入地揭示教育、教学的客观规律。归根到底也不能真正学好革命导师的教育思想，宣传好党的教育方针政策，切实总结推广优秀的教育教学经验。因而，这些年来，大家在探索教育教学规律上狠下工夫。这是很大的转变和进步。但是，我们能不能否定一种"替代"，又搞另一种"替代"即"规律汇编"

的替代呢？今天，事实上不会这样，但这个问题值得我们考虑。两种"替代"相比较，其着眼点和目的虽然相反：一则忽视规律，一则重视规律；但其思想根源却仍然相同，即都把事情搞得太简单容易了。

我们似乎感受到这样一种社会心理：要办什么事，都希望给我几条杠杠，几句话，最好是几个字，这样我就好去做，否则使胸中无主，不知从何下手。对于这种心理也许可以理解，在一定条件下还要适当照顾。但是，毕竟应该通过积极的工作，逐步加以改变才好。还值得注意的是，近年来，国外结构主义学习论的思潮传进来，在给我们以好的影响的同时，也有消极的方面，就是追求一些框架结构、公式、结论，而轻视乃至脱离具体的知识，实际的内容，表现出一种新的形式主义倾向。历史的经验教训和我们亲身体会都说明，列宁在《青年团的任务》中关于学习共产主义的教导，完全适用于我们教学论领域，是永远也不应忘记的。这就是要用人类创造的全部知识丰富自己的头脑，要融会贯通，要善于运用，只有这样才能真正掌握教学规律。如果试图列出若干条条，作些解说，就可使教师掌握教学规律，是不可能的。

三、努力具体化

我们体会，对教学规律的探讨，既要从根本上着眼，还应该把努力具体化作为方向和重点。鉴于多年来的教训，应该大声疾呼：具体化，再具体化！

根据辩证唯物主义基本原理和教学论研究的实际，我们知道：教学规律的范围或层次，大致包括以下几个方面。（1）教学与它以外其他事物的联系。如教学与一定的社会政治经济制度的联系，教学与生产、科学技术发展的联系，教学与学校中其他教育工作的联系，等等。（2）教学内部各因素、成分或环节之间的联系，如教学内容与教学目的以及教学方法、教学组织形式之间的联系，知识教学和发展能力之间的联系，教师教的活动与学生学的活动的联系，等等。(3) 每一具体的教学因素、成分或环节又有它自身内部的联系，如课程内部的各种联系，各种教学组织形式之间的联系，学生学习活动的各种形式之间的联系，等等。最后，以上三个方面的联系之间，又存在着错综复杂的联系，等等。

　　它们之间究竟是怎样具体地联系的呢？这就是我们要探讨的教学规律，或者说，我们要探讨的就是其间的具体联系的规律性。应该特别强调指出，经过世世代代千千万万教师的实践和教育家们的探讨，以上所举出的诸方面及其内部诸因素，它们之间的一般联系，早已不是毫无所知了，至少都已经接触到了。现在要知道的是它们的具体联系。如果再泛泛地谈论一般的联系就很不够了。在学习辩证法的过程中，我们在学风上曾发生偏差，把"互相联系"、"互相促进"、"辩证统一"……这些正确而严肃的命题，当做套语，到处套到教学内外部关系上，并且仅仅停留于和满足于这样的说明，就以为解决了问题。越来越多的同志指出，这样做不仅未解决问题，而且令人厌烦甚至反感了。因此我们必须逐步深入，具体地揭示教学中的各种具体的联系。毛泽东同志曾经引证列宁的话说：马克思主义的最本质的东西，马克思主义的活的灵魂，就在于具体地分析具体的情况。他在详细地论述矛盾的特殊性时指出："离开具体的分析，就不能认识任何矛盾的特殊性"，"必须从客观的实际运动所包含的具体条件，去看这些现象中的具体矛盾、矛盾各方面的具体地位以及矛盾的具体关系。"（以上均见《矛盾论》）我们过去正是不同程度地违反了这些正确的方法论原则，阻碍了对教学规律的探讨。这些年有了进步，我们愿意继续前进。国内外出现了许许多多的教学改革实验和创造，提示了许许多多的涉及教学任务、课程教材、教学方法等一系列的新问题，也涉及我们三十多年中的各种经验教训。我们应该着重关心和研究这些具体问题，帮助解决这些具体问题，在研究和解决这些具体问题中，来揭示教学的各种具体的联系。

下面，我们就教学任务，传授知识和发展智力的关系，教学过程本质，教和学的关系等问题，简单地作些说明。

关于教学任务。这是教学论所要研究和解决的首要问题。教学论应该提供这方面的规律性的知识。那么，试问：关于教学任务方面有些什么规律性呢？大家都知道，教学论中关于教学的一般任务向来提到三项：传授和学习系统的科学基本知识和技能；发展智力和体力；培养科学世界观基础和共产主义道德品质。对此，大家基本上无争议。但为什么多年中却不能很好地贯彻，顾此失彼，反复摇摆呢？难道这只是实际工作中发生偏差，跟我们对其间的规律性认识不够无关吗？通常，在教学论著作中论述教学任务时，只是提到教育方针的要求，社会的要求，而很少揭示教学过程内部的根据，更少提到和分析实现任务的具体条件。马克思说过："人类始终只会抱定自己所能够解决的任务，因为我们仔细去看时总可看出，任务本身，只有在解决它的物质条件已经存在或者至少是在形成过程中的时候，才会产生。"① 难道教学任务可以只从外部随心所欲地提出吗？它的内部根据是什么？解决它的条件又是什么？在一个相当长的时期里，我们对于这些，认识得很不具体，很不清楚。这也就是说，在这方面还未认识到多少规律。教学任务之所以不能全面贯彻，顾此失彼，来回摇摆，其原因之一，恐怕也在于此。

最突出的一个表现，就是关于知识教学和发展智力的联系，这应该说是教学任务的内部根据之一。我们多年满足于"辩证统一"之类的词句和一般结论。但是，大家又都看到，千真万确的事实是，两者并不都是一致的，有时学了知识反而阻碍了智力发展，这

---

① 马克思：《政治经济学批判》，第5页。

是怎么回事呢？原来，早先所谓的"辩证统一"，不是真正的辩证统一。只看到一致的一面，未看到差异或矛盾的一面，因而是片面的；不问实现统一的实际的具体的条件，因而是抽象的；没有探明两者怎样统一的具体过程，因而是空洞的。平心而论，认识还停留在这个水平上，怎么能指望在实践中自觉地把两者统一起来呢？这些年，我们在这个问题上进行了热烈的讨论和研究，进展是不小的。对知识教学和智力发展之间的联系的了解，较为具体，较为实际，较为全面了，获得了多一些的规律性的认识。但是，要真正搞清楚它们之间怎样矛盾，又怎样统一，其具体条件和具体过程究竟怎样，从而真正把握它们之间具体联系的规律性，这还是很艰巨的任务。如果至今还停留在"互为基础和前提"、"互相促进"等一般议论的地步，那就差距更大了。

　　这也涉及教学过程的本质的问题。很多同志指出，教学过程不应该是、事实上也不只是单纯传授和学习知识的过程，同时也是发展的过程，教育的过程，是学生兴趣、才能、意志、性格全面形成和发展的过程。这无疑是十分正确的。但是，我们的认识到此为止究竟进展了多少呢？过去教学论中难道不早就提到这些思想吗？有谁在什么场合反对过要结合知识教学发展智力，培养品德，养成个性呢？当然，教学实践中，智力、个性等发展事实上曾经是落了空的，确实发生了单纯知识观点的片面性。但是，问题不在于重申教学中全面发展的必要性，因为这是大家从来都希望的，问题也不在于指出它们之间的一般的联系，因为这也是人们早已知道的。问题恰恰在于，我们对掌握知识，发展智力，培养品德，养成个性等等之间的具体联系，所知尚少，若明若暗。情况不明，就决心不大，方法不对。因此，要使教学过程真正全面地丰富起来，把上述各方面真正统一起来，就必须对它们之间的联系，获得具体的认识，从课程和教材方面获得具体的认识，从教学方法和形式方面获得具体的认识……只有认识再具体些、清楚些、丰富些，才有可能克服单纯知识观点。正如恩格斯所指出的:"在这里只说空话是无济于事的。"

在教和学的关系或师生关系问题上也有类似情形。在过去的相当时期中,我们也是一般地谈论:教和学双方处于有机的统一活动中。教师主导作用和学生主动性是辩证统一的,教和学是互相促进的。但是,奇怪得很,在许多情况下,两者并不统一,特别是学生主动性不易发挥,公认为老大难问题。这也决不仅仅是实际工作做得不好的问题,首先是理论本身还未搞清楚。教学中学生究竟处于何种地位?这个问题迄今没有在理论上得到明确回答。近年来我国教育界不少同志提到教师主导下的主体地位的命题,究竟能否成立?如何论证呢?教和学或师生双方在教学中相互联系的基础和条件是什么?相互作用的具体过程是怎样的?教师发挥主导作用和学生发挥主动性有哪些具体形式?在不同条件下怎样发生变化?……诸如此类的问题多极了。尽管古往今来许多优秀教师的经验,当今国内外许多教学改革实验,提供了极其丰富的研究材料,但都还没有得到具体的研究,而不搞清楚这些具体问题,就很难认为我们已经掌握了教和学相互联系的规律性。

教学理论和教学实践中其他的许多问题莫不如此,最重要的是,要以一般联系的思想作为线索,但不能停留在一般联系上,要努力探索各种具体的联系。

综上所述,说明探讨教学规律,应该多种途径并举。整理、综合、辨析性质的研究有一定积极作用,但还应从根本上着眼,努力具体化。以上的体会,归结起来,不过是希望我们的教学论,切切实实地研究一些新的具体的东西,也希望广大教师尽可能多地系统地学习一些教学论的理论知识。

智力开发与教育[*]

同志们：我今天讲的题目是：《智力开发与教育》。这是为了简化文字，免得题目太长。实际上，我只涉及这个题目中的一小部分的内容。我对这些问题并没有什么研究，只因为学校提倡学习和研究教育科学的风气，开办了这个讲座，分配给我一个任务，我要勉力执行，主要是提供一点情况和资料，供大家研究。我准备先总的讲一讲智力开发的意义和背景问题，然后分别讲一讲：由于智力开发问题的提出，引起教学思想变化和教学制度变革的问题。

一、关于智力开发的意义和背景

现在，全世界许多国家都在谈论智力开发问题。它唤起了千千万万人们的兴趣。那么，什么叫做智力开发呢？为什么大家这么注意它呢？又怎样进行智力开发呢？

（一）智力开发的含义是什么

智力开发的含义，有广义和狭义两种理解。广义地说，它是相对于物力开发或发挥劳动者体力作用而说的，指的是提高劳动者和各种建设者的科学文化技术水平，即培养人才，或开发人才，或人

---

[*] 本文是1981年5月9日在北京师范大学举办的教育科学讲座上的一次讲演。其第二、三部分曾发表于沈阳师范学院教育科研所编辑出版的《教育丛刊》1981年第1期。

才开发。狭义地说,智力开发则是相对于传授和学习知识技能而说的,指的是发展或发挥人的认识能力。例如,观察能力、想象能力、记忆能力、思维能力、语言能力,以及手脑并用的操作能力等等。智力就是这些认识能力的总称,也就是一些一般性的能力。具体体现到各种活动中就叫做特殊能力,如阅读能力、写作能力、计算能力等等。至于通常所说的分析问题和解决问题的能力,则是上面说的各种认识能力的综合运用和表现。

对智力开发含义的广义和狭义的理解,既有区别,又有联系。狭义上的智力开发更深入,要求更高。这就是说,不仅要求培养人才,而且要求这种人才,既学得了知识技能,尤其具有各种能力或才能。

(二) 为什么智力开发问题在全世界受到注意

有人说,智力开发不是一个新问题,教育史上人们早就提出来了。这是事实。但是,今天所说的智力开发,有它新的时代背景,有它新的内容和新的性质。

第一,这是由于现代生产和科学技术飞速发展所引起的。经济是基础,是社会一切事物发展的最终根源。智力开发从根本上讲也是从一种经济实践和经济理论中引申出来的。1962年日本文部省调查局发表了一篇报告,叫做《日本的经济发展和教育》。其中有这样一段话:"一种新的经济理论认为,在激烈的国际竞争中,科学的创建,技术的熟练,生产者的才能等重要因素,对于经济发展所起的作用,不亚于增加物的资本和劳动力的数量。这些新引起人们注视的各种重要因素,被称之为'人的能力'。大力开发人的能力,是促进将来的经济发展的重要条件,而人的能力开发,则依赖于教育的普及和提高。"这也就是人们常提到的一门新兴科学——教育经济学的重要理论观点。再根据国外一些材料,有几个重要现象引人注目。(1) 在现代化生产中,劳动力结构发生很大变化。脑力劳动的比例越来越高。美国1960年为43.3%,1975年为

49.8%，1977年为50.1%。据说西德也有这种趋势。（2）科学技术从发明到实际应用于生产中去的时间距离越来越短。蒸汽机从发明到应用，经过80年。电动机从发明到应用，经过60年。而原子能从发明到应用只用了6年。（3）一些国家国民收入的增加部分，由教育投资即能力开发得来的，日本占25%，苏联占30%，美国占33%。更有一个资料说，有的百分比高达50%。以上这些材料究竟可靠性如何，很难鉴定，但它们大致可以说明：现代生产越来越依赖科学技术或智力。由于生产对科学技术的需要越来越迫切，这就有力地推动着科学技术飞速发展，于是出现所谓"知识爆炸"的情况，知识的迅速增长，又引起更新和陈旧化（或老化）过程加快。

这样就自然发生一个问题：生产发展要求人们必须掌握科学技术知识，而科学技术知识本身又急剧膨胀，学不胜学；并且由于更新很快，人们学得了一些知识到用的时候就有一部分陈旧了。那么，出路何在呢？一般地提培养人才，已经不够了；用老办法仅仅使学生掌握一些现成的知识，也远远不够了。人们普遍地趋向于主张：在努力改善知识技能的学习的同时，"更努力寻求获得知识的方法（学会怎样学习）"，"重视发挥人类的才能"，"充分利用他们的智力"。有的西方学者说：这样才有可能在现时代，"有更好的生存的机会。"值得注意的是，他们把发展人的智力的问题，看做学会生存的问题。

由此可见，智力开发问题，尤其是狭义的关于发展人的智力的问题，从根本上讲，乃是从现代经济发展实践中提出来的。这并不奇怪。大家知道，马克思关于劳动者必须全面发展的思想，早就是从当时大工业生产兴起、从考察社会经济发展提出来的。

第二，智力开发问题的强调提出，也是由于有关智力发展的科学和技术手段有了新发展。据说，近些年来大脑生理学的研究已取得突破，发现一个惊人的事实：人的大脑中还有很大一部分潜力未曾加以利用。而且有一个极端的说法：这种未曾利用的潜力竟高达90％。这个数字是否精确，实在不容易验证。但我们凭经验确实感觉到：人的实际发展水平，比可能发展的水平要低得多，潜力是很大的。一些事实材料证明了这一点。

70年代在东欧开始兴起一种叫做"启发学"或"暗示教学法"，用在外语教学上，能在几周内使学习者基本上掌握一门外国语。这种教学法就是利用大脑潜能学说作为理论基础的。他们认为传统的教学低估了大脑的潜力，也缺乏手段，只调动了大脑的一部分功能，而且只是机械的、非感情的、无兴趣的那一部分功能。因此，他们就设计、利用了教育学的、心理学的、艺术的各种手段，充分调动未曾调动的那部分大脑功能，因而获得一般人认为是奇迹的教学效果。在心理学研究方面，也有好多成果是引人注目的。例如，瑞士的儿童心理学家让·皮亚杰的"发生认识论"，研究了影响儿童智力发展的因素，智力的本质，智力的结构和发展阶段。又如，苏联加里培林等心理学家，提出了智力活动阶段形成说，它证明智力活动是由外部的、物质的、展开的活动，迁移为内部的、观念的、压缩的活动，经过五个阶段。类似的心理学研究还不少。这些都给人们提供了越来越多的关于智力发展的知识，使人们更加了解智力的重要性，更多地知道一些智力发展的规律。在技术手段方面，近几十年来，现代化工具如录音、广播、电影、电视、电子计算机的出现并运用到教育领域，给探索智力的奥秘，促进智力发展，开辟了新的前景。所有这一切，也是推动人们对智力开发产生兴趣的重要原因。

第三，智力开发问题之所以特别突出出来，也是由于多少年沿袭下来的教学理论和教学实践，未能很好地促进学生智力的发展，甚至在某些方面阻滞了学生的智力发展。这个矛盾越来越尖锐。教育史上曾经出现过好些教学理论和教学制度，但对学生智力发展问题一直未能很好解决。至少从19世纪开始，就有人对近代形成起来的教学制度提出尖锐的批评。虽然肯定它比中世纪进步，但认为它仍然不是理想的教学制度。批评的主要锋芒，就是对准它不利于智力发展这一方面，说它的"灌入主义"和"划一主义"，是"杀死天才的工具"。1973年"苏联圆桌讨论会"上有人激烈地指出，"我们今天的中学，在解决培养创造力的任务方面，做得非常糟。教学过程实际上是这样的：经常干着'强奸学生天赋的勾当'。"在我们国家里，情况也不理想。教学大多偏重知识技能的学习，而对学生的智力发展则注意不够。无论国内外，越来越多的教育工作者知识到，这种教学理论和教学实践，不能适应新的时代的要求，必须变革。

以上三个方面，即经济和科学技术的新发展，有关智力发展的学科和技术手段的成果，以及教学理论和实践本身矛盾进一步尖锐化，综合地发生作用，就使得智力开发成为更为现实的问题，不仅有必要，而且显得迫切，同时也增加了解决问题的新的可能性。这样一来，智力开发问题之所以引起千万人的兴趣，也就很自然了。

（三）怎样进行智力开发

那么，究竟怎样进行智力开发呢？这个问题太大了。这里只能根据国内外一些资料，把涉及的方面，整理列举如下。

第一，合理地进行教育投资，大力发展文化教育事业。逐年追加教育经费，已是当今世界各国普遍趋向。国外教育经济学研究的重要内容，就是把教育经费当做生产性的投资，专门研究其效果、合理分配和高效的规律。

第二，改革教育结构，使之与经济结构、包括劳动力结构相适应。

第三，不断地努力提高教育质量。教育所培养出来的人，质量重于数量，这正是智力开发理论的核心。

第四，家庭和幼儿园抓紧早期教育。教育要与儿童的智慧曙光同时开始。

第五，中小学教学中，要在传授和学习知识的同时，注意发展学生的智力。

第六，在大学教育中，要使大学生早日进入科学研究领域，加强研究生的培养。

第七，建立终生教育或继续教育的制度。

还有其他一些主张，就不一一列举了。

可以看出，智力开发涉及国家教育政策制度，人们整个一生各个时期的教育，将要逐步形成一个智力开发体系。

有的国家如委内瑞拉，1979年专门设立了世界上第一个"智力开发部"，与教育部平行。在发展学生智力的教育实践中，开设了智力开发的专门课程。关于是否有必要设立智力开发的专门机构或专门课程，人们有不同的评论，但人们差不多一致公认，智力开发仅仅依赖于专门机构或专门课程是不够的。智力开发不是孤立的某一项工作，而是要在一系列工作中体现出来。

与我们直接有关、使我们关心的是，智力开发的浪潮，对教学理论、特别是高等学校的教学提出了哪些新课题，已经和将要发生哪些影响。下面分别讲一讲两个重要的方面。

二、关于教学思想的变化

智力开发浪潮冲击了传统的教学理论，引起一些重要的教学观点的变化，这主要是指偏重知识、忽视能力的观点，与此相联系的是，把教学过程和科学研究过程截然分开的观点。根据智力开发的要求，这些教学观点都要有所修正和发展。

现在先来讲第一个教学观点的问题。根据历史的眼光看，应该说偏重知识的教学观点曾经是积极的。因为它对唯理主义、实用主义轻视知识的思潮作过斗争。但这一观点本身毕竟是片面的。智力与知识都重要，不能偏重某一方面。如果要加以强调的话，那么可以说智力更重要。这个思想早就有了，只不过历史发展到今天更加突出出来罢了。社会实践推动人们认识到：把发展智力提到应有的地位，这不仅是由现代生产技术发展提出的要求，而且也是全面把握教学任务和教学质量标准的要求，是对教学过程及其客观规律在认识上的深化。

为了说明这个问题，需要简单地讲一讲知识、技能、智力这几者之间的关系。国内外对此众说纷纭，莫衷一是。我只能讲我现在的理解，供大家参考。智力和知识技能，既有联系，又有区别，不是一回事。同样有知识技能或有同样知识技能的人，彼此的智力或能力可能不一样。很多小故事很能说明问题。例如，大家都知道哥伦布竖鸡蛋的故事。可以肯定说在知识技能方面，哥伦布的同伴跟他没有什么差别，而哥伦布却做到了他们没有想到没有做到的事，这就显示了智力或能力的不同。又如，司马光小时砸缸救人的故事。司马光的小伙伴们，谁也都知道：石块可以砸破缸，水流出来小孩就能得救，救小孩比水缸更重要……司马光的行动并不表明他的知识超过别人，而正表明他的智力高过别人。从这里可以看出智力与知识技能相比较而显出的若干特点。主要的特点就是能够运用知识技能解决新问题，包括由已知推到未知；简言之，就是能够触类旁通，举一反三。根据一些心理学书籍上的说法和我个人的理解，智力或能力是经过掌握知识技能，并实行广泛迁移或运用活动而渐渐形成起来的。举一个简单的例子。学生学过 $(a+b)^2=a^2+2ab+b^2$，懂得这个公式的由来和意义，并且会解答 $(x+y)^2=?$ $(50+6)^2=?$ 等等习题，没有什么困难。通常说这是掌握了知识和技能。现在，学生遇到了这样一类的题目：$(c+d+e)^2=?$ $(51)^2=?$ $(4x+y^3-a)^2=?$ 有的学生会做，有的学生不会做。会做的学生把题目变成 $[(c+d)+e]^2=?$ $(50+1)^2=?$ $[4x+(y^3-a)]^2=?$ 等形式，接着按原来学过的 $(a+b)^2=?$ 的公式解答出来。这表明，这些学生能够将知识技能实行迁移，能够把新的题目加以改造，把学过的知识技能概括到新的题目上来，由已知推到未知，运用知识解决了新问题。这就意味着实现了一次由知识技能向智力或能力的转化。这一类的迁移、概括、转化活动次数多了，内容不断扩展、加深，这种智力活动就系统化了，就渐渐在学生心理上形成稳固的特性，这就是通常所说的智力或能力。必须着重指出，这是把事情大大地简单化了，事实上，知识、技能、智力之间的关系要比这复杂得不知多少倍。这样做只是为了大致地说明问题。由此可见，智力是在掌握知识技能的基础上形成起来的，它不同于知识技能，是知识技能的深化，概括化，系统化，是个性的心理品质，并且是一种稳固的品质。智力一旦形成起来，反过来对知识技能的学习以及其他一切实践活动，就起着很大的调节作用，促进并保证这些活动顺利而有效地进行。智力发展水平的高低，对于学习知识的快慢、难易、深浅、顺利与否，特别是能否灵活运用，影响非常大。正是由于掌握知识和发展智力相互作用，推动着人的知识和能力不断地由低级阶段向高级阶段发展。一般的教学观点不重视智力发展，就是没有充分认识到这一客观规律，没有充分利用这一规律来推动教学。这是一个很大的缺陷，是对教学过程认识得还不全面所造成的。今天，人们已越来越认识到这一方面，把它重视起来，改变偏重知识、忽视能力的观点。

但是，这里有一个重要问题必须提出来，就是在过去相当长的时期里，人们并不一般地否认发展智力的重要性，也都承认发展智力是教学的重要任务之一。可是实际上又为什么还是偏重知识而忽视培养能力呢？从教学思想上追究，就是有一个不正确的认识在作怪，就是认为学习了知识就自然而然地发展了智力。过去在我国很流行的苏联的教育学和心理学书籍上都是这样讲的。这里引几段文字。

"学生在掌握系统知识的同时，也掌握着智力活动（分析、综合、概括），从而也就发展了他们的智力"，"随着对愈益复杂、愈益纷繁的教材的掌握，能力也就发展起来。"①

"教学使学生能够认识周围世界，同时就发展他们的智力和精神力。"②

这些说法对不对呢？有对的一面。因为不学习知识就谈不上什么智力发展，在学习知识过程中一定有某种智力活动，智力因而得到某种锻炼和练习。从这个意义上讲，的确是在掌握知识的同时也就发展了智力，两者是统一的。但是，这种说法又是有片面性的。依照这种说法，无论在理论上或实践上都只能得出这样的结论：只顾传授和学习知识就够了，至于发展学生的智力，那是不成问题的，决然不会发生什么忽视智力发展的问题。可是大家都知道，事实并非如此，教学中确实发生了忽视智力发展这种问题。这是一个漏洞。对于这个漏洞，一些教学理论著作也不是完全没有觉察，例如，苏联教学论就好像发现了这个漏洞，特地加了一个注脚。它说：对于"学生的认识力和才能的发展"，应该是"有意识、有计划地"进行。③并且说："对于发展学生才能的任务重视不够，在发展学生能力中的'自流'、自发现象也是不能容忍的。"④我们国内包括我们在内过去也是这么认识的，至今许多人也还持这种见解。但是，这样一个补充说明，是不是就把漏洞补起来了呢？没有！这是一种自我安慰，它给人以似是而非的满足，严格讲是搞了主观唯心论。因为智力发展和知识学习的统一，是按自身的客观规律进行的。不是只凭"有意识、有计划"就能办到的，相反，"意识"和"计划"本身必须建立于客观规律基础之上。关键在于搞清楚教学中知识学习和智力发展之间的关系，究竟有些什么规律。在

---

① ［苏］斯米尔诺夫等编，朱智贤等译：《心理学》，第492页。
② ［苏］凯洛夫主编，沈颖等译：《教育学》，第55页。
③④ ［苏］达尼洛夫、叶希波夫编著，北京师范大学外语系1955级学生译：《教学论》，第55页。

什么情况下，学习了知识也就发展了智力；而又在什么情况下，两者发生矛盾或不一致。不仔细研究分析这些问题，不承认矛盾，不分析条件，不掌握规律，即使把"有意识，有计划"、"不能容忍"喊上千遍万遍，也无济于事。过去，就是由于认为学了知识也就发展了智力；而且用"有意识、有计划"之类的主观愿望来自我安慰；再加上在通常情况下两者大都统一的事实，掩盖了矛盾，造成了好像真的是自然统一的假象。因此，导致人们偏重知识、忽视发展智力的教学观点。为了克服这个观点，就应该分析矛盾和条件，掌握规律。那么，究竟怎样分析矛盾和条件？究竟有些什么规律性呢？这是一个人们正在探讨的领域，还说不出多少真正称得上科学的道理。这里仅就近年来接触到国内外的一些资料，举例说明。例如，在教学内容方面，已经知道：知识过于繁琐或过于贫乏都对智力发展不利，知识结构不合理，难度掌握不好，也会与发展智力发生矛盾。为了解决这个矛盾，有几点主张是人们公认的：①知识不仅必须是科学的、系统的、理论联系实际的，而且要丰富、充实、全面一些，要克服贫乏、空洞、片面的缺点；②结构上要提高理论知识的地位和作用；③要增加学习方法的知识。又例如，在教学方法方面，已经知道：呆读死记，注入式，大突击，题海战术，也可以使学生得到某些知识，并使某方面智力得到某种程度的发展，但总的说来则引起与发展智力的矛盾，抑制、牺牲了智力的全面发展。大家也已经知道：实行启发式的灵活多样的教学方法，就可以既使学生掌握知识，又能促进学生智力发展。又例如，编班上课这个办法，很有利于系统地传授知识，对学生的智力发展也优于以前的个别教学，但正如前面已经指出的，它有划一主义的局限性，也引起与智力发展的矛盾。为了解决这个矛盾，也已经看出一些苗头：在坚持集体、统一教学的前提下，搞一点灵活性，如允许个别学生跳级，开设选修课，实行学分制，辅以小组和个别教学等，可以收到知识学习和智力发展两利的效果。从这些例子可见，使学生掌握知识和使学生智力得到发展，两者的统一是有条件的，是有其客观规律的，主观愿望和计划必须以探讨和掌握这种客观规律为前提和依据。只有这样的认识和态度，才能创造有利条件，避免不利条件，克服各种矛盾，促进两者统一；也只有这样，才能真正克服偏重知识、忽视智力的传统的教学论观点；也只有克服偏重知识、忽视智力的观点，才能把我们的教育逐步引导到现代化的轨道。

与偏重知识、忽视智力观点有密切联系的一个观点，就是把教学过程与科学研究过程截然分开的教学观点，由于智力开发问题的提出，这个教学观点也有所变化。国内外都有人提出这样的看法："高等学校的教学过程，要越来越立足于大学生独立地接近于研究活动。"这是智力开发的要求的具体反映，因为智力的最重要的特点，就是利用已知，获得未知，有创造性；而科学研究活动，最需要、也最利于培养锻炼这种能力。

用历史观点看问题，也应该说历来强调教学的特殊性，严格地把教学和科研区别开来的观点，也曾经是积极的。因为它反对了教学理论中的经验主义和实用主义。但是，这种截然分开的观点本身的机械的。根据今天生产和科学技术以及教育事业发展的趋势，不仅大学应该考虑把教学过程和科学研究过程结合起来，而且中小学教学都要考虑渗透科学研究的因素，所谓"发现法"的主张就属于这一类。

为什么必须改变将教学过程跟科学研究过程截然划分的观点呢？这是由于教学过程如果绝对化，有其很大的弱点。教学过程和科学研究过程都是人们认识过程的特殊形式，各有自己的特点。教学过程在认识上的特点是，学生在教师传授下学习既定的现成的知识，全面地培养各种能力和思想品德。在人们认识上有很大的优越性，就是能够在短时期内，花费较少的精力，集中地获取人类长期积累的大量知识，德智体的全面发展能够得到基本的保证。但它也有很大的局限性，就是学生求知的历程过于轻易、简单，知识上容易发生形式主义，学生的主动性不那么容易充分发挥，学生也不那么容易得到充分的智力锻炼，特别是独立性，探索性，创造性的能力，以及某些特殊才能，不容易得到足够的练习。教学过程的这些弱点，恰恰是科学研究过程的优点。在科学研究过程中，认识的道路是艰难曲折的，所获得的知识会是真正理解的和牢固的，认识的主体必须充分发挥独立性、探索性和创造性能力，从而能够得到积极的锻炼。当然，教学过程的长处也正是科学研究过程的短处。在教育史上，人们反复争议的问题之一，就是对这两个过程的关系处理不好。有的人抱住教学过程的长处，绝对排斥科学研究过程，典型的代表就是所谓传统教育派。另有的人则相反，要把教学过程完全变成研究过程，所谓"进步教育"派、杜威等人就表现了这种倾向。至今全世界范围内还在争论这个问题。极端的说法已经站不住脚了，但有所侧重的主张仍然是存在的。普遍的看法则是主张两者结合，要在教学中增加研究的因素，或者把研究过程引进教学过程，渗透到教学过程中来。因为历史实践证明，如果把教学过程完全变为研究过程，让学生独立摸索，走弯路，尝试和犯错误，那是荒谬的，对青少年来说，保证不了知识的学习，所谓发展智力也是空的；但如果不注意增加或渗透研究的成分，一味地传授现成知识，走捷径，那么，要很好地发展学生的智力的确是困难的。有人提出，到了大学阶段，应该在教学中逐步增加科学研究的成分，在打基础中研究，在研究中打基础。相对地说来，教学过程长于打基础，而科研过程长于发展能力，使两者互相促进，是很有好处的。

三、关于教学制度的变革

智力开发或发展智力问题的强调提出，不仅在思想上引起教学观点的变化，也在实践中引起教学制度的变革。国内外差不多公认：现行教学制度一点儿不改，是难以实现发展智力的任务的。教学制度怎样变革？已有哪些变革？将会有哪些变革？人们现在还谈不出多少东西，但也看出一些端倪。

看来，教学制度的变革将是全局性的，不是只改一改教学方法就行的。

首先，教学计划或课程设置要有新的考虑。例如，加强基础理论课是全世界高等教育发展的一个重要趋势。劳动分工越来越细，新的学科、新的专业层出不穷，知识更新和陈旧化过程空前加快，新技术更是越来越多得不可计量。高等学校教学要适应这个形势，不可能同步地相应增设同样多的新课程，把专业相应地划分过细。而主要走另一条路：采取加强基础理论课的办法。从智力发展的要求说，理论思维是智力的核心，它必须在学习基础理论的活动中才能得到发展，单纯技术性或单纯事实性知识的学习，并不利于培养理论思维。基础理论反映事物的基本规律，其特点是适用性广，能够广泛迁移到具体知识领域。我看到一个材料说，某大学成立新专业——电子计算机专业的过程中，教师由两部分人组成，一部分是原来学自动控制的，一部分是原来学物理的或数学的。前一部分同志不如后一部分同志改得快改得好。这是学习基础理论有利于培养较强适应能力的很好的例子。在教学计划、课程设置上，文理分家、理工分家，也很影响学生智力的发展。马克思恩格斯曾经指出，人的思维是否具有全面性，是与人的实践和所接触的材料是否全面密切相关。在人们学习科学、认识世界、发展能力的过程中，各门学科都是既发挥着自己独特的作用，又是互相依赖共同作用于人的。现代科学发展明显地表现出既分化又综合的趋势。这种整体性和依存性更加加强了。搞自然科学的人不熟悉人文科学，或者搞人文科学的人不熟悉自然科学，都感到难以适应了。这很影响他们的思想方法和能力。国外一些理工院校系科注意开设人文课程，文科院校系科注意让学生学习自然科学课程，这种做法很值得我们借鉴。又例如，实行学分制，开设和增加选修课，差不多为国外国内公认为必要的办法。越来越多的人认识到，如果继续让学生完全学习一样的课程，都齐步走，就不能照顾学生不同兴趣、爱好、特长，就压抑了学生的主动性，不利于学生智力发展。

第二，教学形式和教学方法的运用方面也要改进，否则就不能适应发展智力的要求。例如，要改进讲授方法，克服满堂灌现象，这是多少年来教育界强烈的呼声。现在，注意发展智力的要求被强调提出，使得这一矛盾更加尖锐了。不过，关于究竟什么是满堂灌，怎样克服满堂灌，有相当多的人并没有仔细考究，往往把系统讲授和满堂灌画等号。这是不对的。在很多课程的教学中，系统讲授毕竟是主要的方法。是不是满堂灌的区分不在于讲不讲或多讲少讲，而在于是否启发学生智力的积极活动。为了发展学生的智力，要求讲授贯彻启发式精神。又例如，要加强自学指导。现在普遍的情况仍然是上课时间多，学生自学时间少，对学生自学的指导也缺乏制度上的保证。好多大学生、特别是一年级大学生不会自学，听完课就不知道该做什么，提不出问题，不会制订自己学习的计划，不会安排自己的学习活动。无所事事，浪费时间；或者东抓一把，西抓一把。他们自己也很苦恼，但得不到指导。有的辅导员管政治多，管学习少，或只管学习态度，不管学习方法，再加上各科教师不注意，问题就更大。有时问题严重到连听讲也不会。听讲不主动，预备知识不够，不会抓要点，不能适应不同教师不同的讲课方法。以上这些因素，造成学生自学能力低。许多教师和理论工作者提出，今后应该适当调整上课和自学时间的比例，建立起培养学生自学能力的一套办法。对各个年级学生循序渐进地提出一定的要求，要有措施，要有专人负责。各科教师、图书馆、资料室工作人员，实验室工作人员，辅导员等等要加强联系，协同指导。又例如，实验，课堂讨论，练习和实习作业这些教学形式，是高等学校教学过程与科学研究过程渗透、沟通、联结的重要形式，也是培养大学生智力、特别是初步科学研究能力的重要教学形式。国外许多大学实行实验室开放制度。国内有些高等学校也在酝酿这样做。学生具备一定条件,履行一定申请、批准手续,可以充分利用实验室,就类似现在利用图书馆一样。在日常教学中运用实验时,逐渐增强学生做实验的独立性,到高年级甚至要求学生自己设计实验。文科的课堂讨论,自1958年后,特别是在"文化大革命"中,被破坏了,十分可惜。其实通过课堂讨论,不仅能巩固、加深课堂讲授和自学获得的知识,尤其能很好地培养初步的科学研究能力。学会提出问题,收集一定的事实和数据资料,分析、综合和论证问题,作出结论,以及在争论中辩护自己的正确观点,反驳别人不正确的观点等等。至于实习,无论文理科,都能借此培养学生综合运用知识以解决实际问题的能力,是培养智力的高级的教学实践形式。所有这些都应该认真做好。

第三,考试办法必须改革。现在的考试,偏重于考知识,忽视各种能力其中包括智力的考核,这很不利于发展学生的智力。假定平日讲课,讨论,实验等等教学环节都很注意培养能力,而考试还是老办法,那么,就可能前功尽弃。实际上,考试办法不改,其他教学环节是难以有所作为的。这一点在中小学教学中最为突出,大家已经谈论很多,这里就不再多说了。

第四,要广泛开展课外学术小组或社团活动,乃至直接承担正式的科研项目。在科学史上,许多科学家大都在大学生时期就从事科学研究,而他们从事科学研究又大都在课外小组或学术社团活动中进行。例如,最近放映的电视片表现的达尔文就是这样。我们广大高校课外学术活动开展得很不理想。至今学术讲座很少,更少见到由大学生担任主讲的讲座。论文竞赛虽有搞的,但不经常,评审、交流也没有一套制度和办法。社会调查,试制产品,设计工程等活动开展得很少,或竟没有。我们的大学生基本上还是像中学生那样学功课。我们这种办法,主要是在50年代从苏联学来的。但1958年,我们已经注意并实行理论联系实际,领导学生走出课堂,走出学校，超出教学计划的要求，进行真刀真枪的毕业设计，效果很好，只是在"四人帮"横行期间，把它搞到极端，取消了教学，以致使人们误解，似乎正确地实行理论联系实际，在教学的坚实基础上进行真刀真枪的科学研究也不必要了；其实，这是很重要的，应该恢复起来并把它做得更好。至于苏联，人家后来也改了。根据最近的材料，他们把大学生参加科研工作，正式列入教学计划，参加科研的大学生人数比例越来越大。1979年，苏联约有二百万大学生参加科研，占全日制大学生总数的80%以上。列宁格勒的全日制大学生有93.6%参加科研。在全国高等学校系统中，有大学生设计局的学校，就有三百三十多所。乌菲姆斯基石油学院1971年设立了大学生科学研究所，每年有二百名以上的大学生在这个研究所工作。1978年的教学计划规定，五年级全体大学生和三、四年级部分的大学生要参加科研。

从以上粗略地提到的一些情况看来，由于智力开发的要求，已经引起大学教学制度发生变革，这个变革还要继续下去。

不过要提到的是，根据国内外一些材料，在教学制度变革过程中，也有不少的经验教训值得考虑。

第一，对发展学生的智力，真正作出科学的说明不那么容易，而做起来就更加不容易。既要有敢于尝试的勇气，又要有严肃的科学态度，特别是要处理好革新和传统的关系。60年代初，美国在布鲁纳等人提倡下搞的课程改革运动，在某种意义上也可以说是对于智力开发的努力。这个运动失败了。70年代，美国掀起一个规模相当大的"恢复基础"教育运动。这个运动的要求之一，就是恢复基本知识和基本技能的学习和训练，取缔一切"革新"。据称：革新者使教师把注意力集中在培养学生的人性、创造力和独立思考能力上。但是，那样搞法究竟是在基础训练之外进行教育，还是替代基础训练，教师是不明确的，因而教育目标是迷茫混乱的。其结果，学生文化水平下降了，有的中学毕业生连有关工作的指令也不会读,简单的计算能力也欠缺。家长不满,雇主不满,大学不满。这是美国的一个情况,又主要在中小学发生的。其情况十分复杂,掺杂着其他许多社会问题如家庭解体,青少年犯罪,失业,税收政策等,不只是教育问题。但对我们有启发的是,革新虽然是方向,但是,革新闹得不好,并不是都能把教育事业推向前进的。一是它本身复杂,尚无成熟的经验;二是习惯势力起阻碍作用,不仅教师常常习惯于老一套做法,而且学生也还习惯老一套办法;三是传统教育中合理成分不能否定,尤其在文化教育领域,任何新的东西,要想撇开传统,另起炉灶,是要受惩罚的。对于传统中确实不合理的应该革除的东西,当然要积极改革,但在未有新的东西代替之前,也不能轻易抛掉。教育革新,主要是对传统加以改造和发展,推陈出新。

第二,要从实际出发,区别不同的情况。我们吃一刀切的亏太大了。注意开发智力,这是总的方向,总的要求,但具体到不同教育阶段,不同年级,不同专业和课程,以及不同的教师和学生条件,不同的物质设备条件等等,就不能一律要求。上边曾提到开放实验室的做法,这可以肯定是方向,但真要做起来谈何容易!要有投资,要有技术,要有人员编制,还要有教师、高级实验员、一般实验员的合理结构,还要求学生有一定的训练为基础。增加学生自学时间的比例也是总的趋势,但一、二年级恐怕还应该系统讲授多一点,上课多一点,打好基础。如此等等。总之,要具体分析条件,从实际出发。

第三,无论国内国外,人们普遍认为,智力的发展不能孤立实现。不仅不能脱离知识的学习,而且也不能脱离其他各方面的发展,不能脱离世界观、思想、道德、情感、意志和整个个性的培养和陶冶。许多科学家的成就,如居里夫人对镭的提炼等等,他们的智慧,是和献身科学事业的崇高理想,追求真理的炽烈热情、百折不挠的惊人毅力,以及其他许多优秀品质互相辉映、密不可分。

国内外也都流行一种看法：似乎只有不断涉猎新奇的领域才有利于智力发展，不新不奇就不能发展智力。这是一种误解。其实，智力发展是与掌握系统科学知识分不开的，也是与培养各种优秀品质密切联系的。因此，需要的不是猎奇，反倒是刻苦学习和磨炼。我们的提法还是德智体全面发展。这不仅是社会主义现代化对人才的完整的要求，即使从智力开发的观点来看，也是必须这样的。国外、特别是西方资本主义国家里的人们，他们对智力开发谈论得十分热烈。但他们没有、也不可能像我们这样地提出问题。从长远看，这是我们的优势。

综上所述，智力开发是一个时代性的必须认真对待的问题。它已经引起并将继续引起教学思想和教学制度的变化和变革。我们要抱积极的态度，又要从实际出发，郑重从事，要在德智体全面发展的前提下来促进青年一代的智力发展。

讲得不对的地方请同学们批评指正。

发展智力与减轻负担
提高教学质量[*]

为了适应现代生产和科学技术飞速发展对教育工作提出的新要求，国内外一些教学改革实验和理论研究，重视发展学生的智力，既提高了教学质量，又减轻了学习负担。这很值得引起我们的重视和进一步探讨。

一、经验和问题

减轻学习负担，提高教学质量，可以说是一个老大难问题。解放以来三十年中，带有普遍性、较为严重的学习负担过重的现象，就出现过好多次。1954年7月1日，教育部就曾专门发布了一个《关于减轻中小学生过重负担的指示》。1964年7月14日，教育部发布《关于调整和精简中小学课程的通知》，其重要出发点之一，也是为了"减轻中小学生课业负担"。粉碎"四人帮"以后，特别是近一二年来，又出现学习负担过重而教学质量不高的现象，引起教育领导部门、学校师生以及社会各方面广泛的关注。这个问题之所以不容易解决，就是因为它涉及面太广。例如，近年来为追求升学率而造成学习负担过重，若仅从其消极方面而言，这是社会诸多问题的一个具体而集中的反映，需要通过大力发展生产，改革各种

---

[*] 本文原载《北京师范大学学报（社科版）》1981年第2期。

有关制度，广开就业门路，兴办各级各类教育等来解决，只在教学工作本身想办法是不能解决问题的。又例如，对教育方针在理解和贯彻上发生偏差时，或者只顾学习文化科学知识，不搞必要的社会政治活动、生产劳动、文娱体育活动，而造成负担过重；或者学校里搞社会活动过多，搞劳动过多，除了学习负担，又加上其他各种负担；要解决这一类的问题，就需要从根本上端正教育思想或调整方针政策，也不能单靠教学工作本身来解决问题。此外，减轻学习负担，提高教学质量，也跟教育经费、教学设备等物质条件有关。还有，学制短，师资水平不高，以及学习风气不好，学生基础差，等等，都是直接或间接地构成学习负担重而教学质量不高的因素。毫无疑问，教学工作本身没有搞好，则是导致学习负担过重、教学质量不高的直接原因。在这方面情况也很复杂，既有理论问题，也有许多实际问题。总之，减轻学习负担、提高教学质量问题，是一个涉及面很广、长期反复、较难解决的问题。对于它，恐怕要像对待一项复杂工程或一种痼疾一样，要进行多方会诊和综合治理，从各个方面努力。本文只是讨论涉及教学工作本身范围以内的问题，即使在这个范围内也只是考察它的一个侧面。

从教学工作来说，减轻学习负担、提高教学质量是一个基本的课题。提高教学质量是一刻也不能放松的要求，这是没有疑问的；同时，如果教学质量的提高以学生的过重负担为代价，则是无意义的，最终也是不可能的。因此，力争把提高教学质量与减轻学习负担统一起来，这是古往今来多少教育家们努力追求和为之奋斗的，也是教育科学、特别是教学论驰骋用武之地。提高教学质量与减轻学习负担这两者总是经常矛盾的，一定条件下相对地统一了，新的提高教学质量的要求又提了出来，又产生了新的矛盾……这个矛盾运动永远没有完结的时候。在许多年中，我们关于从教学工作本身来解决减轻学习负担、提高教学质量问题，无论是对它的分析认识或是提出的实际解决办法，都积累了经验，是富有成果的，特别是近年来这种探讨更深入了。我们已经从多年的经验教训中认识到：为要减轻学习负担、提高教学质量，必须把教学工作切实地建立在教学规律的基础上，按照客观的教学规律办事。教学要求要适当，不可操之过急。要全面改革课程、教材、教法、教学手段和考试。我们曾经从许多方面想过办法，如主张"少而精"，精简课程，对教材实行删繁就简；提倡启发式；强调当堂消化、巩固；控制教学时数和作业分量；减少考试次数，改进考试方式等等。这些，在一定条件下，都不失为减轻学习负担、提高教学质量的行之有效的办法。但是，事实向我们说明，这个问题一直未解决得很好，成效不显著，有些学科如语文等的教学还很落后，满足不了客观要求。这就迫使人们去想：有没有过去未曾想到，或者虽然想到但未重视、未处理妥当的因素或办法，能够使这个问题的解决有所突破呢？国内外一些教改实验和理论研究，启发我们逐渐发觉：过去我们在思考减轻学习负担、提高教学质量问题时，大都限制在知识技能的圈子以内，忽视或很少考虑学生的智力的发展。这是影响减轻学习负担、提高教学质量问题未能很好解决的因素之一，甚至可以说即是造成学习负担过重、教学质量不高的原因之一。毛泽东同志在60年代曾经提出教学"要把精力集中在分析问题和解决问题的能力上。"广大学校和教师也曾努力实践，以求贯彻。但是，我们没有把这一思想加以具体化，理论上没有搞清楚，实践中还由于"四人帮"的干扰，出现过把分析问题解决问题能力的培养跟学习系统的科学知识相割裂的偏向，致使这一思想在许多情况下未得落实。这样便仍然未能使减轻学习负担、提高教学质量问题的解决有明显的进展。

二、一个值得探索的方面

国内外一些教改实验和理论研究给予的启发，使我们看到：在教学中重视发展学生的智力,并在理论和实践上处理好这个问题,是减轻学习负担、提高教学质量的积极办法之一。

我国许多优秀教师多年的教学经验和成功的教改实验,跟国外的某些成就及其理论原理,在许多方面是不谋而合、异曲同工的。试举新近的几个例子。北京特级教师霍懋征在小学语文阅读教学中获得了新的突破。她继续发展了60年代黑山教改的经验,不仅充分估计了学生的能力,而且自觉地着力于培养和提高学生阅读能力和写作能力,以及一般的观察力、想象力和逻辑思维能力。霍老师一学期教了九十五篇课文(小学三年级通用教材为二十六篇)。教学内容是大幅度地增加了,可是她只靠每周八节课,很少占用学生的自习课,每天的作业三十分钟左右即可完成。学生的学习负担不但不重,而且天天盼着上语文课。考试成绩全班四十多个学生没有八十分以下的①。北京景山学校、北京师大附小和北京第二实验小学等三校进行了数学教学改革实验。他们试用的数学教材的特点,就是非常重视对数学概念的理解,不仅注意培养学生的计算能力,还注意培养学生的思维能力。实验的初步结果,学生某些能力实际上已经超过了教材本身的要求,而负担并没有加重。他们重视课上四十五分钟的学习,而课外作业很少,甚至不留作业②。上海育才中学在总结十七年教学经验的基础上,创造出"读读、议议、练练、讲讲"的教学方法。他们的改革也是着眼于培养学生的自学能力,包括阅读能力、解题能力、实验技能技巧和掌握科学的学习方法。教师们说,培养学生的能力,好比交给了学生一把金钥匙。学生一旦得到了这把金钥匙,就能自己打开知识宝库的大门,自由地

---

① 参见霍懋征:《小学语文教学改革上的一点探讨》,载《人民教育》1979年第7期。

② 参见秦孝瑞:《改革教材和教法是减轻负担提高质量的关键》,载1979年5月10日《光明日报》。

在知识的海洋里索取。他们运用这种方法，基本上做到了当堂理解，当堂消化，当堂巩固。初中的学生在课内基本上完成了作业，高中一年级的学生80%的作业可以在课内完成①。其他，如上海市大同中学、吉林师大附中等校，也进行了类似的实验，也都取得了减轻学习负担、提高教学质量的效果②。我们只要稍为留心就会发现：今天的一些教改实验研究，跟50年代和60年代初相比，有了新的发展，其重要特点之一，就是重视发展学生的智力。这种新的特点，一方面，反映了现代生产和科学技术迅速发展的客观要求；另一方面，也是更全面地反映了教学本身的内部规律；这也就是今天一些教改实验之所以获得成效并很有前途的主要原因。

把发展学生的智力提高到应有的地位，这就比较全面地把握了教学任务和提高教学质量的标准。教学绝不能只满足于使学生掌握知识和技能，一定要促其进一步概括化和系统化，形成和发展学生的智力。智力的发展与知识的掌握同样重要，乃至更重要。这个思想在中外教育史上很早就有了。在我国古代很早就有关于"点金术"的传说。"学"与"思"并重是我国古代教学论积极方面的传统之一。在西方，明确表达这一思想的人可以上溯到昆体良。他早在一千九百年前就具体地说到：他所要研讨的教学法，"借此学生不只是获取一些学者所限定的各种事物的知识，也不只是了然于修辞的规则为何，而更须获取增进其谈话的能力，具有孕育其雄辩的口才。因为，就一般而论，研究修辞艺术之枯燥之教科书，多半是强调辩说技巧，因而损害了、阻碍了一切高贵的形式，耗损了想象的活力……"③。昆体良教了二十年的修辞学，是古罗马时代的一位大演说家。他的这些话应该说是经验之谈。夸美纽斯、洛克、卢

---

① 1979年2月7日《光明日报》。
② 1980年4月29日《光明日报》。
③ 昆体良：《训练讲演的学校》，第一篇。

梭、裴斯泰洛齐等人几乎无一例外地都发表了关于发展学生智力的重要性的思想。当代大科学家爱因斯坦也说："发展独立思考和独立判断的一般能力，应当始终放在首位，而不应当把专业知识放在首位。如果一个人掌握了他的科学的基础理论，并且学会了独立思考和工作，他必定会找到他自己的道路，而且比起那种主要以获得细节知识为其培训内容的人来，他一定会更好地适应进步和变化。"[1] 这恐怕也是他数十年科学生涯的切身体会。诸如此类的经验体会虽然是朴素的，但肯定是真实可信的。现代心理学的研究对此日益给予了比较科学、比较具体的说明。心理学的研究告诉我们，知识的掌握和能力的形成是密切联系着的，又是有区别的。能力是经由掌握知识技能并广泛迁移的活动而逐步形成的。它是知识掌握的进一步概括化和系统化，逐步地成为一种稳定的个性心理特征。它有效地适应和调节着人们掌握知识及各种认识活动和实践活动，保证这些活动顺利进行，达到人们预期的目的。可见，能力的形成或智力的发展，一方面是通过和依赖知识技能的掌握而实现的；另一方面又是知识技能的掌握的深化，并且成为掌握知识技能的条件。没有一定的智力发展，要想掌握知识技能是不可思议的。智力发展水平的高低，对于掌握知识技能的快慢、难易、深浅、顺利与否、特别是能否灵活运用等，有很大影响。正是掌握知识与发展智力相互作用的规律，推动着人们的知识和能力，不断地由低级阶段向高级阶段发展。过去我们的教学理论和实践忽视发展学生的智力，就是没有深刻认识并充分利用这一重要规律；而今天的一些教改实验重视发展学生的智力，则是深入认识和充分运用了这一重要的规律，因而迅速地明显地提高了教学质量，同时，这种教学质量的提高又能与减轻学习负担很好地统一起来。这是不奇怪的。学习负担既有绝对性，又有相对性。同样的学习内容，由智力发展水

---

[1]《爱因斯坦文集》第3卷，商务印书馆1979年版，第147页。

平不同的学生来学习,其负担是不同的。智力提高了,就可以转慢为快,化难为易,由浅入深,学习顺利,运用灵活,负担由重变轻。中国科技大学少年班的学生为什么负担得了大学的课业,有的同志作了研究和理解:"这些少年虽然年龄小,也没有较丰富的感性知识,但是,他们有很高的抽象思维能力,使得他们同样可以理解书本上的含义,并记忆下来。"① 苏联赞科夫实验的一个材料也说明:由于在智力发展上取得了成绩,"用于培养儿童技巧的时间至少少于通常的百分之三十。"② 由此,我们可以懂得一个虽然浅显然而十分重要的道理,就是关于减轻学习负担可以有两种办法:一种办法只是去衡量学生的学习能力,在感到学生现在的智力水平不足以负担时,便减少课业;另一种办法,不只是去衡量学生的智力水平,而是着力去发展提高它,不减少课业甚至还增加课业。前者是消极的办法,后者是积极的办法。总之,今天的一些教改实验的重要特点之一,就是注意到这样的一个方面:以提高智力来提高教学质量,以提高智力来减轻学习负担。应该承认,我们在这方面还知道得很少。这种设想,还需要进行长期实验研究,要受实践的检验。但是,仅就现在所接触到的一些材料,至少可以使我们对减轻学习负担、提高教学质量这个老问题,有了新的认识,看到了一个值得探索的方面。

三、克服教学论中的一些片面性

重视发展学生的智力,积极地减轻学习负担、提高教学质量,要做得很好,真正走出一条路子,不是轻而易举的事,要有勇于革新的精神和严肃慎审的态度,要解决一系列的理论问题和实际问

---

① 1979 年 12 月 15 日《光明日报》。
②《外国教育动态》1980 年第 3 期。

题。在这里我只能结合自己对这个问题前后认识的经历，主要提出关于克服教学论中的一些片面性的问题，供大家研究。

我以为，注意发展学生的智力决不是、不应该、也不可能抛弃已有的经验成果，把过去的办法撇到一边，另起炉灶，但也不是过去的办法简单地加上"发展智力"的任务和措施，而是要求我们具有全面的眼光，去对待和处理过去长期采取的办法而加以改造和发展。例如，对于"要按教学的客观规律来教学"这一条，不但不否定，相反，是要求进一步探讨和遵循掌握知识与发展智力相互作用这一重要的客观规律。关于"全面改革课程、教材、教法……"也是这样，它更认为应该统筹全局，单单改革某一局部如只改革教学方法是不解决问题的；但它还要求无论进行哪一方面的改革，都不再局限于知识技能的圈子，而要根据学习知识与发展能力相互作用的规律，考虑学生的智力发展。因此，现在探索的路子对于过去的经验来说，又带有新的质，对教学论一系列问题的认识都有所变化。过去的经验或办法所依据的教学论，其中是有片面性的。现在要注意发展学生的智力，就需要克服教学论中大大小小的片面性。

对于我们来说，比较大的一个片面性就是认为教学中智力发展与掌握知识似乎是自然统一的这样一种认识。因为我们在主观上、字面上还是提出了发展智力的任务的，但由于这一认识的影响，很难避免地导致偏重知识、忽视智力发展的偏差。依照这种认识："知识技能被掌握后，就能促进能力的发展。""随着对愈益复杂、愈益纷繁的教材的掌握，能力也就发展起来。""学生掌握知识的同时，也掌握着智力活动（分析、综合、概括），从而也就发展了他们的智力。"[1]"教材使学生能够认识周围世界，同时就发展他们的智力与精神力。"[2] 这就是说，学习了系统的科学知识，也就发展

---

[1] ［苏］斯米尔诺夫等编，朱智贤等译：《心理学》，第92页。
[2] ［苏］凯洛夫主编，沈颖等译：《教育学》，第55页。

了能力。正是在这种观点的影响下，教学论虽然也提出了发展智力的任务，但没有具体内容，智力发展又归结为传授和学习知识本身，实质上被取消了。不克服这种观点，要想在教学论中具体贯彻重视智力发展的思想是困难的。这种观点实有其历史的由来。古典理性主义和近代形式教育派重视能力，轻视知识；古典经验主义和近代实质教育派只注意知识，轻视能力。这两者都有片面性。以杜威为代表的实用主义教学论，鼓吹在个人经验的基础上，通过"从做中学"的办法，使学生掌握生活实用的知识，并强调培养学生的主动性和解决实际生活问题的能力。他们奢望以此来消除古典理性主义、近代形式派和古典经验主义、近代实质派的对立。但是，历史经验证明，这种办法严重降低了科学知识水平，也只能使学生养成一点应付眼前生活问题的能力。这种教学论思想在苏联20年代曾经泛滥一时，到了30年代，苏联人发觉吃了亏，便展开了对实用主义教学论的批判。通过这种批判，肯定在教学中掌握知识与发展能力这两者必须统一在使学生掌握系统科学知识的基础上。这是一个很大的进展。大概由于拼命强调学习系统科学知识的缘故，关于在学习系统科学知识的同时怎样培养能力的问题，则不遑顾及，或者认为不成问题。我们在相当长的时期内受到这种观点的影响是无可讳言的。这一观点是不完全符合事实和辩证法的。实际上，掌握知识（即使是系统的科学的知识）和发展智力是对立统一的关系，既统一，又对立。毫无疑问，不传授和学习知识，就谈不上发展能力；同时，掌握知识过程本身包括了一定的智力活动。这是两者在通常情况下之所以统一的道理。从这个意义上讲，认为掌握了知识也就发展了能力的说法，有正确的一面。但是，在掌握知识过程中，智力活动究竟具有何种形式，何种程度，则有各种各样的具体情况，这就出现了差别和矛盾，因而两者的统一又是有条件的，要看知识的质量、数量及其结构，教学的指导思想，教学的方法等一系列问题怎样解决，要通过克服各种矛盾才能达到统一。"自然统一"论观点之所以是片面的，因为它只看到统一的一面，没有看到矛盾的一面。凯洛夫等人甚至提到：对于"学生的认识力和才能的发展"，应该是"有意识地、有计划地"进行。① "对于发展学生才能的任务重视不够，在发展学生认识能力中的'自流'、自发现象也是不能容忍的。"② 但是，他们不明确、不承认矛盾，不具体分析矛盾；既然如此，那么，所谓"有意识"、"有计划"，只能是抽象的，难免不"自流"，而所谓"不能容忍"云云，亦不过是一种"义愤"之类的东西，是不能推进科学的。鉴于多年来对统一看得多而对矛盾估计不足的状况，我们应该吸取历史经验教训，运用唯物辩证法，依据教学实践，认真揭示和分析在掌握知识和能力发展之间存在的具体矛盾。

教学论上所研究和论述的教学原则，是千百年中教学经验的总结。它们不仅对于传授和学习知识，而且对于进一步发展能力，都有积极的作用。但仔细分析，它基本上是作为知识的传授和学习的原则，没有自觉地反映发展智力的任务，没有回答和解决如何促进学习知识和智力发展相统一的问题，没有提出这样一个独立的原则；更重要的是各个个别原则以及整个原则体系都没有体现这一精神。且只拿量力性这个原则来分析一下。三十年中我们关于量力性原则有过多次讨论和争论，但争论偏重于对"力"（衡）"量"高一些还是（衡）"量"低一些，偏重于可以多给一些知识还是只能少给一些知识。着眼点多半在于知识，对"力"也多半简单地（衡）"量"，缺乏积极发展能力的观念。由于缺乏积极发展能力的观念，因而对学习负担也缺乏具体的分析，在许多情况下所谓学习负担过重，只不过是某一方面的负担如机械记忆的负担过重，而学生的思

---

① 〔苏〕凯洛夫主编，沈颖等译：《教育学》，第54页。
② 〔苏〕达尼洛夫、叶希波夫编著，北京师范大学外语系1955级学生译：《教学论》第55页。

维、想象等能力并无负担甚至受压抑。还由于缺乏积极发展能力的观念，因而也把负担简单地看做消极的东西，实际上，一定的合理的负担是发展智力的必要条件。这样来理解和贯彻量力性原则，就使传授知识和发展智力之间发生矛盾，不能很好地统一起来。其结果：强调提高教学质量，就造成学习负担过重；为了减轻负担，就得减少知识内容。极而言之，它迫使我们要在这样两者之间进行选择：或者加重学习负担；或者降低教学质量。关于量力性原则的认识的这种片面性质，是有代表性的。其他教学原则也大都表现了主要着眼于知识而不是能力的情况。因此，国内外都有人主张要以新的全面的观点对迄今为止的教学原则及其体系加以改造和发展，这不是偶然的。

在教学内容或课程和教材问题上，我们坚持"双基"——基本知识和基本技能，这是完全正确的。这不仅是重要的教学任务，而且是智力发展的基础。如果为了强调智力的发展，忽视或脱离基础知识和基本技能，那将是荒谬的和危险的，那就会陷于另一种片面性，重走形式教育派的老路。我们今天重视发展智力跟形式教育派本质不同，我们不是轻视知识，而是把智力发展牢牢地建立在传授系统科学知识的基础上，并且是为了更好地学习科学知识体系。不过，现在的片面性的主要表现是忽视智力发展。三十年中，我们的教学内容一阵子偏多，一阵子又偏少，来回反复，这就跟只考虑知识而忽视发展智力这一片面性有关。无论偏多或偏少，都引起传授知识和发展智力的矛盾，也都未能把减轻学习负担和提高教学质量统一起来。"多"往往多在繁琐芜杂的叙述或简单重复性的技能上。这就占去学生大量的时间和精力，但新鲜内容并不多，学生多方面能力反而不能积极活动；而学生多方面能力不能积极活动，就使学习的效率不高，就使学生更加花费时间和精力，更加重负担……以致造成恶性循环。然而遇到这种状况以后，为了减轻学习负担，我们通常就减少课程，减少教材，减少学时，减少作业。但对于究竟怎样减，少到什么限度，又缺乏科学的试验研究，没有明确的标准。有的固然是减所当减，去掉了繁琐的东西，但有的不过是"浓缩"，与原来的"多"并无实质区别，还给师生的教和学带来新的麻烦。特别是课内学得少了，而课外、校外的文化生活也不丰富，不能从另一方面得到补偿，学生因此而得到的知识就更少了。既然缺乏丰富的精神食粮，他们的智力发展就很难说了。我们在许多年中不断强调"少而精"，曾经深信它是既减轻学习负担，又提高教学质量的好办法，认为它体现了教学的本质：把握精华，以少制多。但是，少和多，精和粗是互相依赖的；孤立、片面的"少而精"是难以设想的。由于上述情况，"少而精"并未达到预期的效果。国内外一些教改实验和理论研究表明，着眼点不同很有关系。只着眼于知识技能而忽视智力发展，"多"就容易造成"负担过重"。如果把知识技能的学习与智力发展统一起来考虑，那么，"多"（当然不是任意的、无限制的）就不一定会造成负担过重，甚至是必要的条件；相反，内容过少，贫乏，空洞，不足以激发学生多方面智力的积极活动。我们看到，在国内外各种实验研究中，关于教学内容的主张，虽然众说纷纭，互有歧异，但有几点是一致或相近的。例如，许多人都主张知识要充实、丰富、全面、宽广一些，以便最大限度地满足学生的求知欲和学习兴趣，为他们智力多方面的发展提供足够的精神食粮，要克服知识贫乏、知识面窄的缺点。又例如，许多人都主张提高理论知识（基本概念，基本原理，规律性的知识）的地位和作用，相对地缩小简单重复性的技能的比重。这就是说，把分散、孤立的事实、概念的知识，在理论知识指导下联系起来教学，充分发挥理论知识的主导作用和广泛迁移的作用。对技能技巧不再单纯从数量上着眼，而是加强理论指导，提高质量。又例如，许多人都主张改变简单地叙述现成结论的状况，增加关于知识的方法的叙述。有人甚至夸张地说，现在的大学的教学内容，80％教事实，20％教方法；这个比例应该颠倒过来。对于中小学，普遍的意见也认为要适当提高教给学生学习方法的比例。这些主张都在于努力较全面地反映智力发展和知识学习的关系，较全面地考虑知识的质量、数量和合理的结构，为的是克服传授知识与发展智力之间的矛盾，促进两者统一起来。我们认为这种实验是有希望的，会有助于发展学生的智力，减轻学习负担，提高教学质量。

关于教学方法，我们的优点是认真，扎实，不追求华而不实的东西，特别是许多年来我们在启发式方面，力图运用马克思主义方法论，吸收现代心理学及其他科学成果，进行了大量的实践和探索。这些都是保证传授知识和发展智力统一起来的条件。但是，教学方法也存在片面性，主要的表现就是单调，办法少，刻板而没有什么变化，统得较死，严肃有余，活泼不足。这也就导致传授知识与智力发展的矛盾。这里对"精讲多练"和课堂教学问题稍加讨论。"精讲多练"大概从60年代初开始提出以后，似乎一直被认为无可置疑，渐渐成为主要的教学方法，有的同志甚至要把它上升为教学的普遍原则。这是跟偏重知识技能、忽视智力、发展的教学论思想及其指导下的教学内容相适应的，是有局限的。如果作为个别的一种具体的方法，"精讲多练"在某些技巧性很强的学科和教材的教学时应用，那是可以的，也是行之有效的，但如果应用于所有学科、特别是需要理论思维或形象思维以及创造性想象力的教材、则不仅不适宜，而且有消极作用。提倡"精讲多练"的积极用意之一，是要克服繁琐的讲解的毛病。但这应该探讨讲授法成败得失的规律，从它本身加以改进，而不能与"多练"必然地联系在一起；硬性联系在一起就不可避免地导致把"精讲"变成少讲；而使"精讲"与"少讲"这两者混淆或代替是不科学的和有害的。少讲不一定好，多讲不一定不好。提倡"精讲多练"的再一个积极用意，是要矫正教师活动多、学生活动少的毛病。但"多练"远不足以确切地全面地概括学生的多种活动。有时教师整堂课边演示边讲解或只是讲解，学生没有什么"练"，但这经常是必要的，也并不等于学生整堂课不曾活动，而很可能积极地开展了思维活动或想象活动。相反，在某些"多练"中，学生的思维却走磨盘式的熟路，随着技能的自动化而思维的活动越来越少。在这种场合下，"精讲多练"就不符合启发式精神，并且造成知识技能的学习与全面发展智力的矛盾。"精讲多练"是建立在认为形成技能可以更好地促进知识的理解这样一种认识的基础上的。这有一部分道理，但不全面，应该全面考虑知识技能的学习如何促进智力发展，而不是妨碍智力的发展。"精讲多练"是把学生听讲和技能的训练对应来看的，这就表明它对技能本身的理解是狭隘的，排斥了听讲时思维活动之类的智力技能，多半是些外部动作技能（当然实际上也包括一定的相应的智力技能）。笼统地强调"多练"，局限于这类技能的训练，不仅对能力发展不利，即使对加深知识的理解，作用也是有限的。我们的教学方法，要既利于知识技能的学习，又利于发展学生的智力，应该是根据教学任务、教材、学生的特点，灵活多样，而不必局限于某些简单的模式。关于课堂教学（严格讲应是编班上课），我们坚持把它作为教学的基本组织形式，坚决摒弃设计教学法和"四人帮"所谓的"开门办学"之类的东西，是完全正确的。课堂教学保证教师发挥主导作用，以集体性、计划性、稳定性见长，从而既是学习系统科学知识、也是学生智力发展的重要保证。但是，它短于照顾个性，缺乏灵活性。从 19 世纪开始，就不断有人对此提出批评。批评的主要理由就是认为它特别不利于学生的智力发展。应该实事求是地承认，编班上课制既有巨大优越性，也确有局限性，不克服它的局限性，的确不利于学生的智力发展；这也就引起了传授知识与发展智力的矛盾。为了克服这种局限性和矛盾，国内外也早就有各种主张提出来。包括以自学辅导、个别教学、现场教学等教学形式加以补充，以及对编班上课制本身加以改进。在国外，早就有人提出"弹性制"的办法。在国内，解放后，至少在 60 年代初期就有的地区和学校进行了这方面的改革实验。例如，坚持绝大多数学生按部就班，循序渐进，逐年升级，但允许个别学生跳级。①又例如，坚持绝大多数学科和课程实行统一的集体教学，但在个别学科和课程中，在一个班级里实行两种内容的分组复式教学。②今天这类实验又开展起来并有所发展，有的学校还对有专长的学生设立选修课制，以及试行六十分钟与三十分钟两种课时交替进行的换课制③，等等。对于这些实验，我们应该坚持下去，不要再中断，同时应该从理论上进行总结。

最后，再简单提一下成绩检查评定问题。我们坚持学业成绩考核是对的。但考核的内容也偏重知识技能，而忽视对智力发展的考核。不仅如此，解放以后，在正确地批判资产阶级智力测验中的反动、反科学成分的同时，未能看到其中合理的成分乃至一般地否定了智力测验的研究本身，这就犯了一个简单化、片面性的错误，这也导致传授知识与发展智力的矛盾。只考核知识而不考核能力的办法不改，再加上考试次数频繁，气氛紧张，这就不但不能促进智力发展，而且成为智力发展的很大障碍，加重学习负担，影响提高教学质量。当然，智力的考核，乃至智力本身，问题十分复杂，迄今为止科学上还远未得到清楚的说明和解决。但是，这是发展学生智力工作体系中重要的一环，也是成绩考核工作本身改革的重要课题之一。同时，根据马克思主义理论，只有尚未认识的事物，没有不可认识的事物。对于智力及其科学的测量问题，早晚是可以认识的。广大教师是有经验的，心理学在不断积累着成果。只要各方面通力合作，是可望不断进展的。

综上所述，着眼于培养智力或重视智力的发展，是今天国内外一些教改实验和理论研究的特点之一。这不仅反映了现代生产和科

---

① ②参见《人民教育》1956年6月号。
③ 1980年3月19日《文汇报》。

学技术迅速发展对教育工作提出的新要求，而且也是人们对教学客观规律的认识更深入了一步的反映。对于我们有启发的一点是：关于减轻学习负担、提高教学质量这个老问题的研究和解决，有可能因此获得一个新的进展，看到了一个值得探索的方面。为要在这个方面进行探索，需要研究和解决许多问题，其中问题之一，就是要克服教学论中的一些片面性。教学论的已有成果决不会、不应该、也不可能被抛弃，但要有所改造、丰富和发展。

关于教学应教学生"学"的问题*

一

教学应教学生学,这在教学论上,一般讲是没有疑义的。但具体落实,却有许多问题需要研究。其中之一就是教学重心、教和学的职能、形式的问题。

在一般通行的教学论著作里,都写着教学应教会学生学习这类命题,并且着重分析了学生的学习过程。其所以研究"学",多半还是为了教,从教出发,为教服务。关于教学原则、教学内容、教学方法、教学组织形式以及学业成绩检查等方面的理论,其立足点也大都在于教而不在于学,学简单地从属于教。同时,这种教学论认为,一切知识,特别是新知识,都必须经过教师传授。它赋予教的职能,主要是系统地传授知识,规定学的主要任务是接受、领会和牢固地记住教师所传授的知识。有的同志针对这一点尖锐地批评这种教学论,实质上只是"教论"。

在教学实践中,很多教师管教又管学,在系统讲授教材的时候,千方百计地启发学生主动、积极地思考,自觉地领会所讲的知识,并在此基础上引导学生完成练习、实验等独立作业,不仅使学生学到了知识,还注意培养学生的学习能力,养成良好的学习习惯。但是,只有有经验的教师才能这样做,而为数不少的教师,却

---

* 原载 1983 年 1 月 2 日、14 日《光明日报》。

做不到。其结果，有相当一部分学生只能获得一些现成知识，却没有学会学习。小学如此，就给中学带来不良影响；中学也如此，就影响到高等教育。有些大学生，特别是一年级大学生，严格讲还没有学会一些基本的学习方法。

近些年来，生产和科技出现了新的重大革命，知识量急剧膨胀，更新过程空前加快。这就对教学提出了新的更高的要求，要求教学不能只使学生学得现成知识，而应着力发展学生的智力，切实教会学生学习。这就使人们越来越多地提出，要适当改变长期以来实行的一套教法，一方面努力提高广大教师的水平，继续发挥现有一套教法的积极作用；另一方面适当地采取在以教为主导的前提下，以学为重点，由教师指导学生独立地进行学习（包括自学新教材）的办法。

二

在国外，这方面的改革主张和实验已形成一股潮流。例如，50年代在美国流行起来的程序教学，把教材按逻辑顺序分成一系列小问题，使学习变得简易，并随时给予强化。学生可以借助于教学机器或程序课本，按自己的需要，自定步骤，独立地学习，不必教师在场。60年代美国布鲁纳和其他一些人积极提倡"发现法"，主张学生借助教师和教科书提供的某些材料，亲自去"发现"学科的基本概念、原理，使自己成为知识结构的"构造主义者"。在苏联，它的教学论的显著特点之一，就是十分尊崇从夸美纽斯到乌申斯基的传统，批判实用主义教学论最有力，强调教师起主导作用和系统地传授书本知识。但是，近若干年来也出现了很大变化。赞科夫提出了促进学生一般发展的"新教学论体系"，并把"使学生理解学习过程"，列为重要的教学原则之一。1977年出版的一本《教育学》认为，传统教学"重心被移到教师本人"传授知识方面，而

"现代社会发生的变化，科学技术的革命，向学校提出了加强学生本身的积极状态，尽量发展其独立精神的必要性"。因此主张，教师的真正本领，主要不应在于会传授知识，而应在于会组织学生的认识活动。1980年巴班斯基也承认：他探讨的教学最优化的各种办法，"重点是放在论证教师活动方面"，而"教学过程不仅需要教师的活动，而且需要学生的活动，如果学生没有在一定程度上自己组织这种活动，教学的最优化是不可思议的。""学习最优化是当前学校工作最薄弱的环节"，"它应当成为学者特别关怀的东西。"

在国内，看到教学论现代发展的趋势而进行这方面探索的人也很多。60年代初，毛泽东同志关于这个问题发表过精辟的见解。他指出，教学应该发给学生材料，让学生自己看、研究，教师应该少讲几句。"要自学，靠自己学。"在这一思想的启示下，北京等地中小学作了多种改革的尝试。要求教师在讲授、演示、同学生谈话、组织学生练习、实验等环节中，都贯穿着指导学生自学的精神，而且把向来只由教师系统讲解的教科书或新教材，改由教师指导学生自己独立地学习，教师只提示思考题，组织讨论，解答疑难问题，作小结。这些做法，大都获得好的成效。中国科学院心理研究所从1956年开始，吸取美国程序教学的某些优点，运用有效的心理学原则，结合我国实际情况，设计了一种"数学自学辅导实验"。它已经证明，自学能显著地提高教学质量和学习效果，不仅适用于数学教学，也可能适用于其他学科。这个实验几经周折，粉碎"四人帮"后恢复并有了发展。1980～1981年度发展到七个省市二十三个实验班。1981～1982年度又扩展到二十二个省市一百多个班。上海育才中学在总结十七年教学经验的基础上，从1977年下半年开始，先后在不同年级的三个教学班进行了教改试点，全校在语文、数学、物理、化学四门课程中，举办了一百零八节公开教学研究课，创造出"读读、议议、练练、讲讲"的教学方法。这一套教学方法的基本精神就是让学生成为学习的主人。首先，学生在课内自己读书,互相议论,通过积极思考,逐步了解教材的基本内容,然后教师做画龙点睛的讲解,有意识地引导学生理解教材的重点、难点,同时还让学生在课常上做必要的练习,既动脑,又动手,又开口,基本做到当堂理解,消化,巩固。这个试验近年来又有新发展。该校老校长段力佩同志曾经说道:"从有经验教师努力讲深讲透的教学过程中,看到实际上在障碍着学生积极思维的自学能力的培养,我校以学为重点的教学方法,就是在总结教师讲深讲透的教训中试验出来的。"武汉师范学院黎世法同志在 1979~1980 年,对武汉地区三百多名优秀中学生的学习方法进行了调查研究,总结出"中学生的最优学习方法",又以此为根据,提出"最优中学教学方式试验法",也叫做"最优课堂教学方式"或"六课型单元教学法"。其基本做法,就是把教材划分为若干单元,依次通过六种课型进行教和学。(1)自学课——学生根据教师的指示在课堂上自学新教材;(2)启发课——教师进行重点讲解;(3)复习课——教师指导学生在课堂上进行独立复习;(4)作业课——教师指导学生在课堂上独立做作业;(5)改错课——在课堂上师生结合,共同批改作业;(6)小结课——将知识技能概括化综合化。据说,它在武汉地区一些学校进行实验近一年的时间,情况良好,减轻了学生的学习负担,尤其减少了教师许多的无效劳动,教学成绩一般都超过同年级其他班。1979 年《教育研究》发表了叶圣陶同志的《语文教育书简》。叶圣陶同志提出,语文教学首先应该打破这样一种偏见和陈规:"教师以讲解为务,以为学生鲜能自览,必为之讲解始明晓",主张教师"自始即不必多讲",而"致力于导","使学生逐渐自求得之,卒底于不待教师教授"。许多中小学教师从这些思想中受到启发,纷纷在自己的教学实践中加以运用,大都取得可喜的成果。

三

　　以上所列举的各种主张和实际做法，都有各自的理论基础、观点和内容，不尽相同，也不无争议之处。但是，在如何切实地实现教学应教学生学，改变那种以教为重心，教师讲、学生听的办法，探索教师指导学生自学的办法这一点上是共同的。为什么彼此这样地不谋而合呢？这决不是偶然的。应从理论上作出科学的说明，探求其中的规律性。这里谈一些个人不成熟的想法，供大家研究讨论。

　　教学的重心、教的职能和学的形式，本来就是随着教学实践的内外部条件和教育科学的发展而变化的。以教为重心，教师讲、学生听的办法，主要是在近代教育中发展起来的，是在夸美纽斯、赫尔巴特等人的教学理论指导下确立下来的，并非从来如此。例如，我国古代教学，就是把重心放在学生的学上的。教师教的职能主要是"启发"、"诱"、"喻"、"长善救失"等。学生学的形式主要是自己读书和活动。《论语》记载，孔子的教学很多是在师生从事各种活动中互相讨论进行的，并无系统的讲授。孟子极力提倡"自得"，《学记》的整个出发点就是"学"。荀子的"闻"、"见"、"知"、"行"，《中庸》的"学"、"问"、"思"、"辨"、"行"，以及"朱子读书法"等等，都是对"学"的概括。这一套办法使用了两千多年，其时间比近代以教为重心，教师讲、学生听的办法长得多。又例如，至少从19世纪开始，"新教育"派、"进步教育"派和杜威等人，就不断地对所谓传统教学论进行批评，并提出"儿童中心"、"活动教学"等教学模式，其具体做法如设计教学法、道尔顿制等等，花样之多，不胜枚举。当然，我们不能简单地回到古代去，因为古代教学论依据的只是朴素的经验，是教育科学还不发展的产物。当时教学内容还不太多，对教的艺术还要求不高。而近代教学重心向教转移，主要采取教师讲授、学生听受的办法，倒是一种历史的进步，是由于客观上社会生活和科学发展，使教学内容大大增加，要求教学扩大规模，加快速度，提高效率；同时，教育科学发生了飞跃，对教的艺术的研究获得了卓越的成就。这种以教为重心，教师讲、学生听的办法的优越性是毋庸置疑的，至今也绝未失去其存在的必要性。但是，它又确实存在着很大弊病，实用主义教学论看到了并击中了它的弊病，强调学生自己独立主动学习，这是其合理的和积极的地方，但是它又走向另一极端，否定教的主导作用，也有片面性。因此，我们也不能肯定实用主义的主要理论。这些，对我们有启发的是，教学重心、教的职能和学的形式并不是一成不变的。我们应该继承古代传统的积极方面，吸收实用主义教学论的合理成分，根据今天教育科学和教学实践的内外部条件及其规律，来考察和决定它应该成为什么样子。

教为主导和学为主体应该真正统一起来。实用主义教学论鼓吹儿童中心主义，把"学"和"教"对立起来，甚至认为教妨碍学，否定教的主导作用，实践证明，这种主张只能降低教学水平。传统教学论确保了教的主导作用，苏联教育学从理论上强调和论证这一点，是有重大积极意义的。但是，根据辩证唯物主义观点和古今中外无可争辩的事实来看，在教学中，学是主体，教是为学服务的。人类创造出教学这种活动形式干什么呢？就是为青少年的学习提供各种优越条件，特别是教师教这个最优越的条件，以便使他们的学习进行得更有效，方向正确，减少困难，保证质量；如其不然，教学和教师的教，就失去其存在的根据和意义。同时，在教学中，学习是学生自己的事情，是一种独立的活动，主动的认识活动；教只是外因，外因要通过内因而起作用，内因起最终决定作用。教学所追求的目标、内容和结果，无论怎样复杂或怎样简单，都要落实到学生的学上面，否则，一切都是空的。实用主义教学论片面强调学是主体，低估和抹杀了教是主导这个最重要的外因条件，而传统教学论强调教这个重要条件，却忘了它服务的对象，往往使教陷于悬空的境地。我们在过去相当长的时期里，怕堕入实用主义，不能彻底贯彻辩证法，不敢毫不含糊地肯定学生的学既然是内因，就是最终起决定作用的主体，对教的主导作用作了外因论的理解。关于这种认识上失误的教训，必须认真吸取，真正摆正教和学的关系。教为主导和学为主体是应该而且能够统一起来的。在教学中，学，是在教之下的学；教，是为学而教。换句话说，学这个主体是教主导下的主体；教这个主导，是对主体的学的主导。

要真正摆正教和学的关系，把教为主导和学为主体真正统一起来，就必须对教为重心、教师讲授、学生听受的模式有所突破。前面列举的国内外的各种实验，传来了信息，说明改革是可能的。适当地采取由教师指导学生自学教材的办法，能比较好地体现在教的主导下，学为主体的关系。因为学生亲身实践，独立探索，全面地动手、动口、动脑、最有利于锻炼他们的自学能力，切实地学会学习。而在教师讲授、学生听受的情况下，学习过程大大地简易化了，学生吃现成饭，不能参加多种智力活动，亲自实践的机会少。这样，要想全面地学会学习，培养独立性、主动性和创造性，就很困难，因而学生也很难成为主体。既然学生难以成为主体，那么教的主导也容易落空。

四

适当地实行由教师指导学生自学教材的教法，必须解除几种思想顾虑。

第一个顾虑：这样做会不会降低水平，走向实用主义或自由化教学？不会的。这里，教师仍然是主导者，不是什么顾问。它有教材的科学性和系统性为保证。这是实用主义教学论没有、也不可能有的。教学的可控性的重要的表现之一也在于此，程序教学就是显著的例子。国内几乎所有的自学实验,都是教师所指导的自学,而且是自学规定的教材或对规定的教材的自学,而不是任何一般的自学。

第二个顾虑:教师不系统讲授,学生对教材不能掌握,或不能为全体学生所掌握;而且要花费更多时间,将来甚至要走弯路。对于这个问题要从多方面去观察和分析。首先,多年来无数的教训促使我们提出一个相反的问题:教师系统讲授、学生系统听的办法,是不是真的保证了全体学生、全部掌握、费时少、走捷径呢?如果我们实事求是地深入了解,就会发现:其中有很多假象,教师有许多劳动是无效的。例如,教师讲深进透,学生并不都能领会,乃至听而不闻。教师对作业精批细改,有的学生根本不看。长期以来,我们多少受了这类假象的蒙蔽。而实行由教师指导学生自学教材的办法,每个学生都必须亲自动手,开动脑筋,无法坐等和依赖,学到了就是真正学到了。而且学生谁个学会,谁个不会,教材何处领会得好,何处出现漏洞,没有掩盖,一目了然,更有利于有的放矢,因材施教,长善救失,使教师的劳动都成为有效的劳动。其次,费时间和省时间、走弯路和走直路都是辩证的关系,彼此相反相成,互相转化不居。教师讲授、学生听的办法具有省时间、走直路的一面,但往往由于实际效果差,转化为后来的学习更费时间、更走弯路;而教师指导学生自学教材,有费时间、走弯路的一面,但往往由于实际效果好,转化为后来的学习更省时间、更少走弯路。再次,今天社会发展、技术变革、教育科学进步、教学手段现代化,这一切,为提高教师教的艺术和学生学的能力,提供了前所未有的有利条件。教师主导作用的具体表现形式在变化。过去它主要体现在系统讲授知识上,今天有必要发展到更高级的水平,通过更多方面的、更高级的形式表现出来,如除了系统传授知识这个形式之外,还应该有制定教学最优化方案,编制教材和教法的多种程序,运用各种先进教学手段,对学生独立学习活动进行科学组织,等等。学生也可以借助各种先进技术手段，如录音、录像、电子计算机等，在教师运用更高级的教学艺术的主导条件下，大大提高学习能力。

第三个顾虑：是不是要完全排斥教师讲授、学生听的办法？不是的，也不应该。许多改革实验，特别是我们国内的实验，都没有完全否定这种办法。教师系统讲授，学生系统听仍将是教学的主要形式之一，只不过不再是唯一的形式。如果完全否定这一办法，即不分教材、学生对象、教育阶段、教学任务等等不同情况，试图全部地实行学生自学教材的方法，这是另一种片面性，应该防止。可以设想，两种办法同时并存，究竟孰优孰劣，如何配合，要进行长期实验研究。如何设法改进传统的教师讲、学生听的方法，如何使指导学生自学教材的方法日益完善，以及如何使两者具体结合或配合，共同地落实教会学生学习的要求，这将是今后所要着重研究的。

论教师的主导作用和
学生的主体地位*

　　长期以来，教学中忽视教学生"学"的现象比较严重，已经引起普遍的关注，许多学校的教师，密切结合发展学生的智力的研究，纷纷开展指导学生自学的实验。其中很多实验已卓有成效，显示了生命力。不少同志觉察到，在教和学的关系上，再继续停留在"教学包括教和学双方的活动，两者有机地统一在一起"这类一般的说法已经不够了，特别是我们在多年中对教师主导作用的理解和贯彻存在着抽象、孤立、简单化的缺点，这是导致对"学"的忽视的重要原因之一，需要认真按照马克思主义观点进行再研究和讨论。

必须坚持教师的主导作用

　　教学论中对"学"的重视、研究不够，并不是由于对教师主导作用讲多了或抬得太高了，从而应该少讲一些或贬低一些；恰恰相反，要真正重视并切实搞好"学"还必须强调更好地发挥教师的主导作用。如果不是这样地提出问题，那么，我们就会重犯教育史上所谓的"传统派"和"进步派"的错误。强调"教"就轻视"学"；

---

*　原载《北京师范大学学报（社科版）》1983年第6期。

强调"学"就轻视"教",从一个片面走向另一个片面,来回摇摆,反复循环。

在教学中,教师起主导作用具有客观必然性和必要性。教学的方向、内容、方法、进程、结果和质量等,都主要由教师决定和负责;相反,学生决定不了,也负不了这种责任。教师之所以起主导作用,按通常的讲法,是因为教师受党和国家的委托,"闻道"在先,而且受过专门的教育训练,教学方向、内容、方法等他都已掌握;而学生尚未"闻道",特别是中、小学生,正在发展成长时期,知识和经验都不丰富,智力和体力还不成熟,他们不可能掌握教学方向、内容、方法等。好比探险、行军到一个新的地方,一开始总是向导如何领路便如何走,是正向还是偏向,是顺利还是困难,是迅捷还是曲折,都主要决定于向导。教师之所以起主导作用,还有其更深刻的根据,就是唯物论原理所揭示的客观规律:人是环境和教育的产物。教师当然代表不了学生外在环境和教育的全部,但却像一个聚光镜一般,把外部环境和教育对学生提出的要求和提供的条件,集中起来发挥影响;而学生这方面,他们的学习动机、学习行动、学习方式方法,以及学习结果所获得的知识、思想和能力等等,都不可能是主观自生、自发、先验的东西,必须而且在正常情况下可以接受、吸收来自外部环境和教育的影响,主要来自教师的影响。历史的经验、特别是反面的经验一再证明,教师主导的原则一定不能放弃。儿童中心主义在各种文化背景、社会制度和各个时期的实验,几乎都是失败的记录。苏联20世纪20年代和我国十年动乱时期,都吃过大亏。道理本来极为简单。教师主导原则是使教学沿着社会主义正确方向高效率地进行,并获得好的质量的保证。教学过程是非常复杂的,中、小学生是幼稚的儿童,要求幼稚的儿童去对非常复杂的教学过程作出各种选择和决定,其成败利弊,不言而喻,儿童中心主义的主张的荒谬正在这里,我们决不能重蹈历史的覆辙。

教师主导作用要与学生主体地位一致

但是,多年来我们对教师主导作用的理解和贯彻的确存在着问题,直接导致对"学"的忽视。其表现之一,就是往往把教师起主导作用和为"学"服务割裂;相应地,把学生的被领导地位和主体地位对立起来。按照非此即彼的思想方法看问题也只能如此:既然教师居于主导地位,学生就居于被领导地位,就必然服从教师,那么,也就不能说什么教为"学"服务和学是主体。其实,学生和他们的"学"固然是在教师的教的领导下进行的,但是,教却又是为"学"而存在的,否则就毫无意义;教师主导作用必须也必然有一个落脚点,这个落脚点只能是"学";教学所追求的目标和结果,一定要由"学"体现出来。更为重要的一点,"学"是学生自己的独立的主动的活动,教师包办代替不了。上面已经提到,教师的主导作用实质上是环境和教育对人的发展的主导作用,这是唯物论的原理,但是跟机械唯物论不同,辩证唯物论认为,人不是环境和教育的消极产物,而是在积极主动地作用于环境和改造环境中接受教育影响的。换句话说,人既是环境和教育的产物,又是反映和改造世界的主体,没有主体的能动活动,则任何环境和教育都不起作用。同样的道理,如果没有学生的主体作用,也就没有教师的主导作用。

前一个时期,如果提教为"学"服务或学为主体,就认为是儿童中心主义。最有力的反驳常常是这样的:教师的教是为一定的社会(阶级)和教育方针服务的;如果提教为"学"服务,那么,置教育方针于何地?其实,这是没有看到教师为社会(阶级)和教育方针服务和为学生的"学"服务的一致性。因为对于一定社会(阶级)和教育方针来说,教师和学生都共同承担了责任:学生要恭恭敬敬地服从教师的教导;教师要全心全意地教好学生,归根到底,都要求学生学好,以便成为一定社会(阶级)和教育方针所期望的人才。把教师的主导作用和为"学"服务割裂开来,也与对"服务"这个概念的不同理解有关。服务有积极和消极之分。消极的服务是单纯适应和追随学生当前的兴趣;积极的服务则是从学生的根本利益出发,把握方向,因势利导,引导学生健康成长。教为"学"服务正是后者这种积极的服务,因而它与主导就是完全一致的。毛泽东同志关于干部、群众、领导机关这三方面的关系,曾作过十分正确的说明。他对干部们说:"全心全意为人民服务,一刻也不脱离群众;一切从人民的利益出发,而不是从个人或小集团的利益出发;向人民负责和向领导机关负责的一致性;这些就是我们的出发点。"① 学校教学在这一点上,与国家政治生活、企业生产以及一切有组织的认识世界和改造世界的活动一样,人民群众是主体,又是有领导的;领导者起主导作用,又是为人民群众服务的。决不是:要领导就不要民主;要民主就不要领导;要么专制,要么无政府主义。马克思主义的教师主导作用观区别于封建学校的师道尊严或资产阶级的儿童中心主义,其症结就在这里。不把握这一点,就不可避免地遇到难以克服的矛盾。在教学实践中,有时教师所制定的正确教学目标和很好的内容落了空,就是由于不能正确理解和处理教师主导和为"学"服务或学为主体的辩证关系。在我们的许多教学论书籍和论文中,对于要发挥学生主动性一向是十分强调的。但是,在理论上却一直拒不承认学生的主体地位;而连学生的主体地位都不承认,又怎么能指望实际地而不是抽象地发挥他们的主动性呢!?

---

① 《毛泽东选集》第3卷,第1095～1096页。

教师发挥主导作用不应是径直的过程

过去，对教师主导作用理解和贯彻不好从而导致对"学"的忽视，再一个具体表现，就是把教师发挥主导作用看做一个径直的过程。我们有意无意地把事情理解成这样：教师教了，学生也就学了；多教多学，少教少学，不教不学。这样，"学"，归结于教，简单地从属于教，失去了相对的独立性，实质上被取消了。

在通常的情况下一般是多教多学，少教少学的，但是我们还看到另外许多不同的现象：有的教师稍加指点，学生即能举一反三；有的教师教得辛辛苦苦，学生却充耳不闻，为什么出现种种不同的情况呢？这反映了不同学生的主体能动作用不同；也说明教师发挥主导作用的过程不同。教和学通常相对平衡现象，掩盖了教师发挥主导作用的内部的真实的过程，即教师的教学意图必须变成学生自己的意图，并且必须使学生自己行动起来。例如，教师讲课，必须想方设法使学生愿意听、用心听、听进去。向学生布置作业，也必须想方设法使学生不仅自己有这个要求，而且自己动脑动手去做，达到预定标准。这才算实现了教师主导作用的过程。在哲学上，这叫做外因通过内因而起作用，而不是外因简单地、径直地起作用。这是马克思主义的教师主导作用观的又一重要原理，其理论基础就是辩证的发展观而不是形而上学的外因论。

需要指出的是，在我们的教学论的各种论著中，对外因通过内因起作用的原理，并不是毫未提及，而是差不多都有所论述。但是，似乎走到这里就停下了，未能进一步具体化。究竟学生的内因在每一具体场合下包括哪些方面、内容、方式？特别重要的是，不能只了解这些内因本身，而且要具体地了解如何通过这些内因而起作用的过程。例如，在某一具体教学活动中，教师的教学意图是什么？学生当前的动机是什么？教师的意图怎样变成学生的意图？这个"变"的"过程"是怎样的？需要些什么条件？有些什么规律性？又例如，教师讲给学生某一科学知识，几十个学生各自的掌握方式是不同的，但究竟有哪一些掌握方式？教师如何适应并改造、提高这些掌握方式？……诸如此类的问题，都还缺乏研究和解答，至少是研究得不够系统。苏联巴班斯基关于教学过程最优化的研究，看来涉及了这个问题。按照他的提法，必须把教的最优化和学的最优化"融合在一起"。例如教学任务，教师不仅要作综合的规划，还要在研究学生实际的学习可能性的基础上，把教学任务具体化。这还只是一个方面或半截子的过程，另一方面或另一半的重要过程，就是学生应当"在教师影响下，了解向他们提出的各种基本任务，接受这些任务来指导活动，并且考虑自己的可能来拟定'响应'的任务"。当教师制定的教学任务变成了学生自己的任务之后，学生就在它的指导之下进行一系列的学习活动。特别值得强调的是，其中包括学生"经常努力调整自己的活动，发挥自己实际学习能力的长处，克服其短处"。[①] 我国许多学校的师生其实早就是这样做的，从许多教学效果好的教师和学习好的优秀学生的材料中可以具体看得到，他们有着极其丰富的经验，只是没有在正确的理论观点指导下加以整理、总结，使之条理化。我们应该认真地以教学论的理论原则为指导（不是老停留于经验描述或连描述也不自觉上），并充分运用教育心理学的成果，努力进行这方面的工作。一旦教师发挥主导作用的过程具体化了，教为主导和学为主体也就真正统一起来了，教学中"学"的问题也就真正落到了实处。

---

① ［苏］巴班斯基，吴文侃译：《论教学过程最优化问题的研究特点》，载《教育研究》1982年第7期。

要具体研究教师发挥主导作用的形式

在一个时期中，对教师主导作用理解和贯彻不好从而导致对"学"的忽视，第三个具体表现，就是对教师起主导作用的形式太缺乏研究，把某一种形式绝对化了。

迄今为止，在我们的教学理论和教学实践中，教师发挥主导作用一向采取系统讲授为主的形式。教学大纲和教科书中规定的所有课题，都要求教师讲授；不仅每题必讲，而且以讲授居先，开路带头。只是在教师讲授过程之中或之后，才组织、指导学生阅读教科书和做作业。这就决定了：学生学习的主要形式就是听讲，他们每一次接触新知识都是先从听教师讲授得来，其他各种学习形式如复习、练习、实验、实习等等，都是在听讲的基础上进行的。我国从近代以来，包括旧中国在内，学校教学基本上都是这样做的，但不那么"严格"，比较灵活，自从学习苏联教育学以后，便走向了极端，形成了唯一的固定的模式。苏联各种教育学论著都大同小异、清楚无误地写着这类论点："教是教师的活动，它包括讲述教材，组织学生观察所学习的事物和现象，指导学生学会和运用知识，还包括检查学生掌握知识、技能和技巧的程度等。学是在教师指导下的学生的自觉活动，它包括学生对一定事物和过程的感知，听取教师的讲解，理解所学习的事物、事实、现象和它们之间的联系，概括所感知的事实，按照教师指定的作业来巩固和运用知识等。"① "所有其他各种课堂作业和家庭作业，都是建立在教师对知识进行口述的基础之上的。"② 1932年8月25日联共（布）党中央通过

---

① ［苏］达尼洛夫、叶希波夫编著，北京师范大学外语系1955级学生译：《教学论》，第129页。
② ［苏］申比廖夫等著，陈侠等译：《教育学》，第169页。

《关于中小学教学大纲和教学制度的决定》，在这个决定中，正式提出了教师主导作用的命题（也许在教育史上这也是第一次见到的正式的明确的文字表述）。它说："中央责成各教育人民委员部及其各级机关，在学校的一切教育工作中，绝对保证教师的领导作用。"它明确规定："教师必须负责有系统和连贯地讲述所教的学科，用各种方法教儿童研读课本和参考书，教他们做各种独立书写和文字工作，做研究室、实验室、实习工场的工作，并除了这些基本方法外，应广泛采用各种试验表演、观察仪器和参观旅行（到工厂、博物馆、田野、森林等地方去）等方法；并且，当儿童在学业中遇到困难时，教师应当用各种方法帮助他们。"①

因此，在苏联，教师发挥主导作用的形式，这个唯一的固定的模式，不仅是理论化了的，而且是法定化了的。我们受了它的很大影响，在多少年中也是这样讲，这样做的。

众所周知，这种形式很早就遭到非议。实用主义教学论更对这种办法进行了猛烈的批评，他们主张教师根本不应讲授，只须激发学生学习动机，组织学生自己活动，甚至认为教师只能充当顾问。我们批判了这些主张，坚持了系统讲授为主，这基本上是正确的，但是，我们犯了绝对化的毛病。我们缺乏分析：不仅对一切非议的意见缺乏分析，也对自己所坚持的东西缺乏分析。

首先是缺乏二分法。教师系统讲、学生系统听的办法具有巨大的优越性和充分的科学根据。它突出地体现了教学的特点：学生直接接受教师教给的前人他人已获得的知识成果，认识上最经济，单位时间的知识容量是最大的，传授的空间覆盖率也是最大的。它也充分发挥教师口头语言和学生听觉的功能，激发和锻炼学生思维能力以及注意力、想象力等。它对其他学习环节——复习、练习、实验等确实起着主导的作用，指示了学习方向，阐述了基本内容，揭

---

① 《苏联普通教育法令选译》，第32～33页。

示了方法。凡是教师讲好了和学生听好了，其他环节就事半功倍；反之，就会事倍功半。因此，否定教师讲授的一些似是而非的说法应予澄清。例如，有的说：教师系统讲授就是满堂灌，必然使学生被动，不能学会学习。这是不确切的。因为教师系统讲授并不注定是满堂灌而很可能具有极大的启发性；学生听讲也并不注定被动而很可能是积极主动的；可以毫不犹疑地说，听讲毕竟是重要的很好的学习形式之一。又例如，我们有的同志似乎同意这样的说法：教学中教师只能当导演而不能当演员，更不能当主演。这是经不起推敲的。首先比喻就不恰当。教学是教师教学生学的活动，根本不同于演出活动。如果硬要比喻的话，它倒比较类似排演活动。在排演活动中，导演不仅要给演员说戏，甚至一开始要系统说戏，有时还要做示范表演。

讲授形式的确有很大的弱点和局限性。现在至少看到这样两点。第一点，它不能更全面地发动和锻炼学生的更多种的学习能力，特别是动口、动手的能力，实践机会少，独立性有限。它虽不注定是满堂灌，却很容易形成满堂灌；学生虽不注定被动，却很容易被动；它虽是重要的很好的学习形式之一，但所占比重过大并把它的领头地位固定化，确实值得研究。第二点，在这种形式下，学生不能直接同新教材、新知识打交道。所有新知识都先由教师讲给学生。课本上的知识已经是现成的了。再由教师先讲授，学生所得知识就是现成而又现成的了，而获取这些现成而又现成的知识的过程，就过于轻易了。老是这样下去，学生总只能通过教师讲授而间接地跟新知识发生关系，这确实不利于学生学会学习和发展智力。大家都知道，在心理学和教学论的实验研究中，常常用来测定和判断受试者自学能力和智力发展水平的办法，就是选择教师没有讲过、学生没有接触过的新文章、新材料、交给受试者学习，从而考察他们学习的过程、掌握知识的方式、所得的结果和质量。这说明，让学生直接同新教材、新知识打交道，体现了学习活动另一些本质特征,即探究、发现的因素等。这种学习活动的结果和质量,是显示学生会不会学习和智力发展水平的重要标志,从而也是培养和锻炼学生自学能力的好形式。一切新教材、新知识都由教师先讲的形式几乎排斥了这些因素,应该说是它最大的缺陷。实用主义教学论不能或不愿意看到讲授的科学根据和优越性,简单否定它固然是片面的,而我们过去不做具体的分析而笼统地全称肯定,也实在不够科学。更值得我们在理论上深刻反省的是,多年来我们对学生主动性谈论得很多,但成效一直不大,究其原因,除了上面已经指出的在理论上一直拒不承认学生的主体地位以外,再就是没有在实践形式上或教学结构上得到保证。人的主观能动性必须建筑在实践的基础上。没有一定的实践形式而指望能动性,难免缘木而求鱼,严格讲,这离开了实践论的唯物论,落到了直观唯物论,乃至空想主义和唯心论。一方面,学生学习长期限制在听讲为主的固定的框子里,对此不加改变,甚至熟视无睹,没有意识到这是一个问题;另一方面,却怀着真诚的愿望,大声疾呼发挥学生主动性,甚至也提到了要发挥学生的主体作用。这就是我们多年来不同程度地陷入其中的矛盾状态。

　　过去对系统讲授作为教师发挥主导作用的主要形式,除了缺乏全面具体的分析,也缺乏历史的分析。古代教学中,教师起主导作用的主要形式就不是系统讲授。那时教材不多,学生也不多,教师与学生个别联系,只规定教材,作些指点,主要由学生自己诵读教材,人们通常指责的呆读死记,就是指的这种情况。教师不系统讲授教材恰恰是那时教学的一大缺点。费时间,走弯路,速度慢,效率低,学生并不都理解教材。从近代开始,教学内容大增,学生人数也空前加多。这双重压力,加上其他因素和条件,包括对教师不讲授和学生呆读死记的教学方式的不满,促进了教学理论研究和教学实践的改革、进步,出现了班级授课制,即教师向学生集体系统讲授知识的形式。按照具体的时间表,欧洲在17世纪已经采用这种形式,我国则于20世纪初才正式确立下来。1902年《钦定蒙学堂章程》宣布:"凡教授之法,以讲解为最要,诵读次之。"1903年《奏定初等小学堂章程》宣布并解释说:"凡教授之法,以讲解为最要,讲解明则领悟易。"① 当时,蒙学堂以改良私塾为宗旨。这些规定,对于当时流行于私塾里的教师不讲,学生不懂,一味地呆读死记、机械背诵等恶习,是相当的改革,可以认为是中国新式教学法的起源。② 民国二年即公元1913年,当时的教育部还曾通令全国中等学校,奖励采用"教员口讲,学生笔记"的教学方法。③可见,采用教师系统讲授知识的方法,在那个时候,是一种历史的大进步,对于古代教学法是一种重大改革。

今天,这种形式的优越性和必要性是否已经不再存在了呢?绝对不可以这样说。但是,它既然是历史地产生和发展起来的,也必然随着历史进步而变化,受到改造,得到丰富和提高。多年来,我们认识上的问题之一,也在于对教师起主导作用的具体形式,未能贯彻辩证法关于内容和形式的关系的观点。形式是受内容决定的,但并不是同一个内容只能有一种形式,由于条件不同,它可以有多种多样形式。我们正是很少考虑教师起主导作用事实上有多种多样形式,而把系统讲授为主这一种形式绝对化和凝固化了。辩证法还告诉我们,内容和条件变化了,形式也要跟着变化。现时代,出现了真正的"知识爆炸"现象。学校课程、课堂教学、学习年限、学习负担……一句话,教学活动这个有限的框子,如何适应知识量剧增和更新过程飞快的局面?教学理论和实践面临着严酷的挑战;同时,有关的科学如心理学、脑生理学的新发展,新的电子技术工具

---

① 舒新城:《中国近代教育史资料》中册,人民教育出版社1961年版,第40、426页。

②③周予同:《中国现代教育史》,良友图书公司1934年版,第120~121页。

的出现，整个社会学习化，儿童成熟过程加快，变得越来越聪明、学习的起点不断提高，这一切又为教学理论和实践的改进提供了有利条件。在这种情况下，教师起主导作用的内容和条件都发展了，以系统讲授作为起主导作用的主要形式，其优越性就相对地减色了，其局限性倒相应地突出暴露了，突破它的必要性和可能性都具备了。人们发现：当教学内容不太多，学生也不太多的时候，以系统讲授为主的形式就不会产生，而当教学内容过分膨胀、学生人数激增的时候，它也就不再完全适应了；换句话说，以讲授为主的形式是教学内容和学生增多而又不太多的时期的产物。人们还发现，当社会学习化程度有所发展但还不高的时候，即学习条件、手段、工具（包括教学法的成就）等还不充分的时候，讲授为主的形式是最简便易行而有力的。而当教师拥有更多更先进的条件、手段和工具（包括教学法的成就）的时候，人们就必然不过分倚重讲授为主的形式了。这些现象是否带规律性还有待研究，但是，教师起主导作用的具体形式，并不限于以讲授为主的形式，它将越来越丰富多样，这是可以肯定的。根据古今中外大量的经验，系统讲授仍然应该是教师起主导作用的重要形式之一，不过不应再限于这一种形式。除了讲授之外，还可以有：制定教学最优化方案，编制教材和教法的多种程序，运用各种先进的教学手段，对学生的独立学习活动进行科学的组织，特别是组织学生自己直接地学习新教材、新知识，等等。这在理论上的意义，就是突破了一个固定的教和学的模式，增强了学习的实践性、探究性，从结构上、形式上保证了学习的主动性，也为学生克服思维定势、学习刻板而不灵活的缺点提供了可能性。有的同志在介绍评述上海育才中学教法改革经验时，作了这方面的分析①。这些经验也显示了对传统教学经验的继承、改

---

① 诸平：《从育才的教学看课堂教学结构改革》，载《教育研究》1983年第5期。

造和丰富。讲授仍然保留下来，但它在教学整体结构中所处的地位和所起的作用改变了，变得多样化了：在有的场合下仍然系统地进行，起开路带头的作用；在有的场合下则用于辅助其他学习活动；有时先讲，有时后讲，有时不讲。在教学实践中，采取这多种多样的形式，可以更好地发挥教师的主导作用。

综上所述，我们可以获得这样概括的认识：正确理解和发挥教师主导作用，就必然会对教学过程中"学"的这一方面重视起来，认真研究，千方百计地把它搞好，也就必然会根据具体内容和条件，探索、创造多种多样的具体形式，而不致对某一种具体形式绝对地肯定或否定。努力把握马克思主义的教师主导作用观，是克服重教轻学的缺点而又不致走向重学轻教极端的一个重要理论前提。

《教学认识论》绪论[*]

一、教学认识论概述

（一）什么是教学认识论

作为一本研究教学认识论的书，应该首先回答什么是教学认识论的问题。可是，这个问题很不好回答，因为它是正有待于研究的。任何一门科学的理论，其研究对象、研究任务和研究方法，不仅都是不断变化的，而且正要通过研究过程本身逐步确定和明确起来，尤其在它发展的早期，更不可能是十分清楚的。教学认识论目前正处于这种状态。这里只能根据我们初步的研究和理解，进行一些描述。

所谓教学认识论，是这样的一种理论：它认为教学活动，即教师教学生学习的活动，主要是或本质上是一种认识活动，这种认识又不同于一般的认识和其他形式的认识，而是一种特殊认识或认识的一种特殊形式。这种认识有它自己独特的动力、条件、客体、主体、领导、方式、检验标准和方法，有它自己的运动规律，教学认识论就是研究教学认识的这些方面和过程及其运动规律的理论。

（二）教学认识论和有关学科的关系

教学认识论是哲学认识论与教学论交叉或结合而生发出来的一种理论。它与哲学认识论、教学论有密切的联系而又有自己相对独立的领域。

它比哲学上讲的认识论要具体，是哲学认识论在教学领域的运

---

[*] 北京师范大学教育系《教学认识论》编写组编：《教学认识论》，北京燕山出版社 1988 年版。

用。总地说来，哲学研究一般的认识、各种形式的认识的共同问题和规律。它要概括人类历史认识、个体认识、科学认识、艺术认识、教学认识、日常生活认识……所有的科学成果。而教学认识论与之相比，一方面，只研究认识的一种具体形式，涉及面要窄一些，另一方面，它要研究教学领域中一系列的认识论问题，因而又有专门化的特点。

教学认识论与教学论是什么关系呢？教学认识论主要关心教学过程的认识论问题，而对教学过程的其他方面如社会学、心理学、教育学或实际工作等方面则只是发生一定的联系而不直接去研究，有时还要故意舍弃一些方面。由于认识论问题对于教学来说不是一般性的问题，而是带有根本性意义的问题，是对教学具体问题的哲学思考，所以，教学认识论比之教学论就具有哲学概括的意义，可以说是一种教学哲学。

教学认识论与心理学、特别是教育心理学之间既有联系又有区别。简单说，它们都研究认识，甚至都研究教学中的认识，但彼此研究的视角不同。教学认识论研究教学的认识，或教师教学生认识的认识，教育心理学则把认识作为一种心理活动来研究，研究个体心理活动的规律，而且，心理学上所研究的认识是与情感、意志、个性、能力等相对应、平列的认识，有时也称认知，比教学认识论所研究的认识涵义要狭窄，这一点我们在后边要详加讨论。至于教育心理学中的学习理论，特别是认知学习理论，当然与教学认识论关系更密切，两者难解难分，不过，它们之间的区别仍是明显的。心理学中的学习理论主要研究学习的心理特性，而且主要注意"学"的方面，只把教师的教作为学的外部条件之一，而教学认识论则研究学习的一般认识属性，而且要全面研究教师教学生认识的完整活动及其规律。

（三）教学认识论的由来

教学认识论被当做一种专门的理论来看待，这还是一件新鲜事情。"教学认识论"这个词本身，对于许多人来说还有些陌生。的确，这有一个历史发展的过程。

教学认识论的思想和个别内容，早就有了。可以说，古今中外教育史上所有的教育家及教育著作，只要对教学问题发表意见，特别是当他们对教学过程的本质以及教学过程的阶段、程序、程式等问题进行解释或设计的时候，实际上都无一例外地讲到教学认识论，只不过有的自觉，有的不自觉，其正确程度、广度和深度各不相同罢了。古代东方和西方许多大哲学家、教育家们关于教学问题的许多言论都是很精辟的教学认识论思想。① 近现代西方和旧中国的"教育哲学"论著，大都有专门的章节探讨和论述认识论或知识论与教育、教学的关系问题，更明显地属于教学认识论领域。近几十年来，由于哲学、心理学、教育学有了长足的发展，教学认识论的思想更加丰富多样，除了马克思主义教学论而外，像杜威的"从做中学"的主张，皮亚杰、布鲁纳等人的"构建""发现"理论，洛扎洛夫等人的暗示教学理论等，都反映了一定的教学认识论的思想。

第一次自觉而明确地提出教学本质上是一种特殊认识的原理的，是马克思主义产生以后的事情，是运用辩证唯物主义和历史唯物主义、特别是它的认识论观察教学过程得出的结论。这主要是社会主义学校教学经验的总结，是苏联教学论首先提出来的。它认为，教学过程是一种认识过程，而又有它自己的特点。② 对此，我国教育界基本上持同样的观点，根据我们所能看到的材料，其他一些社会主义国家的教学论著作也是这样。③

直接提出"教学认识论"这个词，并且试图把它当做一种专门

---

①② 参见《教学认识论》第二章第一节。

③ 参见〔德〕黑尔穆特·克拉因博士等编著：《教学论》，1959年版，人民教育出版社1962年版，内部发行；〔南斯拉夫〕鲍良克：《教学论》，福建教育出版社1984年版。

理论加以研究，这是我国教学论工作者在最近几年才开始的。首先，1979年，在第一次全国教育科学规划会议上，于光远同志发表了《教育认识现象中的"三体问题"》的讲演，随后写成论文。作者提出，既要把教育作为社会现象来研究，也要把教育作为认识现象来加以研究，并认为要认真开展对教育认识现象中的"三体问题"的研究。一般认识论研究的是认识主体和客体之间的"二体"关系问题，具体在教育认识现象中，则要在一般认识论的"二体问题"基础上，进一步研究教育者、受教育者和环境之间的"三体"关系。作者就这个"三体问题"作了比较详细的分析，发表了自己的见解。① 在这里，作者提出了"教育认识现象学"这个新的术语，在实际上，或基本上，已接近于"教学认识论"这个词了。1982年《课程·教材·教法》第1期发表了邹有华同志写的一篇文章，正式题为：《教学认识论》。文章论证了"教学认识论的提出"，认为"我们现在应该研究一般认识规律透过教学过程的特点去形成它的具体表现形式这个问题。"作者介绍了"学习心理学和发生认识论所揭示的青少年儿童认识的特殊性，"分别论述了"学生以学习间接经验为主形成了认识过程的特殊表现形式"；"现代教学手段形成认识过程的特殊表现形式"；"学生是在教师的主导作用下进行学习形成认识过程的特殊表现形式。"② 在全国教育学研究会第三届年会上（1983年），曾成平、熊明安、蒲心文三位同志提交了《试论教学认识论及其特点》的论文。这篇文章给教学认识论提出了定义，规定了它的研究任务。文章说："教学认识论是产生和发展于教学实践过程中的能动地认识书本知识和书本知识所反映的客观事物及其发展的客观规律的特殊认识论，所以叫做教学认识

---

① 于光远：《教育认识现象中的"三体问题"》，载《中国社会科学》1980年第3期。

② 邹有华：《教学认识论》，载《课程·教材·教法》1982年第1期。

论。它的中心是如何解决教师与学生、理论与实际、书本知识与直接经验、知识与认识能力、知识与认识手段的关系问题,以便有效地组织教学、改革教学,推进学生掌握知识和发展能力的过程,加速培养人才。"文章还论述了教学认识论作为个体发生发展的认识论,论述了教学认识的特点,论述了教学认识论需要以现代科学为基础而加以发展和完善。

由此可见,教学认识论的实际思想和个别论点的出现,是很早以前的事,而作为专门理论出现只是最近几年的事。究竟如何给教学认识论下定义?它的研究对象和具体内容如何……这些,都还刚刚开始探讨。

二、研究教学认识论的重要意义

为什么要研究教学认识论?特别是为什么它会逐渐成为一个专门的领域?这不是偶然的。

研究教学认识论的重要意义,可以分别就其一般意义和特殊意义来进行讨论。

(一)研究教学认识论的一般意义

一般来说,教学认识论的产生是符合科学又分化又综合的发展规律的,是哲学认识论和教学论又分化又综合的结果。研究教学认识论对于哲学认识论和教学论双方都是重要的。

首先,从哲学角度看,认识论必须深入,必须具体化到教学领域。事实上,哲学对教学中认识论问题的关注,在古代哲学家的思想和著作中是十分明显的,甚至可以说,他们对哲学认识论思想的论述和发挥,大多是通过讨论教学问题进行的。后来,哲学和教育学分化为不同学科,哲学家们具体谈论教学问题就少了。可是,随着哲学的新发展,哲学家们又越来越注意教学中的认识论问题。因为教学认识从来就是人类认识中的一种重要形式,而且在人类认识中越来越显示它的重要作用。例如，有的哲学工作者指出："特别是在科学昌明的20世纪，在科学知识飞快增长的情况下，通过客观精神客体获得间接经验显得尤为重要。它是缩短认识过程的有效途径，是个体知识构成的主要部分，是我们提炼直接经验的强大思想武器。"所谓"通过客观精神客体获得间接经验"，正是教学认识的最主要的特点之一，教学正是主要"通过客观精神客体获得间接经验"①的一种认识形式。苏联哲学界对教学中的认识问题也是关心的。1984年第12期《哲学问题》发表了 M. C. 斯卢茨基《教育的认识论方面》的文章，认为，"从某种意义上说，教育是作为认识过程的一种表现，作为它的复杂'产品'之一而成为社会生活必要组成部分的。""教学认识具有第二性，有它自己可信程度的标准，还具有简化的特点"。② 正是由于教学认识具有跟一般认识不尽相同的具体的质和特点，所以深入地研究教学认识，对于哲学来说，将会丰富一般认识论，有助于克服哲学脱离具体学科而使自身陷于笼统、抽象化以至贫乏的毛病。

从教学论的角度看，自从它成为独立学科以来，由于研究的不断深入和扩展，日益出现分化趋势，致使教学论的性质不断发生变化。大家都知道，夸美纽斯写的《大教学论》几乎是无所不包、囊括无遗的。它研究、论述了整个教学领域的各个方面和各个层次的问题，既概括了教学的一般原理原则，又特论了"科学教法"、"艺术的教法"、"语文的教法"，乃至"道德教育的方法"、"灌输虔信的方法"，但还没有分化，有许多内容还停留在教学指令或教学经验的形态。③ 后来，各科教学法逐步从教学论中分化出来、各自独

---

① 齐振海：《论主体—客体》，载社会科学学刊编辑部编：《主体—客体》，辽宁人民出版社1984年版，第59页。
② 参见《国外社会科学快报》1985年第9、12期。
③ 参见［捷克］夸美纽斯著：《大教学论》，人民教育出版社1984年版。

立了，教学的各种经验也逐步上升为理论。教学论就逐步地由无所不包的囊括一切的教学理论，变为主要研究和论述教学的一般原理、原则的理论了。它依靠各科教学法，又概括各科教学法，研究各科教学的共同问题和普遍规律。这种分化的趋势是否就此停住呢？事实上没有停住也不会停住，分化继续朝两个方向进行。一方面，向广泛的应用方向发展（仍不同于具体学科教学法）；另一方面，更加提高抽象概括水平，与哲学加强联系，从哲学高度思考教学论问题。这样，就迈向教学认识论领域了。例如，教学的本质问题，的确既需要从它的社会学方面去探讨它和一定社会的政治、经济、意识形态、伦理、宗教等的联系；也需要从认识论方面去探讨，尤其主要地作为一个求知活动过程来说，更必须概括到认识论的高度，才能够从根本上、整体上加以把握。教学中教师的教和学生的学的关系的特殊性，乃是教学认识不同于一般认识论中的特殊主客体及其关系所决定的。课程、教学内容和教学方法问题，实质上是教学认识的特殊认识客体和特殊认识方式问题。教学的考试考查，实质上乃是教学认识的检验的特殊性问题；如此等等。只有对教学的各个方面进行认识论的考察，才有可能从根本上解释和解决教学论中一系列问题，给教学论提供宏观视野，开拓思路，高屋建瓴，这无疑对于整个教学科学领域都是有益的。

由上可见，人们注意到教学认识论的研究，教学认识论会逐渐成为专门的领域，的确不是偶然的。它是哲学要具体化、教学论要概括化这两方面分化而又综合的产物。

（二）研究教学认识论的现实特殊意义

除了上述的一般意义而外，研究教学认识论在今天还有现实的特殊的意义。这主要是指：教学认识论本身在发展中遇到了重大的挑战和机会。挑战和机会主要来自两个方面。一方面，近年来出现一种意见，对教学认识论能否成立表示怀疑，而回顾过去岁月，教学认识论研究本身的确很薄弱，而且发生过简单化的毛病，给教学论和教学实际造成不同程度的损失；另一方面，世界范围内新的重大科学技术革命，促进哲学、心理学、教育学、教学论，以及许多新学科、新技术有了新发展，向教学认识论提供了许多新课题、新条件。这一切，使教学认识论的研究受到有力的推动，必须加强。

近几年来，我国教育科学界在回顾、反思、总结历史经验教训的过程中，发现教学理论和教学实践中发生的许多问题和矛盾，都与教学认识论上的某种失误有密切关系。下面分别进行简要的讨论。

三十多年中翻来覆去接触到的一个问题，就是所谓"关门办学"和"开门办学"之争，也就是争论教学应该主要在课堂上学习书本知识，还是主要到社会实践活动中去学习活知识。这种争论不是孤立的，从19世纪后半期起，在欧美就有赫尔巴特为代表的"传统派"和杜威为代表的"进步派"的争论。这种争论在苏联20年代也重复过。几乎在所有地方，都出现过非此即彼的交替现象，有时片面强调课堂教学和书本学习，忽视生活实践活动，导致教学活动缺乏活力和生气，而有时则相反，片面强调从生活实践活动中学习，这在我国十年动乱时期曾达到高峰，实行所谓"典型产品组织教学"、"政治任务带动教学"，并且，把课堂教学、书本学习全盘否定，斥为教条主义、唯心主义，导致教学的科学知识水平降低，学生得不到系统科学知识，也得不到理论思维的培养。造成以上这些摇摆性和片面性的原因和条件当然是多方面的，但有其思想上、理论上的根源，这就是教学认识论根源，即没有确立正确的教学认识论观点，或者片面强调教学认识的特殊性，片面强调间接经验，从而片面强调课堂学习书本；或者片面强调教学认识与一般认识的共同性，硬套实践、认识、实践的一般公式，片面强调直接经验，从而片面强调社会实践活动的教学。而在谋求两者结合、贯彻理论联系实际原则的时候，又往往陷于抽象化，撇开具体的时间、地点、条件，撇开教学认识中具体的主体、客体以及一系列的具体关系：对普通教育和专业教育、职业技术教育不加区别，对小学、中学、大学不加区别，对青少年的学习和成年人的学习不加区别，总试图寻找一个普遍适用的比例关系和结合方式，或一种静态的平衡。这当然是困难的，并且不可避免地会遇到矛盾。而如果加强教学认识论的研究，确立正确的教学认识论观点，就能为克服和防止上述偏差，提供一个正确的理论前提。

近年来，我国教育界热烈讨论教学中传授知识和发展智力问题，发现我们的教学实践长期存在着偏重知识传授、忽视发展智力的片面性，这同样有教学认识论的根源，即没有确立正确的教学认识论观点。所谓智力，本质上就是认识能力，是认识活动、认识过程的重要因素和条件，认识客观世界和发展主观认识能力是辩证统一的过程。没有认识能力的发展，就没有所谓的认识活动；而认识能力正是在认识活动之中而不是在别的什么活动中发展起来的，两者不容割裂，但是，两者又不是机械地一致的过程。认识活动本身可以有不同的形式，认识对象或认识客体本身的情况也不是无关的，认识活动的内容和性质在不同条件下是各种各样的，历史性是很强的，个性也是很强的。所以，只有在正确的教学认识论的指导下，才能保证教学中学生认识客观世界和发展认识能力有机地统一，才能够在课程的内容、性质、分量、结构、教学方法、教学组织形式等方面，创造机会和条件，保证学生的认识能力获得符合教育目标的发展。

在我们的教学论的书籍和论文中，对于要发挥学生主动性一向是十分强调的，但是过去一个相当长的时期中，在理论上却一直拒不承认学生的主体地位，认为这和教师的主导作用相抵触。因此，导致教学理论上和实践上似乎存在难以克服的矛盾：重视了教师主导就轻视了学生主动；或者重视了学生主动就轻视了教师主导。要想摆脱这种理论上和实践上的困境，也必须加强教学认识论的研究。因为这种教为主导和学为主体的"矛盾"正是教学认识的本质带来的和决定的。如果它是一般的认识（即不是教学的认识或特殊的认识），那么便没有教为主导的问题，而学为主体就会单纯而没有什么教师主导的"干扰"，如果教学根本不是作为一种认识，而是别的什么生产活动、物的交换活动，那么也就不发生、不存在、毋须考虑学为主体的问题，而所谓"主导"，也就省去许多"麻烦"了。由此可以设想，如果通过研究弄清楚教学中教师教和学生学的认识论本质，或教学认识中主导、主体、客体的特殊关系，那么对于解决教师主导作用和学生主动性统一的问题，不能不具有重要意义。

其他还有许多问题，都处于类似的状态，如教学过程的阶段问题、课的类型问题、考试的必要性和局限性问题，等等，在解释和解决上都存在这样那样的矛盾和困难，都与教学认识论的理论观点有密切关系。

特别要提到的是，由于出现以上各种偏差，致使有的同志对教学认识论本身提出怀疑和批评，认为这是"十分不全面、形而上学很严重的理论"，"是比较陈旧过时的理论。"① 对此，我们将要进行较详细的商讨。② 这里要指出的是：这既不是教学认识论本身站不住脚，也不是怀疑者和批评者没有理由，而正是由于对教学认识论研究不够乃至简单化、曲解所造成的。

由此可见，无论是为了解决教学理论和教学实践中的许多棘手的矛盾和问题，或者为了教学认识论本身的健康发展，都必须加强对教学认识论的研究，有效地回答怀疑者和教学实践提出的问题。

再者，近几十年来，生产和科学技术发生了新的重大革命，促进了哲学认识论、心理学的新发展，促进了许多新学科的出现，促

---

① 蒲心文：《教学过程本质新探》，载《教育研究》1981年第1期；《教学过程本质再探》，载《教育研究》1982年第6期。
② 参见《教学认识论》第二章。

进了现代化技术手段的运用，促进了教学理论和实践的新进步。这一切，也向教学认识论提出要求，要求作出新的理论概括，丰富原有的内容，修正、改造过去的某些观念。

近年来，哲学界关于认识论的研究，提出了关于主客体关系问题和认识阶段问题，对教学认识论发生着直接的影响。关于主客体问题，有的研究者认为长期以来认识论对主体的作用严重忽视，犯了马克思曾经批评过的缺点，就是对事物、现实"只是从客体的或者直观的形式去理解"而"不是从主观方面去理解"。① 同时，认识论对主体本身的研究也很不够，这和社会发展对认识主体日益增长的要求是很不相适应的。因此，哲学家们关于主体的能动性及其基础、机制和表现，关于主体本身的结构及其建构，对知识、智力、非智力（非理性）因素的形成发展和相互联系等问题进行了探讨。这些新的研究成果对于论证学生主体地位，解释教学认识和学生个性发展之间的关系等，提供了新的启示。哲学界对于认识阶段问题，也提出了看法，认为长期中只讲感性认识和理性认识是不够的；概念或理性认识本身还有一个发展的过程，就是从简单概念（片面规定、稀薄的抽象）逐步上升到具体的概念即综合了许多规定性和关系的丰富的概念，认为应该重新学习和研究马克思指示的从具体到抽象，又从抽象上升到具体的方法。② 哲学上对认识过程阶段或方法的这种探讨，对教学认识论具有很重要的意义。教师教学生认识的过程，经常从形成简单的概念开始，这是必要的，但还不够，必须继续揭示抽象概念的各个方面、各个层次的具体规定性，达到丰富具体的概念。如果不这样做，只让学生停留在简单的抽象的概念阶段（或水平）上，那么学生对知识就不能真正理解，

---

① 《关于费尔巴哈的提纲》，载《马克思恩格斯选集》第 1 卷，第 16 页。
② 参见《政治经济学批判导言》，载《马克思恩格斯选集》第 2 卷，第 103 页。

而这也就是教学中形式主义、死记硬背、生吞活剥现象的认识论根源。因此，必须借助哲学界关于认识过程研究的新成果，推动教学认识过程的深入探讨。

近二三十年来，国内外心理学发展很快，成就很多。与教学认识论有十分密切关系的，就有瑞士皮亚杰的发生认识论、美国布鲁纳的认知心理学、斯金纳的操作反射心理学、苏联列昂节夫的活动学说、加里培林的智力活动阶段形成说，等等。这些新成就，使教学认识论的许多问题有可能得到进一步的说明，更具体、更深入。首先，这些心理学研究，探讨了各种形式的认识，特别是儿童不同于成年人的从最低级形式的认识发展到高级形式的认识，提供了合理的假设（得到实验的不断支持），即主体在不同年龄阶段有一定的认识结构，主体以自己的认识结构去同化客体，或者顺应客体而改造原有认识结构，达到同客体的平衡，这就是处于不断建构中的认识机制，也就使主体的能动作用获得物质基础和比较具体的解释。其次，这些心理学的成果，探讨和解释了智力的本质以及形成的条件和过程，认为智力活动乃是物质活动和操作的内化，经由外部的、物质的、展开的活动，逐步转化为内部的、观念的、压缩的活动，形成一定的认识结构。换言之，智力只不过是这种认识结构的同化、顺应、平衡的功能系统。此外，这些心理学研究中提出彼此矛盾的观点，对于教学认识论的研究也是重要的。例如皮亚杰强调发展是教育的基础，不赞成布鲁纳等人的加速学习的理论；而布鲁纳等人则认为可以加速学习；苏联维果茨基、赞科夫、达维多夫等人更认为教学对发展起主导作用，教学应该而且可以走在发展的前头。与此相联系，皮亚杰等人重视认识的内部机制的研究，而维果茨基等人则重视外部认识环境的研究。这一切，能够帮助教学认识论避免片面性，防止绝对化，从而正确把握教学认识作用的界限及其条件，等等。

"三论"，即系统论、信息论、控制论的兴起，对教学认识论也是一种推动。根据"三论"的基本原理,事物和过程都是由诸要素构成的系统,通过信息流动、传输实现内部联系并与外界进行交换和调节自身,达到有目的的控制。同时,信息可以量化,按照空间、规模、时间、速度等,向每一细小因素或步骤提出最佳量的要求,直到最后综合实现总体最优化。这些,一般都认为符合辩证法的精神,并使得辩证法具体化,因而对教学认识论的研究无疑开拓了新的思路,具有方法论的意义。从信息加工的观点来解释教学认识过程,更丰富了对教学认识过程的理解,甚至可以探讨认识客体的信息化、计量化、最优化。尤其是信息反馈的理论对教学认识论的积极意义是很明显的,反馈能使教学过程得到强化和调节,更由于反馈使教学认识成为主客体相互作用的双向过程,而不只是单向过程,换言之,信息的流动和传输使教学认识中主客体相互作用得到了具体的实现。

现代化的教学手段:幻灯、录音、录像、广播、电影、电视、电子计算机等等的发明和应用,也已经引起并且继续推动教学认识论的进一步发展。关于这类手段或工具的认识论属性问题在哲学界是有争论的,有的认为它们应该列为认识主体的组成部分;有的认为属于客体范畴;绝大多数认为属于主客体之间的中介。[①] 不管最终比较科学的结论是什么,但明显的是,现代化技术手段不仅延长了主体的外部器官,而且也延长了人脑,大大增强了认识主体的能力;同时,这些技术手段与信息论相结合,除了第一信号系统、第二信号系统而外,只要约定某种信号作为原有事物的代替物,那么,信息的变换可以多到无穷,这不仅可以极大地扩展、拓深学生认识的范围,而且可以把学生认识不断引入高度抽象的境界(比一般语言、数学"语言"、各种电脑"语言"更多样、更抽象概

[①] 参见社会科学学刊编辑部编:《主体—客体》,第 283~285 页。

括)。① 这极有助于探讨教学认识的极其丰富的内容和多样化的形式；极大地提高了教学认识作为间接性的认识或"第二性"认识的优势，极大地加快了教学认识的进程。

推动教学认识论研究并使其具有现实迫切性和新的可能性，还直接来自教学论研究的新发展、新提出的要求和所提供的新材料。

近二三十年来，世界范围内各种教学改革实验和理论主张，有如百花争妍，十分活跃。其实质，就是对于教学论现代化的努力和科学化的新探索，就是这样或那样利用上述的科学技术新成果，试图解决新形势新要求与现行教学理论和教学实践不相适应的矛盾，提出新的理论观点和新的方法。这些理论的和实际的成果，需要从教学认识论的高度去进行理论的概括，去指导研究各种教学论的问题。

例如，有人提出了发现法，还有"探究—研讨"法、"问题教学法"、"范例式教学"等等。经过教学实验证明都是有效的。这些方法的特点就是在教学过程中增加、渗透了科学研究的因素。这样一来，就要重新审视教学过程和科学研究过程相区别的传统的解释，是否需要修正？怎样修正？还要特别加以考虑的是，传统的班级授课的方法，以及关于接受学习的理论（如奥苏伯尔），也仍然是有效的，这就更要加强教学认识论的研究，探讨教学认识过程究竟是什么性质的过程？发现学习和接受学习的关系究竟怎样？如此等等。

再例如，国内外都有人提倡程序教学，把教学内容分成系列的细小部分，学生循序渐进地自己学习，通过实验证明有良好的教学效果；可是，不仅一向通行的教师授课的方法没有因此而被否定，而且实行单元教学的实验，即扩大教学内容单位、组织学生集体活动的综合教学，也是有效的。这也要求教学认识论加强研究，探讨

---

① 邹有华：《教学认识论》，载《课程·教材·教法》1982年第1期。

教学认识的时间空间的序列结构究竟应该怎样？教学内容单位的度量分界和条件怎样确定？如此等等。

又例如，20世纪60年代起国外兴起一种暗示教学实验，按课题编制较大的教学单元，教学时组织学生进行游戏，听音乐，扮演角色，对话，表演。教学效果达到惊人程度，国内也有实验证实了这一点。暗示教学的基本原理，就是一方面广泛利用环境的暗示信息；另一方面，充分利用人的暗示性，使学生在不知不觉中接受信息。这个实验成果，很可能开辟一个全新的领域，即无意识领域或意识和无意识交互作用的领域。这一领域不但需要教学认识论加强研究，一般哲学认识论也必须重视，要探讨认识主体的非理性部分或非智力因素，要探讨意识部分和非意识部分究竟是怎样相互作用的，如此等等。

此外，教学手段现代化的进程，已经发展到电子计算机辅助教学地步，而且，由一般地提供音像手段，储存、呈现信息，实行自动化控制，发展到真正的"教学"——"人—机"对话的地步。这样，就必然要提出一个问题：它对教学认识过程会带来什么影响？哲学界已提出"人工智能的认识论问题"，进行了多年的研究和讨论，也有专著出现。① 那么，具体研究教学中"人—机"对话的认识论问题，就是教学认识论责无旁贷的任务了，必须探讨"人—机"对话的认识论属性及其界限，这种"教学"在整个教学认识过程中的地位以及与其他教学认识活动的关系，如此等等。

综上所述，教学认识论的研究之所以受到注意并有发展为专门领域的趋势，是由各种条件造成的。它是哲学研究向具体深入发展和教学论要向概括提高发展的分化和综合的产物。它有一定的历史积累，又遇到新的挑战和机会。因此，对它的研究不仅符合科学发

---

① 张守刚、刘海波：《人工智能的认识论问题》，人民出版社1984年版。

展的一般规律，而且具有现实的迫切的意义。这就是我们对于为什么要研究教学认识论的初步理解。

三、教学认识论的基本结构

我们这本《教学认识论》的书，不能与"教学认识论"作为一门学科画等号，道理很简单，因为这本书仅仅是对这一专门理论的尝试性的表述。所以，这里讲的教学认识论的基本结构，只不过特指本书的基本结构。至于教学认识论是不是成为一门学科以及它的结构如何显然还是一个必然王国，还要看今后的发展。

教学认识论的基本结构，应该是它的基本范畴（概念）及体系的表现形式，而从根本上讲，它应该是对教学认识论的总体的本质的理解和体现。列宁说过，范畴或概念是"认识世界的小阶段，是帮助我们认识和掌握自然现象之网的网上纽结。"① 每一个范畴（概念）反映的是客观世界的个别方面，而要反映整体，必须有"一般的概念、规律等等的无限总和，才提供全部具体的东西。"② 由此可见，跟其他任何学科一样，教学认识论要想确立相应的范畴（概念）并构成体系，这是很不容易的事情，要取决于对教学认识现象研究的进展状况，要真正把握各个"纽结"及其"总和"才能做到。

根据目前教学认识论的研究状况，我们已经获得了哪些概念来概括已经获得的研究成果并促进进一步的研究呢？

前面引述的邹有华同志写的《教学认识论》和曾成平等同志写的《试论教学认识论及其特点》，以及过去长期积累的思想资料，

---

① 《列宁全集》第 38 卷，第 90 页。
② 转引自［苏］罗森塔尔等编：《简明哲学辞典》，三联书店 1973 年版，第 689 页。

都提出了很多的概念。例如，"教学实践基础"、"个体发生发展的认识"、"间接的认识"、"第二性的认识"、"简化的认识"、"认识的主体"、"认识的客体"、"认识的媒体"等等。不过，这些概念还没有十分明确的规定和界说，还没有把它们构成一个体系。

在各方面科学资料的启发下，我们面临着三种基本的选择。

（一）从哲学范畴出发来讨论教学论中的问题

过去和现在的一些"教育哲学"论著，大多采取这条路子。30年代较有影响的一本"教育哲学"① 就是从哲学的知识论派别讲起，"依次叙述了四大派的知识论，并批判了各派对于教育的影响和涵义。"② 这四大派就是"理性主义"、"经验主义"、"试验主义"、"社会学派的知识论"。每一派先讲该派的知识论的基本观点，然后讲它对教育的影响。例如，理性主义知识论的基本观点是：（1）单靠经验不能获得知识；（2）知识的构成依靠理性的先天的范畴，并且是普遍的永恒的；（3）心灵对于知识的构成是主动摄取的，并赋予经验以形式。这种哲学观点对于教育的影响基本上有两个方面：一是教育价值方面，重视文雅教育而轻视劳动教育，重视理智学科而轻视实用学科；二是方法论方面，认为求知并非自外供给知识的材料，而在于自内促进理性的活动，偏重理性训练。其他三派也是这样，最后进行一番比较的评论。③

这种从哲学认识论讲到教学问题的做法，至今还被采用。近年来出版的两本《教育哲学》著作都还是这样。例如，其中一本也专节论述了"不同的知识观及其对教育观的影响"，④ 另一本则用三章篇幅论述了："认识论与教学（上）：教与学的辩证法"、"认识论与教学（中）：知识的结构与课程论"、"认识论与教学（下）：教学

---

① ② ③ 吴俊升：《教育哲学大纲》，商务印书馆民国二十三年版。
④ 黄济著：《教育哲学》，北京师范大学出版社 1985 年版。

方法论"。①

(二) 对教学论范畴，运用哲学认识论的观点进行分析和概括

过去，国内外的"教育哲学"著作也有采用此法的。当前，有的"教育哲学"著作也继续沿用这种讲法。例如，上引黄济著《教育哲学》中，就既采取从哲学范畴——理性主义、经验主义……出发来探讨教学问题的讲法，也采取对"教学论的一些基本问题"进行哲学分析的讲法。② 在前边我们引述曾成平等同志的文章也是这方面的一个例子，他们设想的教学认识论，是要研究和解决以下的一些问题：教学中"教师与学生、理论与实际、书本知识与直接经验、知识与认识能力、知识与认识手段的关系问题"。

(三) 寻找教学认识论本身的范畴，这是我们所做的选择

我们认为，科学发展中专门领域的出现，都要逐步形成自己独特的概念，这样才能切实地揭示自己研究对象的特殊规律。上面所举的两种讲法，或者以哲学范畴为主，或者以教学论的范畴为主，固然也能揭示一些教学认识的规律，但由于都不是以教学认识自身的范畴为主，对于教学认识特殊规律的揭示，终究是有局限的，尤其不是长久之计。因为教学认识论有自己的相对独立的研究对象，即教学认识现象及其规律，仅用其他学科的范畴进行研究，势必不能保证它自身的逻辑系统，不能保证全面、深刻地揭示它的内在规律性。

因此，尽管寻找和建立教学认识论自身的范畴是十分艰巨的任务，我们还是希望作这样的尝试。同时，在教学认识论的探索的历史过程中，毕竟也积累了不少的成果，在了解和掌握教学认识现象之网的网上，已经可以看到一些"纽结"，可以帮助我们进一步的研究，至少，可以为后来的研究者，提供一点资料。

---

① 傅统先、张文郁著：《教育哲学》，山东教育出版社1986年版。
② 黄济著：《教育哲学》，北京师范大学出版社1985年版。

基于以上的理解和愿望，我们初步形成以下一些概念和结构，借以概括和论述我们对教学认识现象研究的已有成果，借以作为进一步进行研究的线索。

绪论　主要阐述教学认识论的由来、重要意义和基本内容。

教学是一种特殊的认识　主要阐述教学认识的基本概念，教学认识与一般认识的一致和区别，教学认识的主要特点，等等。

教学认识的基本条件和动力　主要阐述教学认识活动的条件，以及环境等条件；阐述教学认识的动力及其特点，等等。

教学认识的客体　主要阐述教学认识客体的主要特点，教学认识客体的职能，教学认识客体的构成，等等。

教学认识的主体　主要阐述学生是教学认识的主体，教学认识主体的诸特点，教学认识主体的结构，等等。

教学认识的领导　主要阐述教师是教学认识的主导者，教师主导和学生主体的关系，教师主导认识过程的多种形式，等等。

教学认识的方式　主要阐述教学认识主要方式是对知识的掌握，教学认识中的实践、观察、发现等方式的特点，教学认识的多种模式，等等。

教学认识的检验　主要阐述教学认识的检验区别于一般认识检验的特点，包括检验的特殊标准以及标准的结构的特殊性，等等。

《教学认识论》(修订本)序言[*]

这本书是《教学认识论》的修订本。原书《教学认识论》写于80年代中期，是北京市哲学社会科学"六五"科学规划中一个项目的研究成果，于1988年12月由北京燕山出版社出版。至今十多年过去了，为什么要修订？修订些什么？怎样修订？这里作些说明。

一、修订的原因

修订的原因，概括说来，就是该书当时印得很少（只2500册），早已没有书了，书的内容也存在诸多不足；而从现实和可见的未来、特别是我国目前的现实状况看，该书所研究的课题还有一定理论意义和实践意义，同时，经过十多年的发展，具备了一些弥补不足的条件。再有一个具体的情况，就是1997年当时的"国家教育委员会"已经把它立项为"九五"计划的重点教材。

原《教学认识论》出版后，反响不一，有肯定者，也有论者提出各种疑问和异议。[①] 我们在原《教学认识论》出版的当时就指

---

[*] 王策三主编：《教学认识论》(修订本)，北京师范大学出版社2002年6月版。

[①] 下面是很有代表性的几篇论著：（1）蒲心文：《教学过程本质新探》《教学过程再探》，分别载《教育研究》1981年第1期、1982年第6期；（2）李定仁、张广君：《教学本质问题的比较研究》，载《华东师范大学学报（教科版）》1997年第3期；（3）叶澜：《让课堂焕发出生命活力》，载《教育研究》1997年第9期；（4）朱佩荣编译：《季亚琴科论教学的本质》(上、下)，载《外国教育资料》1993年第5、6期。

出：教学认识论（指的这个学科，而不是指我们这本书）受到怀疑和批评是很自然的，"这既不是教学认识论本身站不住脚，也不是怀疑者和批评者没有理由，而正是由于对教学认识论研究不够乃至简单化、曲解造成的。"（第12页）这就是说，我们当时就明白对它还所知甚少，研究得不够，经过十多年，这种欠缺感越来越甚。不足之处，日益凸现。

因此，我们想根据人们提出的质疑问题和我们自己的反思，学习和吸收这些年来的最新科学成果，对教学认识进行一次再认识。这就是我们对原《教学认识论》进行修订的原因。

二、修订的打算

我们打算采取基本继承的原则，即基本保持原《教学认识论》一书的基本内容。为此就需要对原书的主要内容，作简要介绍，并说明基本保持它的道理。

首先，原书论述了教学认识论的基本原理，也论述了教学认识论产生和发展的曲折过程，说明它来之不易，更不是凭空想出来的，是合乎规律的，是客观上有其存在的根据和价值的。

原书论述了教学认识论的基本原理。

一种特殊的认识：教学认识。

虽然，这个概念曾受到误解，也有人提出怀疑，认为它"片面"、"过时"。但是，经过时间和科学实践的检验，我们认为它是站得住的。这丝毫不是说认识是教学的唯一的属性，教学再没有其他的属性，因而也丝毫不排斥对教学进行社会学、心理学、美学、技术学等等的研究。

教学作为一种活动，作为实施教育的基本途径，其基本方面和主要特点，是教师指导学生掌握知识，认识世界，发展自身。这是肯定无疑的。因此对它进行认识论的考察也是肯定无疑的。众所周知,自从裴斯泰洛齐、特别是赫尔巴特以来,一直把教学看做心理活动,又主要限于认知活动。而从苏联教育学开始,对教学活动用"认识"来概括,特别是我国教育理论界,对"认识"一词,明确地取其哲学上的意义即人脑对客观世界能动的反映,它概括心理学上的认知、情感、意志过程,而不等于心理学上的认知过程。这是一个飞跃性的进展,它的概括程度提高了;而从一般认识进到特殊认识,又是一个重要的进展,它具体化了。"教学认识"的概念就这样逐步地形成了:它是学生个体认识。所谓个体认识,就是不同于人类历史总认识或一般认识。所谓学生个体认识,就是不同于科学家、艺术家、实际工作者、成年人等个体认识。它纳入了教育过程,是由教师领导身心发展尚未成熟的学生,主要通过学习知识去间接认识世界,发展自身。

在一般认识与这一特殊认识之间,存在着一系列的联结点,既体现了一般认识的普遍性,又体现了教学认识的特殊性。这些联结点构成了教学认识论的诸范畴。

教学认识客体以课程教材为基本形态

教学认识如同一切认识,都以客观世界为其客体或对象。但教学认识的客体具体以课程教材为其基本形态,不是一般的"原始"形态。为了有目的地塑造主体和加速其认识进程,它经过教育者精心选择、加工改造,以人类社会历史经验凝聚的客体为其主要内容。它既是学生主体认识的对象,又是他们认识世界和发展自身的工具,具有中介性。

学生是教学认识主体。

在教学认识中,面对以课程教材为基本形态的客体,认识的主体是学生。教师的教,主要是教学生认识教材。教师对教育目的的贯彻是通过教学生认识才得以进行,并以学生认识的质量为其评价标准的。学生作为认识主体,有着极大的能动性,根据自身的需要和能力,对外界信息进行选择和改造。教学主体的能动性依存于它的结构,其结构包括智力、非智力、品德、身体诸因素的完整统一,即活生生的个性。教学认识主体的主要特点在于,它是教师主导下的主体,具有发展性和可塑性,从不成熟、半独立逐步走向成熟和独立。

教师是教学认识的领导

一般的认识都是由"主体—客体"之间相互作用形成"二体结构",而教学认识则是在主客体之间"嵌入"一个起主导作用的中介——教师,形成"学生(主体)—课程教材(客体)—教师(领导)"相互作用的"三体结构"。教师当然也是教学的主体,但不是一般的主体,而是中介,并且是领导。教师不仅是学生和教材之间的中介,而且是教学和社会联系的中介。教师教是为学生学服务的,但又起主导作用。他决定着教学认识的方向、内容、途径等等,并对它的结果和质量负责。

教学认识的基本方式为"掌握"并有多样模式。

教学认识必须遵循一般认识的普遍途径,但具体表现为"掌握"。它不以探索和发现未知为主要目的,主要目的是继承人类长期社会历史经验,将知识转化为学生头脑里的精神财富。这是一种简约的经过提炼了的认识过程,主要通过教师言语讲授和学生阅读教科书来进行;而实践、观察、探究、发现等活动也是重要的,但是少量的,带有模拟性质,并也经过了加工改造、简化和典型化。由于教学具体目标、教材知识结构和学生已有的认识结构的多样性,就决定了教学过程结构模式的多样性。

教学认识检验标准主要是考试。

教学认识如同一般认识一样,也需要检验,并以社会实践为根本标准,但其具体表现形式主要是考试。所要检验的教学认识的结果,在客观上,基本是已知的真理,主要由教师根据教学大纲,拟定考题,通过笔试、口试、实验、实习操作等方式,由学生解答,然后由教师评定。它具有确定性、稳定性、间接性、有效性。但是，它只是在教学特定条件下才具有合理性，而且有着天然的局限性。当教学内容本身的真理性发生了问题、考试内容和方法不好以及评分不能客观公正的时候，就难以保证信度和效度。个别的或少数的学生，学习成绩分数很高而知识和能力实际上不高，相反，知识和能力强而分数并不高，这种现象的原因，就在这个地方。

以上就是原书《教学认识论》的主要观点和内容。简要地说就是：在教师主导下，学生主体主要通过掌握人类社会历史经验，认识世界，发展自身。这一理论反映了我国广大教育工作者（包括实际工作者和理论工作者）几十年时间的经验教训，甚至可以说，还包含了苏联及世界上许多教育家的科学贡献。它发展了教育心理学化的成果，并克服了局限于心理学、特别是认知心理学的片面性；它把哲学认识论运用于教学领域而又克服了以一般认识代替教学认识的片面性。它比较实事求是地、正确地解释了教学活动中的一些重要现象，揭示了教学中主观和客观、物质活动和精神活动、物理活动和心理活动等矛盾运动的一些规律。

这样，它就为教学论提供了概括程度高而又比较切实的理论基础。

借助这一理论，就有可能正确理解和处理好教学理论和实际工作中的一些基本关系。例如，间接经验和直接经验的关系或实践和理论的关系。它确认：应以间接经验（无论是作为认识途径还是作为认识结果）为主，但也不应轻视实践、发现、探究等直接经验。关于掌握知识和发展智力、个性的关系。它确认：应全面发展学生的个性，但决不意味着轻视知识，而必须教书育人，在教学中，育人必须与教书活动紧紧结合在一起。关于教师和学生的关系。它确认：学生为主体，教师的教是为学生服务的，但同时又明确教师为主导。在教学中，教为主导是对主体的学的主导；学为主体是教主导下的主体。教学中诸如此类的一些基本关系，长期困扰着无数教育家。依靠教学认识论，就有可能把这些似不相容的矛盾对立面，辩证地而不是机械拼凑或折衷调和地统一起来。

　　借助这一理论也有可能克服历史上和现实中诸多教学论的各种片面性而同时又吸收它们的各种合理因素。因为教学认识论摆脱了局限于以个别学科（如心理学）为基础的狭隘性，可以为兼容并包各式各样的创造因素，提供方法论的基础。例如，有可能克服儿童中心主义、人本主义等教学论学派轻视外部的客观物质过程及其规律性、轻视人类历史经验和科学知识等片面性、狭隘性，又有可能吸收其重视人本身、重视学生主体以及非理性领域和情感作用等合理因素。有可能克服程序教学和其他行为主义教学论学派把心理现象、学习和教学活动简单化、机械化等缺点，又有可能吸收其严格、确定、有序等优点。有可能克服认知结构主义教学论学派对具体知识及个性估计不足的片面性，又有可能吸收其重视智力、理性等高级认识过程和结构化思想。有可能克服传统教学论片面强调外部灌输等缺点，又有可能吸收其坚持外部世界影响、重视人类历史经验等优点。如此等等。

　　正由于这一理论具有概括程度高这一特性，所以它不但不妨碍进行任何的各式各样的新的创造；恰恰相反，它正需要以无穷的多样内容和形式来丰富自己。可以设想，如果广大教师接受和运用这一理论，就可以不同程度地提高行动的自觉性，避免盲目性，乃至高屋建瓴，统驭全局，对各种具体矛盾能够正确理解和处理；对各种创造能够分析吸收。这对教学的理论研究工作和实际工作，是有好处的，有意义的。

　　正因为如此，教学认识论的发展和我国的教学改革的进程，是并进的，一致的。正是在教学认识论的基础上，确立了教学应教学生"学"，"教为主导，学为主体"，发展学生主体性，教学结构多样综合等重要的教学思想和原则，为教学改革的深入和发展，提供了基本的理论根据。

　　我们认为，教学认识论的这些基本理论，还没有为多少人们所理解，甚至一些教育理论工作者、个别批评者和怀疑者，也并不太了解。从这一点考虑，我们也觉得还可以并值得再修订出版这本书。

以上就是我们为什么采取基本继承的原则，亦即保持原《教学认识论》一书基本内容的缘故。

下面，我们就来谈谈另一方面的问题，即原《教学认识论》的欠缺和不足的问题。就目前已经觉察到的，我们认为至少有以下几个方面亟需加以研究和补充。

（一）关于教学认识活动的机制

教学认识作为一种活动，一种过程，究竟是怎样进行的？怎样展开的？当今，人们、包括我们自己在内，已经不满足于（并不否定）赫尔巴特的"五段教学法"的讲法；也不满足于（不是否定）凯洛夫教育学的"五个环节"的说明；杜威讲"从做中学"，并提出"思维五步骤"，但是，怎么"做"了便"学"了呢？我们在《教学认识论》中反复说"认识"、特别讲到了"掌握"，但这又是怎么回事呢？总之一句话，关于教学活动的解释还不具体，具体机制不清楚。学生掌握知识、发展能力和个性到底是怎样实现的？

我们这次修订，在这方面作了一些探索和补充。我们借鉴哲学、心理学的成果，又主要借鉴活动学说的成果，提出这样初步的见解：教学认识是一种活动，从具体机制讲，教学认识就是教师领导、设计、组织好完整的学生主体活动。完整的学生主体活动是对知识的展（打）开、简化、重演的活动，由外部活动、内部活动、外部活动的内化、内部活动的外化构成的。教学认识作为一种活动和过程，其运行的具体机制，就是建构学生主体活动。它把实践和认识在这种活动系列中统一起来了。学生形成认识结构、掌握知识和技能、发展能力和个性、特别是主体性等任务和内容，就是在这种活动过程中实现的。

（二）关于教学认识中科学和艺术的统一

在原《教学认识论》中，我们反复讲到：这里讲的"认识"不只是"认知",也提到非智力因素,但,整个来讲,实际上还只是论述了逻辑、抽象思维、理性等科学活动过程,而没有真正具体论述形象、感受、情感体验、非理性等艺术活动过程。应该如实承认,在当时即80年代中期,我们对这个问题实在说不出多少东西来,即使今天也还不容易讲清楚。因为它不仅是我国而且是全世界的一个难题。不过,这些年来进展还是不小的。仅就国内而言,关于情感教育、教学艺术等问题开展了理论研究,并有专著出版。而"情境教学"、"快乐教育"等实验,更给人以很多启发。我们这次修订,也作一点尝试,试图说明:整个教学认识活动应该既是科学活动,同时也成为艺术活动;学生对教材的掌握,不仅通过逻辑思维方式,也通过形象感受、情感体验方式,即不仅"知道了"并能"言传"才算认识;而"体验到了",可以"意会",也是认识。教学认识既是循着科学规律进行的活动,又是富于情感和艺术创造的活动。换句话说,教学认识乃是科学认识和艺术认识的统一。

(三) 关于教学认识的社会性

在写作原《教学认识论》的当时,我们就很清楚地知道:关于教学认识的社会性,尽管各章实际上有所涉及,具体地论述了社会性的内容。但是,整个说来,关于教学认识的社会性是揭示得不够的;严格讲,教学认识还是抽象化了,似乎是游离于社会的纯粹形式的东西。虽然,科学抽象也允许为了专门考察某一对象,可以暂时地撇开与它联系的方面。但是,"认识对社会实践的依赖关系"(毛泽东:《实践论》)这个极端重要的规律,应该在教学认识中得到充分揭示。这些年来,教育社会学发展很快,卓有成果,特别是,出现了"教学交往本质"的理论,方兴未艾,很值得注意,要把它的研究成果很好地吸收过来。我们期望探讨一下:教学认识和教学实践、社会实践相联系的较为具体的内容和形式,尤其是教学认识中,教师和学生、学生和学生之间的交往,其内容、方法、途径的情形;更重要的是,认识、交往这两者的关系以及和学生发展之间的关系；等等。

（四）关于教学认识中的人工智能

在原《教学认识论》中，没有论述人工智能问题。虽然没有论者提出责备，但是，我们自己觉察到，这是一个很大的缺失。我们想这次修订时，一定要补上这一课，（主要在"教学认识的客体"一章）。尽管目前还不可能做得尽如人意。人工智能的出现，特别是计算机、多媒体、网络化结合在一起，给教学认识论的理论和实践带来巨大而深刻的影响。它能大大提高教学认识的效率，它将引起教学认识模式的变革。它给教学认识论以新的强有力的支持，确证了并丰富了教学认识论的一些基本理论。例如，人工智能的运用，充分地体现出学生是主体，而教师则更多表现为引导者和管理者，等等。

（五）关于其他若干观点、内容的修正、澄清和补充

除了以上四个方面比较大的问题之外，我们在论者批评和自己反思中，也还发现诸多个别的问题。其中有一些问题，在这次修订之前，我们课题组中的多位成员已经在有关文字中作了修正、澄清和补充。我们准备在这次修订本中把它们集中地纳入该书的整体系统中。这里，不可能、也不必要详加论述，只略举几个例子。

其一，教学认识主体。原《教学认识论》中有这种说法："只有学生才是认识的主体"（第111页）。"似乎教师也是教学认识的主体，实则不然。"（第109页）这种提法确实绝对化了。其实，教师也可以说是教学认识的主体，只是它与学生主体不同，两个主体不是处于同一个地位、层次。后来我们修改了这个说法。[①] 修订本中，我们将作进一步的论述。

其二，教学认识中的直接经验。在原《教学认识论》中，应该

---

① 吴道槐：《论教师的主导和主体》，载《北京师范大学学报（社科版）》1989年第3期。

说始终没有忽略直接经验,但是,关于直接经验的相对独立性和作用,未能给予足够的评价;对其具体内容、方法、形式等,未做专门的充分的论述。在修订本中,我们想在这方面适当加强。

其三,教师主导。"主导主体"说是我们教学认识论的主要论点之一。唯其要学生成为主体,教师就不能直接主宰。在原《教学认识论》中,曾明确提出,"主导"的过程应该是间接的;形式应该是多样的;并提到"转化""启发"等等。但我们自知还是比较笼统的;更缺乏理论上的概括。近年来,从对罗杰斯的"非指导"教学模式的研究中我们受到启发,认为"非指导"正是体现教学认识中"主导主体"精神的一种主导形式,并且理论化了。我们准备在修订中加以分析吸收。

以上就是我们关于《教学认识论》一书修订的打算。

三、讨论几个问题

十多年来,关于教学认识论的评价,颇具特点。文章不少,从未间断过。十分突出并令人深思的是,评论的意见前后相差不大,没有什么变化;褒和贬、肯定和否定两方面的意见,看上去十分矛盾。

例如,1981年有的学者指出:"这样一种教学过程理论是十分不全面、形而上学很严重的理论","是比较陈旧过时的理论","仅仅用哲学认识论这根绳子把教学过程紧紧捆住……造成今天教学理论贫乏,与实际严重脱节,教育学教师越教越空,学生越听越厌……其根本原因皆出于此。"[1] 十多年后,又有学者提出:"它使课堂教学变得机械、沉闷和程式化,缺乏生气与乐趣,缺乏对智慧的挑战和对好奇心的刺激,使师生的生命力在课堂中得不到充分发

---

[1] 蒲心文:《教学过程本质新探》,载《教育研究》1981年第1期。

挥，进而使教学本身也成为导致学生厌学、教师厌教的因素……"①这两种批评很有代表性，很尖锐，不仅观点相似，而且使用的文字也差不多。但是，另一方面，批评的文章又指出这样的情况：说"它具有广泛影响并至今活跃在教学论界。"还有一篇持尖锐批评意见的文章也说：它"是一种影响很大、认同者最多的教学本质观"，"以马克思主义认识论为指导……找到了一个有价值的组织具体教学活动的制高点。"有的文章更比较明确地认为："特殊认识说（即教学认识论——引者）是一种影响最大、认同者最多、被众多教育学论著广泛肯定的教学过程本质观。"

如何解释这种"矛盾"的现象呢？除了认为教学认识论反映了教学的基本特性、机制和规律而外，有的学者揭示了它独特的背景。自社会主义历史新时期开始，为要挽救"文革"中文化科学知识教育遭受的严重灾难，迎接新技术革命挑战和经济建设的要求，特别是人文主义思潮的愈益高昂的势头，还要迎头赶上世界性的教学改革浪潮，要往前走，要改革，要提高。这样，广大教育理论工作者和实际工作者，就既认为需要提倡、建设、运用教学认识论；而又不满足于它，要"超越"它，要代之以新的理论，因而就尖锐批评它。全盘否定它是极个别的。不同的论者，或者侧重于这一方面，或者侧重于另一方面。

除了揭示它的背景，上面所提到的学者还做了综合、归纳、比较的研究。例如，杨国全在其1994年所撰写的《教学本质的争鸣》一文中，归纳了十种"教学本质观"："多本质说"、"特殊认识说"、"发展说"、"认识—发展说"、"认识—实践说"、"情知说"、"适应—发展说"、"审美过程说"、"教师实践说"和"价值增殖说"。李定仁、张广君在其1997年撰写的《教学本质问题的比较研究》一文中，将诸多教学本质观分为九类，即特殊认识说、认识发展说、

---

① 叶澜：《让课堂焕发出生命活力》，载《教育研究》1997年第9期。

传递说、学习说、实践说、交往说、关联说、认识实践说和层次类型说等，并分别进行评析。

我们认为，多种教学本质观可以并存，继续探讨。本书第一章，将对诸多教学本质观进行一些评论。这里只是强调一下：把教学看做一种认识，或对教学进行认识论的研究，这是无可争议的，因为说一千，道一万，教学总是有关学习、求知、知识的问题（不论对它们各自作何解释），对教学进行研究可以采取各种角度，当然也可以采取认识论的角度，所以在这一点上大家没有也不可能有什么争论和分歧，分歧和争论在于：它只是教学的属性之一，还是教学的根本属性？是不是教学的本质？把它视为教学的本质属性会不会妨碍进行其他的探讨？我们认为不会。因为把教学看做认识，一点也不妨碍把它看做实践活动、交往活动、生命活动，等等。"横看成岭侧成峰，远近高低各不同"。再者，认识作为教学的一般，正如任何的一般一样，都只是大致地包括一切个别事物，而不能全部包括。

我们仍然坚持教学认识本质观，认为至少在今天的教学实践和教育科学发展水平上，它比较地接近真理。它的概括程度高，包容性大，对于它，是需要而且可能不断深入、具体化、丰富和发展的问题，而不是否定和取代的问题。退一步说，教学认识本质观的真理性，随着客观实践和主观研究的发展，也只是显示了它的相对性，而并没有失去其基础性的地位，犹如初等数学与高等数学的关系，或形式逻辑与辩证法的关系。它的规律仍然是必须遵守的，因而也是否定不了的。为了在科学上讲话留有余地，为了尊重各种各样的教学本质观的探讨，不妨把教学认识论定位在类似初等数学或形式逻辑等基础性的层面上，都是可以的。

关于教学本质，达到今天这个结论，走过了漫长的道路。

每一思想理论都有两个来源：一是一定时期具体的社会实践；一是它思想理论本身的历史继承性和渊源。我们觉得，在关于教学本质观的讨论中，一些论者的议论，似乎忽视了乃至完全撇开了教学本质观自身思想的来龙去脉，仿佛可以割断历史凭空地进行任何的教学本质观的理论构建。这是讨论能否更好地开展并取得成效的关键之一。因此，回顾和总结这一历史发展过程，将有助于对这个结论的理解。

（一）从不自觉的认识论阶段走向自觉的认识论阶段

无论中外，在很长的一段时期里对于教学究竟是怎样的一种活动的说明，大量的是经验描述，如孔子主张的内省或多见多闻；柏拉图主张的回忆理念世界；荀子说的闻、见、知、行；昆体良讲的模仿、接受理论指导、练习；夸美纽斯提出的从观察到理解，从事物到文字，以及他把教学与老鸟教小鸟飞行等自然现象相类比……这些，都属于经验描述性质，没有作出系统的理论论证。

从裴斯泰洛齐、赫尔巴特为代表的教育心理学化运动兴起以来，则主要以心理活动形式及其运动规律，来说明教学活动。最早是裴斯泰洛齐明确提出，"我正在试图将人类教学过程心理学化"①"我长期寻求一切教学艺术的共同心理根源——教学的原则必须从人类心智发展的永恒的第一个形式中引申出来。"② "教育必须提高到科学的水平，教育科学必须起源于并建立在对人类天性最深入的认识的基础上"。③接着，赫尔巴特更直截了当地宣布："教育者的第一门科学，虽然远非其科学的全部，也许就是心理学。"④基于心理学，裴斯泰洛齐主要用他所谓的先天心理能力与外界事物相"观照"（anschauung），赫尔巴特用他的"观念联系"，来具体地解释教学过程。到了当代，三大有代表性的心理学派，即行为主义、

---

①②③ 夏之莲等译：《裴斯泰洛齐教育论著选》，人民教育出版社1992年版，第189、83、330页。

④ ［德］赫尔巴特著，李其龙译：《普通教育学·教育学讲授纲要》，人民教育出版社1989年版，第11页。

认知主义和人本主义，则各用自己独特的概念，来进一步解释教学活动过程，例如，行为主义用刺激—反应，认知主义用建构或信息加工，人本主义用直觉或体验等等来解释教学活动；等等。

明确地用认识论来解释教学活动过程的，是苏联教育家们首先进行的。他们认为，教学过程是一种认识过程，而又有自己的特点。① 至于直接提出"教学认识"这个词和概念，并试图建立"教学认识论"这一专门研究领域，则是我国教学论工作者在20世纪80年代才开始的事情。

以上所说的，无论经验描述也好，心理学化也好，都实质上属于认识论范畴，或者说属于不自觉的认识论。因为无论什么人，只要他对教学问题发言，就无一例外地讲的是认识论的这一方面或那一方面。心理学本身也还是以一定的认识论为基础的，它所研究的只是认识（或精神、智慧、思想、意识……）的一个方面或形式。所谓心理学化，或以心理学来解释教学活动，说到底，不过是通过心理学而和某种认识论相联系，也可以说，某种认识论通过心理学具体表现出来而已。

认识论的解释与心理学的解释有什么区别呢？对教学活动过程进行心理学解释，只能涉及教学认识的个别、局部的方面、因素、成分、属性；而只有自觉的认识论，才足以概括教学认识的全部和整体，才有可能避免、克服各种片面性。因为认识论提供了人类认识的、因而也就是人类一切求知、学习等活动的普遍规律或图景。

但是，正如我们看到的，即使自觉地以认识论来解释教学活动过程，却也不能保证正确而不犯错误，道路是曲折的。从苏联教育家们开始，到我们今天所取得的成就，也经过一段发展过程。其中有两类情况。

---

① ［苏］凯洛夫主编，沈颖等译：《教育学》，人民教育出版社1956年版，第132页。

第一类情况，是我们继承苏联的成果，形成共识，至今坚持的。例如，"我们在教学过程与科学认识过程之间，发现了一致之点"。"教学不是、也不可能是与科学的认识过程完全一致的过程。在教学过程中学生对于现实的认识，具有以下的特征：学生领受既知的、为人类所获得的真理（知识）。学生经常由有经验的教师来领导。教师是专门为了教育和教学工作造就出来的人。在教学工作中，一定要有巩固知识的工作。在教学工作中，还包括有计划地实现着的发展每个儿童的智力、道德和体力的工作。"① 第二类情况，是苏联曾经失误，我们也曾经重复过其错误，但作出了努力，予以纠正，并在此基础上，促进了它的发展。这类情况说明，我国教学认识论研究已经获得的成果，与所谓"凯洛夫教学体系"，再不能简单等同、仍然看做一回事了。我们向前推进之点有哪些呢？

1. 关于认识论的彻底性

苏联的教育家们，对认识论本身理解上发生了偏差，不彻底。

不彻底的最突出的表现之一，就是忽视了学生的认识主体地位，重犯了机械或直观反映论的错误，没有贯彻实践、主观、能动地反映的观点。说来真有点不可思议，竟是没有主体的"认识"！这逻辑地导致抹杀学生的主体地位。这样一来，任凭你怎样强调发挥学生的自觉性、积极性、主动性，倡导启发式，反对注入式，都是徒劳的，既然没有了学生的主体地位，实质上也就没有了教师的主导。我国教学论工作者，在一段时期里，也曾经跟着犯过这样的错误，但通过实践和批判，明确地确定了学生在教学中的主体地位，提出了"教为主导，学为主体"的论点。

认识论不彻底的再一个表现，就是重犯了心理学化的错误。本

---

① ［苏］凯洛夫主编，沈颖等译：《教育学》上册，人民教育出版社1952年版，第60～61页。

来，既然认定教学是认识，那就是突破了心理学解释的局限性，可是，又把"认识"讲成了心理学上的"认知"，即与"情感"、"意志"及其他个性品质相平列的"认知"。这成为长期以来教学中忽视情感、意志、个性培养，忽视教学艺术性等片面性的理论根源。我国教学论工作者逐步觉察到，这种不彻底，实际上是在心理学化道路上踏步不前。我们要继续前进，要提高概括水平，我们对于"认识"一词，明确地取其哲学的概念，即人脑对于客观世界能动的反映。它概括着一切心理活动和品质，一切精神活动、思想意识活动，等等。

2. 关于认识论中一般和特殊、共性和个性的关系

苏联和我们都曾经在其中摇摆不定，有时陷入矛盾混乱。尤其是苏联教育家们，似乎根本没有"个体认识"这个概念。例如，既认定教学过程是特殊的认识，可又简单地套用一般认识过程的公式。我国甚至曾经一度陷入粗陋的实践主义（在"文革"时期达到顶点）。而一强调特殊性，便完全撇开一般性，片面强调教学主要是教授现成知识，严重轻视实践、发现、探究等活动在教学中应有的地位。关键的一点，就是没有看到个体认识和人类总体认识的区别，也没有把学生个体认识和其他个体认识区别开来，而是纠缠一起，混淆不分，既然对它们的区别不清楚，自然对它们的联系无法说明。我国教学论工作者，从长期思想困惑和实践频频失误中，逐渐发现了、懂得了这个关键的一点，全面地审视一般认识和特殊认识、人类总体认识和个体认识的关系，以及不同个体认识的共性个性关系，初步提出了对它们之间区别和联系的说明，提出了"学生个体认识"这个概念。

3. 关于教学认识的概念和理论化

苏联教育家们虽然列举了教学认识的基本特点，但仍然属于经验描述或不自觉的性质，没有讲出为什么具有这些特点的原因和道理，没有给出明确的概念。而我们则明确地建立了教学认识的概

念，把它理论化了。我们之所以能够向前跨进这一步，就是因为觉悟到认识论必须彻底，必须全面审视一般认识和特殊认识、人类整体认识和个体认识的关系。我们经过探索，得出结论：教学认识乃是学生个体认识，既区别于人类整体认识，又区别于其他个体认识。凡个体认识，当然不能违反人类整体认识的普遍规律，但它不应该也不需要简单重复人类整体认识，而是有所改造，简化重演。学生个体又不同于科学家、艺术家等个体，其认识既相同而又不同。苏联教育家们指明的那些特点，如有教师来教、主要掌握人类历史经验、有教育发展性等等，正是由这些全面的关系决定的，换句话说，正是从这些全面的规律性联系中引申、派生出来的。毛泽东说："我们的实践证明：感觉到了的东西，我们不能立刻理解它，只有理解了的东西才更深刻地感觉它。"① 人们在长期中一直是这样想的：人类开办了学校，实施教学，就带来这些特点，或应该有这些特点，可是，建立了教学认识概念之后，才理解了，感觉更深刻了。原来，事情恰恰相反，应该说，正由于人类社会发展需要并创造了教学认识形式（在第一章中将论及这个问题），才决定了这些特点，才开办学校，实施教学。教学认识形式的发现和创造，乃是学校、教学产生、发展的根据。

（二）教学认识概念需要不断地丰富和具体化

我国教学论工作者在建立教学认识概念的基础上，又逐步把它具体化，揭示它的方方面面的具体内容和规定性。我们在吸收众多学者成果的基础上，在《教学认识论》中所做的，也属于这类工作。我们探讨和论述了教学认识主体、教学认识客体、教学认识领导、教学认识方式、教学认识检验等。我们认为，教学认识的概念需要不断地丰富。关于教学本质的探讨要不断地继续深入下去。

---

① 《毛泽东选集》第 1 卷，第 286 页。

首先，从理论上讲，教学跟一切事物一样，它的本质本身，是有层次性的，有浅层次的本质，还有较深刻、更深刻的本质，它们的暴露都要经过或长或短的过程，而且，教学是随着社会发展和整个学校教育发展而发展的，它的本质更不断地以无限新的丰富的多种多样的姿态而表现出来。人们对于它的本质的探讨，把握，揭示，说明，都要经过漫长、曲折的过程，而且这是一种无限的辩证的过程：由个别到一般，又由一般到个别；由具体上升到抽象，又由抽象上升到具体；由感性认识到理性认识……历史实践充分证明了这一点。

其次，多种教学本质观的出现，以及对教学认识本质观提出各种批评，更现实地说明这一点。我们虽然坚持教学认识本质观，但决不简单地对待各种批评，更不否定多种教学本质观的探讨。我们认为，多种教学本质观的出现和提出，正说明了教学本质观的层次性，也说明教学认识论的研究还存在缺陷和问题。例如，"发展说"之所以提出，就是由于在理论和实践上对掌握知识、技能与智力、个性发展的关系，还不甚了了，它们之间的联系和转化机制不具体。"实践说"之所以提出，则是力图彻底贯彻科学的实践观。"交往说"、"生命活动说"之所以提出，很明显地针对忽视教学的社会性、艺术性，把教学认识抽象化、形式化乃至机械化的弊端；如此等等。我们这次的修订工作，就是试图再一次努力，使教学认识的概念，从仍然比较抽象的水平，向着比较具体的水平，前进一步。我们体会到，如果不随着社会和教学的发展进行不断具体化的研究，或者认为终有究尽的一日，那么，教学认识的概念，就不会随着客观实践的发展而不断丰富，相反，将会停滞不前而僵化。这在严格意义上，算不得什么教学本质观的科学概念。

最后，教学认识论的发展走向，将是如上所说的不断具体化和充实，但不会发生什么抹杀或取而代之的问题。这好比生产活动是社会的基本活动，它可以由手工业方式发展为大工业方式，可以由自然经济发展为商品经济，可以由主要依靠体力发展为主要依靠科技，可以由不同程度的程式化、缺乏乐趣、不得已而为之的谋生劳动，发展为充满生命力、智慧挑战和创造性的乐生劳动……但是，无论如何，不能说：它不再是生产活动，或生产活动不再是社会的基本活动了。教学认识活动也将是这样，它可以由沉闷、机械、程式化的活动，发展为生动活泼、充满生命活力的活动，可以由缺乏激情甚至令人厌倦的活动，发展为富于挑战性、获得艺术性享受的活动……但是，无论如何，不能说：它不再是教学认识活动，或者，教学不再主要是认识活动了，尤其不能说：对于教学的认识方面已经研究很够了。

四、结论

综上所述，我们对原《教学认识论》一书的修订，或这一本修订了的《教学认识论》，就是对教学认识的一次再认识。

我们坚持认为教学认识论比较接近教学的本质。相对地说，它比较符合实际，具有一定的科学性，以及理论意义和实践意义。上文提到，除个别的例外，绝大多数论者都没有完全否定它，并指出它得到广泛的认同，这应该不是偶然的。

同时，我们也认为它还远不成熟，需要一次又一次的再认识。因为教学实践和教学理论都是随着社会历史实践发展而一步步由低级向高级发展的。今天，社会高度发展，向教学实践和教学理论提出了许多新的要求，也提供了许多新的发展条件，教学认识论所达到的成就，实在没有任何满足的理由。若用高标准要求，它基本还处在简单抽象水平上，还不够具体。目前，一个高新技术，一个人文化思潮，强烈地影响着教学实践和教学理论，非常值得关注，要花气力研究。

不过，话又说回来，教学认识是人类认识和发展的重要形式之一。人们将会千方百计地使它越来越完善，而不会认为它将退居次要地位，或者干脆退出历史舞台，抛弃它或者用另外的什么东西来完全取代它。